パスカル『パンセ』注解

第 一

パスカル『パンセ』注解

第一

前田陽一著

岩波書店

緒　　言

本書は，ブレーズ・パスカルの未完の遺著『パンセ』の注解，第一巻である．

そのⅠでは，ラフュマ全集版(*37*. イタリック体の数字は，本書251頁以降の参考文献表の番号を示す)による断章番号1-40を順次取り上げて注解し，Ⅱでは，本注解の方法論的特徴の一つである『パンセ』原稿複読法について，かつて仏文で発表した三論文の邦訳を掲げた．

Ⅰの「注解」は，月刊雑誌『心』に1965年6月以来連載中の拙稿(現在までに150回でラフュマ全集版128番まで)の初めの18回分に，多くの筆を加えて論文としての整合を計ったものである．この部分では，それぞれの断章について，原則として次の事項を掲げた．1) 肉筆原稿の写真．2) 肉筆原稿の活字による転写．その際，後述の複読法による第1稿と決定稿との区別に特に留意した．この部分についてはトゥルノール1冊本(*29*)に負うところが多いが，肉筆原稿との位置的対応，上記二段階の区別，重ねて記された個所の解明等によって一層の精密を期した．3) 現代の綴り字に直した原文．4) 和訳．5) テキストについての一般的説明．6) 各部分について，主として次の諸点を取り上げて注解．a) 上記2)の分析に基づいて，パスカルの行なった推敲の順序の再構成とその意味するところの探究．b) 第1，第2両写本(*02, 03*)と過去3世紀間に刊行された約40の諸版(*04-40*)の比較によるテキスト伝承の批判的検討．c) これら諸版に掲載された注解の紹介と批判的検討．7) 結び．取り上げた断章の順序は，上述のようにラフュマ全集版に拠ったが，これは現在の時点では，研究者の間で同版の断章番号が広く用いられるようになってきているための便宜的理由からである．同版が準拠するいわゆる第1写本優先説は，全体としては正しいと思われるが，細部では，他のところ(*89*, 93-94頁; 104-106頁)で既に記した問題の外にも，スタインマン版(*36*)のように各章内の順序を逆にした方がよいかどうかとか，第2写本との優劣関係(*99, 39*)などと今後の研究に俟たなければならない難問を含んでいる．

Ⅱの「『パンセ』原稿複読法について」では，1.「パスカルの『二つの無限』に関する断章の第1稿」(*92*)，2.「『パンセ』原稿の第1稿と推敲」(*94*)，3.「仕事中のパスカル——パスカルの執筆方法について——(Pascal au travail: Quelques aspects de la méthode rédactionnelle chez Pascal)」(*100*bis, 155-159頁)と題する仏文の拙論を訳出したが，このうち「2.」の本文以外は初めての邦訳であり，「1.」では仏文原文にはない第1稿と決定稿の全文の間の詳細な比較対照表を掲げた外，原文では原稿の1頁余についてだけしか掲げられなかった原稿の活字による転写を全8頁について掲載した．この三論文の主題となっている「『パンセ』原稿複読法」の「複読法」というのは，パリ・ソルボンヌ大学のジャン・メナール教授の近著「パスカルの『パンセ』」(*100*)の補遺Ⅲ「前田陽一氏の複読法による『パンセ』の異文解釈(L'interprétation des variantes des *Pensées* par la méthode de double lecture de M. Yoichi Maeda)」(371-375頁)で行なわれた命名によるものである．この方法を用いることによって，『パンセ』原稿の多くについて，それを，最初一気に記され文章として一応完結している第1稿と，その後の推敲を経て完成した決定稿との二段階に分けて読むことが可能となる．そして，この二段階の区別は，断章全体の推敲順序の再構成や原文解釈に役立たせ得るのであって，既に広く研究者の用に供せられている．

本書の起原は，1960年より東京大学の大学院で『パンセ』について行なった文献批判学の演習にさかのぼる．これは1972年停年退官まで続き，その後も1978年まで慶応義塾大学の大学院と1972年秋から1年間パリ・ソルボンヌ大学の大学院で引続き行なわれた．その参加者の中には，ジャン・メナール，フィリップ・セリエ両教授のような大家を初め，当時は学生としてでも，今日では日仏両国でパスカル専門家として大学の教壇に立っている人たちもある．本書は何よりもまず，以上の三大学大学院での多数の演習参加者と関係者各位のさまざまな形での御協力の賜である．ここに，本書をこれらの方々に深い感謝を込めて捧げさせて頂く．

本書の作成に当っては，岩波書店の大塚信一，竹内好春両氏に大変お世話になったので，この場所を借りてお礼を申し上げたい．また校正の田中博明氏や印刷所の方々が，実に面倒な作業も快く引受けて下さったことに深謝する．

1980年4月6日

著　　者

凡　　例

説明に続く括弧内の数字は，最初の掲載個所の頁数を示す．

1. イタリック体の数字は，251-259頁の参考文献表の番号を示す(v頁)．その右肩に付した「^{bis}」(v頁)は「その二」，「^{ter}」(76頁)は「その三」を示す．
2. 「**L**(L)」は「ラフュマ」の略で，それに続く数字は，ラフュマ全集版(*37*)における『パンセ』の断章番号を示す(3頁)．
3. 「**原**(原)」は「肉筆原稿集」の略で，それに続く数字は，肉筆原稿集(*01*)の頁数を示す(4頁)．
4. 「**B**(B)」は「ブランシュヴィック」の略で，それに続く数字は，ブランシュヴィック版『パンセ』(*20, 21*)の断章番号を示す(4-5頁)．
5. 「1) **1)** 2) **2)**……」「(1) **(1)** (2) **(2)**……」は，注の番号またはそこで取上げられている断章の部分を示す(4-5頁)．
6. 原稿の活字による転写の欄で普通の活字(ローマン体)で記されているところは，第1稿の段階(後掲IIの三論文参照)で記されたものを示す(4頁．後記「14」参照)．
7. 「**テキストについて**」の欄で記すLとの原文に関する相違点は，内容に影響を及ぼし得るものに限った(5頁)．
8. 活字による転写欄以外の欧文では，ラテン語(6頁)や題名(43頁)や引用文(144頁)等を，特にイタリック体活字で示すことがある．
9. 転写欄でのゴシック体活字は，後から他人の手で加えられた個所を示す(9頁)．
10. 転写欄で横線で消されている部分(237-238頁の本文では，「[　]」で囲み，普通の活字で記された部分)は，第1稿での削除個所を示す(10頁．後記「15」参照)．
11. 転写欄の欄外の注でアンダーラインを付した部分は，同じ場所に重ねて記された個所を示す(10頁)．
12. 「p^{r}」は「pour」(10頁)，語尾の「m^{t}」は「ment」(47頁)，「ho^{me}」は「homme」(155頁)，「N^{s}」「n^{s}」は「Nous」「nous」(195頁)，語尾の「n^{t}」は「nent」(215頁)の省略形を示す．
13. 引用文献番号に続くゴシック体アラビア数字は，ローマ数字を示す(11頁)．
14. 転写欄でのイタリック体活字は，推敲の段階(後掲IIの三論文参照)での加筆を示す(22頁，上記「6」参照)．
15. 転写欄で点線で消されている部分は，推敲の段階での削除個所を示す(22頁，上記「10」参照)．推敲の段階で引かれた横線等を特に点線で示すこともある(133頁)．
16. 「〈　〉」で囲んだ部分は，原文がラテン語であることを示す(35頁)．
17. 現代の綴りに直した原文の欄の「[　]」で囲みイタリック体活字で記した部分は，原文に欠けているものを補った個所を示す(98頁)．
18. 断章の見出し欄で「**原**」の右肩に付した「*」は，パスカルの自筆でなく，おそらく，他人に口授(こうじゅ)したものであることを示す(113頁．次の「19」参照)．

19. 同じ見出欄で「**原**」の右肩に付した「* *」は，口授原稿に自筆の加筆個所のあるものを示し，転写欄ではその加筆個所の前後を「*……*」のように「*」で囲んで示した(155頁)．

20. 「(*sic*)」は，その前の語が誤植でないことを特に示している(225頁)．

目　　次

I 注　　解

第1写本　第1部

第1章　順　序 (Ordre) (L 1–12)

L 1 (原 27, B 596) [1]

原　　文

L 1[1)]

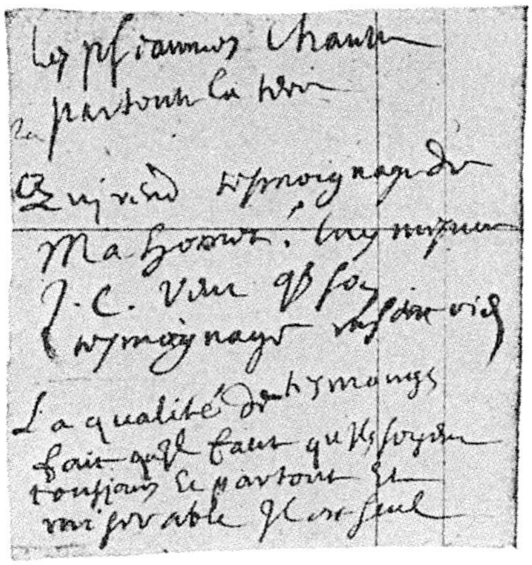

(原 27 の最上部)

les pseaumes Chantez
par toute la terre.[2)]

Qui rend tesmoignage de
Mahomet? luy mesme[3)]
J. C. Veut que son
tesmoignage ne soit rien[4)]

La qualité de tesmoings
fait qu Jl faut qu Jls soyent
toujours Et partout Et
miserable Jl est seul[5)]

Les psaumes chantés par toute la terre. [2)]

Qui rend témoignage de Mahomet? lui-même. [3)]
J.-C. veut que son témoignage ne soit rien. [4)]

La qualité de témoins fait qu'il faut qu'ils soient toujours et partout, et misérable, il est seul. [5)]

訳　　文

詩篇（しのふみ）は，地上あまねく歌われて．[2)]

マホメットのあかしをするのは誰か．彼自身．[3)]
イエス・キリストは，御自身のあかしは無効であるよう欲しておられる．[4)]

証人としての資格は，証人たちが常に，そしていたる所に存在することを要求している．ところが，惨めにも，彼は独りである．[5)]

注　解

（**1**）　**テキストについて**．原稿は，原 27 の最上部に貼られた正方形に近い小紙片(赤罫線の入った簿記用紙の一部)に各行数語の短い行で本断章だけが記されている．推敲の跡はない．初めパスカルが鉛筆で記した上を，後に他の手がインクでなぞっている．ラフュマが指摘したように，同種の簿記用紙の小片に記された断章が他にも約 30 あること(*79*, 48-50 頁参照)および本断章を記した紙片に，他の文章に属すると見做される文字(原文 2 行目左の「la」)が混入していることなどからして，元来もっと大きな紙に記されていたものが，後に切取られたものであろうと推定できる．この約 30 の断章のうち，本断章と同じく，鉛筆の上をペンでなぞったものが他にも四つ(B 203, 429, 442, 731〔L 386, 53, 393, 624〕)ある．この紙片が貼られている台紙の，紙片の左側には「p. I.」と，パスカルとは異なった筆記具と書体で記されているが，これは，ずっと後になってから，第 1 写本の「第 1 頁」に相当することを示すためにつけられたものである．

第 1(*02*)，第 2(*03*)両写本は，本断章の上に，見出しとして，「Ordre.(順序〔秩序，筋道などとも訳し得る〕)」と章名を記している．

L との原文に関する相違は，(4)と(5)の間の短線を L では省き，単に 1 行の空白をおいている点(パスカルが度々用いるこの短線は，意味の区切りと関係を持ち得るので，断章の前後にあるもの以外は，訳文にも入れることとする)と，(5)で取上げる，「ところが，惨めにも」の解釈に関係ある点だけである．

クーザン(*11*)が初めて発表した．

（**2**）「詩篇(しのふみ)は，地上あまねく歌われて．(les pseaumes Chantez par toute la terre.)」 散文詩の響きをもつこの 1 行は，パスカルが多くの断章(B 618, 706, 707, 715〔L 456, 335, 385, 498〕等)で強調している事実，即ちキリスト来臨の時には，キリストの預言を含む旧約聖書を信奉するユダヤ民族が，既に数百年前より当時の地中海世界の全域に分散されていたことを指しているのである．

いくつかの断章(B 727, 736, 773, 774, 783〔L 487, 609, 323, 221, 433〕等)にも明記してあるように，『詩篇』自体にもキリストの預言が含まれていると見なされたためとも解釈しうるが，それよりも，詩篇の吟唱を特に好んだパスカル(姉ペリエ夫人著の『パスカル伝』L 31 頁参照)のことであるから，こうした情景を画くことによって，旧約聖書に含まれている預言全体を象徴していると解すべきであろう．なおアヴェ改版(*17*)の注は，「原稿では見出しとして『イエス・キリストとマホメットの相違』と記されている」と述べているが，それは B 599(L 209)の見出しであり，原稿にも，第 1，第 2 両写本にも見当らない．これは，フォジェール(*12*)が，本断章とそれに続く同趣旨の断章の一群に対する見出しとして掲げたものを，原稿に当らずに，誤記したものであろう．

セリエ版(*39*)はこの部分について，次の注を掲げている．

> 「既知の全世界に分散されているユダヤ民族は，その真の重要性を理解せずに，メシアを予告している詩篇を歌っている．キリスト教徒に敵意を抱くユダヤ人たちは，自らは知らずに，キリスト教の真理の最善の証人なのである．」

またル・ゲルン版(*40*)は，次のように記している．

「聖アウグスティヌスは，詩篇について語りながら(『告白』，9の4の8)，それが『地上あまねく歌われています(sont chantés par toute la terre(*toto orbe terrarum cantantur*))』と記している.」

このアウグスティヌスの句の原文は正確には，終りの(結び)の項で取上げるセリエの関係個所(*131*，493頁，注45)に引用されているように「*toto orbe cantantur*(全世界に歌われています)」となっているが，ル・ゲルンは，パスカルの文章と合わせるためにその前の句と一緒にして要約したのである．『告白』のこの前後は次の通りである．

「……できるならば，人類の傲慢に反対して，全地上に『詩篇』を誦したいと熱望したほどです．しかしじっさい，『詩篇』は全世界にうたわれています．(*46*，297-298頁)(...accendebar eos recitare, si possem, toto orbi terrarum aduersum tyfum generis humani! et tamen toto orbe cantantur...〔*45*，84頁〕)」

(**3**)「マホメットのあかしをするのは誰か．彼自身．(Qui rend tesmoignage de Mahomet? luy mesme)」トゥルノール1冊本(*29*)の注は，この部分の原文で「マホメット(Mahomet)の次に記されている疑問符が，パスカルの鉛筆書きの初めからあったものかどうかは確かでない」と述べている．理由をあげていないので何とも言えないが，もしそれが，パスカルは疑問符を記さないことが多いとか，ここでの形が奇妙であると言うのだとすれば，間もなく取上げるL3でも，かなり似た形のものが同一行に2個所も見出されることを指摘する．

この部分から先を最初に発表したクーザンは，この部分の注として「ポール・ロワヤル(*04*)17章，ボシュ(*10*)第2部12の7と10参照」と記している．これは，いずれも，パスカルがマホメットを非としている『パンセ』の他の断章を指すもので，Bでは本断章をかこむ595と597から601までに相当するものである(L 203, 207, 218, 209, 321, 243)．

パスカルが，そのキリスト教弁証論の重要論拠の一つとして考えていた，預言，奇蹟等の超自然的事象に匹敵するものがイスラム教にはなく，マホメットに関する奇蹟めいた話も，本人の主張のみで証人がないという見解は，B3冊本の注に指摘されているようにシャロンの『三つの真理』(1593年，*53*，2の3，73頁)やグロティウスの『キリスト教の真理性について』(*69*，6の5，202頁；*70*，181頁)にも既に記されているので，当時の常識であったのであろう．ル・ゲルン版の注は，パスカルのイスラム教に関する知識は本質的にグロティウスとシャロンに由来すると記しているが，そうまで言い切るのには証拠不十分である．なお，グロティウスは，国際法の父として知られるオランダのH・グロティウス(1583-1645)のことである．そのキリスト教弁証論は，同人が1619年投獄された機に，オランダ語で記したもので，パスカル在世中に，ラテン語訳も仏訳も出版されている．パスカルがこの書を参考にしたことは，B 715(L 498)における記載によっても明らかである．我々にとって興味あるのは，この書が，遠洋航海で「中国」其他の異教徒と接する機会の多い，オランダの船乗りのために著わされたものであるという点(*69*，6頁；*70*，3頁)である．手元にある1675年のラテン語本(*71*)は，一握り程の小冊に細かい活字で印刷してあり，船乗り用のものであることを思わせる．

なお，ロシェー版(*15*，2 の 2，122-124 頁)は，「イエス・キリストとマホメットの相違」との(2)で問題にした見出しを本断章に付した上，それに対して長文のイスラム教の紹介と反論を掲げているが，今日では考えられないように手厳しい，偏見に満ちたものである．

(**4**) 「イエス・キリストは，御自身のあかしは無効であるよう欲しておられる．(J. C. Veut que son tesmoignage ne soit rien)」この部分については，アヴェの初版(*13*)以来大抵の版は，それが次の聖句を指すものであるとの注を掲げている．

「もし，わたしが自分自身についてあかしをするならば，わたしのあかしはほんとうではない．」(『ヨハネによる福音書』5 の 31〔*48* bis，日本聖書協会訳〕)．

(**5**) 「証人としての資格は，証人たちが常に，そしていたる所に存在することを要求している．ところが，惨めにも，彼は独りである．(La qualité de tesmoings fait qu Jl faut qu Jls soyent toujours Et partout Et miserable Jl est seul)」「彼(終りから 3 語目の Jl)」とはマホメットを指すものであることに異論がないが，その前の「ところが，惨めにも」については，異った解釈が存在する．

この最後のパラグラフ全体は原稿では，上のように，句読点が全然ない(原稿では，句読点や大文字の取扱がしばしば乱雑である)．パスカルの死後間もなく作られた第 1，第 2 写本，最初の発表者クーザン，パスカルの原稿に忠実な最初の版であるフォジェール版を初めとしてほとんどすべての版は「Et miserable(ところが，惨めにも)」と単数形に読み，これが次の「Jl(彼)」にかかるものであると解している．ところで，トゥルノール 2 冊本(*28*)は，「miserable」の語尾に，鉛筆で複数のしるしの「s の跡が見えるように思われる」との理由で，これは前にある複数の「証人たち」にかかるものだと主張した(toujours et partout et misérables; il est seul.)．しかも，この解釈を裏付けるものとして，パスカルが他の所でも「キリストの証人であり，全地に聖書と共に分散させられ，惨めな状態で常に存続しているユダヤ人たち」について同じ考えを述べていると指摘している．同 1 冊本(*29*)でもやはり「s」が付せられているが，その注には，「鉛筆ではっきり記されている訳ではないが，「miserable」の終りに「s」の字を復元すべきだという公算が大である(Il est probable que...)」と多少断定が弱くなっている．この「s」を付す解釈はその後ラフュマの 1947 年版(*30*，106 頁)以外の諸版(*31*，*32*〔24 番〕，*34*，*37*) (toujours, et partout, et misérables. Il est seul.)でも採用されており，他方，アンジュー(*35*)，スタインマン(*36*)，セリエの諸版は，トゥルノールの区切り方に従って「s」を入れている．

この新しい解釈をとらない理由を略述すれば，1) トゥルノール自身が「鉛筆ではっきり記されている訳ではないが」という「s」の字がもし存在したとするならば，3 世紀前の第 1，第 2 写本の作成者や 1 世紀以上前のフォジェール等には，もっとはっきり見えた筈である．2)「et miserable」が前にかかるとすると，この前の「partout(いたる所)」の前にもある「Et(並列，対立等を表わす接続詞)」が，トゥルノールの読み方の場合，余計になりかねない．また，ラフュマの読み方であると「misérables」が強調されすぎて，次に述べる難点が一層甚だしくなる．3) トゥルノールの「公算」の裏付けは，鉛筆の跡がはっきりしないとなれば，上述のように，パスカルがユダヤ人たちの「惨めな」状態について言及している点に重点がおかれることになる．ところが，その言及(B 640, 737〔L 311, 793〕)を素直に読めば，そこでは，ユダヤ民族が，キリストを十字架にかけたために「惨めに」なったことが記されており，惨めな状態でしかも現在まで民族として存続しているところが不思議であると論ぜられているに過ぎないのであって，別に「証人としての資格」が一般的に論ぜられている訳ではない．他の宗教との比較論をなすのである以上，一般的基準として取上げ得るのは，「証人たちが常に，そしていたる所に存在すること」までが妥当であり，「惨め」であることは，ユダヤ民族の場合にだけ問題となり得る特殊事情に過ぎない．従ってトゥルノール説は，文字面のみに捉われた議論である．4) 文章のリズムの点からも，旧説の方が，散文詩ともいうべき全体の抒情的文脈にふさわしい．即ち，他のすべての句が，リズムの均衡と調和を完全に備えている中に，マホメットに関する2句だけがことさら不均衡に作られているという，見事なリズム構成が新説では崩れてしまう．しかし，一時支配的に見えたこの新説も，1976年のデコット版(*38*)と1977年のル・ゲルン版では退けられて，両版共それ以前の読み方に戻っている．

(結び)　パスカルがこの断章を護教論全体の構成に関する資料を集める目的の「順序」と題する章に組み入れたのは，キリスト教と他の宗教との歴史的根拠の優劣を論ずる部分を代表させるためであろう．『パンセ』中に残されているこの種の問題を扱ったものは，B版の第9章の初めの方に主として集められているが，キリスト教と切り離せない関係にあるユダヤ教を除いては，異教の中ではイスラム教を扱ったものが最も多い(B 591, 596-601〔L 565, 1, 207, 218, 209, 321, 243〕等)．我々にとって関心の深い仏教については何等言及なく，中国に関する2個の断章(B 593, 594〔L 822, 481〕)も，地中海世界だけのことを「地上あまねく」と歌い得たパスカルの一つの限界を示している．本断章とアウグスティヌスの類似の個所を対比したセリエ氏(*131*, 492-495頁)は，アウグスティヌスの時代と異なり，地中海世界以外の地域のことが既にかなり知られていた当時になおこのような言い方をするのは，アウグスティヌスの影響力の強さを示すものと論じている(同, 493頁)が，それだけの理由ではなかろう．こうした点については，1世紀近くも前のモンテーニュ，少し後のマルブランシュの方が広い視野を持っていた．

なお，この断章のテキストについて，第1及び第2写本，フォジェール以後の重要な刊行本間の異同，注(5)の詳細，とりわけ本文のリズム分析に関しては，『島田謹二教授還暦記念論文集比較文学比較文化』中の拙稿「『パンセー』の一断章のテキストについて」(*86*, 17-32頁)を参照されたい．

L 2 (原 29, B 227)　L 3 (原 29, B 227, 244)
L 4 (原 29, B 184) 1)

原　　文

L 2

L 3

L 4 1)

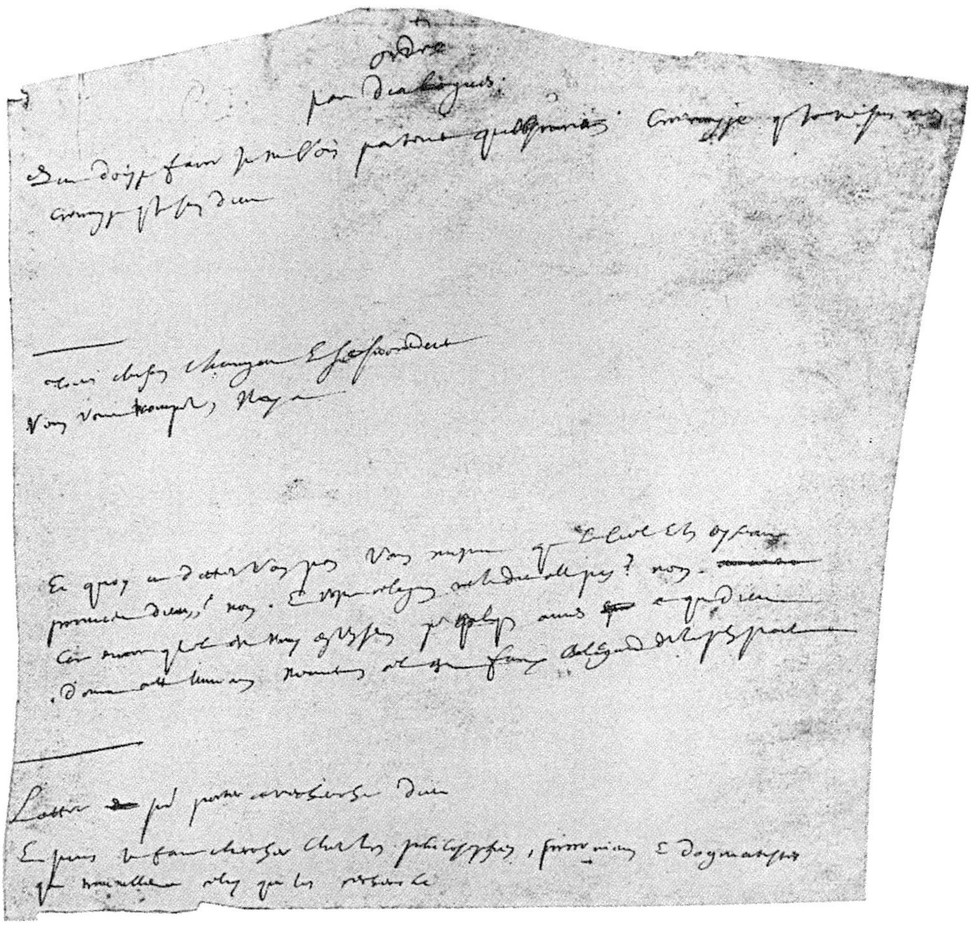

(原 29 の最上部)

+
ordre
P. I.　　par dialogues. 2)

Que dois je faire Je ne Vois partout quObscurités. Croiray je que Je ne suis rien
Croiray je que Je suis dieu 3)

Toutes choses Changent Et se succedent[4]
Vous Vous trompez, Jl y a[5]

Et quoy ne dittes Vous pas Vous mesme que Le Ciel Et les oyseaux prouuent dieu, ? non. Et Vostre religion ne le dit elle pas? non. ~~au contra~~
Car encore que Cela est Vray en Vn sens p^r quelques[a] ames ~~que~~[b] a qui dieu donna cette lumiere, neantmoins cela est faux a l egard de la plus part[6]

a) les+quelques
b) E+que

Lettre ~~de~~ p^r porter a rechercher dieu
Et puis le faire chercher Chez les philosophes, pirroniens[c] Et dogmatistes qui trauailleront celuy qui les recherche[7]

c) E+pirroniens

+
Ordre
par dialogues. [2]

《Que dois-je faire? Je ne vois partout qu'obscurités. Croirai-je que je ne suis rien? Croirai-je que je suis dieu ?》[3]

《Toutes choses changent et se succèdent.》[4]
《Vous vous trompez, il y a…》[5]

《Et quoi ne dites-vous pas vous-même que le ciel et les oiseaux prouvent Dieu ?》 Non. 《Et votre religion ne le dit-elle pas ?》 Non. Car encore que cela est vrai en un sens pour quelques âmes à qui Dieu donna cette lumière, néanmoins cela est faux à l'égard de la plupart. [6]

Lettre pour porter à rechercher Dieu.
Et puis le faire chercher chez les philosophes, pyrrhoniens et dogmatistes, qui travailleront celui qui les recherche.[7]

訳 文

+
順序
対話による. [2]

「一体どうしたらいいんだろう. どこもかもはっきり見えないものばかりだ. 自分は無だと思おうか. 神だと思おうか.」[3]

「万物は変り，相次いで行く.」[4)]

「君は間違っている. ……があるのだ.」[5)]

「何だって. 君自身は，空や鳥が神を証明するとは言わないのか.」——「そうだ.」——「そして君の宗教もそう言わないのか.」——「そうだ. なぜなら，それは，神がそうした光を与え給うた若干の人たちにとっては，ある意味で本当であるが，それにもかかわらず，大多数の人たちにとっては，うそだからだ.」[6)]

神を探し求めるように仕向けるための手紙.

ついで哲学者たち，懐疑論者や独断論者たちのところで，それを求めさせる. だが哲学者たちは，彼らのもとで探求する者を悩ますことだろう.[7)]

注　解

(1)　テキストについて. この断章は，L では，(3)までが 2，(6)までが 3，(7)が 4 となり，相続く三つの番号が付せられている. ここで一つの断章として取扱ったのは，これだけが全部原 29 の最上部に貼られた約 20 センチ四方の 1 枚の紙片に記されているばかりでなく，(結び)の項で述べるように，この断章全体に通ずる一つの重要な特徴があるからである. メナール教授はラフュマの扱い方を非とし(*100*，8 頁)，セリエ，ル・ゲルン両版も一つの断章としている. なお，写真でも明らかなように，見出しの 2 行目の左に，パスカルとは異なった筆記具と書体で P. I. と記されているが，これも L 1 の場合と同様ずっと後になってから，第 1 写本の「第 1 頁」に相当することを示すためにつけられたものである. また，見出し 2 行目の右の斜め下のところに小さな穴が見えるが，これは分類のために紐で綴った跡であろう.

L が準拠する『第 1 写本』は，肉筆原稿集(*01*)で同一紙片に記されてあるものはすべて，分散させないで，続けて記してあるので，こうして L が相次ぐ番号を付すのに不思議はない. それに反して内容別分類の方針に基く B は，仮に同一紙片に記してあるものでも，その内容によっては，遠く離れた個所に分割配分されることが珍しくない. この断章も，(5)までが 227，(6)が 244，(7)が 184 と分散されている.

今述べた，肉筆原稿の同一紙片に記されてあるものは『第 1 写本』においてもすべて続いて写されているという事実は，かつて私が面白い経緯で確認したことがある.

クシューが，1948 年に第 1 写本優先の新説(*59*，8-11 頁)を発表して間もなく，私はかねてトゥルノールの説(*28*，1 の **33-38** 頁)を知って以来，一度確かめてみたいと思っていたことの実行を試みた. それは，もしも両人の唱えるように，『第 1 写本』こそ，パスカルの死の直後，パスカルの残した『パンセ』原稿綴りをそのままの順序で写したものであるとするならば，パスカルが同一紙片に記したものはすべて例外なく同じ所に続いて写されていなければならない. 一つでも特別の理由なしに，別のところに分散させられているならば，『第 1 写本』は，既に B その他で主張されているように，『パンセ』の初版であるポール・ロワヤル版の準備過程における編集上の一つの試みにすぎないことになってしまう．そこでこの点を確かめることが，「第1写本優先説」を取上げるべきかどうかをきめる最初のきめ手となる訳である．

終戦直後のことで，パリで集めた各種の研究資料がまだ手もとに戻っていないばかりか，フランスでも，1951年になるまでは，『第1写本』の順序に全く忠実な版(ラフュマ3冊本)が出ていないので，直接『第1写本』とパスカルの肉筆原稿をひきくらべることができなかった．マイクロフィルム等のおかげで第一資料を自由に用いられるようになった今日から考えると実に廻りくどい努力をしたものであるが，1949年だか50年に，次のような調査を試みたのである．

Bの3冊本に，『パンセ』肉筆原稿集，第1，第2写本，ポール・ロワヤル版を初めとして，それまでの主な版についての30頁近い詳細な対照表が掲げられている．有難いことには，肉筆原稿集の同じ頁に掲げられているものの間でも，別々の紙片に記されているものは，はっきり分るように区別されている．そこで私は，単語カードを使って，この対照表に基いて以上の点の検討を試みた．すると，驚いたことには，約10個所程，同一紙片に記されているものが，『第1写本』で別々のところに分散させられているという結果が出てきた．これが本当なら，「第1写本優先説」が根元から崩れることになるので，更に慎重に検討を続けた．先ず『パンセ』肉筆原稿集で同一の紙片にあるものは分散させないことを一つの特徴としているストロウスキー版(*26*)と，『第1写本』に大体忠実であるトゥルノール版とに当ってみて，約10の中四つ五つはBの表の誤植であることが分った．しかし残りの6個所については，手許にある資料では，同じくBの誤植であるかどうかを確かめようがなかった．

その頃は占領中でまだ海外との通信も自由でなかったのであるが，幸いフランス代表部の書記官に旧知がいたので，そのシャゼル氏に頼んで，この6個所の検討を依頼する手紙をパリのフランス国立図書館に届けて貰った．すると僅か1カ月も経たないうちに詳細な返事が戻ってきた．そこに記された明確な調査結果によると，問題の6個所も結局全部Bの対照表の誤植であることが分った．5,6万個の数字を並べている表のことであるから，六つや十の誤植が発見されても不思議はないのであるが，この廻りくどい調査によって，ともかく，肉筆原稿で同一紙片に記されているものは，すべて例外なく，『第1写本』でも同じ所に続けて写されていることが確認されたのである．

この調査の副産物として，それから間もなく，これも同じ友人の好意で入手したラフュマの最初の版(1947年2冊本)を検討してすぐ気がついたことは，ラフュマはその序文で，『第1写本』に準拠したと述べているにもかかわらず，『第1写本』で同一頁に記されている断章同士の間に，トゥルノール版と比べて見て，極めてひんぱんに順序の異同が見出されるということである．上述の調査のための単語カード等と引き合わせて見た結果，ラフュマ氏もパリにいながら私と同じようにブランシュヴィック版の対照表によって編さんしたに過ぎないことが明白になった．上述の1951年の3冊本以来その誤りは黙って訂正されたが，このことはその後の私の研究によい指針を与えてくれた．即ち，たとえどんなにしっかりした人の発表したものでも，問題の性質によっては，第一資料にまでさかのぼって自分で納得するまで検討しなければならないという自明でありながら中々実行怠り勝ちなことである．この経験のおかげで，後に記す，トゥルノールの注解の誤りにも気付けるようになったのである．

Lとの原文に関する相違は，Lでは，(2)の冒頭の＋印がなく，その先の見出しの2行も1行にされて，「対話による順序(Ordre par dialogues.)」となっている．(3)が二つのパラグラフになり，更に(4)の前の短線と(5)の次の空行，(6)の次の短線もない．こうした区切り等以外で，意味上の異同をもたらす相異点は，(7)の注で取上げる「les」が「le」となっている1個所だけである．

クーザンが初めて発表した．

(**2**)「＋　順序　対話による．(＋　ordre　par dialogues.)」＋の印は，パスカルが，様々な考えを記す際に，新しい断章や一つの断章中の一つの区切りを記すために，しばしば用いる記号であるから，解釈上の助けにもなり得ることがあるので，今後とも訳文にも付けることにする．「順序(ordre)」という語が次の「対話による(par dialogues)」という句と別の行になっているのは，「ordre」というのがこの『第1写本』の第1部第1章全体の標題であり，第1章の中には他にも同じ見出しで始まるものが四つ(L 5, 8, 11, 12)もあるので，訳文でもこの語を冒頭に置いた方が適切だと考える．なお，本断章を最初に発表したクーザン以来，ほとんどすべての版は「対話による順序」と1行にしているが，第1，第2両写本とトゥルノール1冊本は原稿通り2行に分けている．またトゥルノール2冊本は，「順序」を落し，「対話による」だけにしている．また「対話による」というのは，パスカルがその準備中のキリスト教弁証論の中でも，かつて『プロヴァンシアル』書簡の中でもしばしば用いて成功をおさめた対話体の利用を考えていたことを示すものであって，『パンセ』中にもその実例が多数見出される．

(**3**)「一体どうしたらいいんだろう．どこもかもはっきり見えないものばかりだ．自分は無だと思おうか．神だと思おうか．(Que dois je faire Je ne Vois partout quObscurités. Croiray je que Je ne suis rien Croiray je que Je suis dieu)」この部分の真ん中の「どこもかもはっきり見えないものばかりだ．(Je ne Vois partout quObscurités.)」(直訳，「私はいたる所にはっきりしないもの(暗いもの)しか見ない．」)「Obscurités」の最後の「s」は認めない方がよいと，トゥルノールが主張し，アンジュー，スタインマンがこれによっているが，「s」がなくなると「はっきり見えないもの」という具体性が失われ「暗やみ，不分明，あいまい」というような抽象的な意味になる．いずれにしても大きな意味の違いではないが，原稿では「s」がはっきり見えるようにとれるので，第1，第2両写本，クーザンを初め，他の諸版と同じ読み方をとった．

この部分でパスカルが言おうとしていることは，『第1写本』の第1部第7章あるいは，Bの6章の終りから7章の初めにかけて集められている諸断章を通読すればすぐ分るように，パスカルの考えていた護教論では，その読者が，ここに記されているように，無であるのか神であるのか分らないというような，正反対の断定の間をさ迷う状態に追いこまれることが必要なので，そのことを対話の一部分としての独白の形で示したものであろう．なお，「どこもかもはっきり見えないものばかりだ」という懐疑論の立場は，モンテーニュの『エセー』中の最長篇『レーモン・スボンの弁護』の章(*102*，2の12)と切り離せない関係にある．ドディユー版(*27*)では，自分は無だと言うのはエピクロス派，神だと言うのはストア派の哲学者だと説明しているが，パスカルの頭の中では，前者はむしろモンテーニュが代表していたのであろう.

(4) 「万物は変り, 相次いで行く. (Toutes choses Changent Et se succedent)」この部分のテキストには, 全体として問題はないが, ラフュマの1947年版(*30*, 1の106頁)は,「万物(Toutes choses)」を「これらすべてのもの(Toutes ces choses)」と誤記している.

この部分と次の(5)とについて, トゥルノール2冊本は, 次のような注を付し, それはそのままアンジュー版にも引きつがれている.

「モンテーニュは『レーモン・スボンの弁護』(2の12)を,『一つの変化から他の変化へと移るものである』万物に対して, 唯一の存続するものである神の存在を対立させているエピカルモスの引用によって結んでいる. パスカルは神を,『自分自身によって存続し常に同じである存在』と定義した. この断章の思考順序はこのように再構成することができる.」

この注の後半は(5)で取上げるので, ここでは前半の「エピカルモスの引用」という点だけを問題にする.『レーモン・スボンの弁護』の終りの所で, 絶えず変化する万物に対して不変の神が対置されているのは余りにも有名なので, 私も長い間, この注に疑いを持たず,『レーモン・スボンの弁護』と『パンセ』の関係を詳論した拙著(*85*, 411-412頁)でも, そのまま引用した. ところが, 上述の体験を経た後に, これも確かめて見る気になった. すると驚いたことには, エピカルモスの名は, この有名な部分の中の極く短い次の一節についてだけ出てきているのである.「エピカルモスが言うには, むかし金を借りた者は今それを負うてはいない. 前の晩, あすの朝食事に来るようにと招かれた者は, 今日は招かれないで来るのである. 何故なら2人とも, もう同じでなく, 別人となったからである.」(*102*, 444頁; *104*, 586頁)『レーモン・スボンの弁護』の終りの部分がほとんど全文, プルタルコスのアミヨ訳から借用したものであることは著名な事実であるのに, モンテーニュには詳しくないらしいトゥルノールがわざわざエピカルモスの引用と断った理由は, 終りに近いところでモンテーニュが「以上の一異教徒のかくも宗教的な結論に対して……」(*102*, 445頁; *104*, 588頁)と, それまでのプルタルコスからの借用を一括しているのに対して, その前に明記されているのは, 固有名詞としては, 一番近いのがヘラクレイトス, 次いでこのエピカルモスなので, ヘラクレイトスを見落して, その間の部分が全部エピカルモスの引用と速断したのではないかと思われる. なおパスカルの用いた版と同一の版である1652年のフォリオ版には, エピカルモスの名とヘラクレイトスの名の中間に出てくるラテン語の引用句の仏訳の終りに, それがルクレティウスのものであることが示されているので(*102*, 444頁), パスカル自身が, この部分がみなエピカルモスのものであると誤認するおそれはなかった訳である. 要するにトゥルノールの注の前半からは「エピカルモスの引用」という点は削除すべきである.

(5) 「君は間違っている. ……があるのだ. (Vous Vous trompez, Jl y a)」. 何があるのかについては, トゥルノールの説は, 既に(4)で紹介した. シュヴァリエも, その2冊本(*24*, 1の191頁)でも1冊本(*33*, 353番)でも「神」であるとしている. 2冊本の方ではしかも, その後に長々と補足文が追加されている. しかしパスカルがこの「Jl y a」の後に何を考えていたかはそう簡単に断言できないと思う．他の注解者たちは賢明に沈黙している．トゥルノールやシュヴァリエの言うように，もしこれが「神」であるとするならば，いわば問題提出からいきなり護教論の結論に一足飛びした形になるので，「対話による順序」としてはおかしい気がする．強いて何かを推定するならば，「ユダヤ民族」とか，「預言」をあげた方がよいように思う．殊に後者については，断章B 693(L 198)に「沈黙している宇宙」の片隅にほうり出されている人間の姿を忘れ難い言葉で鋭く画いた後，いきなり結論として，他の宗教と異ってキリスト教には預言があることを述べているところを見ても，少なくともシュヴァリエ，トゥルノール説よりは，真相に近いと考える．

またトゥルノールが(4)で紹介した注の後半で「パスカルは神を，『自分自身によって存続し常に同一である存在』(être qui subsiste par soi-même et est toujours le même)と定義した」と記しているが，私にはパスカルの著作の中から，この引用句をこのままの形で見出す事ができない．今迄に気がついたのは，『病の善用を神に求める祈り(Prière pour demander à Dieu le bon usage des maladies)』の中で「あなたは常に同じであられます(vous êtes toujours le même)」(L 362 頁)という句と『罪人の回心について(Sur la conversion du pécheur)』という小品の初めの方にある「彼自身によって存続する真の善(un bien véritable et subsistant par lui-même)」(L 290 頁)という別の句だけである．

(**6**)「何だって．君自身は，空や鳥が神を証明するとは言わないのか．」——「そうだ．」——「そして君の宗教もそう言わないのか．」——「そうだ．なぜなら，それは，神がそうした光を与え給うた若干の人たちにとっては，ある意味で本当であるが，それにもかかわらず，大多数の人たちにとっては，うそだからだ．」(Et quoy ne dittes Vous pas Vous mesme que Le Ciel Et les oyseaux prouuent dieu, ? non. Et Vostre religion ne le dit elle pas ? non. Car encore que Cela est Vray en Vn sens p[r] quelques ames a qui dieu donna cette lumiere, neantmoins cela est faux a l egard de la plus part)」 本断章のこれまでのところは，全部一気に記されてきたが，この部分をパスカルが記した際には，3 個所でためらった．

1) 原稿ではこの部分の 3 行目の初めにある「Car(なぜなら)」を記す前に，その前の行の終りに「au contra(au contraire〔その反対に〕の書き初め)」と，いったん書いて，それを終りまで書き終らないうちに，直ちに横線で消して，次の行に「Car」以下を記している．これは，「その反対に」と書こうと思った時には，キリスト教は「空や鳥が神を証明するとは言わない」どころか，「その反対」のことを言っていると否定を更に強めようとしていたのであるが，それを反省して，全面的否定ではなく，一部の人たちには証明になるが，大多数の人たちにとってはそうでないという部分的否定にした方が妥当だと考え直しての訂正であろう．

2)「Car(なぜなら)」より 10 語先の「quelques(若干の)」を記す前に，「les(定冠詞複数形)」をいったん書いた後に，直ちに考えを変え，その上に「quelques」を重ねて書きつけた．これは，神から光を与えられた「人たち(les ames)」と限定しないで言うよりは，「若干の人たち(quelques ames)」とした方が，こちらの方が少数であることがはっきりしてよいとの考えからの変更であろう．

3)「quelques ames」を書いた後，先ず「E」を書いて，直ちにその上に「que」を重ね，それも直ぐ横線で消して，その先に「a qui」以下を書き続けて行った．これは，以上の二つの場合のように，意味内容の変更というよりは，構文上のためらいであろう．「E」と書いたのは，おそらく過去分詞の「Eclairées(……光を与えられた)」とするつもりであったので，それを，関係代名詞を使った従属文で言い変えることにして，最初「quelques ames」を直接補語として扱うための「que」，次いで間接補語扱いの「a qui」にして考えがまとまったものであろう．これからも似たような例に度々出会うことになるが，以上三つの場合は，いずれもパスカルの頭の働きの早さが，非凡であったことを物語っている．

この部分にある「君の宗教(Vostre religion)」は，原稿では明らかに「V」で始まっているのであるが，どうした訳か，第1，第2両写本とも，「われわれの宗教(nostre religion)」と「n」で始めている．最初の発表者クーザンはそれを踏襲したばかりでなく，その先に更に今一つ一人称複数(「nous」〔われわれに〕)を加えて，「われわれの宗教もわれわれにそう言わないのか(Et notre religion ne nous le dit-elle pas)」と印刷している(これは後の版でも改められていない)．原稿通りのテキストを初めて公にしたのは，フォジェールである．

また，その先の「神がそうした光を与え給うた」の「与え給うた(donna)」は，両写本，クーザンを初めとして引続き，現在形の「与え給う(donne)」と読まれていたが，トゥルノール1冊本が初めて過去形にして以来，ラフュマ諸版，アンジュー，スタインマン，セリエ，ル・ゲルンの諸版もこれに倣っている．原稿のこの語の語尾の形からも，意味の上からも，過去形の方がよいと思う．

なお，ストロウスキー版は，「君の宗教もそう言わないのか．(Et Vostre religion ne le dit elle pas?)」の「pas」を落としている．

この部分に対する注としてBは，3冊本では，「ここでパスカルは，グロティウスの論著の初め(1の7)に展開されている伝統的証明法を指しているのである」と記し，1冊本では，「空とは，ここでは天体の体系の調和を意味している．それはピタゴラス派の哲学者たちを驚嘆させ，彼らは天体を神々の如く見なしていた．鳥とは，鳥たちが飛ぶことを可能にするその身体機構の素晴らしい構造，巣をつくる本能等である．『神様は小鳥たちにも餌をお与えになり，その御いつくしみは全自然におよびます』」となっている．なお最後の引用句は，ラシーヌの『アタリー』第2幕第7場の王子ジョアスの有名な台詞である．パスカルが，上述(L 1，〔3〕，6頁)のグロティウスやシャロン，あるいはまた，『レーモン・スボンの弁護』の発端となった，スボン(15世紀スペインの神学者)の『自然神学』(*130*)(1569年モンテーニュが仏訳出版〔*129*〕)でも行われているような，伝統的な神の存在の証明法では，パスカルが説得しようとしていた当時の読者たちに対して無力であるとの見解を抱いていたことは，Bでこの部分の直前に収められている断章242，243(L 781，463)を見れば明らかである．従ってこの二つの断章がこの部分の最も適切な注解となる訳である．パスカルがこういう見解を持つようになったのは，スボンを弁護しながら，スボンの護教論の基礎ともいうべき，自然の秩序によるキリスト教の証明法を完全に破壊しさった『レーモン・スボンの弁護』が及ぼした，パスカルを含めた当時の知識人への影響を見逃すことができない．

トゥルノール版とアンジュー版のこの部分に対する注は，次のようになっている．

「グロティウスは，その著『キリスト教の真理』の中で，月や遊星の運行による神の存在の伝統的証明を継承した．モンテーニュは，鳥の巣をほめたたえた大プリニウスを引用した．パスカルは同様に，シロンが『正方形や鈍角が』見出される『鳥たちの建造物の構成』に感心した一節を読むこともできた．しかし聖アウグスティヌスの弟子にとっては，理性は，大部分の人間において，原罪の影響で曇らされている.」(アンジュー版ではこの後に「それで，このような証明を受入れることができない」という句を加え，更に B 543, 557, 558, 586〔L 190, 444, 445, 446〕に相当する自版の断章番号を参考として掲げている).

トゥルノール，アンジュー両版のこの注も問題点をいくつか含んでいる．グロティウスに関するところは B 3 冊本にも既にあり，手元にあるラテン語訳(*71*，1 の 7，10-14 頁)と仏訳(*72*，1 の 4，24-32 頁)にも確かにあるが，B の記事(「パスカルはここで，グロティウスの論著の初め〔1 の 7〕にも展開されているのを見た伝統的な証明法を指しているのである.」)の方が正確で，トゥルノール版にあるように「月や遊星の運行」という表現は見当らない．これは大意は合っているのであるから，特に取り立てて論じなくともよいが次の二つの点は訂正を要する．

一つは，「モンテーニュは，鳥の巣をほめたたえた大プリニウスを引用した」という点である．モンテーニュが動物の本能のすばらしさを『レーモン・スボンの弁護』の中で長々と紹介したことは有名であるが，その長い個所をいくら調べても見当らない．同様にシロンの『霊魂不滅について』で，鳥の巣をほめたたえている部分(*132*，418-419 頁；*133*，274 頁)をいくら見ても，トゥルノールの引用しているような『正方形や鈍角』が見出される『鳥たちの建造物の構成』という言葉が見当らない．ところが，そうしてモンテーニュとシロンを調べているうちに気がついたのは，この最後の引用はシロンでなく，『レーモン・スボンの弁護』の関係の部分(*102*，326 頁；*104*，432 頁)に文字通り見出された．他方エルネスト・ジョヴィの『パスカルとシロン』(*75*)という小冊の中に掲げられている，上述のシロンが鳥の巣をほめたたえている個所の注に，アルキュオーンという鳥の説明として大プリニウスの名を挙げてその『博物誌』の一節を引用している(*75*，24 頁，注 2)．またそれから少し先には，今シロンの中でなく，『レーモン・スボンの弁護』の中で見出されたと述べた個所がシロンの別の一節の注(*75*，25-26 頁，注 2)として引用されているのを発見した．要するにトゥルノール，アンジューのこの注は，ジョヴィの記述を取り違えたもので，モンテーニュとシロンの名を入れ換えるべきなのである．

またセリエ版は，この部分の終りの「神がそうした光を与え給うた若干の人たち」について次の注を掲げている．

「プラトンとその弟子たちのことである．彼らに対して聖アウグスティヌスは，聖パウロの有名な一節をしばしば適用している．『彼らの知性がこれらの被造物を通して，神の見えない完徳，その永遠の力と神性を認めた際に，神御自身が神について知られていることを彼らに明らかにされたのである』(『ローマ人への手紙』1 の 19-20)．アウグスティヌスとジャンセニウスとパスカルは更にこれに加えて，しかしこの見事な哲学的考察は，彼らを笑うべき思い上がりへと導き，彼らの高慢が彼らの瞥見した神を覆ってしまったのであるとするのである(断章 221，222〔訳注．L 189, 190. B 547, 543〕)．」

更に，この部分の初めの「何だって．君自身は，空や鳥が神を証明するとは言わないのか.」という個所に対して，ル・ゲルン版は次の注を掲げている．

「これらの論拠は，人文主義神学者たちの伝統的な護教論の大きな流れに属している．それは，例えば，イーヴ・ド・パリ神父の『自然神学』(1633)の中で展開されている．パスカルの態度は，これに反して，アウグスティヌスの流れに位置付けられる.」

イーヴ・ド・パリの『自然神学』は，1633年から同38年にかけて刊行された4巻からなり，その第1巻第1部は神の存在について論じている(*51*，642頁；*76*，42頁)．1640年の第4版では，第1巻第1部第12章(*147*，157頁以下)は，「諸天の秩序と運動について」，同第21章(*147*，294頁以下)は，「植物と動物はその本能を普遍的理性によって導かれている」と題され，それぞれ「空や鳥」による神の存在の証しを試みている．パスカルが同書を読んだかどうかについては，イーヴ・ド・パリとパスカルを対比したブュッソンも確言はしておらず(*51*，606–608頁)，イーヴ・ド・パリを特に研究したジュリアン・エマール・ダンジェーも，パスカルが読んだと思われる同時代の護教論の8名の著者のリストの中で，シャロン，グロティウス，シロン等の6名よりは，確実度の低い2名の中に同人を数えている(*76*，45頁)．

ル・ゲルン版は更にこの部分の後半に対して次のように記している．

「パスカルにとって，自然の不可思議から引き出された神の存在の証拠は合理的価値を持っていなかったのであるが，そうだからと言って，それが全く無益であることを意味してはいなかった．それは，『精神から心情の中へではなく，心情から精神の中に入る』『神の諸真理』(『説得術』〔訳注，L 353頁〕)に属しているものである．断章431参照.」

断章431というのは，「聖書の正典の著者たちが，決して自然を用いて神を証明しようとしなかったのは感嘆すべきことである.」で始まるB 243(L 463)のことである．

(**7**)「神を探し求めるように仕向けるための手紙.　　ついで哲学者たち，懐疑論者や独断論者たちのところで，それを求めさせる．だが哲学者たちは，彼らのもとで探究する者を悩ますことだろう．(Lettre p^{r} porter a rechercher dieu　　Et puis le faire chercher Chez les philosophes, pirroniens Et dogmatistes qui trauailleront celuy qui les recherche)」 この部分を書く時パスカルは，先ず「……の手紙(Lettre de)」と書き始めたが，適当な名詞が思い浮ばなかったためか，「の(de)」を横線で消してその先に「……ための(p^{r}=pour)」を書いて「仕向ける(porter)」と動詞を続けることにした．また，「哲学者たち(philosophes)」の次に先ず「E」と記した．これはおそらく「Et(および)」の意味であって，哲学者たちの次に何かを並置する積りだったのであろう．しかし直ぐよい考えが浮ばず，別のものを並置する代わりに哲学者たちの内訳を書くことにして，「E」の前にコンマを打ち，次で「E」の上に「p」を重ねて「懐疑論者と独断論者たち(pirroniens Et dogmatistes)」と書き続けたものと推論できる．

この部分にはテキスト自体に，訳文とも係わりを持つ問題が三つある．

その一つは，ル・ゲルン版だけが，両写本を初めすべての版が，「le faire chercher(それを求めさせる)」と読んでいるところを，「il faut chercher(求めなければならない)」としていることである．するとその前後の訳文は，「ついで哲学者たち，懐疑論者や独断論者たちのところで求めなければならない」ということになる．この変更については何の説明もないが，原稿を見ると，無理に読もうとすれば，大文字で始めた「Jl faut (なければいけない)」と読めないこともないほどの走り書きなので，敢えてそのように読んだのであろう．しかし第1語について言えば，同じ紙片の上の方に出てくる「Jl y a (……があるのだ)」の「Jl」とは語形が大分異り，逆に，「ne le dit elle pas (そう言わないのか)」の「le」の形にずっと近い．また第2の語はその長さから言って，「faut」では長すぎ，「faire」と読む方が自然である．従って，ル・ゲルンの新説に改める必要はないと判断する．

今一つは，「悩ますことだろう (trauailleront)」についてである．このように読むのはトゥルノールの1冊本が初めてであり，1947年版(*30*，1の106頁)と1952年版(*32*，27番)を除くラフュマの諸版，スタインマン，セリエ，ル・ゲルンもこれによっている．従来はみな「悩ます (trauaillent)」と未来形の代りに現在形で読んでいた．肉筆原稿でのこの語尾は，はっきりせず，初めて未来形に読んだトゥルノールも「語尾ははっきりしていない．悩ますと読むべきかも知れない」と断っている．現在でも未来でも内容上はたいした違いではないが，問題の語尾がかなり長いのと，哲学者たちのもとで探求させるのは，将来のことなのであるから，一応未来形として読んでおいた．

第三の問題は，(1)の終りに記した「le」か「les」の件である．即ち，原文で終りから2語目が，「le」ならば神，「les」なら哲学者たちを指し，「神を探求する者」か，「彼らのもとで探求する者」かと文字の上では異なった意味になる．しかし哲学者たちのところで探求する対象はやはり神なのであるなら，本質上の違いはない訳である．原文はかなりはっきりと複数に読める．従って大抵の版ではそうなっている．しかし，意味の上からは，訳文でこそ「彼らのもとで」と意訳したからよいが，直訳なら「神を探求する者」と同じ構文の「哲学者たちを探求する者」ということになるので，フランス語の語感からいって少し無理がある．そこでB1冊本は，「ここでは『les』よりも『le』の方が期待されている．問題になっているのは神を探求する人間で，神を探求するから哲学者たちのもとで(直訳『哲学者たちを』)探求する者のことである」と注を付し，トゥルノールの1冊本では，「意味のためには，原稿にも拘らず『le』と読んだ方がいいかも知れない．なぜならパスカルは語尾の『e』をこのように書くことも時にはあるからである」との注がつけられ，アヴェの初版，1947年版(*30*，106頁)と1952年版(*32*，27番)を除くラフュマ諸版，スタインマン等は初めから「le」と「神」にしている．私としては，原稿はどう見ても「les」と，「哲学者たち」にしか読めないので，訳文のようにした(両写本を初め，大部分の版も「les」にしている)．

この部分の内容に関する注として重要なのは，Bの1冊本に次のように記されている．

> 「この記述によると，パスカルは少なくとも暫定的には，この問題即ち，不信心家たちの考えを宗教の方に向け，それが真であることを欲するようにするという問題を，手紙を用いて取上げようと志していたのである．ところで私の解するところでは，賭の論拠は正にこれと同じ適用範囲を持つものである．それは，意志は曲げるが，知性は納得させない．注目すべきことは，この賭の論拠は対話の形で展開されていることである．するとこの対話は手紙に続くものだったのだろうか，初期の『プロヴァンシアル』書簡のように手紙の中に対話がとり入れられてい

たのだろうか，それともパスカルは気を変えたのだろうか.」

この注は，B 233 の有名な「賭」の論拠とこの部分を関係づけているが，こうして前の部分と切り離して，単独に取扱えばこうした議論も成り立たないこともなかろうが，客観的裏付けは必ずしもない．これは恐らく「賭」の断章を含むBの第3章の冒頭に，これを置いた関係から，こうした注が付せられたのであろう．これより後に出た3冊本にはこの注は省かれている．同一紙片に記された前の部分と一緒に考えれば，これよりはむしろ後に述べるように，『レーモン・スボンの弁護』と関係づけた方がよさそうに思える．

なおここでパスカルが「哲学者たち」として特に「懐疑論者や独断論者たち」をあげているのは，『エピクテートスとモンテーニュとに関するパスカルとサシとの対話(Entretien de Pascal avec Saci sur Épictète et Montaigne)』(L 291-297 頁)や，B 430, 434 (L 149, 131) 等で展開されている哲学の諸説を二つに大別する行き方と同じである．モンテーニュが『レーモン・スボンの弁護』の中で長々と論じ，古代からの各種の哲学説がいかなる問題についても意見の一致を見ず，限りなく分裂矛盾しているという議論では，「何物かを探求する者は，結局，それを見出したというか，見出し得ないか，まだ探求中であるかである．全哲学はこれら3種類に分類される」(*102*, 364 頁；*104*, 482 頁)という三分法から始まっているが，パスカルは，「見出し得ない」とするアカデーメイアの徒(académiciens)については，B 392, 434, 435 (L 109, 131, 208) で言及してはいるが，『パンセ』全体としてそれに他の二つと相並ぶほどの重要な位置は与えていなかったのである．こうして分類法こそモンテーニュのそれをそのままには採用しなかったが，内容の上からは「哲学者たちは，彼らのもとで探求する者を悩ますことだろう」と記した際に，『レーモン・スボンの弁護』の上の個所のことを念頭に置いていたことには疑いない．

ル・ゲルン版は，この部分の「手紙」という語に対して次の注を付している．

「パスカルがこの同一の断章(訳注．同版は，本書と同様に，L 2, 3, 4 を一つのものとして扱っている)で『対話』と『手紙』について語っているのは，彼の護教論の書き方についての二通りの型の間で迷っていたことを示すというよりは，二つの方法を組み合わせたやり方を選んだことを示しているように思える．こうした解決法は，彼が既にその『プロヴァンシアル』書簡の初めの10書簡(訳注．L 371-419 頁)で採用したものである.」

同版はまた，「懐疑論者」と訳した「pirroniens (現代の綴りでは『pyrrhoniens』)」という語に対して，「パスカルは，懐疑論者たち(sceptiques)を平生このように呼んでいる」と記しているが，この語については，後掲 L 33 の(6)の終りを参照されたい．

(結び)　実質的には四つの断章があるが，この四つの部分((3)，(4)と(5)，(6)，(7))はすべてパスカルがその護教論の順序や方法について考えながら記したものであって，それぞれの部分について述べたように，モンテーニュの『レーモン・スボンの弁護』といずれも密接な関係を持っているのである．パスカルが『エセー』の中の最長篇を自分の護教論にどう利用したであろうかとの問題は，上記の拙著(*85*)が正にそれを主題としたものであるので，詳細はそれによっていただきたいが，この一紙片こそは，パスカルがモンテーニュと如何に真剣に取組み，彼を一方では利用しつつも，同時にまた，『レーモン・スボンの弁護』の懐疑論のとりことなっている当時の『エセー』愛読者たちを神の探求へと立上がらせようとして，その著者と対決している姿を如実に示しているのである．

L 5 (原 25, B 247)[1)]

原　　文

L 5[1)]

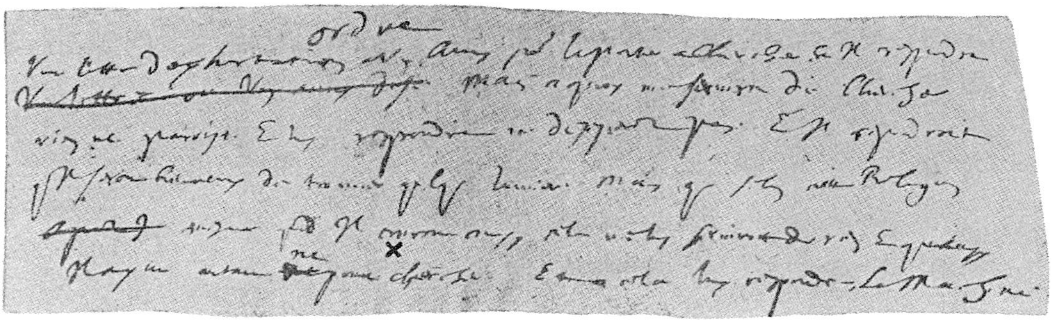

(原 25 の下から 2 番目)

ordre[2)]

Vne lettre d exhortation a Vn Amy p^r le porter a Chercher. Et Jl respondra

~~Vne lettre ou Vn amy dise~~ Mais a quoy me seruira de Chercher

rien ne paroist. Et luy respondre ne desesperez pas.[3)] Et Jl repondroit

qu Jl seroit heureux de trouuer quelque lumiere. Mais que selon cette Religion

~~Aprez J~~ mesme quand[a)] Jl crieroit ainsy cela ne luy seruiroit de rien Et qu ainsy

Jl ayme autant *ne* ~~ne~~[b)] point chercher.[4)] Et a cela luy respondre –, La Machine.[5)]

a) qua—+nd　　b) de+n

Ordre.[2)]

Une lettre d'exhortation à un ami pour le porter à chercher. Et il répondra: 《Mais à quoi me servira de chercher? rien ne paraît.》 Et lui répondre: 《Ne désespérez pas.》[3)] Et il répondrait qu'il serait heureux de trouver quelque lumière, mais que selon cette religion même, quand il crierait ainsi, cela ne lui servirait de rien, et qu'ainsi il aime autant ne point chercher.[4)] Et à cela lui répondre: 《La Machine.》[5)]

訳　　文

順　　序[2)]

求めるように仕向けるための友人への激励の手紙. ――すると彼は答えるだろう.「求めたところで, 私にとって何の役に立つだろう. 何も現われてこない.」――そこで彼に答える.「絶望してはいけない.」[3)] ――すると彼は, 何らかの光が見出せたら仕合せだろうが, この宗教そのものによると，たとえそういうように叫んだところで，何の役にも立たないだろうというのであるから，いっそ求めないことにしたいと答えるかも知れない.[4] ――そこで，それに対して彼に答える.「機械.」[5]

注　解

（1） テキストについて. 原 25 の下から 2 番目に貼られた左右に長い 1 枚の紙片に本断章だけが記されている．この紙片が貼られている台紙には，紙片の左側に，「PI」と記されているが，これも上述の場合と同様に，第 1 写本の「第 1 頁」を指すものである．L との原文上の相違は，(4) で問題にする 1 個所だけである．

デモレ(*05*)が，(3)以下を初めて発表した．原文との多少の異同は，後述する．

（2）「順序(ordre)」章名と同じこの見出しは，第 1，第 2 両写本には掲げられていたが，デモレにはなく，その代わり本文の左側の余白に，「著作計画(Projets d'ouvrages)」と記されている．そしてこの小見出しは，本断章の次に掲げられている L 6 の前半にまでかかっている．クーザンは，デモレのテキストを紹介するに止めたので，この見出しを最初に掲げたのはフォジェールである．その後どの版ものせているが，トゥルノール 2 冊本とル・ゲルン版だけは落としている．

（3）「求めるように仕向けるための友人への激励の手紙．――すると彼は答えるだろう．『求めたところで，私にとって何の役に立つだろう．何も現われてこない．』――そこで彼に答える．『絶望してはいけない．』――(Vne lettre d exhortation a Vn Amy p^{r} le porter a Chercher. Et Jl respondra Mais a quoy me seruira de Chercher rien ne paroist. Et luy respondre ne desesperez pas.)」(2)の「ordre(順序)」という語とこの部分の原稿での第 1 行(Vne lettre d exhortation a Vn Amy p^{r} le porter a Chercher. Et Jl respondra＝求めるように仕向けるための友人への激励の手紙．すると彼は答えるだろう．)の間がかなりつまっているばかりでなく，その行と更にその次の行との間も，他の行の間よりはつまっているところから，この「求めるように……」の 1 行は，後から加えられたものであろうと推定される．第 1 稿の際に記された本文の第 1 行には，「順序」という表題から充分の間隔をとって，左の端から「友人が次のように述べることになる手紙(Vne lettre ou Vn amy dise)」という句が先ず書かれていて，その後に，「求めたところで，私にとって何の役に立つだろう(Mais a quoy me seruira de Chercher)」がすぐ続いていたのである．それが後の推敲の時になって，「友人が次のように述べることになる手紙」を横線で消し，その上に「求めるように仕向けるための友人への激励の手紙．すると彼は答えるだろう．」との 1 行を書き足し，それに，「求めたところで，私にとって何の役に立つだろう」という句を続けさせたのである．こうして推敲の前と後とを比べると，推敲の前では「求めたところで，私にとって何の役に立つだろう」と友人が述べることになる手紙からやりとりが始まることになっていたのに対し，推敲の後には，更に一段前にさかのぼって，友人への激励の手紙が先行することになった次第が判明する．

第 1 写本がこの部分を筆写した際には，「仕向けるための(p^{r} le porter)」の中の「ための(p^{r}＝

pour)」が「pl.」のように見えるので(写真参照)，先ず「もっと(plus)」と写し，その先に続けて行った．しかし，これでは意味をなさないので，後から同一人の手でそれを横線で消し，その上の行間に，「ための」と訂正した．第1写本と第2写本がどういう方法で筆写を行なったかについては，分っているところが未だ少ないので，この場合などは，少なくともこの所を写していた際には，パスカルの原稿そのものを見ていた可能性が極めて大きいという，貴重な手掛りを与えてくれる．第2写本の方は初めから正しく写している．

この部分を最初に発表したデモレは，第1，第2両写本は正しく写していた「何も現われてこない．(rien ne paroist.)」に，「私には(me)」を挿入して，「私には何も現われてこない．(Rien ne me paroit.)」と変更した．これは，この方が意味がはっきりすると思ってのことであろう．クーザンもこれをそのまま引継いだので，フォジェールが初めて原文通りに戻した．なお，1947年のラフュマ版(1の106頁)は，終りの方の「答える(respondre)」を「答えるだろう(répondra)」と最後の字を誤記している．

L 3冊本は，この断章全体の注として，「L 244参照.」とだけ記しているが，これはB 228「無神論者の異議.『だがわれわれは何の光も持たない.』」を指すのであるから，この部分の注として受取ってよいであろう．しかし，無神論者に対するパスカルの厳しい態度を思うなら，今我々が問題にしている断章のように「友人」への手紙の注としては必ずしも適当ではないであろう．それよりも，Lでもすぐ前にある，L 2-4の断章が，ここまでの部分全体の内容についての最もよい注解であろう．但し，L 4で「求め」られる対象は，はっきり「神」と記されていたが，この断章では単に，「求める」と記されているのみで，対象は明記されていない．しかし断章の後半の議論によって，ここでも「神」か，あるいはもっと漠然と「真理」なり「光」なり「幸福」なりを指していると解してよいであろう．

(**4**)「すると彼は，何らかの光が見出せたら仕合せだろうが，この宗教そのものによると，たとえそういうように叫んだところで，何の役にも立たないだろうというのであるから，いっそ求めないことにしたいと答えるかも知れない．――(Et Jl repondroit qu Jl seroit heureux de trouuer quelque lumiere. Mais que selon cette Religion mesme quand Jl crieroit ainsy cela ne luy seruiroit de rien Et qu ainsy Jl ayme autant ne point chercher.)」 この部分は，後述する細かい点を除けば，全部第1稿で記された．トゥルノール1冊本も指摘しているように，パスカルは最初，「すると彼は，何らかの光が見出せたら仕合せだろうと答えるかも知れない．(Et Jl repondroit qu Jl seroit heureux de trouuer quelque lumiere.)」までで，これまでのところをいったん打切って，新たなパラグラフを始めるつもりであった．それで，次の行の初めに「Aprez J」と書いたが，2語目の終りまで書かないうちに，すぐ横線で消してしまった．「Aprez」は「後で」という意味であるが「J」の方は，何の始まりか分らない．もし「彼(Jl)」だとすれば，「その後で，彼は」と書き始めるつもりだったのかも知れない．いずれにせよ，この考えは直ちに改められて，前の行に戻り，その後に続けて，その行の終りまでと，次の行の横線で消したところの先にかけて「……が，この宗教そのものによると……(Mais que selon cette Religion mesme……)」と書き進んで行った．これは要するに，パラグラフを改めて，新たに次の段階に進むのを止めて，前の段階でその分まで一緒に言わせることにしたのであって，素早い変更である．

上に引用した部分のすぐ先の「quand(たとえ……ところで)」は，初め「qua」までしか書いてなかったが，後からはっきりさせるために「nd」を書き足した．また，原文でこの部分の終りから3語目の「ne(否定語)」は，初め「de(前置詞)」と書いたのを直ちに改めて，その「d」の上に「n」を重ねて「ne」にして，その先に進んだ．第1稿の際はおそらくそのままになっていたであろうが，推敲の際に，字体をもっとはっきりさせるために，それを横線で消して，その上に「ne」と清書したものと推定される．

この部分については，(1)で記したように1個所についてLのテキストと異った原文に準拠している．それは「叫んだところで(quand Jl crieroit)」に関するものであって，Lばかりでなく，第1，第2写本を始め，デモレ以来すべての版は，この個所を「信じたところで(quand il croiro(a)it)」と読んでいる．その原文における違いは「crieroit」か「croiroit」の違い，即ちこの語の第3字目と第4字目が，「ie」であるか「oi」であるかだけの問題に絞られている．しかしその僅かな違いが，「叫ぶ(crier)」か「信ずる(croire)」かの意味上の大きな違いになるのである．『第1写本』以来の一致した伝統に，何を好んで異を立てるのかというと，一つには，パスカルの肉筆原稿のこの部分(写真では特に×の印をその下に插入してある)は極めて不明瞭に記されており，あいにく「i」の上の点もなく，「ie」か「oi」かを識別するのは不可能である．初めの字がやや太いので「o」のように見えないこともないが，これとて二重になって太くなった訳ではなく，1回の線がたまたま太くなったのに過ぎない．要するに原稿ではどちらとも読めるのである．すると決め手は，意味の上から「叫ぶ」と「信ずる」とどちらの方がこの文章の前後関係からいって妥当性が強いかという点に煮詰められてくる．

この問題の動詞「叫ぶ」か「信ずる」かは，「たとえそういうように叫んだ(信じた)ところで」という句の中にあり，「そういうように(ainsy)」というのは，その前にある「何らかの光が見出せたら仕合せだろう(Jl seroit heureux de trouuer quelque lumiere)」を明らかに指しているのである．ところで，「何らかの光が見出せたら仕合せだろう」ということは，自分自身の気持なのであるから，それを「信じたところで」というのはどうもピッタリしない．それだからこそ，後に紹介するように，この所の意味を説明したり補ったりする必要が感じられて，少なくとも四つの重要な版で特に注解が加えられているのである．それよりも，「何らかの光が見出せたら仕合せだろう」と叫ぶのは，絶望寸前に追い込まれている探求者にとって少しも不自然ではない．哲学論や宗教論に「叫ぶ」というような生々しい言葉を用いるのは，他の多くの著者の場合には不似合かも知れないが，『パンセ』の魅力の一つはこうした言葉がいくらも見出される点にある．「叫ぶ」という言葉自体さえ，例えばB 425(L 148，原 377 の下から4行目)，435(L 208，原 374 の上から3行目と下から4行目)，920(L 916，原 99 の下から7行目)などと，厳粛な問題について用いられている．ことにB 194(L 427)などでは，本断章と類似している場面で，次のように，この場合と極めて近い使い方をしている．

「……要するに，この宗教は次の二つのこと，すなわち神は真心をもって神を求めている人たちに対しては，自分を知らせるための明らかなしるしを教会の中に設けられたということと，しかしそれらのしるしは，神を全心で求めている人たちにしか認められないようにおおい隠されているということとの二つを，等しく確立しようと努めているのである．そうだとすれば，真理を求めることを怠っていると公言しながら，何ものも真理を彼らに示してくれないと叫んだ(crient)ところで，何の足しになろう．……

宗教を攻撃するためには，全力をつくしてあらゆるところで求め，それを学ぶ道として教会がすすめるところにおいてさえ求めても，何の満足も得られなかったということを叫ばなければ(criassent)ならない．……」

更にまた，B 434(L 131)の原稿では2枚目(原258)の下から7行目の「彼ら(＝懐疑論者たち)があんなに盛んに叫んだこと(Ce qu Jls ont tant Crié)」の最終語の中の「i」は，上に点がないばかりか，その幅もやや太いので，この場合と字形がかなり似ていると言えよう．以上の理由で，敢えて従来と異なった読み方を選ぶ決心がついたのである．

この部分の諸版による伝承については，小さな問題が三つある．一つは，原文では最初にくる，「すると彼は……答えるかもしれない(Et Jl repondroit)」についてであるが，第1，第2両写本は正しく写していたものを，デモレは，「すると彼は私に……答えるだろう(Et il me répondra)」と「私に(me)」を挿入し，「答えるかも知れない(repondroit)」と条件法で和らげて言っているのを「答えるだろう(répondra)」と未来形でもっと断定的にしている．クーザンは，これを踏襲し，フォジェールは，「答えるだろう」は，「答えるかも知れない」に戻したが，「私に」の方は，そのまま残している．「私に」も省いて，原稿通りのテキストを初めて発表したのはモリニエ(*16*)である．今一つは，原文では，問題の「叫んだ(crieroit)」のすぐ後に続く「ainsy(そういうように)」が，第1，第2写本では正しく伝えられているのに，デモレでは落ちている点である．それで，デモレのテキストは，「quand il croiroit, cela ne lui serviroit de rien,(たとえ信じたところで，何の役にも立たないだろう)」ということになる．すると，「そういう風に」を入れてさえ，「信じた」では，解釈が面倒になるのに，それに更に輪をかけたことになってしまう．しかしクーザンは，相変らずデモレを受入れ，ただ，「何の(de rien)」の前置詞の「de」を「à」に入れ換えただけである．「ainsy」を入れ，コンマを落し，「à」を「de」に戻し，原稿と両写本通りの正しいテキストを初めて発表したのは，フォジェールである．第三の問題は，区切り方に関するものである．この部分の2番目の文章の初めの方の「Mais que selon cette Religion mesme(……が，この宗教そのものによると)」の最後の「mesme(そのもの)」の前後には，原稿にも第1，第2両写本にもデモレにも句読点は何も打ってなかった．ところでクーザン以後の版は，ほとんどみな伝統的に，綴りを現代化した「même」の後にコンマを打ち，これがその前の「Religion」に直接かかり「宗教そのもの」という意味になると解してきた．他方，原稿通りの句読点にしているトゥルノール1冊本は勿論のこととして，1947年と52年版を除くラフュマ諸版は，「même」の前にも後にも何の句読点もつけず，「宗教そのもの」と解することも，次に述べる別の解釈の何れともとり得るような区切り方にしていた．ところがスタインマンとル・ゲルン両版は，「même」の前にだけコンマを打つという新しい区切り方を掲げている．これによると，「même」は「宗教」にではなく，次の句の初めの

「quand(たとえ……ところで)」につくことになる．すると訳文としては，「宗教そのもの」が単に「宗教」となり，「たとえ……ところで」の方は「quand」一つでその意味を表わしていたところを「même quand」の二つで表わすというだけで現代の用法に近づくとはいえ，当時の用法としては内容上変わりはないことになる．この新解釈は，上掲のようにパスカルが，「Religion(宗教)」と「mesme(そのもの)」を，その2語が属する句より前に書き初めた「Aprez J」を間に挟んで記したのを見て，こうした筆の順序を考えに入れずに，「mesme」はその先の方の句につくと判断したものではないかと推測される．いずれにしても，内容上甚だしい変化を伴うものではないが，伝統的の区切り方の方が，「mesme」が生きてくるので，わざわざ変える根拠は薄いと考えられる．

今し方言及した「信じたところで」という読み方に対する注としては，アヴェの初版に，「即ち，心から回心もせず，聖化されもしないで(c'est-à-dire sans se convertir de cœur, sans se sanctifier)」と説明してあり，次いでB1冊本では，「何故ならば信仰は心情より来り，そして心情を傾ける力を持つのは神ひとりであるからである」と記され，更にトゥルノールとアンジューの両版では，「理性の光によって」と解すべきことが記されている．この3種の注のいずれも，「たとえそういうように信じたところで」という句が「何らかの光が見出せたら，仕合せだろうが」というのを指すにしてはいささか不自然なので，「信じたところで」の前に「心から回心もせず，聖められもせず」あるいはまた「理性の光によって」を挿入して理解すべきことを説いたり，BのようにB 252やB 282(L 821, 110)の用語を引合に出して説明しているのである．しかしこれらいずれの解釈も，「何らかの光が見出せたら仕合せだろうが」というような自分自身の気持を信ずるその信じ方の如何を問題にしていることになるので，文章全体の不自然さには変りはない．

なお，この部分の最後の，「何の役にも立たないだろうというのであるから(cela ne luy seruiroit de rien)」についてはトゥルノール，アンジュー両版では，「贖罪以後は，心情から発しなければいけない『真の信仰を得るために』と補うべきである」との注を付している．これはその前の部分に対する注「理性の光によって」に対応させているので，前の注の原文が異れば，この注も必しも必要でなくなる訳であるが，内容自体はこれでも一応差支えない．しかしパスカルの真意はおそらくもっと広い意味で，「神を見出すために」とか「真理(光)を見出すために」とか「幸福を見出すために」という，要するに(2)の終りで指摘したような「求め」られる対象を見出すためにという意味であろう．

この部分全体の内容に対する注としては，B3冊本に次のような長い説明がある．

「この異議は不信心な者(libertins)からばかりでなく，ジャンセニウス派でないカトリック教徒からジャンセニウス派のキリスト教解釈に対するそれでもあるのである．極端に厳格に解された恩恵の教義は，最早人間に希望を残さない．何故ならば，信仰の奇蹟の発意をなし，その選ばれた者の中においてそれを完遂するのは，神のなすところであるからである．不信者たち(incrédules)は，パスカルに対して，彼の教義が正しいことを認める．すると，それにも拘らず信ずることができないというのは，神が彼等を救いに予定しなかったからであるということになる．そして，ジャンセニズムの反対者たちは，こうした意味において，不信心な者たちの放逸と無関心を助成するといってこれを責めていたのである．(B 781 に引用してある 1655 年

12月の，ショワジー夫人からモーヴ伯爵夫人への面白い手紙参照.)」

この最後に言及されている手紙というのはランソンの『十七世紀書簡集』に収められている次の一節を指しているのである.

「これらの恩恵に関する命題が表われてからというものは，宮廷や社交界の人たちがことあるごとに，『ほら，何をしたって構わないじゃないか. 何故なら，もし我々に恩恵があるなら救われるだろうし，なければ亡びるだろうから』といって，どんなに調子が狂ってしまったかを私は見ておりますので，こうして学者のような口をきいているのです.」(*81*, 272頁)

ル・ゲルン版は，この部分の「何の役にも立たないだろうというのであるから(cela ne luy seruiroit de rien)」という所までに対する注として次のように記している.

「哲学的で専ら合理的な認識は，救いのためには無益である. これはとりもなおさず哲学者や学者の神と信仰だけが到達できるアブラハム，イサク，ヤコブおよびイエス・キリストの神との相克なのである.」

上の文章の後半は，パスカルのいわゆる「決定的回心」とよばれる体験の『覚え書』(L 618頁)の用語を借りたものであることは言うまでもない.

(5)「そこで，それに対して彼に答える.『機械.』(Et a cela luy respondre–, La Machine.)」

(4)の終りに引用したBの注でも明らかなように，(4)で述べられている「友人」の答えは，パスカルが属していたポール・ロワヤルの運動の源となったジャンセニウスの教義を逆手にとって，「何をじたばたしても，救われる者は救われ，救われない者は救われないと決っているのだから，自分の方から神を求める努力をするのは無意味だ」とする，およそパスカルのようにキリスト教の弁証論を準備している者によって，その試み自体の意義が問題にされる深刻な反問である. パスカルは，それに対して，正面から対決する心構えであったことが，この断章によって明らかになっている訳であるが，それならば，ここに記されている「機械(La Machine)」とは，一体何を意味するのだろうか.

本断章をデモレのテキストで引用したクーザンは，その終りの語に続いて，次のように記した.

「この『機械』という表現は何を意味するのだろう. われわれにそれを解くことはできない. 原稿では数回出てくる.」(*11*, 249頁)

フォジェールは，クーザンのような当時の学界の大御所が持て余したのを受けて，ここぞとばかりに次のような長い注を掲げた.

「本章(訳注. 同版の終りに『順序.(ORDRE.)』と題して，護教論の構成に関する断章を集めたもの)で数回(訳注. B 246〔L 11〕, B 248〔L 7〕)出てくるこの『機械』という語は，次の一節でも，もう一度見出される.『国王を見るときには，親衛隊，鼓手，将校たち，そのほか「機械を」尊敬と恐怖との方へと「曲げる」あらゆるものに伴われているのが習慣となっているので，時たま国王が一人でお供なしでいる時でも，その顔は臣下の心に尊敬と恐怖とを起こさせる. というのは，国王その人と，普通それと一所に見られるお付たちとを，考えの中で切り離さないからである，等々.』(『雑想』, 10, 1の182頁〔訳注. B 308〔L 25〕〕)

この一節の中の『機械』という表現は，われわれには，『順序』と題された諸断章(訳注．本断章とL 11)と同じ意味であるように思える．パスカルがここで，『機械を曲げる(plier la machine)』とか『機械を整える(préparer la machine)』(訳注．L 11)というのは，彼が他の所で，『自動機械を傾かせる(incliner l'automate)』と呼んでいることである．(本巻175頁の下にある注3参照.)——宗教においては，それを実践しない人たちには，納得できない物事がある．精神から外的な実践へと下り，外的な実践から精神へと上るという動きが，魂の中に宗教を保つのである．信仰の本質であるこの内なる精神を未だ持っていないが，それを所有することが望ましいので，それを所有するに到りたいと欲している一人の人間を，パスカルは想定する．しかしこの人は，自分の情念，自己愛，推理が彼に提供できる証拠の不十分さというような，ありとあらゆる種類の障害を感じている．彼は，欲し，探し求め，そして同時に絶望する．パスカルは，この人間を，こうした情況で捉えているのである．そして彼に対して，信仰は神から来るものであるが，いくつかの局面においては，われわれにも係わるものであることを示してやる．われわれは障害を除くことができるのである．即ち，われわれを神から遠ざける情念と戦い，われわれを神に近付けることができるような外部的な習慣に従ってそれを身につけるために，われわれの理性の同意と監視の下に，われわれの意志を用いるのである．これらはすべて，人間の業である．彼が自らを助けなければならない．そうすれば神が彼を助け給うであろう．彼が『機械』を整えなければならない．そうすれば，神がその中に，発動の原動力と，不滅の息吹きを置き給うであろう.」

フォジェールが参照させている「注3」というのは，B 252(L 821)に相当する断章の終りにある次の個所に対するものである．

「人が確信の力だけで信じていて，自動機械はその反対のことを信じるように傾けさせられているときは，十分でない．だから，われわれの二つの部分を信じさせなければならない．精神は，一生に一度見れば十分であるはずの理由によって信じさせ，自動機械は，習慣によって，そして反対に傾かせないようにして，信じさせなければならない．〈神よ，私の心を傾かせて下さい.〉」

これについての注は次の通りである．

「自動機械によって精神に働きかける方法，即ち外的な実践によって信仰に到達するそれは，新しいものではなく，道徳神学の諸先達によって勧められている．われわれの意見では，これは，パスカルが他の所で『機械を整える』と呼んでいることである．(本巻の終りにある『順序』と題された章を参照．そこでは，この『機械』という表現が数回繰返されている.)」

フォジェールのこのように詳しい説明が載った後では，クーザンも「われわれにそれを解くことはできない」では済ませなくなり，その改版では，同じ個所を次のように変えている．

「この表現は何を意味するのか，一見分らない．次の数行がそれを明らかにするであろう．

25頁(訳注．原のそれ)．『機械による証拠の効用を示す手紙.』(訳注．後述のL 7の(2)参照)

同上．『順序．神を求めるべきであるという手紙の後に，障害を除くことという手紙をこしらえる．それは「機械」についての論であり，機械を整え，理性によって求めることについて

の論である.』(訳注. L 11)

ここでは, 機械は, 熟考や理性に対立させられ, 説得力を持ち, 信ずるように準備する, ある種の習慣やある種の実践を指している. 17世紀では,『機械で(par machine)』というのは,『機械的に(machinalement)』という代わりに用いられていた. ラ・ファイエット夫人は, セヴィニェ夫人に, 私は機械的に(par machine)しか食べておりません(と伝えている). 以上の諸節をよく理解するためには, 上掲の一節(訳注. 序文と本論の中で,「賭」の断章〔B 233〔L 418〕〕について述べている所の頁を脚注で示している)と対照する必要がある.『君はいったい僕にどうしろというのだ. ——聖水を受け, ミサを唱えてもらうなどのことをするのだ. そうすれば, 君は愚かにされるだろう.』(訳注. B 233の終りの方の抄録)」(*11*,『パスカル研究』, 280–281頁)

クーザンのこの説明は, 終りはよいが,「機械で(par machine)」などを持ちだして, パスカルが用いたような, 定冠詞付きで, 独特な用法と等置するのは, 無理である.

ロシェー版は, この部分に対して次のような, 教会の高位者らしい注を掲げている.

「換言すれば, 人間をして, またパスカルが名付けるように機械をして, 自動機械をして, 宗教が命ずるところを実践させることである. そうすれば, 光がくるであろう. 58頁以降参照(訳注. B 498, 240, 252, 89, 251, 250, 486, 249, 255〔前半〕, 698〔最後のパラグラフ〕に相当する断章〔L 924, 816, 821, 419, 219, 944, 788, 364, 181〔前半〕, 936〔最後のパラグラフ〕〕が収められ,『宗教の命ずることの実践は, 理性を信仰へと準備し, 信仰を強化保持する』と題する, 第4章の4を指す.)」(*15*, XC頁)

Bの1冊本は,「機械は, 障害を除くことによって, 初めは不可能に見えた魂の全的変容を時として可能にする.」という簡単な注で済し, 同3冊本も次のような注に止めている.

「ドゥロ氏(訳注. *66*, 67頁)は, パスカルのこれらの主張の展開を, ニコルの『神の意志への服従について(De la soumission à la volonté de Dieu)』, 殊にその第1部第7章に見出した.『人がまだ, その持つべき気持を持っていない場合でも, その為すべきことを行うのを止めてはいけない.』(訳注. *108*, 85頁)」

Bがこのように簡単な注しか掲げなかったのは, 同版では本断章の直前にあるB 246(L 11)で,「機械」そのものについて明快な注をつけたためであるから, 後掲のL 11の(3)を見ていただきたい.

なお, トゥルノールの2冊本は, 次のような注を掲げているが, そこでデカルトが出てくるのは, 上のB 246の注によったものである.

「パスカルはこの語で, デカルトに続いて, 人間の動物的部分,『自動機械』, 本能, 習慣を意味しているのである.」

ル・ゲルン版の注も同じ様に, デカルトを引合に出している.

「『機械』, これはデカルトの自動機械である. 要するに人間の心理的生理的自動機械作用を信仰に奉仕させることが問題になっているのである.」

(結び)　この断章は, 完成の暁には従来のキリスト教弁証論には見られない幾多の斬新な論拠や論述方法を展開させたに違いないパスカルの護教論の新要素の一つを予告している. (5)で述べた

「機械」に関する『パンセ』の諸断章，更には，クーザンもつとに指摘した有名な「賭」の断章(B 233)の終りの部分などがその片鱗を示しているといえよう．

L 6 (原 25, B 60) [1)]

原　　文

L 6[1)]

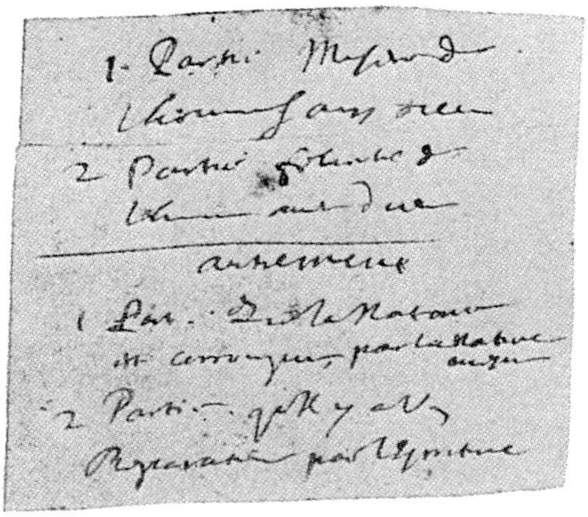

1　Partie　Misere de
l homme sans dieu
2　Partie　felicité de
l homme auec dieu[2)]

---

autrement[3)]
1　Part.　Que la Nature
est corrompue, *par la Nature*
mesme
2　Partie　qu Jl y a Vn
Reparateur *par l Escriture*[4)]

(原 25 の下から 3 番目)

Première partie: Misère de l'homme sans Dieu.
Deuxième partie: Félicité de l'homme avec Dieu. [2)]

---

autrement[3)]
Première partie: Que la nature est corrompue, par la nature même.
Deuxième partie: Qu'il y a un Réparateur, par l'Écriture. [4)]

訳　　文

第 1 部．神なき人間の惨めさ．
第 2 部．神と共にある人間の至福．[2)]

換言すれば，[3)]
第 1 部．自然が腐敗していること．自然そのものによって．
第 2 部．修理者が存在すること．聖書によって．[4)]

注　　解

（1）　**テキストについて**．原 25 の下から 3 番目に貼られている小紙片に，本断章だけが記されている．写真でも窺われるように，初めの2行と3行目以後が分れていたものを，一緒に合わせたものである．小紙片の貼られている台紙の左側には，「P. II.」と記されているが，これも，今までの場合に準じて，第1写本の「第2頁」を指すものである．Lとの原文上の異同は，(2)と(3)との行間にある横線がLでは省かれている点だけである．

デモレが先ず(2)だけを掲げ，クーザンが初めて全文を発表した．

(**2**)「第1部．神なき人間の惨めさ．第2部．神と共にある人間の至福．(1 Partie　Misere de l homme sans dieu　2 Partie felicité de l homme auec dieu)」パスカルがその護教論に二つの大きな区分けを考えていたことは，B 62(L 780)の標題が「第1部の序言」，B 242(L 781)のそれが「第2部の序言」となっており，それぞれの断章の内容も本断章と矛盾していないこと，またパスカルの甥のエティエンヌ・ペリエ(Étienne Périer)がポール・ロワヤル版の序文で記しているところ(L 495頁)とも合致する．更に，モリニエ(*16*)やアスティエ(*18*)のように，その版の第1部と第2部にこの断章通りの標題をつけているものもある．ル・ゲルン版は，この区分が，「パスカルが採用した束による分類に大体合致している」と記しているが，これは第1写本の第1部を指しているものであろう．また「神なき」と「神と共にある」との対比は，原文ではsans(=without)とavec(=with)の違いなので語呂の上からは「神なき」「神ある」とでも訳したいところであるが，内容を重んじて上のようにした．

(**3**)「換言すれば，(autrement)」これの前にある横線はラフュマ3冊本とセリエ版以外では略されているが，原稿にあれだけはっきり記されているのであるから残した方がよいと思う．

(**4**)「第1部．自然が腐敗していること．自然そのものによって．第2部．修理者が存在すること．聖書によって．(1 Part.　Que la Nature est corrompue, par la Nature mesme　2 Partie qu Jl y a Vn Reparateur par l Escriture)」第1，第2写本，クーザン，フォジェール，モリニエ等では「によって」の原語である「par」を2回とも句読点をはさまずにその前の部分と直結させている．そうすると「自然が自然そのものによって腐敗させられていること」「聖書によって修理者が存在すること」とも解し得ることになるので，先ずアヴェの初版が，「par」以下の部分を，その前とピリオッドで切り離し，本性そのものまたは聖書「によって証明された」という意味であるとの注を付してその理由を明らかにした．次いでミショー(*19*)も「par」以下を括弧にいれ，フォジェール，モリニエの読み方を非とし，その後の版も概ね「par」の前に何らかの句読点を入れ，しばしば「par」が「によって証明される」という意味であることを様々な言い方で説明している．パスカルの原稿には，最初の「par」の前には明らかにコンマがあり，第2のにはないが，いずれの場合も「par」以下の部分は字体を少し注意して観察すれば，第1稿で全体を記した後に，推敲の際に新たに加筆したものであることが明らかであるから，アヴェ以下の諸版のように，その部分を何等かの句読記号によって区切る方が正しい．ドディユーは，古い区切らない読み方を掲げ，ストロウスキーは，第1部の方だけ区切らないでいるが，何れも不注意の誤りであろう．

同じくテキストの問題になるが，トゥルノールの2冊本では，「修理者(Réparateur)」の代りに「rédempteur(贖主)」となっているが，原稿は明らかに前者である．内容の上からも前者の方が後者よりもこのところに一層適切である．なお1694年のアカデミー・フランセーズ辞典の初版(*64*)には，「REPARATEUR」の項に「主イエス・キリストを指す以外にはほとんど用いられない」と断ってある．

この部分というよりは，全体に対する注として，フォジェール版とラフュマ3冊本はB 562(L 468)の「地上にあるもので一つとして，人間の惨めさか神の憐れみ，または神なき人間の無力か神と共にある人間の力を示していないものはない」を参考として掲げている．またB3冊本では「パスカルがその護教論について一時考えていたこの単純な構想，そしてそれはボシュエの説教の区分を思い出させるものであるが，その中には全く心理学的な第1部と，啓示の権威に訴える第2部が存在したのであろう．」との注が付せられている．この注で，「一時考えていた」というのは，読みようによっては，これはパスカルの究極の考えではないという意味にもとれそうであるが，B自身3冊本の序文(**61**頁)の中で，この断章に基いて，第1部は明らかに「人間の心理学的研究」から成立っていると記しているところから見て，そうまで解する必要はないであろう．

なお「自然」と訳した原語は「Nature」であって，被造物全体およびその本性，狭義には人間の本性即ち人間性を指し，同じ問題を扱っているB 439(L 491)では明らかに後者を意味しているが，ここでは大区分であるから，一応最も広い意味にしておいた．

(結び)　B3冊本では，上掲のように「この単純な構想」と評されているが，パスカルがその護教論の前半を神を前提としない人間そのものの描写にあてようと志したそのことに，『パンセ』が今日我が国のような非キリスト教国においてさえ多くの愛読者を持つに至った一つの原因が見出されるのである．パスカルまでの護教論は概ね，神の存在の証明とかキリストの神性といった，いわば上の方から議論を始めてきたのに反し，パスカルの考えていたような「宗教から人間へではなく，人間から宗教へ，客体から主体へではなく，主体から客体へ」(ヴィネ，*140*，24-25頁)という行き方こそ，キリスト教に無関心なものをも引付けずにはおかない『パンセ』の魅力の一つなのである．

L 7 (原 25, B 248) [1)]

原　　文

L 7[1)]

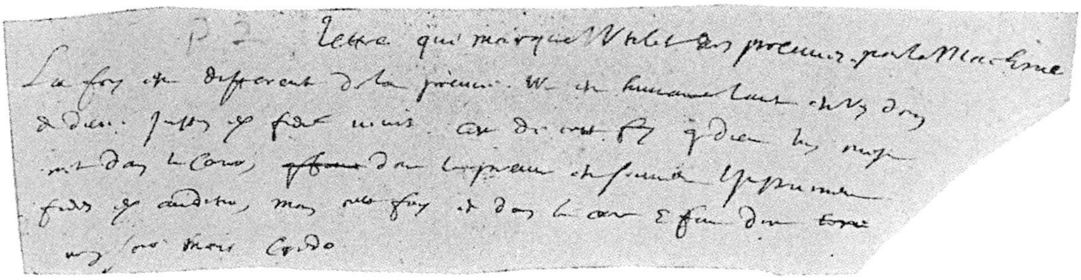

（原 25 の上から 3 番目）

P. 2.　　lettre qui marque l Vtilité des preuues. *par la Machine* [2)]
La foy est differente de la preuue. [3)] l Vne est humaine l autre est Vn don
de dieu. [4)] Justus ex fidé uiuit. [5)] C est de cette foy que dieu luy mesme
met dans le Cœur, ~~qui fait~~ dont la preuue est souuent l Jnstrument [6)]
fides ex auditu, [7)] mais cette foy est dans le cœur Et fait[a)] dire ~~Cre~~ 　　a) d+fait
non scio mais[b)] Credo. [8)] 　　b) C+mais

Lettre qui marque l'utilité des preuves. Par la Machine. [2)]

La foi est différente de la preuve. [3)] L'une est humaine, l'autre est un don de Dieu. [4)] *Justus ex fide vivit.* [5)] C'est de cette foi que Dieu lui-même met dans le cœur, dont la preuve est souvent l'instrument, [6)] *fides ex auditu,* [7)] mais cette foi est dans le cœur et fait dire non *scio* mais *credo*. [8)]

訳　　文

証拠の効用を示す手紙．機械によって．[2)]

信仰は証拠とは違う．[3)] 後者は人間的であるが，前者は神の賜物である．[4)]「〈義人は信仰によって生きる〉」．[5)] 即ち神自身が人の心にお入れになるその信仰によってであって，その証拠はしばしばそれの道具となる．[6)]「〈信仰は聞くことによる〉」．[7)] だが，この信仰は心の中にあって，「〈私は知る〉」ではなく，「〈私は信じる〉」と言わせるのである．[8)]

注　　解

（1）　テキストについて． 原 25 の上から 3 番目に貼られた紙片に，本断章だけ記されている．下方のＬ6 との間に，Ｌ9 が貼られており，その左側の台紙に「P. 2.」と記されている．本断章は，台紙に左右一杯に貼られているので，その左下にあたるこの2字は，L 9の分と合わせて，第1写本の「第2頁」に写されていることを示したものであろう．

Lとの原文上の相違は，(4)で取上げる一点だけである．クーザンが初めて発表した．

（2）「証拠の効用を示す手紙．機械によって．(lettre qui marque l Vtilité des preuues. par la Machine)」この1行は標題として記されており，第1稿では「par」の前までで終りとなって，はっきりその前にピリオッドが打たれている．即ち，L 6の場合と同じ具合に，「par」が後から加筆されたものであることは，原稿の写真を見れば明らかである．ところがL 6の場合は，既に前世紀のアヴェ初版で「par」以下が前の部分と切り離されたのに，今度の場合は，トゥルノールの2冊本で初めて，その分離が行われた．トゥルノール1冊本，ラフュマの諸版，アンジュー，セリエ，ル・ゲルンもそれを採用している(他の点ではラフュマに従うことの多いスタインマン版が，ここでは古い読み方をしているのは不思議である)．第1，第2写本以来の伝統のように，この分離を行わない場合には，この1行の意味は「機械による証拠の効用を示す手紙」ということになって，内容の上からもはっきりした違いを生ずる．トゥルノールやラフュマの読み方では，それまでのでは「証拠(preuues)」の補語であった「par la Machine」を，「示す(marque)」の状況補語と解することになる訳である．この二つの異なる読み方のいずれをとるかと言えば，先ず原稿の上からトゥルノール説の方が正しいばかりでなく，内容の上からも，この断章の本文中で，標題の示すような「証拠の効用を示す」個所は，「その証拠はしばしばそれの道具となる」という一句だけであるから，ここで問題になっているのは証拠一般であって，特に「機械による証拠の効用」ではないと解した方が自然であると思う．そして，その証拠一般の「効用を示す」目的のために，お手のものの「機械」の理論(上述L 5の(5)参照)を用いるつもりであるということを，後になって付け加えたのであろう．

この標題に対する注としては，アヴェ版に次のようなものがある(初版では，テキストとしてこの部分だけを掲げ，次の注から，「これらの断章を削除して」という個所を省いたものを，その後に続かせている．改版では本断章全文を載せて，次の通りの注にしている)．

> 「こんな口の利き方をするのはイエズス会員なのだろうか，それともパスカルか．ポール・ロワヤルが，これらの断章(訳注．アヴェ版にはこの断章の前に「機械」に関するB 247, 246〔L 5, 11〕を掲げている)を削除して，この激しい，しかも自分自身に対して激しい天才が，無理に行っている努力をあまり外に表わさないようにしたのは，賢明であった．キリスト教的な，しかもかくも理性に愛着していたかの世紀は，もし人が『機械によって』宗教を証明するなどと語ったなら，何と言ったことだろう．」

この注は，この前に集められた「機械」に関する諸断章全体を指すものとしては，成り立ち得ないこともないが，本断章に関しては，上述のテキストの正しい読み方をとれば，少し見当外れになる訳である．即ちここでパスカルは「機械によって宗教を証明する」とは言っていないので，「証拠」というものの信仰獲得についての位置付けを行う際に「機械」作用を持ち出そうとしたまでである．なお17世紀の人々の「機械」という言葉に対する反応は，その後機械の発達殊に産業革命の進行の結果，機械の悪い面が浮び上ってきたアヴェの生きた時代(1813-1889)とは異なり，むしろ人間の労苦を軽減してくれる機械の積極面の方が強く表に出ていたのだろうと推測される．デカルトが『方法叙説』の第 5 部で動物機械説を主張している際の語調，またパスカルが，自分の発明した計算機について述べている様々の個所(L 187 頁以下，同 279 頁以下)を読んでも，機械というものに対する 17 世紀人の新鮮な感覚が感じられる．試みにアカデミー辞典の「MACHINE」の項(*64*, 第 2 巻 1-2 頁)を開いてみるならば，そこに掲げられている 31 の用例の中で，悪い意味に用いられているのは,「感動させることのむつかしい人のことを，彼は機械によってしか動かないと諺や比喩的に言う」という 1 例だけであって，その他は，先ず「大きな機械，見事な機械，素晴らしい機械，新しい機械，実に巧妙な機械」から始まり,「自動機械は実に巧妙な機械である」とか,「比喩的に，人間は見事な機械であると言われる．古代の詩人たちは宇宙を，円い機械と呼んだ.」などといったたぐいである．パスカルの「機械」論については，既に L 5 の(5)で述べ，更に L 11 でも言及することになるので，ここではこれ以上述べないことにする．

(**3**) 「信仰は証拠とは違う (La foy est differente de la preuue.)」この部分にトゥルノール 2 冊本は次の注を付している.「スコラ哲学の用語では『信(la foi)』とは，判断，原理または結論に対する魂の同意のことである．パスカルはこの語を，宗教の明白な原理に対する同意にだけ用いている.」スコラ哲学から全く解放されていたパスカルがその用語例に囚われていないことをわざわざ説明する必要もないという理由からか，アンジューの改訂版では，この注の代りに次の説明が掲げられている.「『信仰』とは，証言に根拠をおく確信である．それに対して『証拠』とは，証明の合理的明証性に根拠をおいている．信仰の秘義は，超自然的なので，理性を越え，証拠の対象とはなり得ない．しかしそれらの秘義は神の子イエス・キリストによって啓示されているのであって，その証言は拒み得ず，人は完全な確信をもって信ずるのである．638(訳注．B 279〔L 588〕)参照.」

(**4**) 「後者は人間的であるが，前者は神の賜物である．(l Vne est humaine l autre est Vn don de dieu.)」 1947 年版(*30*, 107 頁)と 1952 年版(*32*, 30 番)以外のラフュマ諸版は，この部分の前半と後半との間に「また(et)」を挿入して「前者は人間的であり，また後者は神の賜物である．(L'une est humaine et l'autre est un don de Dieu.)」としたが，誤記である．

この部分の注解としては，(3)の終りに指摘された B 279 が適当であろう.「信仰は神の賜物である．それが推理の賜物であると我々が言っていると信じてはいけない．他の諸宗教は，その信仰についてそうはいわない．それらの宗教は，それに到達するためには推理しか提供しないのであるが，それにもかかわらず推理はそこへ導かないのである.」

(**5**) 「『〈義人は信仰によって生きる.〉』(Justus ex fidé uiuit.)」アヴェやロシェー(*15*, **90** 頁)以来の諸版に記されているように，ヴルガタ版ラテン語訳聖書の『ローマ人への手紙』1 の 17;『ガラテア人への手紙』3 の 11;『ヘブル人への手紙』10 の 38(『ハバクク書』第 2 章 4 節による)からの引用である．

(**6**)「即ち神自身が人の心にお入れになるその信仰によってであって，その証拠はしばしばそれの道具となる．(C est de cette foy que dieu luy mesme met dans le Cœur, dont la preuue est souuent l Jnstrument)」「その証拠は(dont la preuue)」の前の所に，パスカルは先ず「……させるところの(qui fait)」と書いて，恐らく，(7)の「言わせ(fait dire)」に相当するものにいきなり進むつもりだったのが，それを直ちに削除して現行の句に改めたのである．この訳文で，「即ち」という原文には明記されていない語を挿入したのは，「その信仰によってであって……(C est de cette foy...)」の「よって(de)」が，(5)の「〈信仰によって〉(ex fidé)」の「ex(〈によって〉．deに相当)」(当時の主な仏訳聖書の一つであったルーヴァン訳(*48*, 2の750頁)も，(5)を，「de」を用いて訳している)を受けるために特にそうしたのである．なお，トゥルノール，アンジュー両版は，(7)に対する注の中で，パスカルは通常仏訳聖書としてはルーヴァン訳を用いたらしいと記している．これはおそらく，レールメ説(*82*, 240–246頁)をとったものであろうが，同説は定説になってはいない(*39*, 21頁参照)．

(**7**)「『〈信仰は聞くことによる．〉(fides ex auditu,)』」アヴェ以来の諸版の注にあるように『ローマ人への手紙』10の17のヴルガタ版よりの引用(*47*, 1255頁)である．パスカルがこの聖句を重視していたことは，『プロヴァンシアル』書簡第18の中に引用されていることからも窺われる(L 466頁)．

(**8**)「だが，この信仰は心の中にあって，『〈私は知る〉』ではなく，『〈私は信じる〉』と言わせるのである．(mais cette foy est dans le cœur Et fait dire non scio mais Credo.)」この部分も(3)以下と共に全文第1稿で記されたが，その際次のように複雑な書き直しをして決定稿に到達したのである．1)「だが，この信仰は心の中にあって，(mais cette foy est dans le cœur Et)」と前半を記した後先ず「d」を書き，直ちにその上に「f」を重ねて「fait dire(言わせる)」と記した．これは，初めは，「言わせる」という使役動詞ではなく，いきなり「言う(dit)」にしようと思ったのを，使役動詞の方が適当と考えての，とっさの変更であろう．2) その先の行末に「Cre」と書いて直ちに横線で消し，次の行の初めに「non scio(『〈私は知る〉』でなく)」と書き続けた．消した「Cre」というのは「Credo(〈信ずる〉)」の書き初めであるから，最初は，後半を，「『〈私は知る〉』でなく」を抜きにして，いきなり，「『〈私は信じる〉』と言わせる(fait dire Credo)」と書くつもりであったと推定される．しかし，その「〈信ずる〉」を終りまで書かないうちに，「『〈私は知る〉』でなく」を入れた方がよいと，これもとっさに，考え直したのであろう．3) このように，「『〈私は知る〉』」まで書いた上で，先ず直ちに，「『〈私は信ずる〉』(Credo)」を書こうと思って，語頭の「C」を書いた．もしこれを終りまで書いたなら，「non scio Credo(『〈私は知る〉』でなく，『〈私は信ずる〉』)」となるところであった．しかしこれも，初めの一字を書いただけで，思い直し，「〈知る〉」と「〈信ずる〉」との対立関係をいっそうはっきりさせるために「mais(=but)」を間に入れた方がよいとして，「C」の上に，「m」を重ねて，「mais」と書き，決定稿の「『〈私は知る〉』ではなくて，『〈私は信じる〉』と言わせるのである．(fait dire non scio mais Credo.)」に遂に到達した．終りの僅か数語についてのこれら三つの変更は，いずれも一つの単語を終りまで書かないうちの瞬間的なものばかりであるから，パスカルの頭と筆先は驚くべき早さで動いたものと想像される．私は，かつて，マティスが画筆を揮っているところの高速度映画を見て，その瞬間の筆の動きの複雑さに圧倒されたことを思い出すが，高速度写真ではなくても，こうした原稿の分析からも，300 年前のパスカルの同様の仕事振りを窺えるのである．

諸版のテキストの伝承に問題はない．トゥルノール 1 冊本で「non(でなく)」が「nou」になっているのは，単なる誤植であろう．

この部分の内容に対する注としては，B 3 冊本に次のように記されている．

「『スボンの弁護』の中で(訳注．*102*，361 頁；*104*，478 頁)モンテーニュは聖アウグスティヌスの句(『秩序論』2 の 16〔訳注．*43*，438 頁．ヴィレー〔*103*，238 頁〕によれば，ユストゥス・リプシウスがその『政治論』，1 の 2 に要約引用したもの〕)『〈神は，知られないままで，いっそうよく知られる〉(Melius scitur Deus nesciendo)』とタキトゥスの句(『ゲルマン人の風習について』，34〔訳注．*135*，373 頁〕)『神々の行動については知るよりも信ずる方が，いっそう聖く恭々しいのである．(Sanctius est ac reuerentius de actis Deorum credere quàm scire.〔訳注．綴字は 1652 年版『エセー』に合わせた〕)』を並記した．」

セリエ版は，この部分について，「聖トマス，『神学大全』，2 の 2，第 1 問第 3 項参照．」と記している．同項(*137*，7-8 頁)は，「〈信仰に属するものは，知られ得るものであるのか．〉」と題されている．

私は，この「〈知る〉」と「〈信ずる〉」との二つのラテン語の動詞の対比の，パスカル自身に直接関係した例として，次の句を挙げたい．それは，姪のマルグリット・ペリエがキリストの茨の冠の破片として信ぜられているものに触れることによって不治の眼病を癒された，いわゆる「聖茨の奇蹟」(1656 年 3 月 24 日)の直後にパスカル自身が作らせた，自分の印形の銘句に「〈私は，誰を信じたかを知っている〉(SCIO CUI CREDIDI)」と刻ませた事実である(次の写真および *116*，1 の 416 頁参照)．

パスカルの印形

ル・ゲルン版は，本断章の(3)以下で行なわれている知と信との区別について次のように記している．

「この区別はパスカルの思想の最も変わらない要素の一つである．それは1650年前後に書かれた『真空論序言』(訳注．L 230–232頁，*116*，2の777–785頁)の中で既に表明されている．そこでは，理性と実験の上に基礎を置いている認識と権威に依存する認識とを対立させており，神学は後者の首位に置かれるべきものであるというのである．」(*89*，30–33頁参照)．

(結び)　この断章は「証拠」と「信仰」との関係，即ち護教論そのものの意義を論じたものであって，その準備に当っているパスカルにとっては，基本的な問題である．Bの第4章にこの問題に関するものが多く集められているが，パスカルがこの断章を，「順序」と題し，護教論全体の構成に関する断章を集めたこの第1章に入れたのは，この問題に関係する諸断章を代表させる意味においてであろう．

L 8 (原 27, B 602) [1]

原　　文

L 8[1]

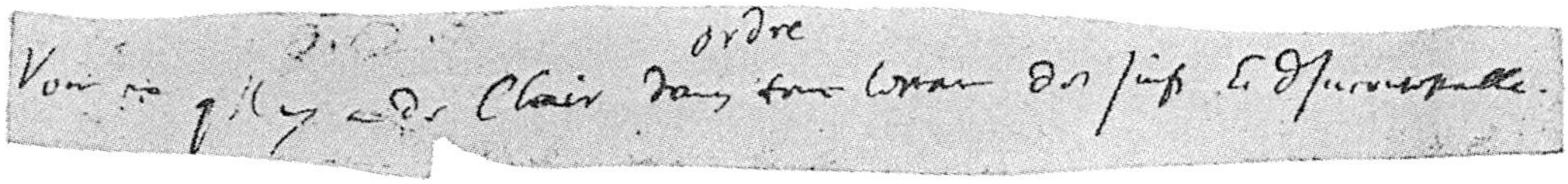

(原 27 の上から 2 番目)

P. 2.　　　　*ordre*[2]
Voir ce qu Jl y a de Clair dans tout l estat des Juifs Et d Jncontestable. [3]

Ordre. [2]
Voir ce qu'il y a de clair dans tout l'état des Juifs, et d'incontestable. [3]

訳　　文

順　序[2]
ユダヤ人のあらゆる状態のなかで，明白なものを見ること，そして争う余地のないものを. [3]

注　解

(1)　**テキストについて**. 左右に細長い紙片にこれだけ記され，原 27 の上から 2 番目，即ち L 1 のすぐ下に貼られている．紙片の左側の上部に，「P. 2.」と，別人の筆跡で，別の筆記具を用いて記されているが，これもずっと後になってから，第 1 写本の「第 2 頁」に写されていることを示したものである．L との原文上の相違はない．

フォジェール版で初めて発表された．

(2)　「順序(ordre)」この見出しは，本文との間隔が小さすぎるので，第 1 稿の時に書かれたものではなく，後で分類する際に記されたものと推定される．トゥルノール 2 冊本は，この見出しを落としている．

(3)　「ユダヤ人のあらゆる状態のなかで，明白なものを見ること．そして争う余地のないものを．(Voir ce qu Jl y a de Clair dans tout l estat des Juifs Et d Jncontestable.)」キリストの預言を含む旧約聖書を信奉し，しかもそのキリストを認めないで十字架にかけ，その後も各地に分散して惨めな状態で存続しているユダヤ人の歴史が，キリスト教の真理の最も強力な証拠の一つであると，パスカルが考えていたことは，B 第9章に集められている諸断章を初めとする多数の断章において明らかである．中でも B 617-620 等においては，「見事だ(admirable)」(617〔L 390〕)，「確実だ(effectif)」(618，619〔L 456，454〕)，「見事で独特だ(admirables Et singulieres)，独自だ(Vnique)」(620〔L 451〕)というような感嘆を交えた文章でもってユダヤ民族の歴史に言及している．従ってこの断章は，パスカルの考えていた護教論第2部の歴史的諸論拠の中で，特にユダヤ民族に関する部分を，この「順序」の章の中で代表させているのであろう．

L 9 (原 25, B 291)[1]

原　　文

L 9[1]

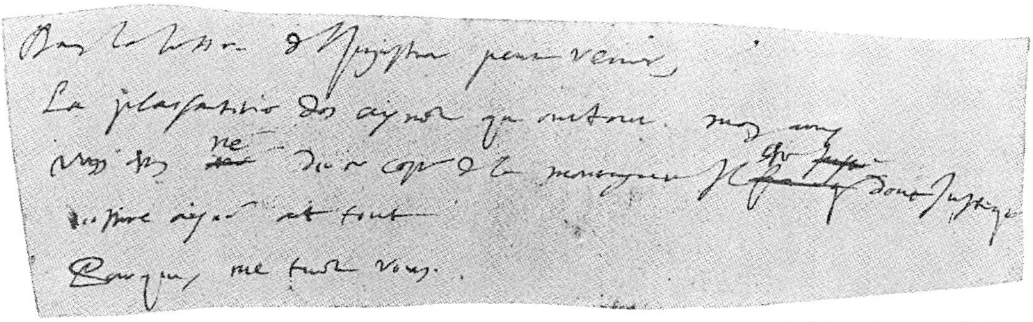

(原 25 の上から 4 番目)

Dans la lettre de l Jnjustice peut Venir,
La plaisanterie des aisnez qui ont tout.[2] mon amy
né *est ~~Juste~~*
Vous[a] estes ~~né~~ de ce Costé de la montagne Jl ~~faut que~~ *donc Juste que* a) Vos+us
Vostre aisné ait tout[3]
Pourquoy me tuez Vous.[4]

Dans la lettre *De l'injustice* peut venir:
La plaisanterie des aînés qui ont tout.[2] 《Mon ami, vous êtes né de ce côté de la montagne, il est donc juste que votre aîné ait tout.》[3]
《Pourquoi me tuez-vous?》[4]

訳　　文

「不正について」の手紙の中で言及し得よう.
長子が全部を相続するというふざけた話.[2]「友よ，君は山のこちら側で生まれた．だから君の長兄が全部を相続するのが正しいのだ.」[3]
「なぜ私を殺すのだ.」[4]

注　解

(1)　テキストについて. この断章の原稿は，原 25 の上から 4 番目に，L 7 とほぼ同じ大きさの紙片にこれだけ記され，そのすぐ下に貼られている．この紙片の左側の台紙にも「P. 2.」と，第

1写本の頁数が，後から書き入れられている．Lとの原文上の異同は，(2)に記すところだけである．
クーザンが初めて発表した．

（2）「『不正について』の手紙の中で言及し得よう．長子が全部を相続するというふざけた話．(Dans la lettre de l Jnjustice peut Venir, La plaisanterie des aisnez qui ont tout.)」この部分では，「『不正について』の中で言及し得よう．(Dans...Venir,)」の1行が，原稿の記され具合からいって，第1稿の時でなく，後に加筆されたものであることが明白である．「第1写本」を初めとしてほとんどすべての版(ラフュマの1947年版(*30*，1の107頁)をも含む)は，この1行とそれに続く分の間に何等の句読点(これは，原稿では極めてはっきりしていて，コンマというよりはむしろ，その下の行と区別するための区切りのように見える.)をも置かずに直結させるか，トゥルノールとアンジューのように横線を挿入して連結させている．ラフュマの3冊本，1958年版とLがこの1行の後にピリオッドを打って，しかも「La plaisanterie」以下を新たな行にしている．私の解釈としては，現代の綴りで印刷する場合には，この1行を全体にかかる導入句として取扱い，行末にはピリオッドのかわりに，ラフュマの1952年版(*32*，32番)とル・ゲルン版のように，次に続く説明を予告するコロンを打つのがよいと思う(セリエ版はコンマを打っている)．従来のようなテキストにすれば，(4)をも含む全体にかかり難くなるし，ラフュマの上の三つの版のようにピリオッドにすると，未完の文章にピリオッドを打つことになるからである．また「de l Jnjustice(不正について)」は，ラフュマの同じ三つの版(クーザン，スタインマン，セリエ，ル・ゲルンも同様)は，普通の活字にしているが，手紙の題名を示すものとして，現代の綴りで印刷する場合には，フォジェール，ロシェー(*15*，**90**頁)，アスティエ(*18*，602頁)のように『不正についての手紙』全体をイタリックにするか，モリニエ，B以後の大部分の版のように，これをイタリックにした方がよいと思う．

Bでは，この断章は，「正義と現象の理由(La justice et la raison des effets)」と題する第5章の冒頭に収められているので，第5章全体への序文のような意味も兼ねて，「『不正について』の手紙の中で」という個所に対して次の注が掲げられている．

「この指示によれば，護教論中の正義の基礎に関する部分は手紙で取扱われる筈となっていた．これらの手紙が問題の全体とどういうつながりで結びつけられていたのかについては言及されていない．しかし，あえて推論を試みるならば，パスカルはその中で，次の異議を目標にしていたという可能性がある．即ち，ジャンセニスムの教理に対して，不信心な者が人間の正義の原理から自然に引き出す異議である．換言すれば，恩恵は，専断的に，ある者には与えられ，他の者には拒まれるのであるから，選ばれた者への報賞も，地獄に堕ちた者への刑罰も等しく不正であるという異議である．ところでパスカルは，人間の正義が神の正義を裁き得るということを否定する．なぜならば，人間の正義は自らを正当化することについて無力であるからである．『われわれの正義は神の正義の前には無となるのである』(訳注．B 233〔L 418〕の第2パラグラフ中の文章による)．すると，予定説と恩恵の秘儀も最早われわれの気にさわる点が何もなくなってしまうのである．なぜならば，神の事柄をわれわれの人間的な理解の手段で推し量るのを断念したからである．キリスト者だけが人間社会の諸制度の真の理由に到達するのであることを指摘するパスカルは，こうして事態を逆転させたのである．即ち，正義とは人類の中には存在せず，神のうちにこそ見出す望みが有り得るのである．」

上の注の終りの方は，本断章の範囲を明らかに越えているものであり，Bの5章全体の一解釈と見るべきである．しかしながら，他面，「順序」の章を構成する12の断章のうち，既にL6がBの第2章の冒頭，L4が同3章の冒頭にあるのに続いて，本断章もまたブランシュヴィック教授によって第5章の冒頭に相応しいものとして選ばれたという事実は，この章の意義を一層大にしているものではなかろうか．

(**3**) 「友よ，君は山のこちら側で生まれた．だから君の長兄が全部を相続するのが正しいのだ(mon amy Vous estes né de ce Costé de la montagne Jl est donc Juste que Vostre aisné ait tout)」

第1稿でこの部分を書いた時には，初めの方の「Vous(君)」を書く前に，先ず「Vos」と，おそらく「Vostre(君の)」を書くつもりで書き始めたのを，終りまで書かないうちに考えを変えて，「s」の上に「u」を重ねて，「Vous」にした．初めの考えでは，ここですでに，「Vostre aisné(君の長兄)」を主語とするつもりであったのかも知れない．その2語先の「né」は，第1稿で書いたものを推敲の際に横線で消し，その上の行間に同じ語を再び書いている．これは，第1稿の字体があまりはっきりしていないため，おそらく後で読み直した際に書き改めたものであろう．また，この部分の後半(Jl est donc...)は，第1稿では，「君の長兄が全部を相続すべきなのだ(Jl faut que Vostre aisné ait tout)」となっていた．ところが，後の推敲の際に，「faut que(すべきなのだ)」を横線で消し，その上の行間に，「est Juste(正しいのだ)」と先ず書いた．この段階では，この部分の前半を受けて，それの論理的帰結であることを明示するための「donc(だから)」を入れるつもりはなかったのである．しかし，(2)の「ふざけた話」をいっそう引き立たせるためには，「だから」を入れた方がよいと考え直して，書いたばかりの「Juste(正しい)」を横線で消して，その右下の，その前に消した「すべきなのだ」の先に「donc Juste que(だから……正しいのだ)」と書き足して，決定稿に到達した．

この「すべきなのだ」を「だから……正しいのだ」に変えたのは，(2)の「『不正について』の手紙の中で言及し得よう．」を推敲の際に加えたことと直接関係があると考えられる．(2)の追加と，この「だから……正しいのだ」への書き変えがなければ，本断章では，正義の問題は直接表面に出て来ないで，ただ，「ふざけた話」の実例があげられていたにすぎない．それを後の推敲の際に，正，不正を論ずる手紙の中で取上げるのがよいということを考え付き，上の2個所の加筆訂正を行なった上で，「順序」の章に分類したものと推定される．

トゥルノール1冊本は，この部分の「Vostre」を「nostre」と誤記している．

長子相続制の不合理をつくこの皮肉は，当時のヨーロッパで，長子相続制とそれ以外の相続制度が入り混っていたことを当然背景としている．当時フランスの法制は全国的統一はなく，地方や身分の違い等によって区々であったが，長子相続は原則として封建貴族の場合に限られていた．即ち国内でも地域や身分によって異なる相続制が並存していたのである(*112*, 上巻(2)626頁)．なおパスカル一家が，長子相続制の下になかったことは，パスカルが父の亡き後，妹ジャクリーヌと財産問題で一時いざこざを起した事実からも窺われる．

ル・ゲルン版はこの部分の後に次の注を付している.

「パスカルは，この法律の相対性という考えを断章56で長々と展開している.」

断章56はB 294と73，L 60と76を一つの断章にしているのであるが，ここで問題にされているのは，B 294(L 60)の方である.

(**4**) 「なぜ私を殺すのだ. (Pourquoy me tuez Vous.)」アヴェ初版以来いくつかの版では，説明として，B 293(L 51)，即ち同じ句で始まり，更に川の向うとこちらに住む違いだけで，向う側の者を殺せば英雄で，こちら側の者を殺せば人殺しになるという戦争の矛盾を指摘している断章を挙げている. モリニエ版ではこの句が欠けているので，ミショーは，そのことを取上げた後，「しかしながら，戦争の不正義もまた，長子相続制と同じく，『不正についての手紙』の中に正しく入るべきものである.」と評している.

なお，ガジエ(*22*，337頁)は，本断章を，B 293と「彼は川の向うに住んでいる」というB 292(L 20)の次に掲げた上で，次の注を付している.

「このようにテキストを並べてくると，有名な『なぜ私を殺すのだ』という文章も一つの冗談なのではないかと問いたくなる. パスカルについて判断を下すには，どれだけ慎重を要するかということを，これほどよく証明しているものはない.」

本断章の訳文で用いた「ふざけた話」の原語の「plaisanterie」は，「からかい」や「冗談」とも訳し得る言葉なので，ガジエは，「冗談」の意味にこの語を用いたと解して上のように訳した. しかし，パスカルの社会秩序や政治に関する思想は，第1写本の第5章(Bでもおおむね第5章)の諸断章を読めば明らかなように，正，反，正，反と次々に価値の転換を行なって行く独得なものであるから，本断章が言及している「手紙」で述べることも，その一段階についてだけのものであろう. 従って，その段階の中では「冗談」ではなく，本気で話されているものと解すべきものと思う.

なお，セリエ氏は本断章をアウグスティヌスの類似の考察と対比し(*131*，210–211頁)，ル・ゲルン版はB 292, 293だけでなく同294にも類似の記述がある旨を指摘している.

(結び) この断章が，「第1写本」の第1の章に入れられている事実は，同じく第5章として「現象の理由」の章が存在する事実と相並んで，社会正義の問題に関する議論(B版第5章参照)が，パスカルの考えていた護教論の重要な一構成分子をなしたであろうことを明示している.

L 10 (原 27, B 167)[1]

原　　文

L 10[1]

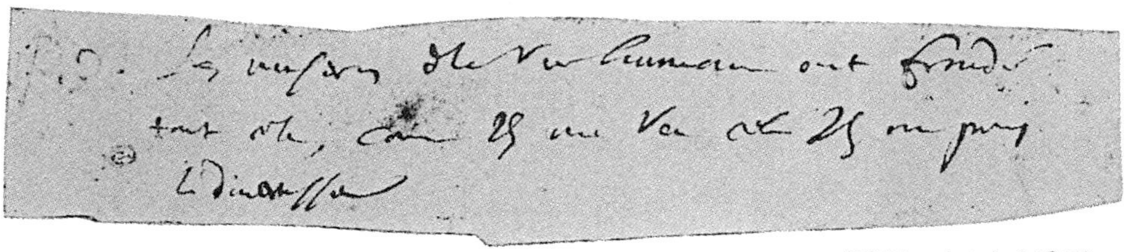

(原 27 の上から 3 番目)

P. 2.　Les miseres de la Vie humaine ont frondé
tout cela,[2] Comme Jls ont Veu cela Jls ont pris
le diuertissem^{t}.[3]

Les misères de la vie humaine ont frondé tout cela.[2] Comme ils ont vu cela ils ont pris le divertissement.[3]

訳　　文

人生の惨めなことどもが，これらすべてをやっつけた.[2] 彼らはそれを見たので，気を紛らすことを取り上げた.[3]

注　　解

(1)　**テキストについて.** 原 27 の上から 3 番目に貼られている細長い紙片に，これだけ記されている．この小紙片の左上のすみには，「P. 2.」と記されているが，これも，これまでの諸断章の場合のように，第 1 写本の頁数を誰かが書き足したものである．L との原文の上の相違は(2)で記す.

フォジェール版で初めて発表された.

(2)「人生の惨めなことどもが，これらすべてをやっつけた．(Les miseres de la Vie humaine ont frondé tout cela,)」フォジェール以来のすべての版では，終りから3語目の「frondé(やっつけ)」が，その 2 字目の「r」を抜かした「fondé(生じさせ〔直訳では「基礎付け」〕)」となっており，この部分は，「人生の惨めなことどもがこれらすべてを生じさせた」ということになっていた．そしてこの中の「これらすべて(tout cela)」が何を意味するのか，従ってこの部分の真意が何であるかについて各版の注は沈黙し，ただトゥルノール2冊本だけが,「恐らく不正のことであろう．第1写本は前の二つ(訳注．L 9の(2)(3)(4)の意)とこれを一緒に掲げている」と記していた．しかし第1写本ではL 9とつながっているように見えないこともないが，第2写本でははっきり区別されており，更に原稿では別の紙片でそれぞれ別の頁(25，27)に貼られているのである．従ってただ隣にあるというだけで本断章をL 9と直接関係付けるのは誤っている．そこで，以前私が伝統的な読み方について注解した際には,「人生の惨めなことども」は，死とか不幸とか罪とか無知といった人間の根元的な悲惨を指すのに対し,「これらすべて」というのは，そこから派生する人生及び人間社会における様々な不合理または醜い諸現象のうちのいずれかまたはすべてを指すと解するのが比較的無難であろうと記すほかはなかった．要するに伝統的な読み方では「これらすべて」が何を指すのか明らかでなかったのである．

ところが，1977年に刊行されたル・ゲルン版は，本文を「frondé(やっつけ)」にし，その注で次のように記した．

> 「諸版は『fondé(生じさせ)』と訂正しているが，間違っていると思う．「fronder(「やっつけ」の原形)」のこのような語義は，リシュレの『辞典』によって，モリエールの用例で立証されている．」

この注の言おうとしているのは，原稿は明らかに「frondé」と読めるのに，この語では意味が通らないと考えて，諸版は「r」を抜いた「生じさせ」に訂正した．しかし，モリエールの例にもあるような意味にとればよいのではないかということであろう．

先ず，諸版が果して意識的に訂正したのかどうかという問題について考えると，モリニエやミショーやトゥルノールのように原稿や写本を綿密に検討した編者が,「やっつけ」と読めるものを，意味が通らないから「生じさせ」と敢えて訂正したとするならば，それを少なくとも注では明らかにしていた筈であるから，初めから「生じさせ」と読んだものと考える方が自然であろう．フォジェール以来の他の編者の場合も同様である．私自身も，ル・ゲルン版を見るまでは,「生じさせ」と読んで疑わなかった．原稿でも第1，第2両写本でも，語頭の「f」の字または第3字目の「o」が少し丁寧に書かれれば,「r」に相当するとも見える部分はそちらに属するものと解しうるので,「r」が初めからなかったものと読んでもおかしくはない．

ところが，ル・ゲルン説を判定するために改めて注意深く調べた結果では,「やっつけ」の方が正しいことを認める外はない．原稿の紙片が貼られている原27の下二つ目にあるB 218(L 164)の2行目の真中にある「approfondisse(深く窮め)」中の「fond」と，問題の語の最後の「é」を除いた「fond」または「frond」に相当するところを比べると，後者の2字目に，前者にはない「r」が加っているとしか見えない．また第1写本では「r」が後から書き加えられたようにも見え，第2写本では初めから書かれているように見える．

次に「frondé」の語義の件であるが，ル・ゲルンの指摘したリシュレ辞典の「Fronder」の項では,「石投げ器で石を投げる」という原義の後に次のように記されている．

> 「人を罵倒する．嘲る．何かを攻撃する．愚弄する．馬鹿にする．[私は，宮廷のおかしなところをやっつける(fronder)ことについては人後に落ちません．モリエール(訳注．『女房学校是

非』第 6 場, *101*, 第 1 巻, 539 頁). 彼は人が彼の劇をやっつけ(fronde)ても平気ですよ. モリエール(訳注. 同, 第 6 場, *101*, 第 1 巻, 545 頁).]」(*123*, 第 1 部, 356 頁)

このような用法は, 当時一般的であったものと見え, フュルティエール辞典にも,「フロンド党以来, 反論する, と戦う, 反駁するという意味に実に広く用いられている」と記されている(*68*, 第 2 巻同項).

ル・ゲルンの新しい読み方を採用して, この部分の意味を探れば,「これらすべて」というのは, 従来の読み方の場合のように「人生の惨めなことども」が原因となるいわば同種のものではなく, それが攻撃する的となる反対のものでなければならなくなる. すなわち人生の現実の惨めなことどもが打ち壊しにかかる, 人間の真の幸福や理想や希望などのうちのいずれかまたはすべてを指すものであろう. このように反対のものを考える方が, 従来の読み方で同種でしかも別のものを探すよりは, 文意がはっきりすると言えよう.

(**3**) 「彼らはそれを見たので, 気を紛らすことを取り上げた. (Comme Jls ont Veu cela Jls ont pris le diuertissem[t].)」この部分のテキストに問題はないが, ただ 1947 年(*30*, 107 頁)と 1952 年(*32*, 33 番)のラフュマ版は,「見た(Veu)」を「欲した(voulu)」と誤記している.

「それ(cela)」は, (2)の全体を受けている.「彼ら(Jls)」が何を指すかについては, これもトゥルノール 2 冊本だけが次のような注を付している.「おそらく『オネットム』とよばれていた人たち(断章 71 参照)または人間一般(断章 126 参照)を指しているのであろう.」「オネットム(honnête homme. 複数＝honnêtes gens)」というのは, 当時のフランスの上流乃至中流の上あたりの社会人の理想とされたものであって, 英国のジェントルマンに相当する典型である(拙編『世界の名著パスカル』*88*, 34-37 頁参照). パスカルはこの人間像について深い関心を示し, その護教論もこの種の人々を重要な対象としていたものである. トゥルノールが参考として挙げている断章 71 は B 454 (L 74)に相当し, そこでは「彼ら」というのがオネットムたちを指している可能性は強いが, それだけの理由で, ここでも同じ意味であるとするのは根拠薄弱である. むしろトゥルノールの第二の説明「人間一般」の方がよいと思う. 何故ならば, 次にのべる「気を紛らすこと」は, パスカルにとっては,「神なき人間」(上述 L 6 参照)全体の姿であるからである. ここでトゥルノールが参考として挙げている断章 126 は, B の 168, 169, 170 (L 133, 134, 132)に相当し, 第 1 写本の第 1 部第 8 章の最初に掲げられているものである. アンジュー版では, 本断章全体の注として B 168 と 169 に相当する断章を挙げている.

ところでこの第 8 章こそは正に,「気を紛らすこと(Diuertissement)」と題されているものである. パスカルがこの語にどういう深い意味を与えていたかについては, この章の諸断章または, B の第 2 章の後半(139-183)が, 最良の注解であるから, 蛇足を加える必要はない. 従ってここでは, 言葉そのものの意味の説明に止める.「気を紛らすこと」の原語「diuertissement」は,「diuertir」という動詞から作られた名詞であって, 後者は, アカデミー辞典(*64*)の説明によれば, 主として「逸らす, 他に転じさせる(Destourner, distraire)」という意味と,「退屈しのぎをさせる, 気晴らしをさせる, 楽しませる(Desennuyer, resjouir, recréer)」という二様の意味を持っていた. 第一の意味はラテン語の語源以来のものであり，第二の意味は17世紀に入ってから用いられ始めたものであって，第一の一般的意味を「わずらわしいものから気をそらす」という特殊な場合に用いたものである．『パスカルの語彙』という研究書(*77*, 154頁)によれば，パスカルの時代には，第一の意味よりも次第に第二の意味の方が多く用いられるようになっていたが，パスカルはといえば，彼も両方の意味に用いてはいたが，しかしどちらかといえば第一の意味に用いる方を好んだとなしている．ところで，それから作られた名詞の方はどうかといえば，アカデミー辞典では，「レクリエーション(仕事の骨休み，気晴らし)，楽しみ．通常よい意味に用いられる．」という説明，即ち第二の意味の方が最初に出ている．動詞の場合の第一の意味である「逸らす，他に転じさせる」という方は，僅かに「資金の転用」という特別の場合にだけ挙げられているに過ぎない．1680年のリシュレ辞典(*123*)，1690年のフュルティエール辞典(*68*)の説明も，動詞名詞共，大体同じである．この語にパスカルがどういう意味を与えていたかは，上述の諸断章が説明してくれる訳であって，子細に見れば，名詞の場合は両様の意味に用いられているのである．パスカルの用例をリトレ辞典(*83*)は動詞の場合の第二，アツフェルド・ダルメストテル・トマ辞典(*73*)は第一の意味の例として分類しているのも面白い．訳語としては，日本語に両方に通ずる適当な単語がないので，総称として一方を選ばなければならない場合には，語源に近い，動詞の場合の第一の意味を少しばかり第二の方に近寄らせた「気を紛らすこと」という語を採用することにする．しかし原語の内容としては「気晴らし」という第二の意味をも同時に含んでいるということを銘記する必要がある．

B3冊本は，本断章に対して，モンテーニュの次の一節を対比させている．

> 「医者たちは，カタルを追払えない時は，それを他に転じさせ，他のもっと危険の少ないところに逸らせてしまう．私の見るところでは，これは，魂の痛みに際しても最も普通な処方である．……苦しみは，正面から突き当らせることはあまりやらず，それに堪えさせたり，痛みを減らさせたりもしないで，それを逸らせたり，かわさせてしまうのだ．(気を逸らすことについて)．」(*102*, 616頁；*104*, 810頁)

(結び)　この断章は，幸福への願いが人生の惨めな現実によって裏切られるのを見た人々が，「気を紛らす」方策をとるに至ったとして，第1写本第1部第8章で詳しく述べることを指し示しているのである．

L 11 (原 25, B 246)[1)]

原　　文

L 11[1)]

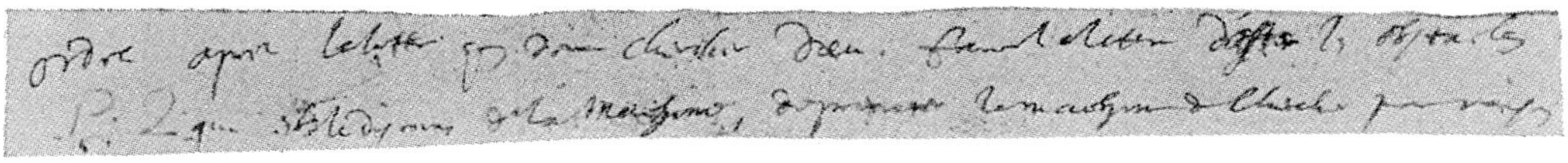

(原 25 の最下部)

ordre　aprez la lettre qu on doit Chercher dieu, faire la lettre d'oster[a)] les obstacles[2)]
P. 2.
qui est le discours de la Machine, de preparer la machine de Chercher par raison[3)]

a) ? + oster

Ordre.　Après la lettre qu'on doit chercher Dieu, faire la lettre d'ôter les obstacles[2)] qui est le discours de la Machine, de préparer la machine, de chercher par raison.[3)]

訳　　文

順序.　神を求めるべきであるという手紙の後に，障害を除くことという手紙をこしらえる.[2)] それは「機械」についての論であり，機械を整え，理性によって求めることについての論である.[3)]

注　　解

(1)　テキストについて. 細長い小紙片にこれだけ記され，原 25 の最下部に，L 5 の直ぐ下に貼られている．小紙片の左下には，「P. 2.」と後から誰かが書き足しているが，これも第 1 写本の「第 2 頁」を意味する．テキスト上の問題はなく，L との原文上の関係も，強いて異同を求めるとしても (3) に記す小さな点だけである．クーザンが初めて発表した.

(2)「順序．神を求めるべきであるという手紙の後に，障害を除くことという手紙をこしらえる．(ordre　aprez la lettre qu on doit Chercher dieu, faire la lettre d'oster les obstacles)」見出しの「順序 (ordre)」は，本文の上でなく，左の余白に記されているので，これは第 1 稿の時でなく，後の分類の際に加えられたものと推定される．この見出しはトゥルノール 2 冊本では落ちている．また，本文中の「除く (oster)」という語は，トゥルノール 1 冊本の注が記しているように，「雑然と書かれており，何か他の語を書いた上に，重ねて記したものらしい.」

パスカルがその護教論を，無味乾燥な論文体ではなく，その中に対話 (L 2, 3) や手紙 (L 4, 5, 7,

9)をふんだんに用いたであろうことは，これまでに調べてきた断章の過半数に及ぶ中に，そうした言及が行われていることからも充分想像される．この断章もまたその一つである．またL 4, 5, 7の三つは，いずれも「求める」こと，または「機械」に関する手紙であった．「障害」についての注は，(3)にまとめて掲げる．

（**3**）「それは『機械』についての論であり，機械を整え，理性によって求めることについての論である．(qui est le discours de la Machine, de preparer la machine de Chercher par raison)」先ず「機械」について述べると，原稿では，第一の方が大文字(Machine)で始まり，第二の方が小文字で始まっている．Lは両者共大文字で始まらせているので，(1)に記した小さな違いというのはこの点だけである．パスカルはこのところの「求める(Chercher)」というのを意味なく大文字で始めているところからも分るように，走り書きの原稿では，句読点や小文字，大文字の別などについては，かなり無頓着であった．それで普通ならばこんなさ細なことを一々取上げる必要はない．ただしこの場合は機械という語に特別の意味を持たせて用いているので，それを訳文で「機械」とかこんで記す根拠を与える意味において，少なくとも初めの方は原稿の大文字を生かし，二つ目の方は最早その必要もないのでこれも原稿通りに小文字と解したのである．この語の意味については，既にL 5の注(5)で，色々述べたが，本断章で用いられているこの語に対し，アスティエは，L 5についてフォジェールが記した長い説明を大部分引用している(*18*, 601頁)．またL 5の際に記したようにBでは，本断章の方が先に出てくるので，ここでこの語の説明が先ず行われている．1冊本の注は次の通りである．

「パスカルはデカルトの有名な用語を，そして，同時にその動物自動作用または動物機械論をも採用している．我々のうちにおいて，反省的思惟から由来したものでないものはすべて，肉体に起因する必然的な機械作用に服しているのであって，それは霊魂自体の中においては想像と情念として表われてくる．そこで，肉体から生ずる障害を除くためには，肉体を曲げて，我々のうちに，熟慮反省された意志の方向に逆わずに従うような，人為的性向を作り上げなければならない．我々の気儘で自然発生的な諸性癖の赴くままにまかされている習慣は，そのままでは『欺きの力』(訳注．B 83参照)となっているのであるが，ひとたび調整されれば，『信仰の手段』(訳注．B 245〔L 808〕及び本断章が属しているB第4章の表題参照)となるのである．」

3冊本の注の前半では，『愛の情念に関する論(Discours sur les passions de l'amour)』の1節(L 288頁最後のパラグラフの初めから，289頁の1行目まで)を引用しているが，この小論はパスカルのものでないとの見解が現在では有力なので，その分は除いてその先を次に掲げる．

「機械とは，我々の存在のうちで，理性の権威をのがれて，それ自身に固有の法則に則って働く部分のことであり，それは，人の手で作られた自動機械に類似するものとして考えられた我々の身体のことである．デカルトの機械論は，17世紀において身体の自動作用という考え方を普及通俗化した．そしてその動物機械説は「機械」という言葉を普及通俗化した．」

また，B 3冊本には，次に訳出するように，本断章の他の用語の説明が，簡潔に記されている．

「『障害』とは，生活上及び思想上の放縦である．信仰を受入れるために『機械を整える』というのは，キリスト者の態度をとり，その行ないを実行することであって，快楽から離れ，情念を追い払うことである．『理性によって求める』というのは，理性が信仰に対して持っている関係を理解することによって懐疑論からいやされることである．」

ドディユーは，この部分の最後の，「理性によって求めることについての論」に対して，次のような注を付けているが，これは，カトリック正統派の立場から，パスカルが理性を重視していることを，ここぞと強調している感がする．

「パスカルは，信仰の獲得に際しての，習慣や慣れの役割を無視しなかった．しかし，彼は，『理性』がこの征服の主要な機能として留まらなければならないことを力強く断言している．彼は，信仰の源は神であるということを付け加えるであろう（断章 18 番〔訳注．L 7〕）．パスカルは懐疑論者でも唯信論者でもなかったのである．これらの考察を，断章 332–352（訳注．『信仰の心理』と題する第 2 部，第 1 章に集められているもの）と引き合わせること．」

本断章全体に対する注としては，先ずアヴェ初版が，次のように記している．

「人が，理性によって見出したなら，機械を整え，その機械が心情の転換をもたらすであろう．そこで神が見出されるのである．」

次いでＢ１冊本が次のように記している．

「前章の終りの諸断章（訳注．有名な『賭』の断章〔B 233〔L 418〕〕以下にある第 3 章の終りの部分）によって示されたように，不信心な者の知性が信仰による諸真理を受入れるのを妨げているのは諸〻の情念である．これらの情念が，『機械』を従わせる教会の規律によってひとたび克服されたあかつきには，最早理性といえども，少なくとも宗教が理性に反するものではないということを納得できよう．このようにして情念や知性から生じた障害は除かれるに至る．道は直感に対して開かれたのである．」

更に，シュヴァリエの 2 冊本（*24*，1 の 253 頁）には，本断章の前に，かなり長い説明があるが，注とは見做し難いので省略する．

セリエ版は，本断章の「それは『機械』についての論であり」のところまでに対して次の注を掲げている．

「パスカルはここで，『始まり (Commencement)』の章の二つの内部拡張 (dilatations internes)，即ち『神を求めるべきであるという手紙 (Lettre qu'on doit rechercher Dieu)』（断章 681）と通常その一面だけについて『賭』とよばれている『機械についての論 (Discours de la machine)』（断章 680）に言及しているのである．人間存在における慣習の役割に注目したアウグスティヌス，そしてデカルトの影響の下にパスカルは，人間というものはその肉体と一部の心理現象によって機械作用，『機械』であると確信しているのである．『賭』とは，信じていなくとも，信仰の生起を助けるような習慣を作ることへの理詰めの勧誘である．」

「『始まり』の章」というのは第 1 写本第 1 部第 12 章（L 150–166）のことで，断章 681 は，B 194（L 427），断章 680 というのは，「賭」の名で知られる B 233（L 418）とそれと同じ紙（原 3，4，7，8）に記されている諸断章を指している．「始まり」の章の「二つの内部拡張」というのは，第 2 写本の順序によるセリエ版で，681 と 680 の二つの断章が，いずれも，「始まり」の章が構成された 1658

年よりも後の,「1659-1662年の発展」段階で記されたものの中に分類されていることからの推論である．しかしこうした年代決定は，現在様々な角度からの研究が進行中で，セリエ氏のこうした見解もまだ一つの試論の域を出ていない．いずれにしても，この推論によっても，本断章が「順序」の章に編入された時には，問題の両断章は書かれていないので，本断章そのものの解釈には直接関係ない訳である．また，宗教に無関心な者に対してキリスト教研究の必要を説いた有名な長い断章(B 194)は，相手方が三人称として書かれており，セリエ版が断章681につけた題名のように「手紙」とは言えず，他方「賭」の断章がどういう目的で書かれたかについては，諸説紛々としている現状では，これが即「機械についての論」と断定するのは時期尚早であろう．なお，セリエ氏が上の注で，断章680と681にそれぞれつけた題名は，第2写本に記されている訳ではない．

ル・ゲルン版の注は,「機械」という語に対して,「断章398, 注21参照.」とだけ記している．断章398とは，上のセリエ版の注でも問題にされている「賭」の断章を指すのであるが，それに対する注21というのはこの部分と全く無関係なので何かの誤植であろう．仮りに断章番号の方は正しいとすれば，その注23は,「賭」の中の「そうすれば，君は……愚かにされるだろう(cela…vous abêtira)」という有名な句に関して，エティエンヌ・ジルソンの文章を引用しており，その中に「機械」という語も出てくるので，それの間違いかも知れない．

(結び)　L 5と7に続いて，ここでも「機械」について様々な解説を紹介した．諸版の扱い方は，これら3断章の掲載順序によって左右されているので，巻末の各版の対照表を参考にして，全体を一括して考えていただきたい．

L 12 (原 27, B 187)[1]

原　　文

L 12[1]

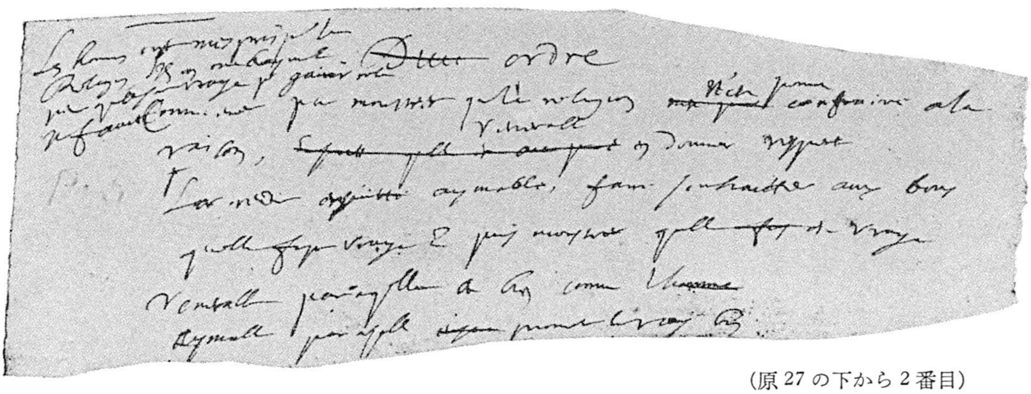

(原 27 の下から 2 番目)

....

Les hommes ont mespris p^{r} *la*
Religion, Jls en ont hayne Et ~~*Diui*~~ ordre[2]
peur qu elle soit vraye p^{r} *gairir cela* N'est point
Jl faut Commencer par monstrer que la religion ~~nest point~~ contraire[a] a la　　a) co+nf+traire
Venerable
raison,[3] ~~Ensuitte qu elle est a?~~ ~~p^{r} e~~ en donner respect[4]
P. 3. ~~p~~
La rendre ensuitte aymable, faire souhaitter aux bons
qu elle fust Vraye Et puis monstrer qu elle ~~fus~~ est Vraye[5]
Venerable par cequ elle a bien connu l homme[b][6]　　b) ho___+mme
Aymable[c] par cequ elle ~~ensei~~ promet le Vray bien.[7]　　c) Et+Aymable

Ordre.[2]

Les hommes ont mépris pour la religion. Ils en ont haine et peur qu'elle soit vraie. Pour guérir cela, il faut commencer par montrer que la religion n'est point contraire à la raison,[3] vénérable, en donner respect.[4]

La rendre ensuite aimable, faire souhaiter aux bons qu'elle fût vraie, et puis montrer qu'elle est vraie.[5]

Vénérable, parce qu'elle a bien connu l'homme.[6]

Aimable, parce qu'elle promet le vrai bien.[7]

訳　　文

順　序[2)]

人々は宗教を軽蔑している．それを憎み，それが真実であるのを恐れている．これをなおすためには，まず宗教が理性に反するものではないことを示し,[3)] 尊ぶべきものとして，それに対する尊敬の念を起こさせなければならない.[4)]

次に，それを愛すべきものとなし，善い人たちにそれが真実であることを願わせ，そうした後に，それが真実であることを示すのである.[5)]

尊ぶべきものというのは，それが人間をよく知っているからである.[6)]

愛すべきものというのは，それが真の幸福を約束するからである.[7)]

注　　解

(**1**)　**テキストについて**．L 1, 8, 10 と同じ原 27 に，その下から 2 番目の，横に長い紙片にこれだけ記されている．L との原文上の異同は，(4) に記す 1 点だけである．

この断章は，第 1 章の中で，ポール・ロワヤル版に取上げられた唯一のものである．そのテキストは，関係個所の注で主な点を記すように原文にかなり変更を加えている．コンドルセ (*08*) もボシュ (*10*) も，(4) と (6) で記す細かい点を除けば，これを踏襲しているので，第 1，第 2 両写本が，(4) 以外では正しく写したテキストを，これも (4) で述べる点を除いて，原稿通りに発表したのは，フォジェールが初めである．(4) の問題点を初めて原稿通りに戻したのは，モリニエである．

(**2**)　「順序 (ordre)」この標題を記す前に，パスカルは「Diui」と一旦大きな字で書き始めて，直ちにそれを横線で消し，次いでこの言葉を記した．これはトゥルノール 2 冊本が推定しているように，「Division (区分)」の書き始めであろう．そうであるとすれば面白いのは，今までに出会った「順序」という表題 (L 2, 5, 8, 11) の場合には，いずれもこのようなためらいはなく，いきなり「ordre」と記してあるのであるから，他の四つに比べて，最も早い時期に記されたものであろうことが推論される．この見出しは，ポール・ロワヤル版にはなく，フォジェールが初めて掲げた．ストロウスキーは，消された「Diui」を，「Dieu (神)」と読んでいるが，字形から言っても，本文の内容から言っても，適当でない．

(**3**)　「人々は宗教を軽蔑している．それを憎み，それが真実であるのを恐れている．これをなおすためには，まず宗教が理性に反するものではないことを示し，……なければならない．(Les hommes ont mespris p^r la Religion, Jls en ont hayne Et peur qu elle soit vraye p^r gairir cela Jl faut Commencer par monstrer que la religion N'est point contraire a la raison,)」この部分の原文での前半の「Jl faut」まで (「人々は宗教を軽蔑している．それを憎み，それが真実であるのを恐れている．これをなおすためには，……なければならない.」) は，原稿の左肩に固めて，小さな字で書かれているところから，第 1 稿の際にはなかったものと推定される．この推敲の段階での加筆の部分だけを先に取上げることにするが，この部分は，ポール・ロワヤル版では削除され，その代り「宗教に嫌悪を感ずる人々に対しては，……なければならない．(A ceux qui ont de la répugnance pour la Religion, il faut...)」と書き改め，原文の一般的断定を和らげている．パスカルとても，すべての人が宗教を嫌っていると考えていた訳ではないが，彼が準備中の護教論を必要とする人々に関する限り，こうした断定を敢えてはばからなかったのであろう．これは方法論についての断章であるから，でき上った護教論には，勿論このまま掲げられる筈のないものである．しかし「それが真実であるのを恐れている」というような鋭い言葉が，「信仰の世紀」といわれる 17 世紀に記されたことは，意味深い．

パスカルに食ってかかるのを好むアヴェは，この部分について，次のように記している．「一体パスカルは何処まで，その不機嫌に引きずられて行くのだろう．もしも，彼が提示するように，宗教というものが人々に軽蔑，憎しみと恐れしか与えないとするならば，その意味するところは，人間性を非とするのか，それとも，付き合い難い奇妙な信仰，党派的な病人の信仰を非とするのか果していずれであろうか．ポール・ロワヤルはこの冷酷極まる言葉を削除した．」(改版のテキスト．初版では，終りにポール・ロワヤル版のテキストを紹介している．）しかしドディユー(27)はこの加筆を却って歓迎し，「これが，この考察を，大いに充実したものにしている．」と記している．

この部分の後半は，第 1 稿では，「まず宗教が理性に反するものではないことを示し，……ること．(Commencer par monstrer que la religion N'est point contraire a la raison,)」となっていた．この第 1 稿の原文での後半の「宗教が理性に反するものではない(la religion N'est point contraire a la raison,)」を記す際には，やや複雑な書き直しが行なわれた．

トゥルノール 1 冊本によれば，パスカルは先ず，「la religion n est point (宗教が……ではない)」と書いた．これは，決定稿のように，「理性に反するものではない」とするつもりであったものと考えられる．しかし，そこで直ちに考えを変え，後半の「n est point (ではない)」(綴字はトゥルノールのもの)を横線で消して，その上の行間に，「est (である)」と記し，その右下の，「ではない」を消した先に，「conf」とまで書いた．これは，フォジェールが既に推定したように，「conforme (一致する)」の書き初めであろう．この段階では「宗教が理性に一致する」としようと思ったことになる．しかし，この語を途中まで書いたところで，パスカルは，再び前の「理性に反するものではない」に戻った方がよいと考え直し，行間の「である」の前後に「n'」と「point」を書き，次いで，その下の，「conf」まで書いたところの f の上に t を重ねて，「traire」と書き加え，そこまでのところを「n'est point contraire (反するものではない)」とした．そしてその先の行末と次の行の初めにかけて「a la raison (理性に)」を書いて，決定稿とした．

こうしたトゥルノールの見解(但し同版には，変更の順序だけが記してあるので，解釈は私の責任である．)に，かつては私も同意していたのであるが，緒言で述べたようにパスカルの執筆の際の習性は，第 1 稿での変更は，なるべく行間を使わないというのであるから，上のトゥルノールの順序では，最初の変更の時の「est」が，横線で消した「nest point」の先でなく，その上の行間に書かれているのが不自然である．そこで，この不自然をなくすために，次のような訂正順序を提案する．

1) 先ず「la religion nest point co(宗教が，……co…ではない」と書いたものと考える．その理由は，その前の「nest point」の語尾の線がずっと，「co」の初めまで延びていることと，「co」とその次の「n」の間が少し空いているからである．この場合の「co」は，「contraire(反するもの)」の書き初めで，この第1段階で，パスカルは，「宗教が理性に反するものではない」とする考えであったのである．2) ところが「反するもの」を2字だけ書いたところで，「宗教が理性に一致するものである」と言い換えることを考え付き，既に，先に「co」が書いてあるので，そういう際には平生も行なっているように，「でない」を横線で消して，その上の行間に，「est(である)」を記し，右下の「co」に続けて，「n」と「f」(両者の間も少し離れている)をはっきり記した．3) しかしそれをゆっくり書いているうちに再度考えが変り，やはり，初めの考えの方がよいとして，行間の「est」を「N'」と「point」とで囲み，その下の「conf」の「f」の上に「t」を重ねて「traire」と書き加えて「contraire」にし，更に「a la raison」と続けて，決定稿の「理性に反するものではない」に到達した．

以上の解釈は，執筆順序だけについての新提案で，内容については，トゥルノールの順序について記した解釈と矛盾するものではない．その点で面白いのは，僅か一瞬ではあるが，パスカルはいったん「宗教が理性に一致する」と改めようと考えた後，更に反省して現行のように「理性に反するものではない」と改めたことである．理性と信仰とは一致はしないが，相反するものではないというのがB版の第4章に集められている諸断章の主張であるから，この再度の訂正の跡もそうした関係を物語っているのである．

この部分の内容については，セリエ氏(*131*, 533-534頁)が，アウグスティヌスの類似の2個所と対比している．また，ル・ゲルン版のこの部分に対する注は「これは『理性の服従と行使』の綴りの主題である」と記しているが，それは第1写本第1部第13章のことである．

(**4**) 「尊ぶべきものとして，それに対する尊敬の念を起こさせ(なければならない)．(Venerable en donner respect)」(「(なければならない)」は，(2)の「Jl faut」がここまでかかってくるからであり，第1稿の段階では，「(ること)」という意味になっていた．) この部分から先は全部第1稿で記された．第1稿の際にパスカルは，先ず，「Ensuitte qu elle est a?(次に，それが……であるということを〔示し〕)」(ここの「?」は，不明の文字という意)とした．この「……」に相当する「a?」は，モリニエとBは「au」，トゥルノール2冊本とアンジューは「ai」(但しアンジューはその前の「est」を落している．)，トゥルノール1冊本は「a」と読んでいる(ラフュマ3冊本は，この第1稿の句全体と，その先のやはり横線で消された短い個所を含めて「ensuite qu'elle n'aie point〔次に，それが……でないということを〔示し〕〕」と読んでいるが，原稿の字形から見て無理である)．トゥルノールとアンジューの「ai」は，そのままでは原稿に合わないが，これはおそらく，(5)で用いられている「aymable(愛すべきもの)」の2字目の「y」を現代の綴りに直して「i」にしたためと思われる．ところで，「a」の次の不明の文字はその「y」とも読めないのである．しかし，この「u」にしては少し大きすぎるように見える字形を，原稿で斜め左下に見える次の行の「aymable」と，最終行の左端にある「Aymable」のそれぞれ第2字目の「y」と比べて見ると，その上半部の形とよく似ているので,「y」の書き初めと考えられないことはない．そうだとすると，考えられる解釈としては，パスカルは先ず，いきなり「愛すべき」と書くつもりで，初めの一字半を書いたところで，この先で詳しく述べる理由から，ここで直ぐ「愛すべきもの」に移るよりは，その前に，「理性に反するものではない」についてもう少し何かを加えた方がよいと考え直し，「次に」以後をみな横線で消してしまった．そして，「理性に反するものではない」以上，尊敬に値するものであるという意味のことを書く気になり，先ず「p^r e(……のために)」(p^r=pour)と書いたが，それも直ちに横線(写真をよく見れば分るように，それまでの線とは別のもの)で消した．これはおそらく，「尊敬の念を起こさせるために(pour en donner respect)」と書くつもりであったものと考えられる．そして，その先に「尊敬の念を起こさせる(en donner respect)」と書き続けた．更にそのすぐ後か，あるいは(6)の「尊ぶべきもの(Venerable)」を書く前後に，二つの横線で消した「次に，それが……」以後の個所の右半分の上の行間に，「尊ぶべきもの(Venerable)」を挿入したのである．

こうした数度の改変の末，「次に，それが……であるということ(Ensuitte qu elle est)」が消されたままになったので，決定稿では，この部分の第1稿で一番終りに書き足された「尊ぶべきもの」が，文法上宙に浮いてしまう結果になった．それで，第1，第2両写本，ポール・ロワヤルは，「次に，それが尊ぶべきものであるということを(示し)(ensuite qu'elle est venerable)」，と消されたところを大部分復活させている．他のところでは，ポール・ロワヤルの変更を元に戻して，原稿通りのテキストを初めて伝えたフォジェールも，ここだけは，パスカルが，いったん消したところを復活するのを忘れたと注で断って，ポール・ロワヤルどおりにしている．その後，アヴェ初版，ルアーンドル(*14*, 364頁)，ロシェー(*15*, **87**頁)等もそれを踏襲して行った．しかし，モリニエ以後ほとんどすべての版は，多少の破格は，却って文章を生々させるという新しい感覚からか，消されたところを生かさないテキストを掲げるようになった．それでも，多少気になると見えて，トゥルノール2冊本は，この部分について，「文章の乱れは，おそらく書き直しが重なったためであろう.」との注を付けている．

また，スタインマン版のように，「尊ぶべきもの」の前にコロン，後にセミコロンを打ち，「尊ぶべきもの」を，その前の「理性に反するものではないこと」に並置された説明語として，その後の「尊敬の念を起こさせること」と切り離し，ともかくも文法上のつじつまを合わせようとする試みもある．しかし，この読み方は，後から行間に加えられた「尊ぶべきもの」が，原稿では，上述のように横線で消された個所の右半分の上，即ちその前の句よりは，後の句の方にはっきりと近寄せて記されていることから見て無理である．

他の大部分の版は，ル・ゲルン版も含め，この部分とその前との間にコンマまたはセミコロンを入れて，ともかく，この部分全体を前の部分と直結させているが，1947年(*30*, 107頁)と1952年(*32*, 35番)のものを除くラフュマ諸版は，この部分を独立させて大文字で始め，セリエ版もそれに従っている．これも，文法上の難点をなくすための配慮であると思うが，多少の文法上の問題は残っても，パスカルの考え自体では，この部分は，その前の部分に直結していたと判断される．その理由は，少し長くなるが，次の通りである．

第1稿の完成時の原稿では，初めの2行に(3)の後半とこの部分が記されており，その2行目の行末は，その上下の行よりも左で終り，そこにパラグラフの終りがくることを示している．しかも，第1稿の段階では，この2行は，動詞は不定法だけのいわゆる不定法文である．

次いで，(5)に相当するその先の2行も不定法文であり，少なくともその書き出しは，その前の行よりも少し右から特別に大きい大文字で書き始め，新しい出発であることをはっきりさせている．そして，ここで初めて，(4)で消された「次に(ensuitte)」が復活してきて，この不定法文がその前の不定法文と対等な並列関係にあることが明らかにされている．

このようにはっきり二つの部分に分けられたものを受けて，その先の(6)は，その前の行末の後に空白がないので，別のパラグラフであることを明らかにするために，その前の行の初めよりは左にずらして書き始め，しかもその行末は右に長い空白を残している．このように，独立のパラグラフであることが明示されている(6)は，並列関係にある二つの部分の第一を受けて，その中の代表的概念である「尊ぶべきもの」の理由付けを行なっている．

そして最後に，これも独立のパラグラフであることを，行の配置からもはっきりさせられている(7)は，第二の部分である(5)の代表的概念である「愛すべき」の理由付けを行なっているのである．

このような2部構成は，パスカルの『説得術について(L'art de persuader)』の初めに記されている，「魂のなかに意見が受け入れられるには，二つの入口があり，それらは魂の二つの主要な能力である悟性と意志であるということを，知らない人はない．」(L 355頁)という彼自身の見解に，対応しているのである．上述のようにパスカルは，この部分を書き始めた時には，先ず，「次に，それが愛すべきものであるということを」と書くつもりであったと推測される．するとその瞬間には，悟性の方はその前の「理性に反するものではないこと」で受け持たせ，直ちに，意志の方を受け持つ「愛すべきもの」に移る考えであった訳である．ところが，既に記したように「愛すべきもの」の初めの2字を書いている途中で，悟性と意志を受けもつものを，それぞれもう少し詳しく述べた方がよいと考え直し，先ず，悟性関係として，その先に，「それに対する尊敬の念を起こ」すことと，そのすぐ後か，(6)を書く前後に，「尊ぶべきもの」を書き加えた．そして，新たなパラグラフでもって意志の方を受け持たせることにして，単に「愛すべきもの」だけでなく，(5)の全体を一つの文章として書き上げたのである．

そこで，このような，第1稿の時からはっきりしていた本断章の構成を考えると，ラフュマ説のように，この部分を独立させると，訳文の方でも，「尊ぶべきものとして，それに対する尊敬の念を起こさせる．」とでもしなければならないことになり，(5)にある「次に」は，こちらの方につけないとおかしいことになる．従ってこの点では，ラフュマの説よりも，モリニエ以後の大部分の版の見解の方がパスカルの考え方に近い訳である．ただし，これはこの点だけのことで，次の(5)で述べるように，本断章全体の構成そのものについては，他の多くの版よりもラフュマの方が正しい把握をしているのである．

なお，ここで，今まで述べたことについて補足したいことが一点ある．それは，(4)で「尊ぶべきもの」を行間に加えたのが，その右下に当る「尊敬の念を起こさせる」を書いたすぐ後か，それとも(6)で「尊ぶべきもの」を書く際に，それと合わせるため，それを書く直前か直後に前に戻って加筆したものかの問題である．今までこのことに触れた際には，二度ともその何れかであると述べるに止まっていたが，こうしてこの断章全体の構成と問題点を考えてきた後では，第二の場合，即ち，(6)を書き始める前後の加筆である可能性の方が強くなったように思われる．その理由は，(4)で「尊敬の念を起こさせる」を書き終えた時点においては，これは，その前の，「まず」と訳した「Commencer par(直訳．……から始める)」に文法上きちんとつながっており，内容の上からも，類似の内容の「尊ぶべきもの」を，文法上の無理をしてまで，この際敢えて加える必要はなかった筈である．ところが，(6)を書き始める時点では，「尊ぶべきもの」が既に記されていなければ，2部構成の本断章の第1部を代表させる言葉としては，「理性に反するものではないこと」と「尊敬の念を起こさせる」の二つの中から選ぶ外はなく，そのいずれも，それをもとにした適当な表現を送り出してくれない．強いて探せば，第二の方から，「尊敬すべきもの(respectable)」という語を出せないことはない．しかし，「尊敬の念を起こさせる」という句の場合はともかくとして，「尊敬すべきもの」という形容詞になってくると，人間同志の社会的関係に用いられることが多く，人間を超える宗教に用いる際のただ一つの代表として用いるには明らかに不適当である．そこで，この時点で「尊ぶべき」が適当であると考え付き，ここでこれを用いるために，その前提として，(4)の「尊敬の念を起こさせる」の前に新たに「尊ぶべき」を書き加えたものと考える方が，(4)の段階で既に書き入れたと考えるよりは自然である．それならば，(6)での必要からの挿入なので，(4)の内部での文法的つながりには，あまり気をかけずに書き足したのであろう．逆に(4)を書いている途中だったなら，文法上のつじつまを合わせるために，もっと心を配ったであろうと考えられる．

以上は，第1稿の段階だけで論じたものであるが，推敲の後も上に述べた本断章の2部構成そのものに変わりはない．推敲の際には，(3)の前半が本文の初めに加えられただけなので，それを分析して見ると，次のようになる．即ち内容の上からは，第1稿での2部構成に対応して，第1部の「悟性」関係では，「人々は宗教を軽蔑している」，第2部の「意志」関係では，「それを憎み，それが真実であるのを恐れている」をそれぞれ記している．また文法上のつながりとしては，新たに加えられた部分の中の「なければならない」は，文法的にはこの(4)の部分にだけかかっているが，内容的には(5)にまでかかり，また「まず」の方はこの(4)の部分だけにかかると解される．即ち，第1段階では，「まず」悟性に対して，「尊ぶべきもの」であることを悟らせ，第2段階では，「次に」意志に対して，「愛すべきもの」であることを思わせ「なければならない」というのが，推敲を経た決定稿での2部構成である．

パスカルのテキストそのものについては，以上の通りであるが，このテキストの諸版による伝承について，既に述べたことの外になお細かいことを記すならば，ポール・ロワヤルは，「それに対して尊敬の念を起こさせ(en donner respect)」の前に「また(&)」を挿入している．他方コンドルセ(*08*)，ボシュ両版は，この部分も全体としては，ポール・ロワヤル版どおりのテキストであるが，ただその「尊敬(respect)」の前に，部分冠詞の「du」をはさんでいる．これは彼らの文法感覚によるものであろう．

(5) 「次に，それを愛すべきものとなし，善い人たちにそれが真実であることを願わせ，そうした後に，それが真実であることを示すのである．(La rendre ensuitte aymable, faire souhaitter aux bons qu elle fust Vraye Et puis monstrer qu elle est Vraye)」この部分の原稿では，冒頭の大文字の左上に，「p」らしいものを横線で消した跡が見える．上下の行との間隔がつまっていることから判断すれば，推敲の段階のものであろう．また，原文の終りから2語目の「est(ある)」を書く前に，パスカルは先ず「fus」と書いたが，直ちに横線で消して，その先に「est」と書き直した．これは同じ「être」動詞の接続法の「fust」を，その少し前に書いた同じ形に引きずられて書き出したところ，終りまで書かないうちに，ここでは直説法でよいことに気付いて，訂正したものであろう．

第1写本は「そうした後に，それが真実であることを示すのである(Et puis monstrer qu elle est Vraye)」という部分を写し落している．第2写本は，ちゃんと写しており，ポール・ロワヤルですら，次に述べるように1句を挿入してはいるが，この第1写本の脱落部分を正しく復元している．『心』の拙稿(昭和40年12月号，70頁)では，このことについて，「この事実は今まで，ミショー版のような批判版にも指摘されていなかったものであって，第1写本優先説には，マイナスに働きうる一点といえよう.」と記したが，その後，メナール教授も，両写本に関する論文中(*99*, 18頁)で，この事実を指摘し，第1写本の前に第0(ゼロ)写本が存在したことの理由の一つに挙げておられる．

なお，これは区切りの問題であるが，両写本を初め大部分の版は，この部分とその前の部分とを，コンマかセミコロン(ロシェーはコロン)で分けており，両写本とそしてフォジェールより前の諸版に至っては，本断章の本文全体の最後にだけピリオッドのくる一つの文章にしている．ところがフォジェールは，この前にピリオッドを打ち，この部分を大文字で始め，更にドディユーは，この部分を新しいパラグラフにしている．その後の版では，1947年版を除くラフュマ諸版とル・ゲルン版はドディユーと同じで，スタインマン，セリエ両版はフォジェール通りである．(4)で分析した全体の構成に照せば，ドディユーの区切り方が最善である．

ついでにこの先の分まで含めて述べると，ドディユー，ル・ゲルン両版は，(6)と(7)をも(この点では他のいくつかの版と同じに)それぞれ独立したパラグラフにしているので，原稿の様子から推論した全体の構成に最もよく合致したパラグラフおよび文章の区切り方を行なっている．1947年版を除くラフュマ諸版も，(4)で問題にした点以外では正しい区切り方をしている．

ポール・ロワヤル版は，この部分を次のように変えて掲げた．

> 「その後，それを愛すべきものとなし，そしてそれが真実であることを願わせ，そうした後に，それが真実であることを，疑いのない証拠によって，示すこと(; aprés la rendre aimable, & faire souhaitter qu'elle fust vraye; & puis montrer par les preuves incontestables qu'elle est vraye;)」

内容に特に関係してこない変更(たとえば，「その後〔ensuitte〕」を「次に〔aprés〕」に代えたのは，(4)で原稿では消された「次に」を生かしたため，同じ語が重なるのを防ぐためだけの理由である)は一々取上げないが，「疑いのない証拠によって(par les preuves incontestables)」は，明らかな内容追加であり，パスカルがこれに賛同したかどうかは疑わしい．ことに，「善い人たちに(aux bons)」を同時に削っているので尚更である．なぜなら，例えばB 758(L 255)の初めで，「神は，メシアを善い人たちに(aux bons)は認知でき，悪い人たちには認知できなくするために，彼のことを次のように預言させるよう仕向けられたのである」と述べているように，パスカルがその護教論で展開しようと考えていた証拠は，それを聞く人の心情の如何によって疑わしくも，「疑いのない」ものにもなり得るものであるから，ポール・ロワヤルの二重の変更の結果のように，「善い人たちに」と限定もしないで「疑いのない証拠によって示す」などとパスカルが記すはずはないのである．アンジュー版の注は，「善い人たち」について，「断章 252 参照」と記しているが，それはこの B 758 のことである．

ポール・ロワヤルが，「善い人たちに」という限定を削除したのは，同派の教義がカルヴァンの予定説と異ならないという非難を招くのを恐れたためかも知れない．この削除は，次のようにアヴェの注目するところとなった．

「ポール・ロワヤルは『善い人たちに』という言葉を削除した．しかし，これはパスカルの考えによれば必要なものである．なぜならば，宗教が真実であることを願うのは，善い人たちにのみ属することなのであって，それは恩恵によってしか授けられない感情なのである．」

またル・ゲルン版は，この部分の「次にそれ(＝宗教)を愛すべきものとなし」について，次の注を掲げている．

「『宗教を愛すべきものとなす』は，分類された紙片の第 17 綴り(訳注．第 1 写本第 1 部第 17 章)の題である．この考えは，恐らく，『三つの真理』(2 の 10)の中で，キリスト教はそれが最も愛すべきものであるという点で優れていることを証明しようと努めたシャロンから来たものであろう．」

シャロンの『三つの真理』の第 2 部第 10 章は，「キリスト教の真正の証拠の第 6 は，人間の全幅の満足と完成」と題されており，その中には，次のような文章が見出される．

「かつて存在し，または将来存在しうるようなあらゆる宗教の中で，キリスト教以上に楽しみと喜びをもたらし，魂を満ち足りさせるものはないということは全く明らかで，全く確かである．……それ自体最善で，最も愛すべきもの(aymable)であり，人間に最大の幸福と完成をもたらすものに与(くみ)するのがどんな時でも最も好ましいということは，どのような人間にでも真に納得の行くところである．」(*53*, 103-104 頁)

このように，シャロンが第 2 部第 10 章でキリスト教を「愛すべきもの」として提示したのは事実であるが，同章には，第 5 章から第 9 章にわたって，各ミ 1 章ずつをかけて 1) 預言，2) キリストの神性と人間性，3) 教義，4) 偶像と悪魔と託宣と世界とに対する勝利，5) 宣布と世の受容，の五つの面からの証拠を 20 数頁(*53*, 80-102 頁)にもわたって展開した後に，第六の証拠として僅か 2 頁しか用いられていないのである．このように，長い列挙の単なる一環としての議論にすぎないものを，パスカルの場合のような，二大区分の一つとしての「愛すべきもの」の出所と見なすのは，ル・ゲルンのように「恐らく」という副詞で断定を弱めてもまだ行き過ぎというべきであろう．

(**6**) 「尊ぶべきものというのは，それが人間をよく知っているからである．(Venerable par cequelle a bien connu l homme)」この部分をパスカルが第 1 稿で記した際には，原文では最後の「人間(homme)」を「ho」と初めの 2 字しか記さず，その先は長い横線で済ませてしまっていたが，はっきりさせるために，後から「mme」を横線の上に書き足した．

ポール・ロワヤル版は，この部分を全部削除し，その代りに，「その古いことと，その偉大さとその崇高さとによってその神聖さを，見せること(faire voir son antiquité, & sa sainteté par sa grandeur, & par son élevation;)」という原稿と無関係な文章で置き換えている．また，コンドルセは，ポール・ロワヤルのテキストの句読点を3個所変え，更に「その崇高さ(son élevation)」の前の「によって(par)」を落として，「その古さとその神聖さを，その偉大さとその崇高さとによって示すこと．(faire voir son antiquité & sa sainteté, par sa grandeur & son élévation;)」とした．ボシュは，コンドルセの句読点をそのまま引き継ぎ，ただコンドルセの落した「によって」は再現したが，意味の上ではコンドルセと同じである．コンドルセは，文章の均衡をよくするために変更したのであろうが，内容上は，「その古さ」をも「その偉大さとその崇高さとによって示す」と言うのは筋が通らない．そしてこれはポール・ロワヤルの主な変更を一々取上げているアヴェも指摘していない点であるが，パスカルがキリスト教の尊ぶべき理由として，「人間をよく知っているからである」という一事をあげたのは，正に彼の考えていた護教論の独創性を示すものである．ポール・ロワヤル版の編者たちには，その真意が分らなかったのか，あるいは，仮に分ったとしても，詳しい説明なしには，読者に分らないからと考えての変更であろう．パスカルの意とするところはB版第7章の諸断章に明らかである．

(7)「愛すべきものというのは，それが真の幸福を約束するからである．(Aymable par cequ elle promet le Vray bien.)」この部分でパスカルは，第1稿の際に，最初の「愛すべき(Aymable)」を書く前に「また(Et)」と書いたが，直ちに考えを変え，その上に「Ay」を重ねて「愛すべき」とした．これはおそらく，(6)をその行一杯に書かず，行の終りを空けてこの部分に移ったので，(6)と(7)を対句にして，平行的に扱った方がよいとの考えから，「また」は不要と考え直したのであろう．またその先の「約束する(promet)」と記す前に，「ensei」と書き始めて直ぐ横線で消し，そしてその先に「約束する」を書いた．これは恐らく「教える(enseigne)」と書くつもりだったのを，途中で止めたのであろう．パスカルの信仰によれば，真の幸福が完全に与えられるのは，天国においてなのであるから，「教える」よりは「約束」の方が一層適切であると考えたためであろう．これもまた，パスカルの頭と指先の働きの驚くべき速さをまざまざと示す一例である．

ポール・ロワヤルは，この部分の前に，「& enfin qu'elle est(そして最後に，それが……ということ)」を加えた．これは(5)で既に述べたように，本断章の本文全部をピリオッド一つの文章にして，(3)の「なければならない(Jl faut)」を(4)以下全部にかかるように，そのつど原文に手を入れてきたので，この追加によって，それに合わせ，「そして，最後に，それが愛すべきというのは，それが真の幸福を約束するからであるということを(見せなければならない).」としたのである．なお，上の括弧内の初めの「見せ」は，(6)で用いた「見せる(faire voir)」を受けている．

B3冊本では，この部分に対する注として「我々の宗教の真理には二つのものがある．それを愛すべきものとなす神々しい美しさと，それを尊ぶべきものとなす，聖なる威厳とがある．」という『プロヴァンシアル』書簡第11の一節(L 419頁)を挙げている．

この断章全体に対する注としては，先ずヴォルテールが，『パスカルの「パンセ」についての最後の考察』(*09*, 75番)で，断章の全文をコンドルセのテキストで引用した後，「ああパスカルよ，君は，自分が党派心の強い，新党員獲得に熱心な男だということに，気が付かないのだろうか.」と記している．またアヴェの初版だけは，「この断章は，『順序』という語が示すように，パスカルの考えの続き具合を明示している．彼の仕事で，われわれに残されているものの中では，これらの点のすべてが，同じ程度に取上げられている訳ではない.」と記している．更にアヴェは，その初版でも改版でも，次のように記している．

「ルイ・ラシーヌは，その詩篇『宗教』の序文で次のように述べている．『以上が本書の構成であって，それはパスカル氏の次の短い考察に基いて導かれたものである．宗教に嫌悪を感ずる人たちに対しては，まずそれが理性に反するものではないことを示し，次いで，それが尊ぶべきものであるということ，その後に，それを愛すべきものとなし，それが真実であることを願わせ，それが真実であること，そして最後にそれが愛すべきものであることを示さなければならない．(原注．これはポール・ロワヤルのテキストと同じで，それを少し簡潔にしたものである)．以上の考察は，本詩篇全体の要約であって，その中で私は同じ著者の他の考えもしばしば用いている.』」

上の注に引用されているルイ・ラシーヌ(1692–1763)は，17世紀の大悲劇詩人ジャン・ラシーヌの次男であって，財務官吏をつとめるかたわら，いくつかの宗教詩やミルトンの翻訳等をも残した．大バッハの子供たちのように，一応よくできている作品ではあるが，父のあまりの偉大さに圧倒されて，後世まで父に頭の上がらない一人である．私はパリにいる間に，この『宗教』(1742)という詩篇の，1785年の改版を偶然入手したが(*122*)，なるほど，パスカルがよく引合に出されている．しかし，アヴェの注の引用の終りにすぐ続けて，ボシュエの『世界史』にも負うところが多いと記しているのは(同版序文**16**頁)，パスカルとボシュエのあのような傾向の違いを考えると，いささか首をかしげたくなる．

次いで，アヴェ初版より2年後に，ルアーンドルは，先ずアヴェのルイ・ラシーヌからの引用を掲げた後，当時著名な文学史家ニザールの次の文章を紹介している．

「パスカルが宗教に連れ戻されたのは，倫理によってであった．その宗教自体が，すべての中で最も完全で，すべてを知り，すべてを和解させた倫理であるからである．従って，彼にとって真理は全体的に啓示の中にあり，彼はその啓示を，証言によって伝承された権威としてでもなく，数々の世紀によって基礎付けられた機関としてでもない，自明の真理として証明しようと企てた．デカルトの方法を信仰の証明に適用するという未曾有のことがここに出現した．奇蹟の宗教を証明するために用いられた明証によってしか進まない幾何学的厳密さ，科学を挫くために役立たされた科学的手段そのもの，信仰に対する理性の抵抗に対抗する推理がそれである.」

ニザールのこの評言は，行き過ぎと言う外はない．上掲(4)で行なった原稿の書かれ方の分析によっても明らかなように，本断章自体が，「悟性」と「意志」との両面作戦を前提としているのであって，デカルトのように悟性だけによる証明とは根本的に異なる方法がここでは示されているのである．

同じく，本断章の全体について，ラフュマ3冊本は次のように記している．「この断章は，『第1写本』では『順序』の章の最後になっている．事実上は，パスカルによってこの綴り(訳注．紐でとじられた束．第1章の意)に最初に編入されたものである．何故ならば，『第1写本』は，綴りの上にある紙片，即ち最も後からとじられたものから写し初めているからである．」この注にある，「綴り」の中の順序が，上と下のどちらが初めかという問題は，上掲「緒言」で記したように，容易には決めかねる難問である．ただ，この第1章に関する限りは，ラフュマの注でも，今訳出した部分に直ぐ続いて「この断章は，準備中の著作の意図を正に明確にしている」と結んでいるように，今までに調べてきた12の断章の中で，最も広く，詳しく「順序」を示しているので，最も重要な意味を持っていることに異論はない．ポール・ロワヤル版にも，この断章だけが取上げられていることも意味深い．もともといわば著者の手のうちをさらけだすに等しい，こうした方法論に関する諸断章を掲げる危険をあえておかす必要はないはずなのである．それなのに，せめて一つだけでもと選び出されたのがこれである．その後の諸版でも，これに重要な位置を与えているものが少なくなく，シュヴァリエ(*24*, 2–3頁；*33*, 1番)，トゥルノール1冊本，アンジュー，スタインマン等のようにパスカルの護教論の冒頭にこれを掲げているものさえある．

第1章(L 1–12)の概観

第1章の全体を概観すると先ず章名の「Ordre(順序，秩序)」であるが，12の断章のうち五つ(L 2, 5, 8, 11, 12)には，パスカル自身の手で，その断章の見出しとしてこの語が記されている．また第1写本の後半の，いわゆる「未分類の綴り」(L 547頁以下)の中にも5個の断章(L 387, 467, 683, 684, 694. B 241, 449, 20, 21, 61)に同じ表題が付せられている(但し終りの二つは肉筆原稿集では，一方は表題の部分が切り取られてなく，他方は断章全部がなくなってしまっている)．こうして，パスカル自身によって同じ表題を冠せられたものが8ないし10個も存在する以上，パスカルがこの題名で若干数の断章をまとめて分類しようと考えていたことには疑いがない．

次に内容であるが，L 12(B 187)は，既に記したように，章全体の中で最も広く，詳しくパスカルの準備していた護教論の「順序」を記している(その際注(2)に記した，「区分(Division)」という語を書き始めて，途中で止めて「順序」にとり換えたというようなためらいは，今述べた「未分類の綴り」の中の諸断章においても見当らない)．このL 12とL 6(B 60)とは，護教論の骨組を最も明確に画き出しており，その他の各断章もいずれも，護教論の一部の「順序」や方法論等を示しているものであるから，この章の性格は，明白である．

L 6で記されている「第1部．神なき人間の惨めさ」に相当する各論としては，L 2, 3, 4, 9, 10(B 227, 244, 184, 291, 167)があり，「第2部．修理者の存在すること．聖書によって」に対しては，L 1と8(B 596, 602)がある．以上に含まれていないものとしては，L 5, 7, 11(B 247, 248, 246)が残るだけであるが，これはいずれも，「機械」に関するパスカル独得の信仰への道についての考案を含み，その護教論の重要な一面を代表している．1655年1月のパスカルの妹ジャクリーヌから姉のペリエ夫人への手紙に記されている有名な一節「兄上は全力をあげて神を求めておられたのですが，それは神からの働きというよりは，兄上の理性とその精神とが，最善と認めるものへと促しているのだということを感じておられたのだそうです」(〔*115*〕，第4巻62頁)でも分るように，パスカル自身のいわゆる「決定的回心」の直前の切実な体験を通じて「理性」と「霊感」(B 245〔L 808〕参照)との間の橋渡し的役割を「機械」に求めることを考えついたのであろう．

なおこの一章を通じて知られる，方法論上の著しい特徴は，パスカルはその護教論においても，かつて『プロヴァンシアル』書簡で成功をおさめたように，「手紙」(L 4, 5, 7, 9, 11. B 184, 247, 248, 291, 246)や「対話」(L 2, 3. B 227, 244)をふんだんに用いようとした点である．

他の章でもそうであるように，パスカルの断章分類の作業は中絶したままなので，この章の外にも，上述の同じ表題を付した断章を初めとして，護教論の骨組や方法についての断章はいくつもあり，他面この章に収められている断章だけで，この問題の全貌を尽している訳でもない．しかし，それにしても，かなり多くの部面は，この章で取上げられており，L 9の(2)で既に述べたように，B版で章の最初に分類されているものが三つもあるという事実は，注目に値する．

この「順序」の章全体に対する注としては，アンジュー版が次のように記している(同版の断章番号の次に，括弧内にBとLの番号を掲げた).

「『順序』についての章は，次の諸断章によって補うことができる.『順序』という題が付せられている 388, 467, 732, 733, 734(本項の初めの方で指摘した「5個の断章」と同じ). 408, 590, 609, 638(B 74, 373, 76, 279. L 408, 532, 553, 588).『序言』の草案，826(B 242. L 781). 序言でありうるものの断片，427, 428, 429, 447, 448(B 194の2と3, 194, 556, 494. L 432, 427, 449, 450).『宗教の証拠』の大綱，403と482(B 290, 289. L 402, 482). 賭の断章の付属断章 419-426(B 89, 231, 477, 606, 278, 542, 277, 535, 604. L 419-425). (以下〔第1章内の配列順に関するもの〕省略)」

上に挙げられている諸断章は，『順序』の章そのものを補うというよりは，パスカルの考えていた護教論内部の順序や構成について手掛りを与えそうなものという方が適当である. 同種の参考資料としては，ラフュマの1952年版の『順序』の章の補充部分(*32*, 36-49番)には，上のアンジューの注にはない，いくつかの断章が見出される(B 442, 421, 562, 62. L 393, 405, 468, 780).

セリエ版には，本章全体に対して次の注が掲げられている.

「『順序』は，護教論の27の暫定的項目(3-28章〔訳注. 第1写本第1部 2-27章〕)を配列した際に，彼の心の中で芽生えていた新しい目論見について記した覚書を集めている. パスカルの関係書類の中でこれほど，死が正に進行中の編成を凝結させてしまったことを明示するものはない. ここには護教家(訳注. パスカル)が，1659-1662年に書き上げた諸々の論が予告されている. 即ち『腐敗について』の論(断章 690),『機械についての論』(断章 680),『神を求めるべきであるという手紙』(断章 681) 並びに覚書の諸綴りを作らせることとなった『ユダヤ人たちの状態』という重要な項目の追加である.」

断章680と681については，L 11の(3)の終りで既に述べたが，断章690(同版第47章，L 438-450)と『ユダヤ人たちの状態』の綴り(同版第48-52章〔L 第2部第6-10章〕)も，第2写本で両断章(同版第45, 46章)に引続く章に収められているので，上の見解はL 11の(3)についての立論と同じ理由によるものである. 従って，その際に述べたように，まだ定説になっていない年代決定に基づく所説は，差し当っては一つの試論として参考にする外はない.

第1写本　第1部

第2章　空しさ (Vanité) (L 13–52)

L 13 (原 83, B 133)[1]

原　　文

L 13[1]

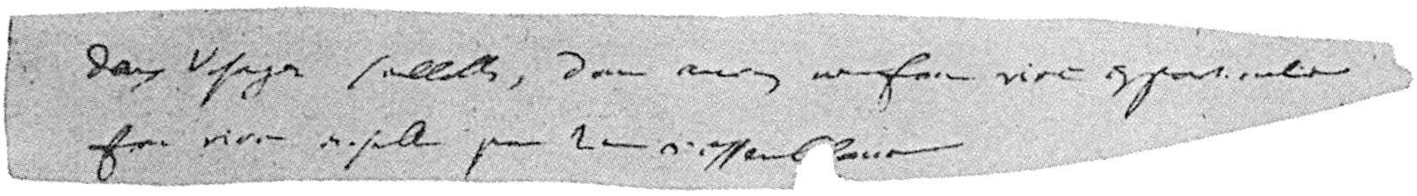

(原 83 の最上部)

deux Visages semblables, dont aucun ne fait rire en particulier
font rire ensemble par leur ressemblance[2]

Deux visages semblables, dont aucun ne fait rire en particulier, font rire ensemble par leur ressemblance.[2]

訳　　文

個別的にはどれも笑わせない，似ている二つの顔も，一緒になるとその相似によって笑わせる．[2]

注　解

（1）　**テキストについて**．原 83（トゥルノール 1 冊本は，L 11 と 12 の頁数である 25 と 27 を，本断章のものと誤記している）の最上部に貼られている 10 断章はすべて，この第 2 章に含まれているものであって，肉筆原稿集と第 1 写本との間の関係が，以前思われていたほど乱雑ではない適例の一つとなっている．この断章はしかも同頁の一番上に，これだけ記されている細長い小紙片として貼られている．原稿の第 1 行の左側に当る台紙の上には「3」という数字が書かれている．これも第 1 写本での頁数であり，左側の余白が少ないために，「P.」が省かれているのである．

ラフュマ 1952 年版（*32*，50 番）の注には，この小紙片について次のように記されている．

「『惨めさ』の綴りに最後にとじ入れられた（訳注．従ってラフュマ説によれば〔上掲 L 12 の注の最後のパラグラフ参照〕，その章の最初になる）この断章は，罫紙に記されている．他の綴りの終りに最後にとじ入れられた数個の断章の場合も同じである．」

これは，L 1 の (1) で触れたラフュマの所説に関連のある問題であるが，この小紙片に罫はなく，また章名も異なっている．ところが，『惨めさ』と題された次の第 3 章最初の L 53 (B 429，ラフュマ 1952 年版，101 番) は，罫紙に書かれているので，明らかにこれとの取り違えである．

第 1，第 2 両写本は，本断章の上に見出しとして「Vanité.（空しさ．）」と章名を記している．アカデミー辞典の「VANITÉ」の項によれば，この語には，「無益，しっかりしていないこと(Inutilité, peu de solidité)」という意味と，「高慢，思いあがり(Orguëil, presomption)」という意味とがあり，前者の用例として「世の中のものはすべて空でしかない．聖書(訳注．「伝道の書」1の2)は言う，空の空，すべては空である(Tout n'est que vanité dans le monde. l'Ecriture dit, Vanité des vanitez, & tout est vanité.)」と記されている．フュルティエール辞典も二様の意味を項を分けて掲げている．この第2章に含まれている40の断章は，いずれもこの二つの意味のうちの第一の意味に該当するものなので「空しさ」という訳語を用いた．Lとの原文上の違いはない．

デモレが初めて発表した．

(**2**)「訳文全部．(deux Visages semblables, dont aucun ne fait rire en particulier font rire ensemble par leur ressemblance)」これはみな，第1稿で一気に記された．デモレは，第1，第2両写本は正しく写している，「笑わせない(ne fait rire)」を，「何もしない(ne fait rien)」と変えて掲げたが，ボシュ以来訂正された．

こうした人間のたわいなさの一例が，「空しさ」の章に綴じられていることに不思議はないが，パスカルがそれをどう利用しようとしていたのかは，既存の資料だけでは不明である．この自明な断章の注としては，トゥルノールの2冊本とアンジュー版に次のようなものがあるだけである．

> 「これは驚きの結果である．なぜならば，自然は通常もっと多様であるからである．ベロアルド・ド・ヴェルヴィル著『好事家の宮殿(Palais des Curieux)』(1612)の中の『全く相似の二人を見出すことは不可能である．(Il n'est pas possible de trouver deux hommes du tout se ressemblant.)』を参照．」

ド・ヴェルヴィル(Béroalde de Verville)というのは，新教から旧教に改宗し，教会の要職についた人で，ラブレーの系統を引く物語り等を多く著わした人であるが，パスカルが読んだという推論の手がかりは全くない．トゥルノールが偶々読み漁った折りにこの句を拾い上げたのであろうが，その位ならパスカル自身の，次の言葉で始まる断章を引用した方が適当であったろう．

> 「多様性というものは，かくも広範で，あらゆる声の調子，あらゆる歩き方，咳のしかた，洟のかみかた，くさめのしかた……というふうに豊富である．」(B 114 (L 558))

なおパリの国立図書館で『好事家の宮殿』を調べたところでは，トゥルノールの引用と逐字的に同じ文章は遂に見出せなかったが，「物事の非相似性について」という第53章の中に「手足も満足で，なりふりも整っている大勢の男女を眺めて見ても，遠くからでないかぎり，相似の二人は見付からない．」(*141*, 472頁)という一節があった．トゥルノールがこれを要約したのか，私が見落したかの何れかであろう．

L 14 (原 81, B 338)[1]

原　　文

L 14[1]

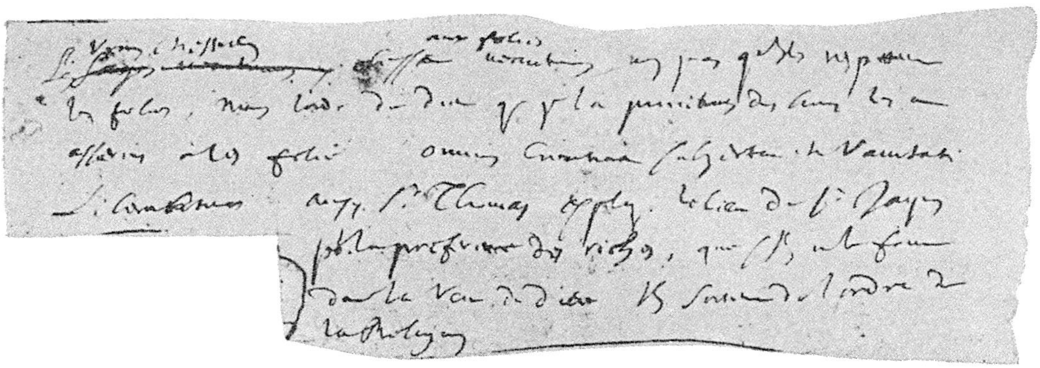

(原 81 の上から 2 番目)

Vrays Chrestiens　　　*aux folies*
Les ~~Sages~~ ~~neantmoins y~~ obeissent neantmoins,[2] non pas qu Jls respectent
les folies, mais l ordre de dieu qui p^{r} la punition des hommes les a
asservis a Ces folies[3]　　omnis Creatura subjecta est Vanitati
Liberabitur.[4] *Ainsy St Thomas explique le lieu de St Jacques*
p^{r} la preference des riches,[5] *que s Jls ne le font*
dans la Veue de dieu Jls sortent de l ordre de
la Religion[6]

Les vrais chrétiens obéissent aux folies néanmoins;[2] non pas qu'ils respectent les folies, mais l'ordre de Dieu, qui, pour la punition des hommes, les a asservis à ces folies.[3] *Omnis creatura subjecta est vanitati. Liberabitur.*[4] Ainsi saint Thomas explique le lieu de saint Jacques pour la préférence des riches,[5] que, s'ils ne le font dans la vue de Dieu, ils sortent de l'ordre de la religion.[6]

訳　　文

真のキリスト者は，それでもなお，愚かなことに服従する.[2] それは愚かなことを尊敬するからではなく，人間を罰するためにこれらの愚かなことにかれらを服せしめられた神の秩序を尊敬するからである.[3] 〈すべての被造物は，空しいことに服させられている．解放されるであろう〉.[4] それで聖トマスは，聖ヤコブの富者の偏重に対する個所を説明して,[5] もしかれらがそれを神を目当てにして行なうのでないならば，宗教の秩序から逸脱するのだと言っている.[6]

注　解

(1)　テキストについて. この断章が貼られている原稿綴りの 81 頁にも，六つのうち五つまで第 1 写本の第 2 章に収められているものばかりが集まっている．この断章の原稿は，これだけが 1 枚の紙に記されており，上から 2 番目のところに置かれている．その紙片には，上と下と左下隅とにある別の断章との境を示す線があり，下の線は，トゥルノールが記しているように，次の L 15 を囲む線と合致するので，下にあった断章がそれに当ることは明らかである．本文 2 行目と 3 行目の間に当るところの左側の台紙に「P. 3.」と記されているが，これも誰かが後で第 1 写本の相当頁を示したものである．また同じく 2 行目と 3 行目の間に当るところの左側の余白に，この紙片を紐で綴じた跡の穴が見える．

また，この断章の記され方から判断すると「それで聖トマスは，(Ainsy St Thomas)」以下の部分は第 1 稿の際にはなかったもので，それが (2) で記す断章最初の行の訂正加筆の原因ともなったのである．

L との原文上の相違点はない．(2) と (3) はクーザン，(4) (5) (6) はフォジェールが初めて発表した．

(2) 「真のキリスト者は，それでもなお，愚かなことに服従する．(Les Vrays Chrestiens obeissent aux folies neantmoins,)」この部分は，第 1 稿の際には，先ず「賢者は，それでもなお，それに服従する (Les Sages neantmoins y obeissent)」と書き出してから直ちに「それでもなおそれに (neantmoins y)」を横線で消して，その次の「服従する (obeissent)」のすぐ先に「それでもなお，(neantmoins,)」と改めて書き足して，引き続きその先を記して行ったのである．従って，第 1 稿の際には「賢者は，それでもなお服従する．(Les Sages obeissent neantmoins,)」という風になっていたのである．それに対して，後になってから，(1) に記したように，「それで聖トマスは，」以下を書き加えた後に，問題がこうして教会の内部の問題となってくれば，賢者では後に記す理由で不適当となるので，「真のキリスト者 (Vrays Chrestiens)」と書き改めたのであろう．また「服従する」の右肩に「愚かなこと (aux folies)」を書き加えてあるが，これは，明らかに推敲の段階で文意を明確にするために加えたものである．ことによると，この断章を上下や左下隅の断章と切離すことになった時に，それまでは上からの続きで明らかであった何に服従するかを明示する必要が生じたためであったかも知れない．

この 1 行を初めとする，この断章の第 1 稿で記された部分の全体は，「現象の理由 (Raisons des Effects)」と題された第 1 写本の第 1 部第 5 章 (B 第 5 章の一部にあらまし相当) にある多くの断章と相通ずるものであって，後に続く聖句を含めてさえ，必しもキリスト教会の内部に限らなくともよい位の広い意味を持っていた．それで一般的な言葉である「賢者」でも差支なかったのであるが，後の加筆でキリスト教会の内部の問題にはっきりと限定されてきたので，最早「賢者」では具合が悪くなったのである．というのは，第 1 写本の第 1 部第 5 章にあり (L 90)，B 版ではこの断章の直前に掲げてある断章 (337〔L 90〕) によれば，パスカルは，1) 民衆 (le peuple)，2) 生半可な識者 (les demi-habiles)，3) 識者(les habiles)，4) 知識よりも熱心さが勝っている信心家(les dévots qui ont plus de zèle que de science)，5) 完全なキリスト者(les chrétiens parfaits)の5段階に及ぶ「正から反への絶えざる転換(renversement continuel du pour au contre)」(B 328, L 93)を考えていたのであるから，「賢者」のままでは，第3段階の「識者」と混同されるおそれを生ずるので，第5段階の「完全なるキリスト者」に準じて「真のキリスト者」と直したのであろう．

第1，第2両写本は，この部分の，原文では最後にくる「neantmoins(それでもなお)」の次に打たれているコンマを，この語の前に移している．この誤写によれば，この部分と(3)の前半は，「真のキリスト者は，愚かなことに服従する．それでもなお，それは愚かなことを尊敬するからではなく……」ということになる．この誤写はクーザンが受け継ぎ，フォジェールが原稿通りに復した．なおここで用いられている「愚かなこと」の原語「folies」は，今日と同じに，17世紀でも，「狂気」と「愚かさ」との両方に用いられていたことは，アカデミー辞典の初版によっても明らかであるが，その用例として挙げられている「人間の知恵は神の前では『folie』でしかない(La sagesse des hommes n'est que folie devant Dieu)」は，「軽率，常規を逸したこと，判断の誤り．」の項に入っている．それで本断章でも『新約聖書』の「コリント人への第一の手紙」第1章18–25節の類似の個所の訳例に準じて，「愚かなこと」と訳することにしたのである．アヴェ初版は，この部分(同改版は，(4)の後)の注として，B 330(L 26)に相当する断章を参照させた後，次のように記している．

「これらの愚かなこととは，この世の法律，権力と人々の間に築かれている序列である．」

しかし，これだけに限るよりは，もっと広く，B版第5章に示されているような人間社会の諸との不合理や不正を指していると解した方がよいであろう．ル・ゲルン版の注は，「各種の社会的習俗」と記している．

(**3**)「それは愚かなことを尊敬するからではなく，人間を罰するためにこれらの愚かなことにかれらを服せしめられた神の秩序を尊敬するからである．(non pas qu Jls respectent les folies, mais l ordre de dieu qui p^r la punition des hommes les a asservis a Ces folies)」この部分に対しては，Bの3冊本に次の注がある．

「これは，パスカルが『プロヴァンシアル』書簡第14で述べた教義である．「各人に対して，その人に対して義務づけられているもの，栄誉，貢物，服従を捧げること．たとえ不公正であろうと，役人や上位者に服すること．なぜなら人はかれらの中に，かれらを我々の上に据えられた神の力を常に敬まわなければならないからである．」(訳注．L 438頁)　ニコルの『雑想』中の第83番参照．ここでニコルはパスカルの表現を借りて「キリスト教は，誤まることなしに力に対して正義を結びつけている．」という主張を展開させている(『倫理随想』第6巻292頁〔訳注．*110*，226頁〕)」

(**4**)「〈すべての被造物は，空しいことに服させられている．解放されるであろう〉．(omnis Creatura subjecta est Vanitati Liberabitur.)」このラテン語の引用文の出所は，アヴェ，モリニエ，ミショー以来，細かい違いはあるが次第にはっきり示されてきているのであるが，その中でも明確に記しているのはBの3冊本である．それは，先ずヴルガタ訳のラテン文で『ローマ人への手紙』第8章の20，21節(なぜなら被造物が空しいことに服させられているのは，自分の意志によるのではなく，服従させたかたによるのであり，かつ，被造物自身にも，滅びのなわめから解放されて，神の子たちの栄光の自由に入る望みが残されているからである〔*48*bis，日本聖書協会訳．傍点筆者．最初の傍点部は拙訳.〕)を示した後，「聖パウロの第1行は，それ自体『伝道の書』を思い起したものである」と記して同書の第3章19節(人の子らに臨むところは獣にも臨むからである．……人は獣にまさるところがない．すべてのものは空だからである〔同訳〕)をこれもラテン語で引用している．上の聖句の引用個所の傍点を付したところが，パスカルの引用に相当するという訳であるが，後者の『伝道の書』の方は，ここに引合に出す必要は必ずしもないと思う．元来これはモリニエ版とBの1冊本で，引用の前半の出所として誤って挙げられていたものである．それはおそらく『伝道の書』の方に「〈すべてのものは〉(cuncta)」となっているので，『ローマ人への手紙』の方の「〈被造物〉(creatura)」というだけよりも近いと考えられたためでもあろう．しかし『伝道の書』のこの部分のラテン文は，「cuncta subjacent vanitati」であって，『ローマ人への手紙』の方の「Vanitati enim subjecta」の方がむしろ全体としてパスカルの引用に近いのである．また，後者に欠けている「〈すべての〉」という形容詞のついた「〈被造物〉」ならば，その直ぐ次の節(第8章22節)にその通り出てきているのである(omnis creatura)．従ってB3冊本が自ら訂正したように，『伝道の書』を『ローマ人への手紙』に対する源泉として考える分には差支ないが，パスカルの引用の個所としては，新約聖書の方で充分なのである．デコット版の注は，引用句の出所を掲げた後に，「お偉方に対する尊敬は，それが神に服従し，神の意志に従おうとする意志によるものでなければ正当でない.」と記している．なおアヴェ版では，『ローマ人への手紙』の関係個所の「空しいこと(vanité)」に対する説明として「即ち此世の迷い，虚無，期待はずれ」と付記している．

この部分の聖句は，本断章が収められている第1写本第1部第2章の題名の「空しさ」の究極の意味をはっきりさせている．即ち，この章で示されている人間の空しさの様々な現象は，神の定めによるのではあるが，そこから解放される望みがあるというのである．

(**5**) 「それで聖トマスは，聖ヤコブの富者の偏重に対する個所を説明して，(Ainsy St Thomas explique le lieu de St Jacques p^r^ la preference des riches,)」これから先の個所は，(1)に記したように，第1稿の際にはなかったものである．「真のキリスト者」が「愚かなことに服従する」のは，「愚かなことを尊敬するからではなく，人間を罰するためにこれらの愚かなことにかれらを服せしめられた神の秩序を尊敬するからである」という本断章の前半で述べたことの例証として，パスカルは，聖トマス・アクィナスの行なった『ヤコブの手紙』の聖句に対する説明に言及しようとするのである．

アヴェ以来，多くの注解書に指摘されているように，「聖ヤコブの富者の偏重に対する個所」というのは次の聖句のことである．

「わたしの兄弟たち，栄光に満ちた，わたしたちの主イエスス・キリストを信じながら，外面だけを見て人を差別してはなりません．あなたたちの集まっている所に，金の指輪をはめ，りっぱな身なりをした人が入って来，また，汚らしい服装をした貧しい人も入って来るとします．あなたたちが，そのりっぱな身なりをした人に特別に目を留めて，『どうぞ，こちらの席にお掛けください』と言い，貧しい人には，『お前は，そこに立っているか，わたしの足もとに座るかしていなさい』と言うなら，あなたたちは，自分たちの中で不当な差別をし，誤った考えに基づいて判断を下したことになるのではありませんか．

わたしの愛する兄弟たち，よく聞きなさい．神はこの世の貧しい人たちをあえて選んで，信仰によって富ませ，ご自身を愛する者に約束された国を，受け継ぐ者となさったではありませんか．でも，あなたたちは，貧しい人を辱めました．裕福な者たちこそ，あなたたちを搾取し，むりやりに裁判所へ連れて行くのではありませんか．また彼らこそ，あなたたちの呼び名の元であるあの尊い名を，冒瀆しているのではありませんか．もしあなたたちが，聖書の教えどおりに，『隣人を自分のように愛せよ』という最も尊い律法を実行するのなら，それはけっこうなことです．しかし，人を差別するなら，あなたたちは罪を犯すことになり，律法によって違犯者と断定されるのです．」(*48* ter,『新約聖書共同訳』,「ヤコボスの手紙」, 2の1–9)

これに対する聖トマスの説明というのは，従来の注解では，次の項で掲げる『ポール・ロワヤルの論理学』の一節が紹介されるに止められていたが，1965年に出版された『ポール・ロワヤルの論理学』の最初の校訂本で初めて的確に示されるに至った(*41*, 383頁)．即ち，これも次の項で説明するように，聖トマスの主著『神学大全』の一節を指すのである．ル・ゲルン版の注は，この部分に対して次のように記している．

「これは『聖ヤコブの手紙，第2章の注解』のことである．『〈そして，富める者をその富の故に選んではならないとしても，それにもかかわらず，神の故に，彼らを愛することが減ってはならない.〉(et si divites propter divitias non sunt eligendi, non tamen propter Deum minus sunt diligendi.)』誤ってトマス・アクィナスのものとされたこの注解は，実際はニコラ・ド・ゴランのものである.」

ニコラ・ド・ゴランというのは，モレリの『歴史大辞典』によれば(*106*, 第5巻，2の286頁)，13世紀のドミニコ会の僧で，そのパウロ以外の使徒書簡についての注解は，誤ってトマス・アクィナスのものとされた由である．フランス国立図書館のトマス・アクィナスの著作目録の中(*52* bis, 508, 718頁)には，同注解の1543年版が掲げられている．しかしそれは，トマス・アクィナスのものではなく，ケティフ—エシャール等の見解によれば，ニコラ・ド・ゴランのものらしいとの断り書きが付いている．ケティフ—エシャールとは，これも同じくモレリによれば(*106*, 第8巻，2の685頁；第4巻，2の13頁)，ケティフ(Jacques Quétif, 1618–1698)が着手し，エシャール(Jacques Échard, 1644–1724)が完成したドミニコ会に関する文献目録(1719, 1721)を指すものであろう．他方，フランス国立図書館所蔵の同注解の1620年アントワープ版では，既にニコラ・ド・ゴラン著となっている．同版によれば，上掲のル・ゲルン版の注の引用句は，(2)に掲げた「ヤコブの手紙」第2章よりの引用文の終りの方にある同第8節に対する注解の最後にくるものである(*68* bis, 73頁)．いずれにせよ，この個所よりは，上述の『神学大全』の関係個所の方が内容からもいっそう適切なので，わざわざド・ゴランを持ち出す必要はないと思われる．

なお，この部分のテキストの伝承については，意味の上では大した影響のない一点がある．「富者の偏重に対する」の「対する(p^r=pour)」は，原稿でははっきりしており，第1，第2両写本とフォジェール，更にロシェー(*15*，282頁)，アスティエ(*18*，466頁)もそのように伝えているが，アヴェ初版以来の諸版は，これを「についての(sur)」と変更した．これを元に復したのはトゥルノール2冊本で，その後は同1冊本，アンジュー，ラフュマ，スタインマン，セリエの諸版も原稿通りであるが，デコットとル・ゲルン両版は依然として「についての」である．

（**6**）「もしかれらがそれを神を目当てにして行なうのでないならば，宗教の秩序から逸脱するのだと言っている．(que s Jls ne le font dans la Veue de dieu Jls sortent de l ordre de la Religion)」

「神を目当てにして(dans la Veue de Dieu)」という訳文は，『アカデミー辞典』の中で，「faire toutes choses dans la veuë de Dieu(すべてのことを神を目当てにして行なう)」という例文の「la veuë」の意味として「ある仕事において志す目的や目当て(Le but, la fin que l'on se propose dans une affaire)」と説明してあるのに準拠した．

この部分は，前項で触れた聖トマスの所説であるが，先ずB3冊本で初めて紹介された，『ポール・ロワヤルの論理学』の一節を次に訳出する．

> 「……聖トマスは，使徒聖ヤコブが，教会の集会で富める者に貧しい者よりも上の席を与えることを禁じた際に，あんなにも厳しく非難した対象は，とりもなおさずこの富める者に対する尊敬と感嘆の念に外ならないと考えているのである．何故ならば，この個所は，ある種の外形的な儀礼を貧しい者よりはむしろ富める者の方に対して行なうことを文字通り禁止しているものと解する訳には行かない．というのは，宗教が乱そうとはしないこの世の秩序は，そうした差別立てを許容しているのであって，聖者たちもそれを実行したからである．そこで，その意味するところは，貧しい者が富める者の足の下に在り，富める者が貧しい者よりも無限に高いところにあるかのように本当に思う内心からの差別立てのことであると解すべきであろう．」
> (第1部第10章，*41*，78-79頁)

上の一節に言及したトゥルノール，アンジュー両版は，1660年の『ポール・ロワヤルの論理学』，ラフュマ版は1662年のそれと記しているが，上述の校訂本で明らかにされているように，この一節は，1664年の第2版(そこでは第1部第9章として)に初めて掲げられたものである．こんな細かなことを詮索するのは，この『論理学』とパスカルとの密接な関係から言っても，パスカルの没年1662年の前であるか後であるかは，この一節の持つ意味と無関係で有り得ないからである．この一節が，パスカルの死後しかも第2版で発表されたものである以上，これがパスカルの断章の直接の源泉ではないのは言うまでもない．しかし，『論理学』にこのように紹介されているところから見て，聖トマスのこの個所が，当時パスカルの友人たちの間で広く話題になっていたと考えられないこともない．

前項で言及した，『神学大全』の関係個所では，2の2，第63問第3項の終りに，富める者はこの世の秩序の中で占める位置の故に，その背後にある神の定めのためにこそ敬されるべきであって，もしも「〈富めること自体の故に敬される〉」ならばこのような差別立ては罪となると結ばれている

(*137*, 312頁). この結論に至るまでの立論において若干の聖句のほか，聖アウグスティヌスの注解も引用されているが，この事実は，聖トマスよりは聖アウグスティヌスの方を遙かに高く評価していたパスカルや『ポール・ロワヤルの論理学』の著者ニコルとアルノーたちに対してこの所説を受入れ易くしたことであろう.

アヴェ初版は，(5)で引用した『ヤコブの手紙』の関係個所を本断章の終りに対する注で紹介した後，次のように記している.

「聖トマスとパスカルとは，この個所を敢えて文字通りにとることができなかった．そして，使徒は富者に対するこれらの偏重を実際に禁じたのではなく，世間的な考えでなく，神を目当にしてだけ行なうことを欲したのであると推測しているのである.」

同改版は，この一節の代わりに「私は『故ブリュエ氏の……の書物目録(1667)』, 230頁に，『教会における席の区別について』，パリ，1650年という題を見付けた.」とだけ記している.

しかしながら，姉ペリエ夫人が記したように，貧しい者のために尽すことを晩年の最大の関心事としていたパスカルが(『パスカル伝』L 27頁)，教会の二大学聖によってまで認められたこの「愚かなこと」を，内心どんなに辛く感じたかは，想像に難くない．だが，キリスト教が公に認められていた時代と，迫害の対象であった初代教会の場合とでは事情が異なる故，『ヤコブの手紙』が記された当初は，文字通りに解されていたのではなかろうか．既に引用した個所の中で，「裕福な者たちこそ，あなたたちを搾取し，むりやりに裁判所へ連れて行くのではありませんか．また彼らこそ，あなたたちの呼び名の元であるあの尊い名を，冒瀆しているのではありませんか.」(『ヤコボスの手紙』第2章6-7節．同前)と記されているのをパスカルはどういう気持で読んだことだろう.

L 15 (原 83, B 410)[1]

原　文

L 15[1]

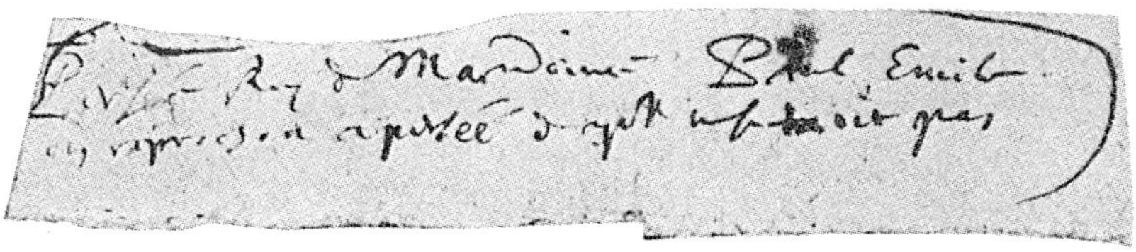

（原 83 の上から 2 番目右）

Perséé Roy de Macedoine[2]—Paul Emile.[3]
on reprochoit a perséé de ce qu Jl ne se tuoit pas[4]

Persée, roi de Macédoine[2]—Paul Émile.[3]
On reprochait à Persée de ce qu'il ne se tuait pas.[4]

訳　文

マケドニア王ペルセウス[2]——パウルス・エミリウス.[3]
人はペルセウスが自決しないのを責めた.[4]

注　解

（1）**テキストについて**．L 14 の (1) に記したように，このテキストは，本文を囲んでいる線の一部がL 14 の下にある線とつながることから分るようにL 14 と同じ紙に，その真下に記されていたものが，切り離されたものである．分類のために綴じた紐の穴が左側に見える．原 83 の最上部にあるL 13 の次に貼られている．

Lとの原文上の相違は，「マケドニア王 (Roy de Macedoine)」の次の短線の代りにLではピリオッドになっている些細な点以外にはない．クーザンが初めて発表した．

（2）「マケドニア王ペルセウス (Perséé Roy de Macedoine)」マケドニアの最後の王で，紀元前 168 年，パウルス・エミリウスの軍に破れ，ローマに引き行かれ，2 年後獄死．

（3）「——パウルス・エミリウス．(—Paul Emile.)」ローマの将軍．紀元前 182 年と 168 年に執政官となった．その父は，ハンニバルとのカンヌの戦いで，名誉の戦死をとげ，その二人の子供は対マケドニア戦で戦死した.

(**4**)「人はペルセウスが自決しないのを責めた. (on reprochoit a perséé de ce qu Jl ne se tuoit pas)」この部分の最初の語「on(人は)」は, 第1, 第2両写本とクーザンはその通り伝えたのに, フォジェールは,「en(そのことについて)」と読み, それから先のところの主語としては, (3)の末尾の「パウルス・エミリウス」をもってきて, 本断章の全文を「Persée roi de Macédoine. Paul Émile en reprochait à Persée de ce qu'il ne se tuait pas.(マケドニア王ペルセウス. パウルス・エミリウスは, そのことについて, ペルセウスが自決しないのを責めた.)」と解した. 次いでアヴェの初版は, 冒頭の「マケドニア王ペルセウス」と「人は」を省いて,「Paul-Émile reprochait à Persée de ce que...(パウルス・エミリウスはペルセウスが……のを責めた.」と掲げ, 同改版は,「マケドニア王ペルセウス」は省いたままで,「人は」をフォジェールと同じに「そのことについて」と読み,「パウルス・エミリウスは, そのことについて, ペルセウスが……のを責めた」とした. モリニエとミショーは,「マケドニア王ペルセウス」は復活させたが,「人は」は相変らず「そのことについて」と読んでフォジェールと同じに「パウルス・エミリウス」をその先の主語にした. これを原稿通りに戻したのはBで, その後, ガジエ(*22*, 505頁)を除くほとんどの版はこれに準じた.

この「on」か「en」の問題は, 原稿のその場所だけを見れば, 少しばかりは選択に迷う余地がないでもないが, どちらかといえば前者の方に傾く外はない. 更にまた, その上の行の末尾にくる「Emile(エミリウス)」の語尾が真横に真直ぐ延びて, 一応の区切りを暗示し, その先にピリオッドらしいものも見えることと,「マケドニア王ペルセウス」と「パウルス・エミリウス」との間に短線が挿入されていることなどから判断すれば, 原稿の第1行は, この二つの人名を対立的に掲げて, 後述するような両者の境遇の違いを示そうとする意図であったことが推察できる.

この部分の注として, アヴェ版以来, 多くの版でモンテーニュの『エセー』の次の一節があげられている.

> 「パウルス・エミリウスは, 彼の凱旋式に連れ廻さないようにと願わせるために, 彼の捕虜であるあの惨めなマケドニア王が遣わした者に向って,『その願いは自分自身に対して為すべきである』と答えた.」(『エセー』1の19, *102*, 44頁; *104*, 1の20, 85頁)

パスカルがこの断章で上の故事を指していたのは, B 409(L 117)のもっと長い断章での説明によっても明らかである. 但し,『エセー』のこの個所には, ペルセウスという名は記されておらず, パスカルの用いた1652年版の傍注にも見当らない. しかし, この逸話は, アヴェ版で指摘されたように「キケロの『トゥスクルム談論』5-40」(*58*, 5-40-118, 第2巻162-163頁)と, Bに記されているように「プルタルコス(『パウルス・エミリウス伝』, 第17章)」(*120*,「パウルス・エミリウス」, 34の3, 111頁)に既に見出される有名なものであるから, パスカルがどこかで読みまたは聞いたとしても不思議はなく, また,『エセー』の中にも「マケドニア王ペルセウス」と並べて記してある個所が1の5の冒頭を初めいくつかある.

(結び)　この短い断章の最もよい注解はクーザン以来しばしば対比され，B では，この直前に掲げられている B 409 である．しかしここに注意しなければならないのは，後者には「人間の偉大さ」という標題が付せられており，第 1 写本では，「偉大さ」と題されている第 1 部第 6 章に収められていることである (L 117)．ところが，今問題にしている前者は，「空しさ」の章に含まれているのである．同じ逸話を扱った長短二つの断章が，「偉大さ」と「空しさ」という相反する標題の章に分属させられているという面白い事実は，パスカルが先ず「空しさ」の章で，人間の行為のとりとめのなさの例として用いた逸話を，「偉大さ」の章では，「人間の偉大さは，その惨めさからさえ引出されるほどに明白である」(B 409 本文の冒頭) ことの例として逆手をとって再登場させるつもりであったことを物語っている．パウルス・エミリウスが常に執政官でなくとも不幸と思う必要はなく，ペルセウスが王でなくなったことこそ不幸で，おめおめ生き残ったのが不思議なくらいだとの注釈を加えて，動物では自然なことを人間だけが惨めに思う点にこそ，人間の本来の偉大さの名残りがあるのだと論じている B 409 と本断章の関係は，パスカルの考えていた護教論が，人の意表をつく様々の劇的変化に富んでいたであろうことを想像させる．

L 16 (原 79, B 161)[1]

原　　文

L 16[1]

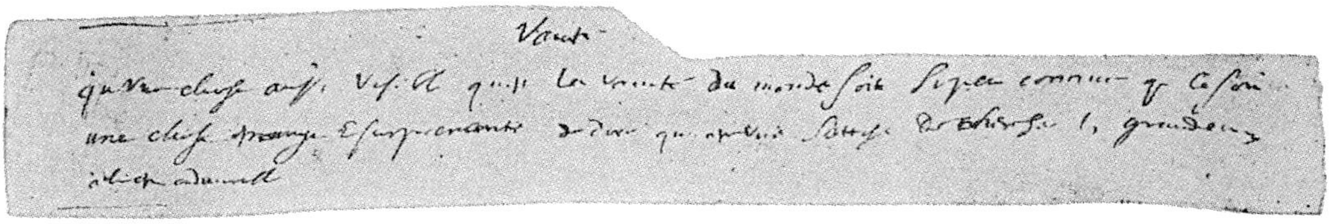

(原 79 の上から 7 番目)

p. 5. *Vanité*[2]

qu Vne chose aussi Visible qu est la vanité du monde soit si peu connue[3] que Ce soit
une chose estrange[a] Et surprenante de dire que c est Vne sottise de chercher[b] les grandeurs[4]
cela est admirable[5]

a) ?+a

b) re+chercher

Vanité.[2]

Qu'une chose aussi visible qu'est la vanité du monde soit si peu connue[3] que ce soit une chose étrange et surprenante de dire que c'est une sottise de chercher les grandeurs.[4] Cela est admirable.[5]

訳　　文

空しさ[2]

この世の空しさというこんなに明白なことがあまりにも少ししか知られていないので,[3] 権勢を求めるのはばかげていると言うのが奇妙で意外なことのように聞こえるほどである.[4] これは見事だ.[5]

注　　解

（1） **テキストについて.** 原 79 の上から 7 番目に，上下を短い横線で区切られたこの断章が細長い紙片として単独に切られた形で貼られている．紙片の左肩の余白に「p. 5.」と第 1 写本の頁数が後から書き加えられている．L との原文の違いは，(3)で述べるコンマ一つの相違点だけである．デモレによって初めて発表された．

（2） 「空しさ (Vanité)」章の標題と同じこの語は，第 1 行の真中に，この断章の標題として単独に記されている．インキの色の強さや字体の上から，分類の際に書き足したものと推定される．

（3）「この世の空しさというこんなに明白なことがあまりにも少ししか知られていないので，(qu Vne chose aussi Visible qu est la vanité du monde soit si peu connue)」原稿，第1，第2写本，ミショー，B，ドディユー，トゥルノール，アンジュー，1947年(*30*，111頁)と1952年(*32*，53番)のラフュマ，デコット等にはこの原文の終りの「connue」と，その先の「que」との間には何の句読点もなく直結しているのに反し，デモレ，ボシュ，フォジェール，アヴェ，モリニエ，ストロウスキー，上述の2版以外のラフュマ，スタインマン，セリエ，ル・ゲルン等の諸版では，その間にコンマが入っている．(もっともラフュマの1963年の原稿複写版では，間にピリオッドが見えるが，Bの1905年の紙の様子まではっきり写っている原稿の写真版には全く見当らない．第1，第2写本にも筆写されていないので，前者の方は複写途上のよごれか何かではないかと推測される)．

コンマ一つの問題であるが，既にミショーがフォジェール，アヴェ，モリニエの3版のコンマについて記したように，このコンマを入れると，この先の句は，前半と並列する関係になり，「……のように聞こえるほどである」という，前半に従属する句ではなくなってしまうおそれが生ずるのである．並列にしても従属にしても，内容そのものとしては本質的な違いではないと言えるかも知れず，並列にした方が日本語には訳し易いが(この世の空しさというこんなに明白なことがあまりにも少ししか知られていないこと，権勢を求めるのはばかげていると言うのが奇妙で意外なことのように聞こえること，これは見事だ．)，B写真版，第1，第2写本の一致の方に与することにする．原文そのものの語勢もこの方がずっと強く感じられる．

なおトゥルノールの2冊本には，「この世の空しさ」の中の「この世」の注として，「教会外の普通の人間社会」と断っているが，言うまでもないことである．また，ル・ゲルン版は，この部分の前半の「この世の空しさというこんなに明白なこと」という句に対して，「断章33参照」との注を掲げているが，これはL 36(B 164)のことである．

（4）「権勢を求めるのはばかげていると言うのが奇妙で意外なことのように聞こえるほどである．(que Ce soit une chose estrange Et surprenante de dire que c est Vne sottise de chercher les grandeurs)」(3)と同じくこの部分も全部第1稿で記されたが，その際「chercher(求める)」を書く前に先ず「re」と書き，直ちにその上に「chercher」の初めの2字を重ねて「求める」にした．これはおそらく，少し語勢の強い「rechercher(探し求める)」にするつもりだったのを改めたのであろう．

アンジュー版では，「権勢(les grandeurs)」の注として，「肉的な偉大さ(les grandeurs charnelles)」と説明しているが，これも言うまでもないことである．

（5）「これは見事だ(cela est admirable)」これは勿論皮肉な反語で，フォジェールを初めとして多くの版がこの後に感嘆符を打っている．ただし，トゥルノール，アンジュー，ラフュマ，スタインマン，セリエ，デコット，ル・ゲルン等は打っていない．

(結び)　「空しさ」と題し，人間社会のはかなさ，つまらなさ，とりとめのなさを指摘した断章は，この章の中にも他に 2, 3 ある (L 23, 32, 46. B 67, 317 の 2, 163)．このうち最後のものは，「クレオパトラの鼻」に関するものであって，ラフュマ 3 冊本においては，同じくクレオパトラの鼻を扱った L 413 (B 162) と L 197 (B 163 の 2) を本断章の注として示している．アヴェは，本断章の直後に，第 1 写本でも B でも同じ章に収められている B 164 (L 36) を掲げているが，内容的にはこれが最も関連性が強い．既に 18 世紀においてもデモレは，両断章を並べて，同じ「この世の空しさ」という小見出しでくくり，ボシュは同じ断章として扱っている (いずれも本断章を先に掲げている)．

L 17 (原 79, B 113) [1]

原　　文

L 17[1]

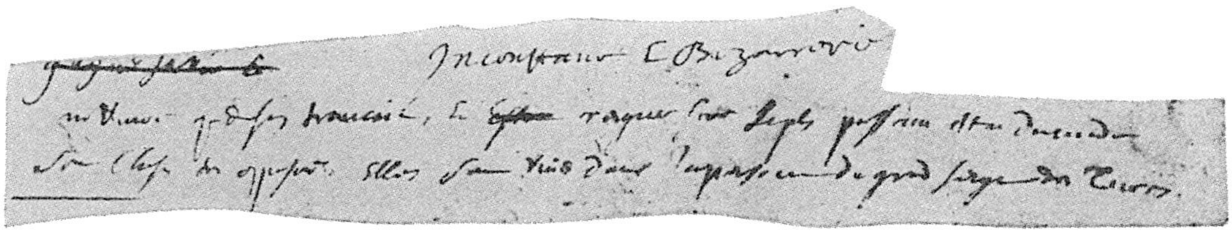

（原 79 の最下部）

~~gagner sa Vie Et~~　　　　　　*Jnconstance Et Bizarrerie*[2]
ne Viure que de son trauail, [3] Et ~~Estre~~ regner sur Le plus puissant estat du monde
sont Choses tres opposeés. [4] Elles sont Vnies dans la personne du grand seigneur des Turcs. [5]

Inconstance et Bizarrerie. [2]

Ne vivre que de son travail, [3] et régner sur le plus puissant État du monde, sont choses très opposées. [4] Elles sont unies dans la personne du Grand Seigneur des Turcs. [5]

訳　　文

定めないことと奇妙なこと[2]

自分の勤労だけによって暮すことと，[3] 世界最強の国に君臨することとは，正反対なことである．[4] それがトルコ皇帝という人物のなかで結合しているのである．[5]

注　　解

（**1**） **テキストについて**．L 16–20 はいずれも原 79 に収められているが，この断章はその最下部に，これだけを記した細長い紙片として貼られている．L との原文上の異同はない．

フォジェール版で初めて発表された．

（**2**） 「定めないことと奇妙なこと (Jnconstance Et Bizarrerie)」これは見出しとして，行の中程のところから書き始められているが，(3) で述べる横線で消された初めの数語と同じ行の先にあり，字形もかなり違っているので，この断章全体が書かれてしまった後からおそらく分類の際にでも書き加えられたものと判断できる．なお「定めないこと (Jnconstance)」という語が見出しに用いられている断章は他にも二つある (B 111, 112. L 55, 54)．しかし，次の「惨めさ」の章に収められているその2個所では，その際に説明するように，主として人の心の状態について述べているのであるが，ここでは変った習俗というような意味に用いられている．アヴェの初版は，この語のここでの意味は，「一貫しないこと，支離滅裂，不一致(inconsistance, incohérence, désaccord)」であると記し，更に同改版では，最後の「不一致」を除き，初めの2語だけを掲げている．

(**3**)「自分の勤労だけによって暮すことと，(ne Viure que de son trauail,)」原稿ではこの上の行に「生計の資をかせぎ，そして(gagner sa Vie Et)」といったん記して，それを横線で消し，改めてこれが書かれている．

(**4**)「世界最強の国に君臨することとは，正反対なことである．(Et regner sur Le plus puissant estat du monde sont Choses tres opposéés.)」ここでは，「君臨する(regner)」という動詞を記す前に，先ず「あること(Estre)」といったん書いた後，直ちに横線で消し，この動詞に書き換えて先に進んでいる．

(**5**)「それがトルコ皇帝という人物のなかで結合しているのである．(Elles sont Vnies dans la personne du grand seigneur des Turcs.)」この断章全体に対して，アヴェは次の注を付している．

「この伝承をパスカルが何処からとってきたのか私は知らない．仮にモンテーニュのなかにあるとしても，私には思い出せない．ルソーは，『エミル』の第3部後半でこの伝承を喚起して注釈している．しかし既に1560年において，ギヨム・ポステルはその著『トルコ人の国家』の第3部で読者に対してこの伝承を少しも信ずべきでないと警告している．『ある人たちの述べるように，彼(訳注．トルコ皇帝)が耕作し，州総督に梨または他の果物を一つ与えてやり，そして金貨千枚よこすようにと命令するなどということはない．そんなことは馬鹿げている，等々．』」

アヴェの指摘している『エミル』の第3部で，ルソーは，こうして大官共から，彼等が人民から搾取したものを吐き出させること自体は，その分だけ皇帝が直接取立てるのが減るからいいとしても，皇帝に，自分の作ったものがそれだけの値打ちがあるものと思い上がらせる点で誤まっていると論じている(*125*，235頁)．また，ギヨム・ポステル(1510–1581)は実際にトルコにも旅行したことのある近東通である．アヴェが，この一節を紹介して以来，セリエにまで至る多くの注解に再録されているが，Bの3冊本が，「金貨千枚よこすように命令する(et lui mande qu'il lui donne mille écus)」の「よこすよう命令(mande qu'il lui)」を落し，「そして金貨千枚くれてやる(et lui donne mille écus)」と誤記したのが孫引きされ，トゥルノール2冊本，ラフュマの3冊本と1962年原稿写真版にもそうなっている．こうなってしまうと，ルソーの皮肉も何のことか分らなくなる訳で，孫引きの危険を改めて教えてくれる．

また，アヴェと同様にモリニエも，「パスカルはこのトルコ皇帝に関する考えをどこからとったのだろう．私は知らない．アヴェ氏は，この点に関して，ギヨム・ポステルがこの作り話を否定している一節を引用している．この問題についてモンテーニュの中には何も見出せなかった．」と記しているのは，パスカルの，この種の知識の出所が概ねモンテーニュの『エセー』にあるということをこの2人のパスカル研究家が暗黙に認めているものとして面白い．Ｂ1冊本の注は，「これが一つの伝説にすぎないことは言うのも無駄である．これはしかし古い話である．なぜならアヴェは，この伝説が既に反駁されている 1560 年の書物を引用しているからである.」と記している．またＢの 3 冊本には，「選ばれた事例は，この伝説が，皇帝が年に 1 回土地を耕すという中国の儀式との混同から生じたものではないかとも仮定されるものである.」と記されている．しかし，17 世紀のフランスでは，トルコとの交渉の方が，中国とよりは比べものにならない程多かったのであるから，わざわざ中国にまで遠出する必要もないと思われる．

このように従来の注解はおおむねこの話に対して懐疑的であったが，ル・ゲルン版は，それとはかなり異なる見解を示している．

> 「『自分の勤労だけによって暮すこと』というのは恐らく誇張であろう．しかしながら，たとえギヨム・ポステルが既に 1560 年からその『トルコ人の国家』でそれを伝説扱いにし(次に上掲のアヴェの引用した警告を掲げている)ていても，パスカルが着想を得た伝説を全くの空想とみなすべきではないであろう．事実，17 世紀においてさえ，自分の手で働いたトルコ皇帝がいたのである．アミュラ(ムラト 4 世〔1623-1640〕)は，弓を射るための角の環を製造し，イブラヒム(1640-1648)は亀の甲の小楊枝を作っていた．この点については，タヴェルニエの『トルコ皇帝の宮殿の内情についての新報告』，パリ，1675 年，239-242 頁参照.」

タヴェルニエによれば，狩に熱中し過ぎる当代のメフメット 4 世(1648-1687)に対して，回教の聖職者が，先代のアミュラやイブラヒムの例をあげて，トルコ皇帝は代々，民衆からの税収で生きるのを避けるために，自らの手で作ったものを州総督に送り，その代金として得たものを食費にあてる習わしであったと進言して，狩以外に頭を向けさせようとした由なので(*136*, 289-293 頁)，当時この種の話がフランスにも色々と伝えられていたのであろう．

L 18 (原 79, B 955)[1]

原　　文

L 18[1]

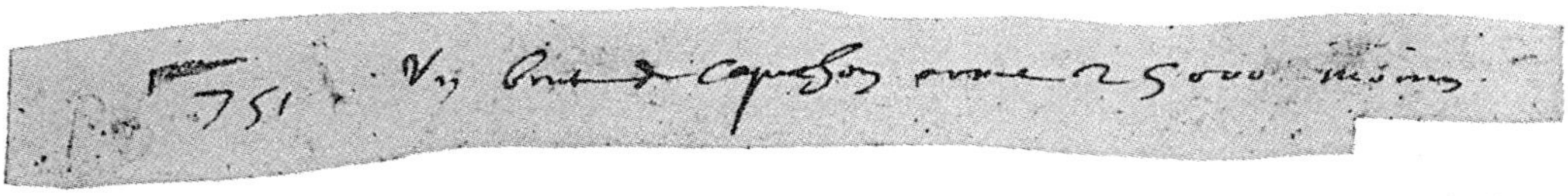

(原 79 の上から 5 番目)

P. 5.　751[2)]　Vn bout de Capuchon arme 25000 moines.[3)]

751.[2)]　Un bout de capuchon arme 25.000 moines.[3)]

訳　　文

751.[2)] 頭巾の端くれが，2 万 5000 人の修道僧を武装させる.[3)]

注　解

（**1**）　**テキストについて**. 原 79 の上から 5 番目に，これだけを 1 行に記した細長い紙片として貼られている．紙片の左端に「P. 5.」と記されているが，これも第 1 写本の頁数を誰かが後から書き加えたものである．L との原文上の異同は，L では初めの数字を，原稿にはない括弧で囲んでいる点が異るだけである．フォジェール版で初めて発表された．

（**2**）　「751 (751)」　原稿では，この数字の上に判読困難な単語が一旦書かれた後横線で消されている．トゥルノール 1 冊本は「懐疑論者 (pirronien) または懐疑論 (pirronisme) の書き初めかもしれない」と記している．

この数字は，他の多くの断章の場合のように，参考した書物の頁数を示すものと思われるが，長い間，その書名を挙げた注解はなかった．しかし，トゥルノール 2 冊本が初めて，1652 年版のモンテーニュの『エセー』3 の 10 の 751 頁 (プレヤド版 987-988 頁) に「相当するように思われる」と記してからは，ラフュマ 3 冊本もアンジュー版も同様の推測を行なった．しかし三者共，751 頁のどの個所が「相当する」のかは示さなかった．ただ，ラフュマ 3 冊本の注が，「76 参照」(L 76, B 73) と書き加えていたが，それは，同断章で，『エセー』の関係個所の頁数が，この場合と似たような形で示されていることを意味しているだけである．

ところが，1959 年にラフュマは，『モンテーニュ友の会誌』に発表した，「パスカルのモンテーニュ参照個所の一つの解明」と題する小論文(*80*)で，(3)で詳説するように本断章についてのそれまでの通説を覆した際に，この数字についても，その最後の二つのパラグラフに次のように記した．

「従ってブランシュヴィックとトゥルノールがこの断章に論争的意図(訳注．(3)で述べるようにプロヴァンシアル論争)を見取ったのは誤りであって，人間の争いの空しさ(vanité)についての単なる注意の喚起である．

もしトゥルノールが，モンテーニュの『エセー』(1652 年版)の 751 頁を読む労をいとわなかったなら，そこでは，老人たちにとっての，財産の空しさ(「自分でどうすることもできない財宝など何にもならない」)や，自分のおつむがもうなくなっている時の学問の空しさや，あの世に「旅立とうとしている」人たちにしか与えられない，選択制による高位の職の空しさが問題になっていることを確認できたであろうに．」

パスカルの『エセー』利用を実証的に調べたクロケット氏は，その学位論文で，本断章について，以上の二つのパラグラフを引用した(*61*, 3 頁)．しかし，その前に，次のような留保を加えている．

「この断章の初めに置かれている『751』という数字を説明するために L・ラフュマが提起した仮説を，その基礎付けを検証できないままに，次に掲げる．」

同論文は更に次のようにも記している．

「断章 18 の初めにある『751』という指示を解明するために L・ラフュマが提出した説明にもかかわらず，これがこの場合 1652 年版に対する参照であることは決して確かではない．」(同 85 頁)

この二つの疑問は，論文審査用のテキストにはなかったが，審査員のひとりとして私が 1652 年版説に疑問を述べたために加えられたものと思われる．同論文の「厳密さ」を全体として高く評価しているセリエ氏(*39*, 21 頁)は，以上の疑問にもかかわらず，本断章に対する注の前半に次のように記している．

「1657-1662 年にパスカルは『エセー』を 1652 年版で研究していた．その 751 頁でモンテーニュは，人間の大部分の関心事の空しさについての一般的考察を展開している．」

先ず，1657 年からというのは，パスカルがキリスト教弁証論を準備し始めた時期という意味だけで記されたものであろう．なぜならパスカルが『エセー』に親しんだのは，それより数年前のいわゆる「世俗時代」からのことであり，パスカルは，その頃の最新版である 52 年版を引続き用いていたのである．なお，1657 年には，52 年版と同型のフォリオ版が出ている．それはさておいて，セリエ版の注は，ラフュマの説明を肯定するばかりでなく，「その 751 頁でモンテーニュは，人間の大部分の関心事の空しさについての一般的考察を展開している」と要約して，ラフュマ仮説をいっそう説得力の強いものにしている．しかし，ラフュマの挙げた三つの例はいずれも，モンテーニュが，老い先短かくなった今としては，これまで通りの生き方を，たとえよい方へでも変えたくないと説明しているくだりに見出されるものであって，セリエ版にあるような，人間の大部分の関心事の空しさについての一般的考察の展開などとはおよそ縁遠いものである．ラフュマの文章も，この一頁の中から，何とかして「空しさ」についての記述を掘り出したいという願いから，やっと，「自分でどうすることもできない財宝など何にもならない．おつむがもうなくなっている者にとって学問が何だろう.」という一節と，大分先の方にある「世を去ろうとしている人たちにしか与えられない，現世での選択制による高位の職など，私は少しも有難いとは思わない.」という2個所を見出して，それを，三つの「……の空しさ」という表現で言い直しているのである．ところでこの「空しさ」という語そのものは，このフォリオ版の長い一頁に，一度も用いられていないのである.

以上から判断すれば，もし『エセー』の751頁が，セリエ版で断定されているように，「空しさ」に対する正面からの論陣であったならば，パスカルが，この数字で，「空しさ」の章のための一資料を指し示し，更に，「空しさ」の別の適例を(3)で書き加えるということもあり得ようが，そうでない以上，この数字は，(3)で記すことの出所であると解する方が自然である．上述のラフュマ3冊本の注で指摘された例にも見られるように，パスカルが『エセー』の一節を示す時には，数字だけで済ますことが普通なので，この場合も『エセー』を指すと先ず考えるのは，これもまた自然と言えようが，そこに適当なものが見出せなければ，他の書物を指すものと解するほかはない．『エセー』以外の書物を数字だけで指す例は他にも見出されるのである．デヴィドソン－ドュベのコンピューターを用いた『パンセ』の用語索引で，数字に関する部分(*62*, 1446–1458頁)を調べると，そのような例は，第1，第2両写本に写された断章では意外に少ないが，肉筆原稿にあって両写本にないもの(L 913以降)では，いくらでもあることが分る.

要するに，ラフュマの上述の論文は，次の(3)については大いに貢献したが，この数字については，現在までのところまだ定説は現われていないのである.

上記の後に提出された新説としては，ル・ゲルン版が次のように記している.

> 「この数字はパスカルが用いたモンテーニュの『エセー』の版を参照させている．これに相当する一節(3の10の289頁)は次の通りである．『われわれの職業の大部分は狂言のようなものである．〈世間はみな喜劇を演じている.〉われわれは自分の役割をきちんと演じなければならないが，借り物の役割としてである．仮面や外観を真の本質としたり，他人のものを自分のものとしてはいけない．われわれには皮膚とシャツとの区別ができない．顔に粉をふりかけるだけで充分で，胸にまでかける必要はない．新しい役目ごとに新しい顔や存在に変形，変質し，肝や腸の中まで役人風を吹かし，その役目を便所にまで引きずって行く奴がいる.』」

ル・ゲルンが示した数字は，1965年，ガリマール書店の「フォリオ」叢書(*105*, 3の10, 289頁)のそれであるが，ル・ゲルン自身がパスカルの用いたものとして認めている1652年版(*102*)では，ここに引用された文章は，751頁でなく752頁(*104*では989頁)に見出されるのである．もし752頁が751頁と見開きの関係になっていたなら，パスカルが751という数字で上の一節を指したと強弁できるかも知れないが，752頁は751頁の裏面に当るので，ル・ゲルンの新説は無理としか言えない.

(3)　「頭巾の端くれが2万5000人の修道僧を武装させる．(Vn bout de Capuchon arme 25000 moines.)」　この断章を，初めて発表したフォジェールが，これをプロヴァンシアル論争に関する諸断章と共に分類して以来，アヴェ(*113*, 2の296頁)，ブランシュヴィックもそれに従い，Bの3冊本には注として「参照. B 921『私は3万人に対してただ独りです』及びB 956『分離された2万人』」(L 960, 952) と記してある. このような見解が成り立った背後には, いずれもプロヴァンシアル論争に関する覚書と見られる両断章に, 書名を示さず頁数だけを記した例が多数見出される事実も働いたと思われる. トゥルノールとアンジュー版も同じく, プロヴァンシアル関係のものと解し「アルノーを非とするために修道僧を動員したソルボンヌの会議に対する言及」と注をほどこしている.

ところが, (2)で言及したラフュマの1959年の小論文では, 先ず本断章についてのブランシュヴィックとトゥルノールの見解を紹介した後, パスカルはこの断章を「空しさ」の章に分類したのであるから, プロヴァンシアル論争以外の説明を探さなければならないと述べ, 「われわれは, この謎の鍵を, J・P・カミュの一著作の中に見出すのである.」と記した. この1633年にパリとルアンで同時に刊行された著作の中で (*52*, 596, 606-609頁) カミュは, 13世紀から14世紀にかけて, フランチェスコ修道会を騒がせた, 頭巾の形に関する争いについて詳しく記している. こうした詰らないことに関する大騒ぎの空しさこそ, パスカルがここで指摘しようとしていることであるというのである. ラフュマによれば, ルアンでカミュに何回も会ったことのあるパスカルがこの書を読んだ可能性は大きく, また仮にそうでないとしても, ポール・ロワヤル関係者の中では, この頭巾についての争いを, ジャンセニウス著『アウグスティヌス』のいわゆる5命題についてのそれと同類視するのが常であったと述べて, ニコルの手紙の一部を引用している.

ラフュマは, 1962年の写真版と1963年の全集版の注で, カミュの著作を典拠として上の頭巾争いのことを略記しているが, スタインマンは, その1961年の版の注では, 「ソルボンヌの会議ではなく, 頭巾のつけ方に関するカプチン派とフランチェスコ派との間の論争に関する言及」と記し, 更に1962年に刊行した『プロヴァンシアル』書簡にラフュマは僅かしか引用しなかったニコルの手紙の全文を掲げて (*114*, 第2巻, 179-191頁), 本断章との関係を指摘している. その手紙というのは, ニコルが1664年に発表した『架空の異端についての第1の手紙 (Première lettre sur l'Hérésie imaginaire)』(*111*) のことであって, その中で本断章と直接関係ある次の個所は, 実は, 既に前世紀, サント・ブーヴの『ポール・ロワヤル』の中で一般読者に紹介されたことがあるものである.

> 「精神派と名乗るある者は, (マントの) 頭巾を狭く, 教団派とよばれる他の者は, それを広くすることを欲した. 彼等にとってこの論争は極めて重大であると考えられた. そして事実, この争いは, 双方共激しく熱中し, 1世紀以上も継続した後, ニコラウス4世, クレメンス5世, ヨハンネス22世, ベネディクトゥス12世の4教皇の諸教書によって辛うじて終りを告げたのである. ところで, 人が今日この論争について話をする時は, 人を笑わすために話すのだろうし, フランチェスコ会の修道士で現在その頭巾の寸法を気にする者は一人もいないだろう. 従って, この争いが最も激しかった時節において, 賢明なフランチェスコ会の修道僧ならば, 『しばらく待つことにしよう. そうすればあちらもこちらも, 笑いものになるだろうから』と言うべきであっただろう」(*111*, 7頁; *128*, 第2巻881頁)

ニコルの上の手紙はパスカルの死後発表されたので, これをパスカルが読んだ訳ではないが, このような話をパスカルがポール・ロワヤルの友人たちから耳にした可能性は, 1633年のカミュの本を読んだそれよりは多いと言えよう.

セリエ版の注は, (2)で紹介した前半部に続いて,「パスカルは上の参照個所の指摘(訳注. (2)の「751」のこと)の後に, フランチェスコ会の修道僧たちの頭巾の形についての長い論争に対する言及を加えている(『百科全書』の「頭巾(Capuchon)」の項参照). ポール・ロワヤルでは, この争いを, 5命題のそれと比べていた.」と記している.

『百科全書』とは18世紀のディドロとダランベールの編集した有名なそれであって, その中でも, この論争について述べられている(*67*, 640頁右)位であるから, フォジェールやアヴェもこの話は知り得た訳である. ことにブランシュヴィック教授は, サント・ブーヴの『ポール・ロワヤル』を熟知しておられたのであるから, 本断章とこの故事と関係づけることが可能であった訳である. しかし上述のような理由で, プロヴァンシアル論争の方に注意がよせられたのであろう. それに反して, ラフュマは, 本断章が「空しさ」の章に分類されているということから, この新解釈に思い至ったのであるから, 第1写本の分類が, 個々の断章の解釈に影響を及ぼし得ることの適例と言えよう.

ただ, ラフュマの論文によっても,「2万5000人の修道僧を武装させる」という故事が, 具体的に何を指すのかは, まだ明らかでない. ラフュマはフランチェスコ会の修道僧の総数が大体上に近い数であったといくつかの根拠らしいものを集めているが, 説得力はあまりない. 更に「武装させる(arme)」という語が, 文字通りの戦いの準備であるのか, 比喩的な身や心を固めるということなのかは, (2)で不明のままに残した「751」という頁数の出所が判明するまでは, 判断の仕様がない.

L 19 (原 79, 121, B 318)[1]

原　　文

L 19[1]

(原 79 の上から 3 番目左)

p. 5.

Jl a quatre laquais[2]

Il a quatre laquais.[2]

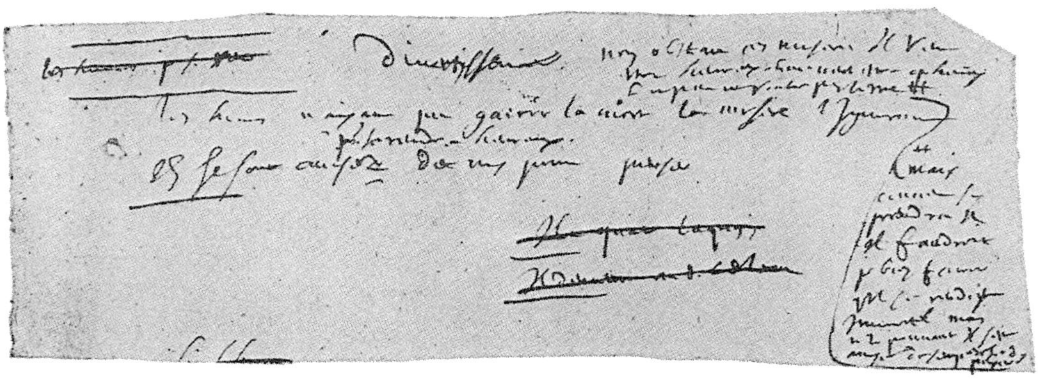

(原 121 の最下部)

~~Jl a quatre laquais~~

———

~~Jl demeure au dela de l eau~~

————

訳　　文

彼は 4 人の従僕をもっている．[2]

注　　解

(1)　テキストについて． 原 79 の上から 3 番目の左にこれだけを記した小さい紙片として貼られている．また原 121 の最下部に貼られている左右に長い紙片の上に，「気を紛らすこと (diuertissement)」と題するB 168や，同種の思想を述べたB 169などが記されているが，その紙の下の方の中央から右寄りに，本断章とL 20と全く同じ短文が短い横線で区切られ，並んで記されてあり，いずれも一旦書いた後横線で消されている．またこの小紙片には，かつて紐で綴った跡を示す小さい穴が残っている．従ってこれは，パスカルが，その覚書の分類を行なった際，B 168と169は同じ種類の思想なので第1部第8章(「気を紛らすこと」L 133, 134)に綴り込むことにし，本断章とL 20に相当する文章は横線で消し，別の小紙片に写して，同第2章(「空しさ」)に入れたものと考えられる．300年前のパスカルの操作が，こうしてほぼ確実に再編成できるのも面白い．Lとの原文上の相違点はない．

(2)で述べるような形で，ポール・ロワヤル版によって初めて発表された．

(**2**)「彼は4人の従僕を持っている．(Jl a quatre laquais)」フォジェール以来，多くの版は，ポール・ロワヤル版の次の断章と共に掲げている．

「世人が内的な性質によるよりは，むしろ外的なものによって人を差別するのは，いかにも結構なことである．私たち2人のうちどちらが先に通るべきだろう．どちらが席を譲るべきだろう．有能でない方だろうか．しかし私だって彼と同じ位有能だ．そこで私達は闘争しなければならなくなる．彼は4人の従僕をもっている．そして私は1人しかもっていない．これは目に見えている．数えさえすればいい．譲るべきなのは私の方だ．もしも私が異議を申し立てたとすれば馬鹿者だ．このようにして私たちは平和を保っているので，それが最大の幸福なのだ．」(同版29章41〔*04*, 289頁〕B 319)

このポール・ロワヤル版の断章は，本断章の短い句以外には，第1，第2写本にも見当らないので，どの程度パスカル自身のものであるかには，様々の推測が行なわれている．フォジェールは「疑なくパスカルの筆を認める」と記し，モリニエは，「思想は明らかにパスカルのものであるが，文章は，大変美しいとはいえ，おそらく完全に彼のものだとは言えないであろう．しかし(ポール・ロワヤルの)隠士たちによって手を加えられた大抵の断章よりもずっと生き生きとしているので，それだけ信憑性が高いというべきであろう」と述べ，アヴェは，「文章が生き生きとして，くだけており，劇的でもあるのでパスカルのものだと見做したくなる．ことによると編者たちは，パスカルとの会話を思い出して，再現したのではなかろうか」と記している．そう論じた上でアヴェは，例によってその内容に対して食い下っているが，これが果してパスカルのものかどうかが問題になっている時に，細かい点まで取上げるのは無益と思われる(この点ヴォルテールも同様である〔*09*, 100頁〕)．

ブランシュヴィック版は，ポール・ロワヤル版の断章の成立事情として，その終りの部分がB 320の2の終り(何故なら内乱が最大の不幸だから)に似ているとの理由から，ポール・ロワヤル版の編者たちが，後者と原稿にある短い句をもとにして作成したものであろうと推定している．私も，問題の断章が第1，第2両写本にも見当らない以上，この解釈をとる．なお，トゥルノール2冊本，アンジュー，ラフュマ3冊本はその注で，ポール・ロワヤル版が本断章を敷衍していると記している．またル・ゲルン版は，ポール・ロワヤル版の解釈が間違っていないことは，断章82(L 89, B

315) によって確認されると述べている.

(結び)　以上のように，ポール・ロワヤル版の断章自体はパスカルの筆になるかどうかは怪しいが,『パンセ』の B 320 (L 30) その他の類似の断章(B 第 5 章参照)および，この B 319 の注にも指摘されているパスカルの小品『貴族の身分について』の中の次の一節とあわせて考えれば，原稿にも，第 1，第 2 写本にもある「彼は 4 人の従僕をもっている」という本断章の解釈にそれを参考とすることは許されるであろう.

「某氏は私よりも偉い幾何学者である．彼はこの資格でもって私よりも先に通ろうと欲する．私は彼に，彼は何も分っていないと言ってやろう．幾何学は本性に備わった偉大さである．それは尊敬による優先を要求する．しかし人々はそれに対しては何らの外形的優先も結び付けなかった．従って私は彼よりも先に通るだろうし，幾何学者としての資格においては自分よりも彼の方を尊敬するであろう.」(L 367 頁)

L 20 (原 79, B 292) [1]

原　　文

L 20[1]

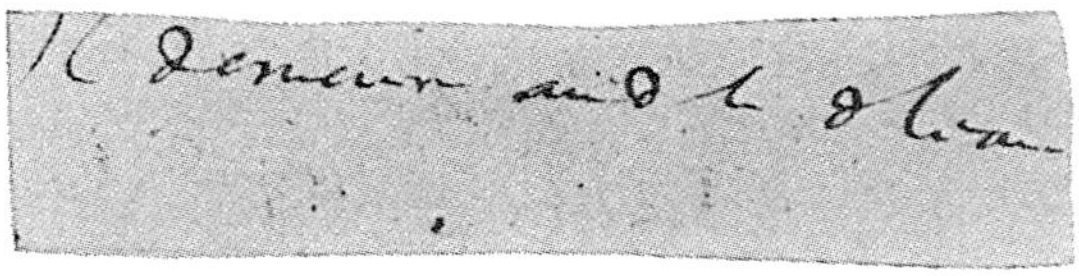

(原 79 の上から 6 番目右)

Jl demeure au dela de l eau[2]

Il demeure au-delà de l'eau.[2]

訳　　文

彼は川の向うに住んでいる.[2]

注　　解

(1)　**テキストについて**．これは前のＬ 19 と全く同じ具合に，同じ文章が原 121 にいったん記された後に，横線で消されており，更に別の紙片に改めて記しＬ 19 の直後に分類されたものである．原 79 では上から 6 番目右に，Ｌ 19 と二つの小紙片を隔て，Ｌ 18 の右下に貼られている．こうした事情の意味するところは，Ｌ 19 について記したものと同じである．Ｌとの原文の異同はない．

フォジェール版で初めて発表された．

(2)　「彼は川の向うに住んでいる．(Jl demeure au dela de l eau)」これはＢ 293 (Ｌ 51) とＢ 294 (Ｌ 60) にはっきり述べられている議論を指すものである．また既に取上げたＬ 9 (Ｂ 291) とも関連のあるものである．詳しい説明はＬ 51 の際に譲るが，要するに，ひとたび川向うの国と戦争になると，川の向う側の住人を殺しても殺人犯とならず却って勇士となるという，人間社会の正義の空しさを鋭く指摘した言葉である．

L 21 (原 83, B 381) [1]

原　文

L 21[1]

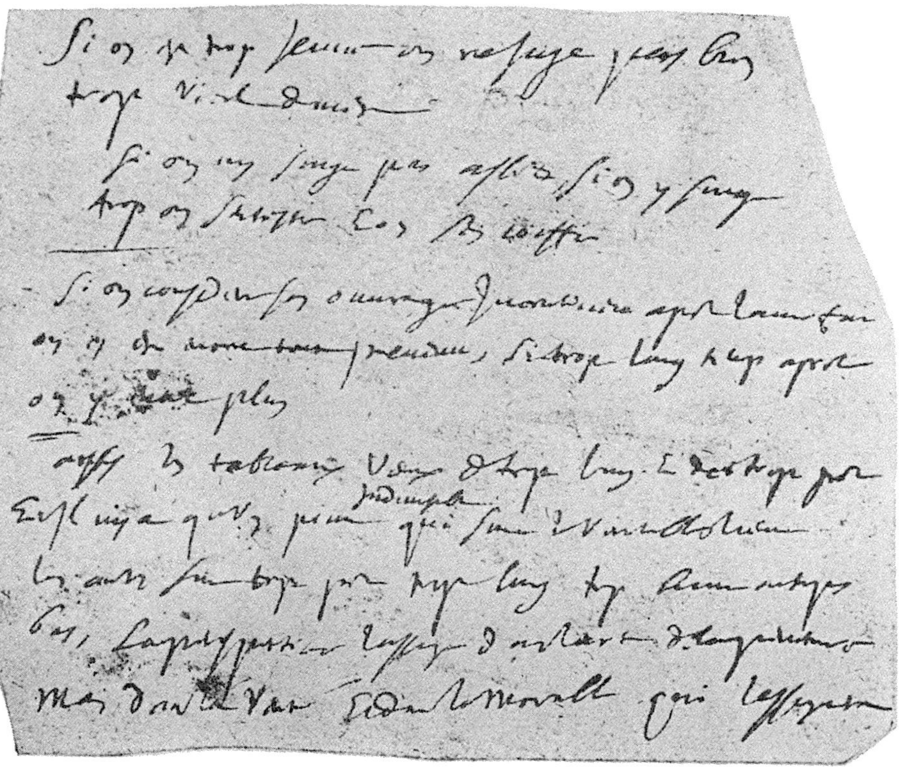

(原 83 の上から 6 番目右)

Si on est trop Jeune on ne Juge pas bien
trop Vieil de mesme. [2]　　**P. 5.**
si on n y songe pas assez, si on y songe
trop on s enteste Et on s en coiffe. [3]

Si on considere son ouurage Jncontinent aprez l auoir fait
on en est encore tout preuenu, si trop long temps aprez
on y entre plus[4]

---

ainsy[a] les tableaux Veux de trop loing Et de trop prez　　　a) aus+insy

Jndiuisible
Et Jl ny[b] a qu Vn point qui soit le Veritable[c] lieu. [5]
les autres sont trop prez trop loing trop haut ou trop
bas, [6] *La perspectiue l assigne dans l art de la peinture*
Mais dans la Verité Et dans la Moralle qui l assignera[7]

b) ni̲+y̲
c) Veritabl_+e̲

Si on est trop jeune, on ne juge pas bien; trop vieil, de même. [2]
Si on n'y songe pas assez, si on y songe trop, on s'entête, et on s'en coiffe. [3]

———

Si on considère son ouvrage incontinent après l'avoir fait, on en est encore tout prévenu; si trop longtemps après, on [*n'*] y entre plus. [4]

———

Ainsi les tableaux, vus de trop loin et de trop près. Et il n'y a qu'un point indivisible qui soit le véritable lieu. [5] Les autres sont trop près, trop loin, trop haut ou trop bas. [6] La perspective l'assigne dans l'art de la peinture. Mais dans la vérité et dans la morale, qui l'assignera? [7]

訳　文

若すぎると正しい判断ができない．年をとりすぎても同様である．[2]
考えが足りない場合にも，考えすぎる場合にも頑固になり，夢中になる．[3]

———

自分の作品を作りたてに検討したのでは，まだそれに全くとらわれている．あまりあとからでは，もうそこに入って行けない．[4]

———

遠すぎるところから，あるいは近すぎるところから見た絵の場合も同様である．そして真の場所は，不可分な一点しかない．[5] その他の点では，近すぎるか，遠すぎるか，高すぎるか，低すぎる．[6] 絵画の技術では，遠近法がそれを指定する．だが，真理や道徳においては，だれがそれを指定するのだろう．[7]

注　解

（1）　**テキストについて**．第1写本の第2章に含まれているものばかりが集められている原83の上から6番目右に，正方形に近い紙片にこの断章だけを記したものが貼られている．紙片の中程で終っている2行目の右側に「P. 5.」，紙片の左側の台紙に「P. 5.」と「P. 6.」が重ねて記されているが，これも第1写本の頁数を示すためのものである．Lとの異同は，Lには，(3)の次と(4)の次にある横線が省かれているが，ここでは原稿にある横線を取上げた．またLは，(5)の次でパラグラフを新たにしているが，原稿ではそうなっているようには見えず，内容の上からも続いているので，ここでは分離しなかった．

ポール・ロワヤル版に，(2)以下に記す様々な変更を加えて発表された．

（2）「若すぎると正しい判断ができない．年をとりすぎても同様である．(Si on est trop Jeune on ne Juge pas bien trop Vieil de mesme.)」この部分は，原語では冒頭に，「Si on est (もし人が……)」という句がついているが，ポール・ロワヤル版は，冒頭だけでなく，後半の「年をとりすぎても同様である」の前にもつけて，二つの独立した文章にした(Si on est trop jeune, on ne juge pas bien. Si on est trop vieil, de mesme.)．これはパスカルのきびきびした省略形が編者たちには行き過ぎと感じられたためであろう．ボシュもそれをそのままにし，フォジェールが初めて元に戻した．なおボシュ版は，本断章の前にポール・ロワヤル版でも別の断章として，この直前に掲げてあるL 34 (B 376)に本断章を直結させて一つの断章にしてしまっている(L 34 に加えられたポール・ロワヤル，ボシュ両版の変更については同断章を取上げる際に記す)．

パスカルは，有名な「二つの無限」に関する長い断章(B 72, L 199)の中で「あまりの若年もあまりの老年も精神を妨げる．多すぎる教育も少なすぎる教育も.」と記しているが，Bの3冊本は，両個所共に，モンテーニュの『エセー』の「レーモン・スボンの弁護」の章(2の12)の次の個所と対照している．「もしも判断するのが子供ならば，それが何であるかを知らない．もしもそれが学者ならば先入主がある.」(*102*, 366頁；*104*, 484頁)　Bはまた，「若い間は，何事についても健全な判断ができない」(Bによれば，『著作集』，1の240頁；*97*, 1の239-240頁；*98*, 1の54頁)というメレの文章も引用している．

更にアヴェ以来多くの版は，同じ「レーモン・スボンの弁護」の終りに近い次の個所をこの部分を初めこの断章全体と似た思想として紹介している．「ところで，一体だれがこれらの相違を判断するのに適しているのだろう．宗教の論争について私たちが言うように，一方の側にも他方の側にもついていない，選り好みのない判定者が私たちにとって必要となるのであるが，それはキリスト教徒の間にはあり得ないことである．今の問題(筆者注．感覚の不確実性の問題)についても同じことが起ってくる．即ち，もしも判定者が年を取っていれば自分がその論争の一員であるから，老人の感覚について判断することはできない．彼が若くても同様である．健康でも同様．同様に，病気でも，眠っていても，目覚めていても．即ち，判断の先入主なしに，これらの命題を自分にとって利害関係のないもののように判断できるためには，これらすべての性質から免れている誰かが必要となる．その勘定で行くと，存在していない判定者が私たちに必要となるだろう.」(*102*, 442頁；*104*, 585頁)

セリエ版は，この中から「もしも判定者が年を取っていれば自分がその論争の一員であるから，老人の感覚について判断することができない．彼が若くても同様である．(S'il est vieil, il ne peut juger du sentiment de la vieillesse, étant lui-même partie en ce débat; s'il est jeune, de même.)を引用し，これは言い廻しの類似で，内容は異っていると述べている．内容は，むしろ，「スボンの弁護」の前の方の対照個所の方が近いのであるが，セリエ版にも，またクロケット氏の論文(*61*)にも掲げられていない．ル・ゲルン版にはまた掲げられている．

（3）「考えが足りない場合にも，考えすぎる場合にも頑固になり，夢中になる．(si on n y

songe pas assez, si on y songe trop on s enteste Et on s en coiffe.)」ポール・ロワヤル版は，終りの「頑固になり，夢中になる」を「頑固になり，真理を見出すことができない(on s'enteste, & l'on ne peut trouver la verité.)」と変えて発表した．ボシュは，ここでもそのままにし，クーザンは，両版の変更を多少の非難を加えて指摘した(後の版では省いている)．原稿通りに初めて改めたのはフォジェール版であるが，同版はその注で，原稿では分けて書かれている「夢中になる(s'en coiffe)」を，写本は「s'encoiffe」とつなげて写していると非難している．しかし第1，第2両写本とも，分けて写したものと強いて読めないことはない．いずれにしても，こうして正しいテキストに戻ったのも束の間で，アヴェ初版はこの個所全体について次のような疑問を表明した．

「すべての編者は，これらの語(si on n'y songe pas assez〔考えが足りない場合にも〕)の後にコンマ一つ打つに止めている．しかし，考えが足りないから頑固になり，夢中になるというのは真ではない．従って私はパスカルの考えは次のようなものだと思う．考えが足りない場合には，理解せず，見抜かない．逆に，考えすぎる場合は頑固になる．パスカルは，自分だけのために書いていたのだから，文章の初めの部分を，それが自明なのでわざわざ終りまで記さなかったのである．」

アヴェのこの議論に対しては，先ずモリニエが，アヴェ版では「考えが足りない場合にも」の後のコンマを三つの点に換え，そこで何かが省略されていると解している旨を紹介した後，「しかし，パスカルはむしろ，考えすぎた場合でも，考えが足りない場合でも人は夢中になるものだと言おうとしたのであって，それは真であり，毎日起ることである」と反論している．ミショーもBも同じ意見で，Bには「早合点で激しい気質の人はたやすく熱中し，その好みに固執する．なぜなら，そうした人たちは，対象を充分検討せず，自分自身の至らなさについても充分反省しないからである」という耳の痛くなるような説明まで加えられている．その後の諸版でも，おおむね，「考えが足りない場合にも」の後はコンマになっており，アヴェを非としている．ただトゥルノール2冊本だけは，「原稿では，この所はコンマになっているが，しかしこのコンマは，パスカルにおいてはしばしば，もっと大きな区切りを示していることがある」との注を付して，本文をセミコロンにしている．これは，トゥルノールが2冊本を出した際，従来の版に如何に多くの誤りがあったかを示すのに熱中したあまりの新説とも見られるものであって，トゥルノール版の改訂版であるアンジュー版においてさえ支持されていない．またその後の版では，ル・ゲルン版が，アヴェ版と同じに三つの点(休止点，中断符)にしている．

(4)　「自分の作品を作りたてに検討したのでは，まだそれに全くとらわれている．あまりあとからでは，もうそこに入って行けない．(Si on considere son ouurage Jncontinent aprez l auoir fait on en est encore tout preuenu, si trop long temps aprez on y entre plus)」　原文の終りの「on y entre plus」には，「ne」の母音字省略である「n'」をそう入して「on n'y entre plus」としなければ意味がとれないので，第1，第2写本，ポール・ロワヤル版を初めとして現代の諸版も，補ったことを示したり，示さないで，「n' (*n'*)」を補っている．

この部分に述べられているのと似た問題が，Bの注にもあるように，B 114 (L 558)の終りに記されている.「私は自分の著作を書いている途中に批判することはできない. そのためには画家のようにそこから遠退いて行なわなければならない. しかし遠すぎてもいけない. ではどの位だろう. 当ててごらんなさい.」

(**5**)「遠すぎるところから, あるいは近すぎるところから見た絵の場合も同様である. そして真の場所は, 不可分な一点しかない. (ainsy les tableaux Veux de trop loing Et de trop prez Et Jl ny a qu Vn point Jndiuisible qui soit le Veritable lieu.)」この部分の「不可分な (Jndiuisible)」という形容詞は, 行間に小さい字で追加されているので, 第1稿ではなく, しばらく時が経った後の追加であると判断される. これは「不可分な」を加えて, 語勢をいっそう強めようとしたのであろう. また原稿で下から4行目の初めにあり, この部分で2番目の「Et(そして)」も, 前後の諸行よりかなり左寄りに書かれているので, トゥルノール1冊本とアンジュー版のように, 後から加えられたものと解することも一見可能のようであるが, よく見ると, 2字目の「t」の終りの線がはね上って, 次の語の「Jl」の初めに一気につながっているので, 初めから書かれていたものと見なす外はない. 従って「不可分な」以外はみな第1稿で記されたことになる.

その際, この部分の原文で冒頭の「ainsy (同様で)」を書く際に何か書き直しを行なっている. トゥルノール1冊本は「n」を後から書き入れたと解しているが, その前がどうなっていたのかよく解らない. 一つの仮定は, 上掲の原稿分析で記したように「aussy (同じ)」の「aus」まで書いた所で考えを変え, その2字目と3字目の「us」に「insy」の初めの2字を重ねて書いて,「ainsy (同様で)」にしたというのである. いずれにしても, この語は, 従来「同じ」と「同様で」の二通りの読み方が行なわれてきたのである. 第1, 第2写本とクーザンは後者で, フォジェールとそれに続くアヴェ, ロシェー(*15*, 34頁)等は前者であり, 次いでモリニエ, ミショー等が再び後者を選んだ以後, 現在に至るまでほとんどすべての版がそれに従っている. 原稿は, あまりはっきりしていないが,「同じ」とは読み難いので, 両写本とクーザンと現代の諸版の一致する「同様で (ainsy)」の方を選ぶべきであろう.

第1稿の際には, この部分に他にも2個所書き直したり, 書き足したところがあるが, 単なる綴り字の問題であるから省略する (上掲**原文**の項の (b) (c) 参照).

ポール・ロワヤル版は, この部分を次のように書き変えた.

「絵を見る真の場所は, 不可分の一点しかない. (Il n'y qu'un point indivisible, qui soit le veritable lieu de voir les tableaux.)」

このテキストは, ボシュ, そして本断章のこの部分から先だけを掲げたコンドルセも, そのまま採用した. クーザンはこの変更を槍玉にあげ,「『絵を見る場所 (le lieu de voir les tableaux)』とは一体何のことだろう」(*11*, 103頁) と皮肉った.

(**6**)「その他の点では, 近すぎるか, 遠すぎるか, 高すぎるか, 低すぎる. (les autres sont trop prez trop loing trop haut ou trop bas,)」(1) で述べたLばかりでなく, ラフュマの1947年版 (*30*, 112頁) を除く他の諸版, トゥルノール1冊本, アンジュー, スタインマン等の諸版は, この部分を前の部分と別のパラグラフにしているが，(1)に述べた理由で，(5)以下は一つのパラグラフと解するのがよいと思う(フォジェール以後の多くの版，最近ではセリエ，ル・ゲルン両版がそのようにしている)．またアヴェ以来，本断章全体を一つのパラグラフにしているものも少なくない．

(7)「絵画の技術では，遠近法がそれを指定する．だが，真理や道徳においては，だれがそれを指定するのだろう．(La perspectiue l assigne dans l art de la peinture Mais dans la Verité Et dans la Moralle qui l assignera)」この部分は，原稿では，その前の部分と，僅かばかりずれて記されているので後から加えられたものと推定される．この加筆によって，問題が一挙に広げられている．

アヴェの初版には，この部分の「遠近法がそれを指定する(La perspective l'assigne)」という個所に，「感覚的対象から取り出されたこの対比が，考えを何と明快にしていることだろう．」と讃辞を呈し，更に，この部分の最後に次の注を付している．

> 「この疑問の中には，不安と挑戦とがある．もし彼が『人にはそれを指定できない』と言ったとしたら，冷やかだったろう．6の4参照.」

6の4というのはこの部分とかなり似かよった考えが述べられているB 383(694)のことである．なお以上二つの注は，アヴェの改版では省かれている．

(結び)　この断章は，一方では，モンテーニュの『レーモン・スボンの弁護』の中で強調されている，判断の絶対的基準の欠如の問題，他方ではパスカル自身の「二つの無限」の思想とつながるものである．第1写本で「空しさ」という表題の第1部第2章に分類されているところから見て，これは一応人間世界の空しさ，はかなさを示すための材料として考えられていたものであろうことは容易に推測される．しかし，パスカルと『レーモン・スボンの弁護』における懐疑論との関係が複雑を極めていることは，既に拙著(*85*)で詳説したところであり，「二つの無限」の断章も単に人間の無力を指摘しただけのものでないことも，同書及び他の小論(*92*)で明らかにしたことであるから，それを参照されたい．

L 22 (原 83, B 367)[1]

原　　文

L 22[1]

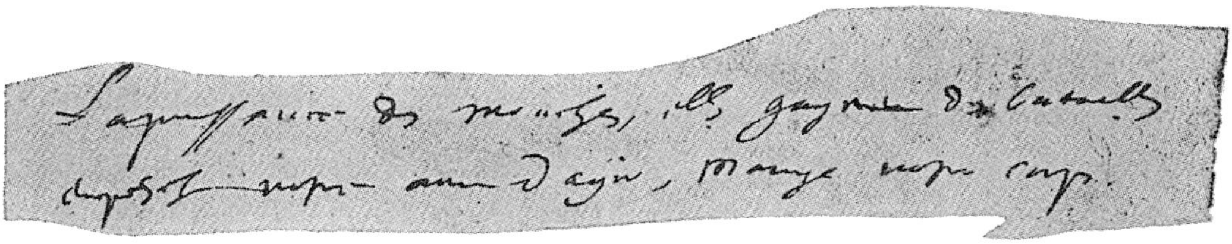

(原 83 の下から 3 番目)

La puissance des mouches, [2] elles gagnent[a] des batailles[3]　　　a) gagn___+ent
empesch___nostre ame d agir, [4] Mange nostre Corps. [5]

La puissance des mouches :[2] elles gagnent des batailles,[3] empêchent notre âme d'agir,[4] mangent notre corps. [5]

訳　　文

虫けらの威力.[2] 虫どもは戦いに勝ち,[3] 私たちの魂の活動を妨げ,[4] 私たちのからだを食らう.[5]

注　　解

(**1**)　**テキストについて**. 原 83 では，L 21 の下方に，間に L 31 をはさんで，下から 3 番目にこの断章だけを記した小紙片として貼られている．L との原文上の異同は，現行の綴り字等に校訂する場合だけの問題であるが，L では (2) の後が，原稿通りのコンマになっているのに対し，同じくコンマにしている第 1，第 2 両写本，モリニエ版，トゥルノール 1 冊本，1947 年と 52 年版を除くラフュマ諸版，ル・ゲルン版以外のほとんどすべての版は，内容に則して，ピリオッドかコロンにしているので，ここではコロンを採用した．

デモレが初めて発表した．

(**2**)　「虫けらの威力. (La puissance des mouches,)」「虫けら」の原語「mouches」は，今日の用例では，主として蠅の意味に用いられているが，当時では，「羽のある小さな昆虫の一種」(1694 年アカデミー辞典.) という定義の下に，家蠅ばかりでなく，蜜蜂やあぶまでも含む広い意味に用いられ，フュルティエール辞典でも，蠅，蜜蜂，その他様々なものを挙げており，ロベール辞典によれば，羽虫や蚊まで指していた由である．本断章でも (3) の例はガジエ版の注 (*22*, 339 頁) も特に記しているように，モンテーニュにならって蜜蜂を指しているので，蠅という訳語では都合悪く，「羽のはえた虫」だけを指す適当な語も見当らないため，適用範囲の更に広い「虫けら」と意訳することにした．

(3)　「虫どもは戦いに勝ち(elles gagnent des batailles)」　本断章は，第1稿で一気に記されたが，この部分の「勝ち(gagnent)」の語尾の3字「ent」は初め1本の短線だけで略記されていたのを，後でその線の上に書き足された．フォジェール版以来多くの版に，モンテーニュの『エセー』の次の個所が引合いに出されている．

「大軍に向って私たちの蜂ども(mouches)でもよいから放ってやるといい．彼らはそれを潰走させるだけの力をも勇気をも示すことだろう．なお記憶に新たなところでは，ポルトガル人がクシアティンヌ領のタムリ市を攻囲した際に，市民たちは彼らが豊富に持っている蜜蜂の巣を城壁の上に多量持ち込んだ．そして敵を目がけて火でもって蜂どもを勢よく追い立てたので，敵はその攻撃と針の痛さに堪えかねて，その企てを放棄してしまった．このようにして，この新手の援軍のおかげで，彼らの都市の勝利と自由とは保たれたのである．しかも，幸運なことには，戦いから戻った時に，1匹も欠けていなかったのである．」(2の12．*102*，343頁；*104*，454頁)

(4)　「私たちの魂の活動を妨げ，(empesch nostre ame d agir,)」　原稿では初めの語の終りは上のように略され，その代りに1本の短線が引かれている．蠅1匹に耳もとでうなられても考えが邪魔される事実は，パスカル自身，Bではこの断章の直前の366，第1写本でも同じ第2章「空しさ」の中に収められているL 48で正面から取上げている．フォジェールがL 48に対する注として指摘した個所で，モンテーニュも『エセー』の3の13で，ソクラテスはその悪妻の金切り声を車井戸のきしむ音くらいに思って聞き流していたそうだが，自分はそうは行かず，蠅のどんな小さなうなりでもやり切れないと述べている(*102*，807頁；*104*，1060頁)．

(5)　「私たちのからだを食らう．(Mange nostre Corps.)」　原稿では，ここも最初の語の終りが略され，単数形の如くなっている．Bでは，モンテーニュの『エセー』2の12の次の個所をこれと対照させている．

「力に関しては，世に人間ほど多くの害悪にさらされている動物はない．鯨や象や鰐など，ただの1匹で多数の人間を倒すことのできるこの種の諸動物を引合いに出すには及ばない．虱でさえスルラの独裁を空にするに充分である．勝ちほこった大帝の心臓と生命だって，1匹の小さな虫けらの朝飯である．」(*102*，332頁；*104*，440頁)

(結び)　原稿は，僅か2行で，2回も語尾が略されているほどの走り書であるが，モンテーニュの場合には，あちこちに分散して記されている事例を，このようにきびきびと一まとめにして，虫けらにさえ，あの手この手で悩まされる人間の「空しさ」を浮き彫りにした名句というべきであろう．

L 23 (原 81, B 67) [1)]

原　　文

L 23[1)]

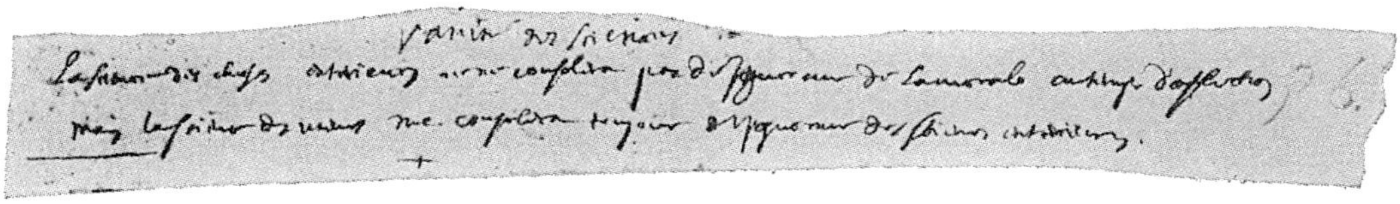

(原 81 の最上部)

Vanité des sciences[2)]

La science des choses exterieures ne me consolera pas de l[a)] Jgnorance de La morale au temps d'affliction[3)] **P. 6.**

mais la science des meurs me consolera toujours de l Jgnorance des sciences[b)] exterieures. [4)]

a) +l　b) ch+sciences

———　　　　　　　　+

Vanité des sciences. [2)]

La science des choses extérieures ne me consolera pas de l'ignorance de la morale, au temps d'affliction; [3)] mais la science des mœurs me consolera toujours de l'ignorance des sciences extérieures. [4)]

訳　　文

学問の空しさ[2)]

外的な事物についての学問は，苦難のときに，道徳についてのわたしの無知を慰めてはくれないだろう．[3)] ところが徳性についての学問は，外的な学問についてのわたしの無知をいつも慰めてくれるだろう．[4)]

注　　解

(1)　テキストについて． 原 81 では，これだけを記した細長い紙片として，L 14 の真上に，頁全体の最上部に貼られている．本文のすぐ下に，短い横線と十のしるしが見えるところからして，次の断章と切り離されたものと考えられる．本文第 1 行の右側に「P. 6.」と，第 1 写本の頁数が加えられている．L との原文上の相違点はない．

ポール・ロワヤル版で，多少の変更を加えて発表された．

(2)「学問の空しさ(Vanité des sciences)」本文との字体の違いと，間隔の狭さから判断すると，この標題は後から加えたものと考えられる．ポール・ロワヤル版はこの部分を省いている．おそらく，このままのせたのでは，本文で肯定している「徳性の学問」まで空しいことになると考えたためであろう．パスカルとしては，これは自分だけのためのメモである以上，分類のためにこれを切り取る際にでも，「学問の空しさ」という，人間の「空しさ」の一例としてこれを用いることを考え，分類上の表題のつもりでこのように簡単に記したのであろう．((4)と(結び)参照)

「学問」と訳した「science(s)」は，フランスのような近代科学の発生地では，単なる知識という意味から，書物の学問，更には精密科学へと，学問の発達と共に次第に多様の意味を持つようになるのであるが，17世紀末の主な仏語辞典のこの語の扱い方も，この事情を示していて面白い．1680年のリシュレ辞典は，「sience」と「science」との二通りの綴りが可能であると記した後，「これは，何かについての明晰で確実な知識である」と包括的な定義を下している．

1694年のアカデミー辞典は，先ず，「何かについて人が持つ知識」，次いで，「原因をもってする物事の確実で明白な知識」，第三に，「人がそれについて通暁しているすべての物事についての知識」と定義し，第三の例としては，世間や宮廷や宗教上の救いについての「science」が挙げられている．

最も興味あるのは，アカデミー辞典より4年前に出たフュルティエール辞典である．「SCIENCE」という綴りで，四つの項目が並べられており，1)「多くの読書または長い省察によって獲得された知識」，2)「事物の認識を深め，それを改良するためにそれを規則化，方法化するための特別な技術や適用」，3)「道徳においては，人生を導くのに役立つこと」，4)「何か特殊な事柄についての知識」となっている．ここでは，「救いの学問」は，3)の例の一つに挙げられている．本断章で「学問」と一応訳した語は，当時では，このように広い意味を持っていたことに留意する必要がある．

(3)「外的な事物についての学問は，苦難のときに，道徳についてのわたしの無知を慰めてはくれないだろう．(La science des choses exterieures ne me consolera pas de l Jgnorance de La morale au temps d'affliction)」本断章の本文は全部第1稿で記されたが，その際この部分の「無知(Jgnorance)」の冠詞の「l」は，トゥルノール2冊本の記すように遂に書かれなかったのか，同1冊本とアンジュー版の解釈のように後から書き足されたものなのかよく分らない．「無知」の語頭の前にある斜線を一応「l」を示すための追加と解しておく．

ポール・ロワヤル版では，第1，第2写本は正しく写していた，「わたし(me)」を「私たち(nous)」に，「苦難の(d'affliction)」に定冠詞を加えて「de l'affliction」に変えている．ボシュ版も同様で，フォジェールが元に戻した．その後の諸版の伝承に問題はなかったが，ル・ゲルン版がどうしたことか，ポール・ロワヤル版と同じに「わたし」を「私たち」に変えている．ポール・ロワヤル版の方は，(4)に出てくる「わたし」も「私たち」に変えているので筋だけは通っているが，ル・ゲルン版の方は(4)では原稿通りに「わたし」にしているので，この部分の「私たち」は誤記としか言えない．なお「苦難」と訳した「affliction」は，アカデミー辞典では，「肉体または精神の苦しみ(Peine de corps ou d'esprit)」と定義されている．フュルティエール辞典も同様である．

(4)「ところが徳性についての学問は，外的な学問についてのわたしの無知をいつも慰めてくれるだろう．(mais la science des meurs me consolera toujours de l Jgnorance des sciences exterieures.)」 原文では最後にくる，「外的な学問(sciences exterieures)」を書く前に，パスカルは先ず「ch」と書いて，直ちに考えを変えて，その上に「sciences(学問)」の初めの 2 字を重ねて書き続けた．これは，「外的な事物(choses)についての無知」と書こうと先ず思ったのを，それでは不適切と考え直し，「外的な学問」に変えたのであろう．ポール・ロワヤル版は，ここでも「わたし」を「私たち」に変えた上，更に「外的な学問(sciences exterieures)」をパスカルの初めの考えと同じの「外的な事物(choses exterieures)」と直している．これは，パスカルが本文の初めに記した「外的な事物についての学問」を意味するものとして「外的な学問」と略記したのを，発表用には不適当と考えて訂正したものであろうが，「外的な事物」では，「外的な事物についての学問」と意味がかなり違ってくる．ここもボシュは同じにし，フォジェールが元に戻した．

この有名な断章は，意味があまりはっきりしているためか，大抵の版には注が掲げられていないが，ジロー版は，次のように記している．

「この考察の，もの淋しい，そして深刻な口調は，パスカルのような学者から出たものであるだけ一層感動的であると私には思われる．その調子は極めてキリスト教的であり，しかもその思想と表現法はストア的であるという点に注意して欲しい．ここにパスカルのエピクテートス『利用』法の著しい一例が見出されるのである．即ち後者をキリスト教化しているのである．」(*23*, *25*, 67 番)

またラフュマの 3 冊本にも次の注が見出される．

「『流体平衡論』(1663)の序文の執筆者(おそらくフロラン・ペリエ，*116*, 1 の 679 頁，2 の 1036 頁)が次のように記したときには，恐らくこの断章のことを考えていたのであろう．

『彼はこの時(1653 年)以来常に，人間の精神に相応しい対象は宗教ただ一つしかないということ，そしてまた人間を幸福にするために何の貢献もできないこれらの事物の探究に，かくも熱中できるということは，とりもなおさず，罪のために人間が陥っている卑しさの証拠の一つであると信じていた．そしてこの点について次のように言うのを常としていた．これらすべての学問は，苦難の時に彼を慰めてはくれないだろう．ところがキリスト教の真理についての学問は，いかなる時にも，苦難についても，これらの学問の無知についても，彼を慰めてくれるだろう．』」(L 233 頁参照)

ラフュマが指摘したように，上の注の終りにある引用は，本断章からのものであろうが，しかし，ここでは本文の「徳性についての学問」が「キリスト教の真理についての学問」とすり替えられているのを見逃せない．

このすり替えがパスカルの真意を害うものであるかどうかを一言で述べるのは難かしい．というのは『流体平衡論』の序文執筆者，即ちパスカルの肉親たちが，当時未だ発表されていなかった『パンセ』の本断章をこのように字句を多少変えて引用しても，その方がパスカル自身の気持を一層正確に伝えていたと言うこともできるからである．その理由は，B 144 (L 687) に記されているところによれば，「抽象的な学問の研究」から「人間の研究」に移って，これこそ「人間に適した真の研究」といったんは喜んだものの，この研究に従事する者は前者に従事する者よりも更に少なく，「これもまた，人間が持つべき学問ではなかったのではなかろうか．そして，人間にとっては，自分を知らないでいる方が，幸福になるためにはいいというのだろうか．」と結んでいるからである．即ち，この断章によれば，「徳性についての学問」をも当然含む「人間の研究」についてさえ，ただそこだけに止まれば究極の幸福には達し得ないことを示唆しているのである．

この間の事情は，有名な「考える葦」の思想の場合と似通っている．「考える葦」という言葉が用いられている二つの断章(B 347, 348. L 200, 113)では，「考えること」の「尊厳」が高らかに歌われているが，B 365(L 756)には，「人間の尊厳のすべては，考えることのなかにある．しかしこの考えることとは一体何なのだろう．何と愚かなものだろう」という他の一面も指摘されており，「考えること」だけに止まってもいられないことが分る．従って，かつて他の所で指摘したように(*84*, 77-78頁；*92*, 10頁；*93*, 17頁)，「考える葦」の背後に「傷ついた葦を折ること」のないキリスト(『イザヤ書』42-3；『マタイによる福音書』12-20)があってこそ，その尊厳が確保されていたのである．

B 793(L 308)のこれも有名な「三つの秩序(次元)」の断章にも明らかなように，物体より無限に上の精神より，更に無限に無限に上の「愛」の秩序の実在を信じていたパスカルのことであるから，「考える葦」の場合と同様に，「人間の研究」または「徳性についての学問」という場合にも，それが究極には「キリスト教の真理についての学問」にまで到達するという条件においてのみ，全面的に肯定できるものとなるのである．従って，ここで問題にしているペリエ夫妻の字句の書き換えも，パスカルが考えていたキリスト教弁証論内部での議論の進め方に即して言えば，一足飛びに結論に急いだことになるとも言えようが，パスカル自身の気持を表わすものとしては，差支ないという結論になる訳である．

問題の断章そのものでなく，ペリエ夫妻による引用文について，このように長々と論じてきたのは，そこで述べた問題を考慮に入れると(2)で取上げたこの断章の表題「学問の空しさ」という場合の「学問」という語が，(2)で記したように，単なる分類を示すための便宜上の略記でない場合も一応考えられてくるからである．即ち，弁証論の議論の進め方如何によっては，一旦「外的な事物についての学問」より優位に置かれた「徳性についての学問」も，その後さらにそれだけでは駄目なことが論破されて，両者共に引っくるめて，「学問の空しさ」とレッテルを貼られることも有り得ようと一応考えられるからである．

ル・ゲルン版は本断章全体に対して次の注を掲げている．

> 「断章581参照．パスカルは，おそらくシャロンを思い出しているのであろう．シャロンは『知恵』の序言の中で，道徳は『人間の真の学問である．その他のすべてのものは，それに比べれば，空しいものでしかない．』(18頁〔訳注．*55*, 14頁〕)と記しているのである．」

断章581というのは，本項で既に言及したB 144(L 687)のことである．シャロンの文章の方は，パスカルが本断章を記した際にそれを思い出す訳がないとまでは言えないにしても，こうした問題こそ，科学者パスカルがその切実な体験に根ざして考え抜いた事柄である以上，シャロンなどの影響をここに持ち出す必要はないと言えよう．

（結び） 人の意表をつくような議論の展開を好んだパスカルのことであるから，上のような可能性も一応考慮に入れる必要があるが，しかしこの断章だけを独立させて素直に読む場合は，やはり(2)で記したように「学問の空しさ」という表題は，分類上の便宜のための略記にすぎず，「徳性についての学問」は，少なくともこの断章の範囲内では含まれていないと解してよいであろう．丁度「考える葦」を読む場合の物体と思惟の関係と同様に，少なくとも暫定的には，「外的な事物についての学問」に対する「徳性についての学問」の優位が主張されているものと読むのが妥当であろう．

その意味においてこの断章は，原子力や人工衛星の今日でも，近代科学発生期の当時と同じ切実さをもって，「傷ついた葦」に語りかけているのである．

L 24 (原 79, B 127)[1]

原　　文

L 24[1]

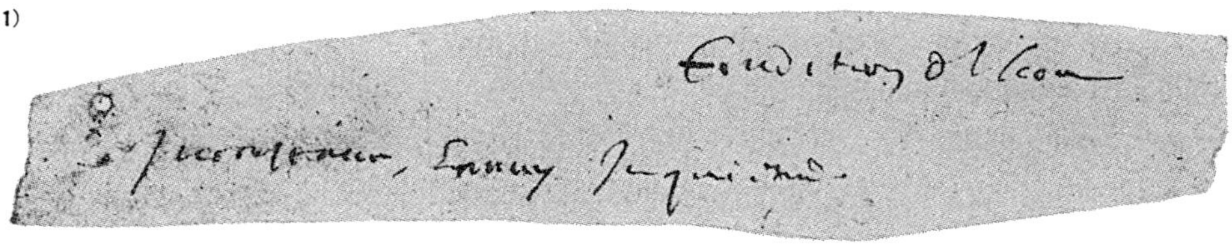

(原79の上から 2 番目)

Condition[a] de l homme[2]　　　a) —+Condition

Jnconstance,[3] Ennuy[4] Jnquietude[5]

Condition de l'homme.[2]

Inconstance,[3] ennui,[4] inquiétude.[5]

訳　　文

人間の状態[2]

定めなさ,[3] 嫌気,[4] 不安.[5]

注　　解

（1）　**テキストについて**. 原 79 の上から 2 番目に，これだけを記した細長い小紙片として，L 19 の直ぐ上に貼られている．紙片の左端の上部には，分類のために通した紐の穴の跡が見える．L との原文上の相違はない．

デモレ(1728 年)によって初めて発表されたが，原稿でも，第 1，第 2 写本でも単数形になっている「状態 (Condition)」という語を，複数にしている．アカデミー辞典によれば「時として複数形にして，行状や習性の意味に用いられる」とあるので，デモレはこの意味に誤解したのか，あるいはまた，本文に複数の異なった状態が記されているためであろう．ボシュは単数に戻した．ただし同版は本断章と B 162 (L 413) をつなげて一断章にしたので，原稿通りのテキストはフォジェールが初めて掲げた．

（2）「人間の状態 (Condition de l homme)」 トゥルノール 1 冊本は，「この標題の最初の字は，十字の印の書き始めかも知れない横線の上に書かれている」と記している．同版はこの標題を加筆と解しているが，本文との間隔や字形から見て必ずしもそうは見えない．内容の上からは，むしろ初めから書かれていたものと考える方が自然である．

ここで「状態」と訳した語は，一般的に，人や事物の状態や在り方を意味し，条件とか身分という意味にも用いられる．アカデミー辞典では，「人または事物の本性，状態，特性」という定義を第一に掲げている．またフュルティエール辞典の第一の定義は，「物事を善くしたり悪くしたり，完全にしたり不完全にする，その特性」となっている．「人間の状態」の追求は，モンテーニュ，シャロン，ルソー，近くはマルローに至るまで，フランスのモラリスト文学の基本的な課題となっている．

(**3**)「定めなさ，(Jnconstance,)」 L 17(B 113)の標題にも出てきた語で B 110-112(L 73, 55, 54)でも主題となっている．B 3 冊本の注では，モンテーニュの『エセー』の「我々の行為の定めなさについて」と題する章(2 の 1)の初めの方にある「たった今しがた計画したことを，私たちはすぐに変える．そうかと思うと，またしばらくして後戻りする．要するに動揺と定めのないことばかりである．」(*102*, 236 頁；*104*, 316 頁)という文章と，3 の 4 の「自然はこのようにして定めなさを利用する」(*102*, 619 頁；*104*, 813 頁)を引合に出し，更にシャロンの『知恵』の 1 の 38 に「定めなさ」と題する短い章(*55*, 199-201 頁)が「人間の一般的描写」(*55*, 176 頁)の一部として掲げられている旨を指摘している．またラフュマの 3 冊本では，同じ『知恵』の第 1 章序文で，人間の精神的状態をその空しさ，弱さ，定めなさ，惨めさ，思い上り(*55*, 32 頁)の五つの観点から考察しようとしている旨を紹介している．

以上のほか，モンテーニュは，「レーモン・スボンの弁護」(2 の 12)の中で行なった動物と人間との比較論の途中で，人間の欠点を多数列挙した際にも，「私たちの分け前として持っているのは，定めなさ，優柔不断，不確実……」(*102*, 351 頁；*104*, 465 頁)と「定めなさ」を第一に挙げている．

なおドディユー版の用語解には，この語は，「一つの事物を所有してそこに留まっていられない人間の無力」を意味すると記し，次いでその原因として，B 110(L 73)の説明を利用している．

(**4**)「嫌気，(Ennuy)」パスカルはこの語を B 128, 164, 171(L 79, 36, 414)その他でよく用い，ことにこの語を標題とした B 131(L 622)では，ストロウスキーが「詩節(strophe)」(*134*, 128 頁)と評しただけあって，この語に深い意味を持たせている．この語は，「堪え難い苦しみ」というような強い意味から次第に「嫌気」「倦怠」「退屈」というふうに意味が弱まってきたのであって，ロベール辞典のこの項には，17 世紀の散文では既に意味が弱まりだした旨記されている．アカデミー辞典は，「ある事物がそれ自身，またはそれが持続することによって，ひき起す精神の疲労」という定義を先ず記し，次いで「この語はまた一般的に，いやなこと，悲しみ，不快，心配をも意味する」と述べている．上に挙げたパスカルの他の用例にも，両方見出されるので，ここでも，「倦怠」か「嫌気」のいずれが適当かは，容易には定められない．私としては，(結び)の項で述べるような，断章全体の解釈の関係から一応後者を選んだ．

(5)「不安(Jnquietude)」この語は，当時は強い積極的な意味を持っていた．アカデミー辞典にも，「情念または不快の念が原因となった精神の混乱や動揺，気分の不安定ならびに焦躁」と定義してあり，フュルティエール辞典は，「精神の悲しみ，嫌気，混乱，苦難」と記している．パスカル自身，B 59(L 637)で「その天才の不安．大胆すぎる2語．」と記しているところを見ても，今日のように単に「気がかり」とか「心配」といった程度の弱い意味ではなく，「じっとしていられない」という意味まで持つ積極的な言葉であったことが分る．ここに訳したように「不安」では，その積極性が充分表われないうらみがあるが，そうかと言って「動揺」でも，あまり意訳にすぎるので，語源的にはぴったりな「不安」で我慢することにした．

(結び)　パスカルが「人間の状態」としてこの3語を，ただ平行的に並べたのか，それともそれぞれの間に，因果関係なり時間的順序があるのか，考えて見なければならない．Bでこのすぐ前に掲げられているB 126(L 78)は，これと類似の構造で記されているが，その場合は明らかに因果関係を示している．そこで，本断章もあるいは，それにならって解すべきかも知れない．その場合は，1) 世の中や人の心の定めなさのために，2) 次々にすべてに嫌気がさし，3) 心は絶えざる動揺，不安のうちにあるとでも説明し得るであろう．(2)の訳語に「倦怠」を避けたのも，定めなさのために飽きるというのでは具合が悪いからである．

L 25 (原* 81, B 308)[1]

原　　文

L 25[1]

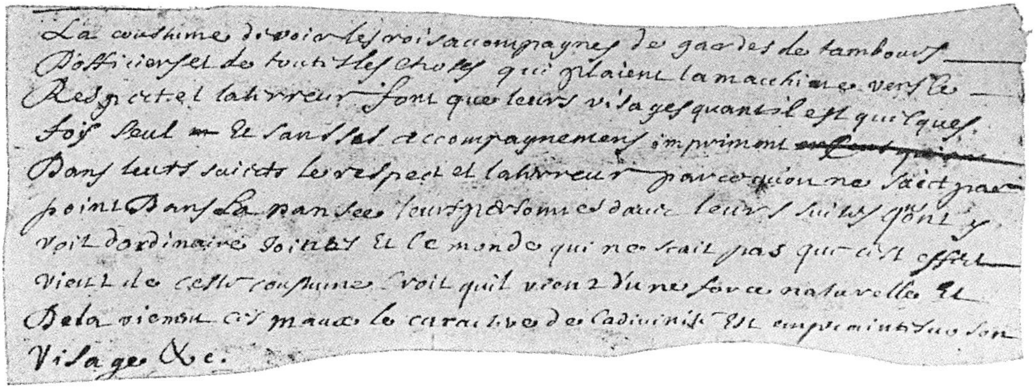

(原 81 の上から 4 番目)

La coustume de voir[a] les rois accompagnes de gardes de tambours
D'officiers et de toutes les Choses qui plaient la machine vers le
Respect et la terreur[2] font que leurs visages quant il est quelques
fois seul ~~m~~ Et sans ses accompagnemens impriment ~~en Ceus[b] qui ont~~
Dans leurs suiects le respect et la terreur par ce qu'on ne saict par
u'
point Dans La[c] pansee leurs[d] personnes[e] d auec leurs[f] suites[g] q ont[h] y
voit d ordinaire Jointes[i][3] Et le monde qui ne scait pas que cest effect
vient de ceste coustume Croit qu il vient d'une force naturelle[4] Et
Dela vienent ces maux le caractere de la diuinité Est emprainte[j] sur son
Visage &c. [5]

a) ?+v
b) s+Ceus
c) s+L
d) leur_+s
e) personne_+s
f) leur_+s
g) suite_+s
h) q ont+u'
i) jointe_+s
j) empraint_+e

La coutume de voir les rois accompagnés de gardes, de tambours, d'officiers et de toutes les choses qui ploient la machine vers le respect et la terreur, [2] fait que leur visage, quand il est quelquefois seul et sans ses accompagnements, imprime dans leurs sujets le respect et la terreur, parce qu'on ne sépare point dans la pensée leurs personnes d'avec leurs suites, qu'on y voit d'ordinaire jointes. [3] Et le monde, qui ne sait pas que cet effet vient de cette coutume, croit qu'il vient d'une force naturelle. [4] Et de là viennent ces mots: 《Le caractère de la divinité est empreint sur son visage, etc.》[5]

訳　　文

国王を見るときには，親衛隊，鼓手，将校たち，そのほか自動作用を尊敬と恐怖の方へと曲げるあらゆるものに伴なわれているのが習慣となっているので,[2] 時たま国王が一人でお供なしでいるときでも，その顔は臣下の心に尊敬と恐怖を起させる．というのは，国王その人と，普通それと一所に見られるお付たちとを，考えの中で切り離さないからである.[3] そこで，こうした現象がそのような習慣から生じるのであることを知らない世間の人々は，それが生来の力から出るものと考える.[4] そして，そういうところから，次のような言葉が生じるのである．「神性の徴(しるし)が，お顔の上に刻まれている」など.[5]

注　　解

（**1**）　**テキストについて**．原稿は，この断章だけが記されている長方形の紙片として原81の上から4番目に貼られている．字体はパスカルのものでなく，トゥルノール1冊本によれば，パスカルの口授を最も多く書き取った人のものである．綴りのひどい誤りがいくつもあるところから判断すれば，年少の者か，学力の比較的弱い者の記したものであろう．トゥルノール2冊本とアンジュー版は，エティエンヌ・ペリエかも知れないと記している．Lとの原文の異同はない．

デモレによって初めて発表された．同版の原文変更については，(2)以下で記す．

（**2**）「国王を見るときには，親衛隊，鼓手，将校たち，そのほか自動作用を尊敬と恐怖の方へと曲げるあらゆるものに伴なわれているのが習慣となっているので，(La coustume de voir les rois accompagnes de gardes de tambours D'officiers et de toutes les Choses qui plaient la machine vers le Respect et la terreur)」ここで，「自動作用」と訳した原語「la machine」は，L 5 (B 247)，L 7 (B 248) およびL 11 (B 246) では「機械」と訳したものと同じ語である．この語の意味はこれら3断章の際にかなり詳しく説明したので，ここでは省き，ただアヴェの初版が本断章の注として掲げた短い説明を紹介する．「『機械.』パスカルは，人間の中で，動物と同じく機械であって，熟慮反省には従わず，本能に従っている部分をこう呼んでいる.」なお同初版はL 821 (B 252)，同改版は，L 5, 11, 7 を参照させている．また，ル・ゲルン版の注は，これが心理的自動作用についてのデカルト的考え方を指すと記している．

「曲げる」と訳した原語は，この断章を初めて発表した18世紀のデモレによれば「portent(持って行く)」，コンドルセ，ボシュ，フォジェールとアヴェ初版によれば「plient(折る，曲げる，従わせる)」，モリニエ以降の大抵の版(1947年〔112頁〕と52年〔62番〕のラフュマ，シュヴァリエの1冊本〔293番〕は依然として「plient」)によれば「ploient(曲げる，順応させる)」となっている．デモレのは明らかに原語を変えたもので問題にならないが，後の二つの動詞は，元来語原的には同一の語で，ロベール辞典によれば，17世紀の初めには，両者共用いられていたが，同世紀の終り頃になると後者は古くなり，19世紀になって再び文語として用いられるようになったと説明されている．こうした複雑な事情が背後にあるため「ploient」と記しているドディユー版は，アカデミー辞典の初版を援用してこの語が当時既に古くなっていたことを指摘し，同じ読み方をとっているジュンゴ(*77*, 67 頁)は 17 世紀の文法家ヴォージュラを援用して，パスカルの用法の正しさを弁護している．なおリシュレ辞典も，後者が古くなった旨を述べているが，フュルティエール辞典は両者は同じであるとだけ記している．ところで，原稿では，「plient」でも「ploient」でもなく，「plaient」となっているのである．(1)でも述べたように，綴りの誤りの多い書き取りであるから，パスカル自身がどう発音したか，直ぐには決め難い．しかし注目すべきことには，原稿の綴りの誤りを一々直している，第 1，第 2 写本でも，この場所では直していないのである (playent)．この読み方を採用している唯一のものであるアンジュー版は，この綴りは，アカデミー辞典の初版によれば，「plient」の古い形であるとの注を付けている．しかし同辞典には，そのような記述は見当らない．ところが「ploient」の原形「ployer」の項に，これが古くなっていることが記されているので (258 頁)，それを誤読したのではないかと思う．従ってアカデミー辞典の権威をここに用いることは差し控えなければならないが，ブリュノの大作『フランス語史』の第 3 巻第 1 部によれば，当時宮廷では，「plier (plient の原形)」も，「ployer (ploient の原形)」も，いずれも「player (plaient の原形)」という風に発音し，前の二つの意味上のニュアンスの差も従って無視していた由である (*50*, 234 頁)．それで，宮廷人との交際もあったパスカルが，ここで「plaient」と発音したことも可能となってくる．

このような，訳語の上にはほとんど響いてこない細かい問題まで取り上げたのは，ドディユーやドン・ジュンゴのように，『パンセ』の原稿や写本を直接確かめないで議論をすることの危険を明らかにしたかったからである．

アヴェ初版は，本断章の書き出しに対する注として次のように記している．「王権の威信と信仰にまた突っ掛って行くこの考察は，ポール・ロワヤル版の中では，削られた．3 の 3，35 頁参照.」

この終りの数字は，L 44，505 頁(B 82，1 冊本 366-367 頁，3 冊本 9 頁)で「わが国王たち」についてのべた一節を指しているのである．

(**3**) 「時たま国王が一人でお供なしでいるときでも，その顔は臣下の心に尊敬と恐怖を起させる．というのは，国王その人と，普通それと一所に見られるお付たちとを，考えの中で切り離さないからである．(font que leurs visages quant il est quelques fois seul Et sans ses accompagnemens impriment Dans leurs suiects le respect et la terreur par ce qu'on ne saict par point Dans La pansee leurs personnes d auec leurs suites qu'ont y voit d ordinaire Jointes)」この部分の「Dans leurs suiects (臣下の心に)」を書く前に「en Ceus qui ont (仮訳. ……を抱く者共に)」といったん記したものを横線で消して，その先に「臣下の心に」が書いてある．これはパスカル自身が言い直したものと思われるが，その外に，書き取った者のためらいや，後からの訂正と思われるものがいくつかある (上掲**原文**の項の (b)—(i) 参照)．

この部分には綴りの誤りが沢山あるが，中でもひどいのは「font」と「leurs visages...impriment」と「saict par」と「ont y voit」の四つである．第 1，第 2 写本は第一の誤りはそのまま，第二のを「leur visage...imprime」，第三のを「separe」，第四のを「on y voit」と訂正し，第一のはデモレが「fait」と訂正している．第一の誤りは，発音上の違いまで含むので，ことによるとパスカル自身うっかりして複数形を口授してしまったのかも知れない．これらの訂正は，その後の諸版に引継がれたが，第一のだけはコンドルセ，トゥルノール，アンジュー，セリエ，ル・ゲルン等が「font」のままにしている．また，「お供」と訳した「ses accompagnemens」の「ses(彼の)」を「ces(これらの)」に変えた両写本以来，大部分の版はそのようにしているが，「彼の」でも意味が通るので，モリニエ，ラフュマ3冊本，同1958年版，L，スタインマン，ル・ゲルンと共に，「彼の」をそのままにしておく．また，この部分の終りの方の「leurs personnes(その人)…leurs suites(お付)…Jointes(一所に(直訳．結び付いて))」の五つの語の語尾の「s」は，原稿では後から特に書き足されたものであり，両写本も5語全部をそのまま複数で写した．ところがデモレが5語の語尾の「s」を省いて単数形にして以来，コンドルセ，ボシュ，フォジェール，アヴェ初版はそれに従い，更にモリニエが元に戻してからはほとんどの版は複数形を掲げたが，トゥルノール2冊本とセリエは単数形にしている．なおトゥルノール2冊本は，この部分の「La pansee＝la pensée(考え)」の冠詞の「la」が諸版では誤って「sa(彼の)」となっていると記しているが，そのような事実はない．

この部分に関連して，B3冊本ではモンテーニュの『エセー』3の8の次の2個所を引き合いに出している．

「わたしが王様たちについて崇拝するのは，かれらの崇拝者たちの群れである．かれらに対してはあらゆる敬礼と服従とが要求されている．ただし悟性は別である．わたしの理性は折れ曲るように仕付けられてはいない．そうされているのはわたしの膝である．」(*102*，695頁；*104*，913頁)

「感覚は，わたしたち固有の第一の裁判官であるが，物事をただ外部のできごとによって知覚するだけである．それだからわたしたちの社会生活のあらゆる部分に表面的な儀礼や体裁があのように絶えずあまねく混じり込んでいることに不思議はない．従って諸制度の中の最もよく，最も効果的な部分はそこにあるといえるくらいだ．私たちの相手はいつも人間であるが，それは驚くほど形体的なものである．」(*102*，691頁；*104*，908–909頁)

また，ル・ゲルン版は，この部分に対して次の注を掲げている．

「パスカルは，こうした連想の仕組の説明をデカルトの『情念論』の第50項に見出すことができた．」

この第50項というのは，「どんなに弱い精神でも，よく導かれるならば，情念に対する絶対の権力を獲得できないものはないこと」と題され，その冒頭に，「上述のように，われわれの人生の初めから，腺の一つ一つの運動が，自然によって，われわれの思考の一つ一つに結びつけられてきているように見えるが，それにもかかわらず，それらの腺の運動を，習慣によって別の思考に結びつけることもできるのであるということを知っておくのは有益である」(*63*，第11巻，368–369頁)と記されており，初めの「上述のように」というのは，「一つ一つの意志は，腺のどれかの運動に自然に結びつけられているけれども，工夫あるいは習慣によって他の運動に結びつけることもできること」と題されている第44項(*63*，第11巻，361–362頁)を指している．いずれの項でも習慣と思考の関係が2，3の例でもって示されているが，パスカルがそこから直接影響を受けたものとは思えない．

（4）「そこで，こうした現象がそのような習慣から生じるのであることを知らない世間の人々は，それが生来の力から出るものと考える．(Et le monde qui ne scait pas que cest effect vient de ceste coustume Croit qu il vient d'une force naturelle)」

この部分の原稿には，綴りの間違いがないので，両写本はそのまま写している．ただその際第1写本は，「effect(現象)」の次に関係代名詞の「qui」を入れて写したが，直ちにか，少し先に行ってからかその誤りに気づき，横線で消している．本断章を最初に発表したデモレは，「ceste coustume(そのような習慣)」の「そのような(ceste)」を，冠詞の「la」にして，ただの「習慣」にしてしまっている．次いでコンドルセは，この部分の中間の「de ceste coustume Croit qu il vient」を抜いて，この部分全体を「そこで，こうした現象が生来の力から出るものと考える」と縮めてしまった．ボシュは，コンドルセの抜いたところの後半は再現したが，前半は，原文の「vient de ceste coustume」を「a son origine dans cette coutume」と変え，この部分全体を「Le monde, qui ne sait pas que cet effet a son origine dans cette coutume, croit qu'il vient d'une force naturelle(そこで，こうした現象の原因がそのような習慣にあることを知らない世間の人々は，それが生来の力から出るものと考える)」とした．ボシュの変更はどういうものか，フォジェールとアヴェ初版によっても引き継がれたが，モリニエが原文と両写本通りのテキストを初めて発表して以来，諸版はそれによるようになった(ただしアヴェ改版は「cette coutume」の「cette」を落している)．

ここで「現象」と訳した原語「effect」は，「結果」とも「現実」とも訳し得るものであって，この語は第1写本の第1部第5章(B版でも第5章)で重要な役割を演じる「現象の理由(Raisons des Effects)」に出てくる語である．この断章でも，「理由」という語こそ用いていないけれども，内容的には，ひとつの「現象の理由」を指摘していることになる．

（5）「そして，そういうところから，次のような言葉が生じるのである．『神性の徴(しるし)が，お顔の上に刻まれている』など．(Et Dela vienent ces maux le caractere de la diuinité Est emprainte sur son Visage &c.)」ここにも，綴りのひどい誤りがある．「maux」というのは明らかに「mots」の誤りで，第1，第2写本以来そのように訂正されている．諸版によるテキストの伝承では，デモレが，折角両写本によって訂正された「empreint(刻まれて)」の語尾に，原文に誤って後から加えられた「e」を復活したのと，最初の「Et(そして)」を落した他に問題はない．

「神性の徴」と訳した「le caractere de la diuinité」は，多くの邦訳で行なわれているように「神々しい気品」という，日本語としては遙かによくこなれている訳し方を踏襲したくなるところであるが，「le caractère」という語は，アカデミー辞典の初版によれば，徴とか記号というのが第一の意味で，その用例の一つとして「古代においては，罪人や奴隷の額に特定の徴を刻み込んでいた」というのを挙げている．要するに烙印のことである．こういうむごいこととなると東西共通に悪知恵を働かせるものと見える．Bの3冊本でも，B 441(L 471)参照となっており，そこでこの語の意味を同様に解釈している．ことに「刻まれて(empreint)」という語と共に用いられているので，徴と訳した方がよいと思う．また「divinité」という語は，神そのものの本質または本性を意味する語であって，「神々しい」というような，いわば比喩的に人間に用いてもおかしくないような適用範囲の広い語ではない．従って王を神格化しない限り，如何に王権神授説が幅を利かせていた当時といえども，この語を王と直接結びつけるのは冒瀆に違いない．パスカルは，それをあえて用いることによって，こうした表現が如何に誤まっているかを示そうとしたのであろう．

この部分に対する注としては，アヴェが，次のように記してパスカルの大胆さに感心している．

「パスカルは，何と偶像を裸にしていることだろう．パスカルがこのような発言をしていた頃に，ルイ14世は君臨し始めたばかりであり，パスカルはその隠退所の奥でこれを書き記していたのである．ポール・ロワヤル版が刊行された時に，王は30歳を過ぎ，その治世の最盛期にあった．詩人や作家や，説教者までが彼にへつらっていたのであって，こんな言葉が公にされたならば，冒瀆と見做されたことであろう．この断章は公表されなかった.」(終りの「この断章は公表されなかった」は，(2)で紹介した初版の注を省いた改版だけのものである.)

モリニエもアヴェに同調し，断章全体について次のように記している．

「この断章は，原稿綴りの中にあり正真正銘のものであるのに，ポール・ロワヤルによって発表されなかった．アヴェ氏が，この思想が王政時代の人々の気持をどんなにか害ったことだろうといっているのは正しい．ボシュエの『聖書による政治学』を読みさえすれば，当時の最も教養のある階級でさえ国王の身柄をほとんど迷信的といえるほどの崇拝でかこんでいたことを理解できるだろう.」

アスティエ版の注(*18*, 379頁)はこうした事情を，「この考察はポール・ロワヤルによって発表されなかった．何故かは了解できる.」と要約している．

Bの3冊本は，この部分の「神性の徴」という発言が，モンテーニュの次の文章に既に用いられていることを指摘している．「創造主は，その崇高な作品(＝天地)に，その神性の徴を刻まれた.」(『エセー』2の12, *102*, 320頁; *104*, 424頁) このモンテーニュの場合は，大宇宙がその創造主の徴を刻まれているというのであるから，冒瀆のおそれがない訳であるが，パスカルはそれをあえて人間である王に結びつけて，批判の対象としたのである．

B3冊本は，同じ注の続きで次のように記している．

「ボシュエ参照．『それは神の御手による徴を担っている.』『世界史論』, 2の13(リトレ参照).」(訳注．リトレ辞典〔*83*〕にある2の13は，2の31の誤りである〔*49*, 942頁〕).

同3冊本は，更に別の注で次のようにも記している．

「前期フロンドの乱と身近い関係にあったパスカルは，御用金裁判所長官のジャック・アムロがコンティ公の前で熱弁をふるった際の次の言葉(1649年の『ジュルナル』に収録)を覚えていただろうか．『神は高貴な方々に，ただこの地上を治める権を授けられたばかりでなく……世の常の人間よりかれらを高め，かれらが尊敬を受けるようにする，ある種の威厳をその顔に刻み込まれたのです．かれらは，この影像と徴(しるし)とを消さないよう心掛けなければならないのです……』」

Bの1冊本には，この断章全体に対する注として次のように記されている．

「パスカルは，イギリスの心理学者が，あまり適切ではないが，連想の法則と名付けた，心象の想起を支配する法則を最も正確に叙述している．心象が心に戻ってくるのは単独にではなくて群をなしてである．王を見るというのは，すでに意識の中でそれを取り巻いていたことのあるもろもろの心象の全体を同時にまた見ることを意味する．すでに受けたことのある印象を新たに感じることを意味するのである．このつながりが，習慣を重ねると共に無意識的になり，その起原がわれわれにはつかめなくなる．われわれが王者に対して付与したくなる神秘的または神聖でさえある特徴はそこから生じるのである．」

（結び）　この断章は，モンテーニュより出でて，モンテーニュ以上に大胆な，王の尊厳に対する批判である．しかし，パスカルの政治思想は，L 9(B 291) の (4) で既に述べたように，正反，正反と次々に価値の転換を行なって行く独得のものであるから，この断章における鋭い分析も，その政治観の一段階を示すものにすぎず，彼の王政に対する反抗の現われととるならば，誤りである．

L 26 (原 79, B 330) [1]

原　文

L 26[1]

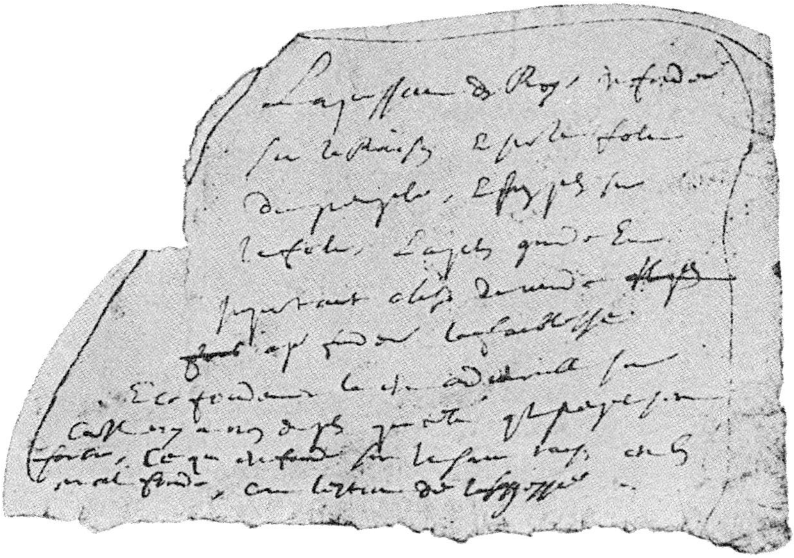

（原 79 の下から 3 番目右）

La puissance des Roys est fondéé
sur la Raison Et sur la folie
du peuple, Et bien[a] plus sur
la folie, La plus grande Et
Jmportante chose du monde ~~est la plus~~
~~foib~~ a p^{r} fondem^{t} la foiblesse. [2]
Et ce fondement la est admirablem^{t} seur
Car Jl n y a rien de plus que cela que le peuple sera
foible, [3] Ce qui est fondé sur la saine raison est bien
mal fondé, comme l estime de la sagesse[4]

a) p+bien

La puissance des rois est fondée sur la raison et sur la folie du peuple, et bien plus sur la folie. La plus grande et importante chose du monde a pour fondement la faiblesse. [2] Et ce fondement-là est admirablement sûr, car il n'y a rien de plus [*sûr*] que cela, que le peuple sera faible. [3] Ce qui est fondé sur la saine raison est bien mal fondé, comme l'estime de la sagesse. [4]

訳　文

王たちの権力は，民衆の理性と愚かさとの上に基礎を置いている．そして遙かに多く愚かさの上にである．この世で最も偉大で重要なものが，弱さを基礎としている[2]．そしてこの基礎は驚くばかり確実である．なぜなら，民衆は弱いであろうという以上に確実なことはないからである[3]．健全な理性の上に基礎を置いているものは，はなはだ基礎が危い．例えば知恵の尊重などがそれである[4]．

注　解

（1） **テキストについて．**線で三方を囲んだ小紙片にこれだけ記されて，原 79 の下から 3 番目右に貼られている．3 行目と 4 行目の間に，分類のため紐で綴じた跡の穴が見える．B 3 冊本およびトゥルノール 2 冊本によれば，裏面に文章の一部が切り残されている由で，B は「Vous avez tant...point, et vous devez...comme Adam (?) le spirituel.」という意味不明の断片を掲げ，トゥルノールは，「『プロヴァンシアル』書簡第 12 のためと思われる聖職(物)売買に関する覚書」とだけ説明している．なお，トゥルノールは 1935 年 10 月 16 日に，原稿綴りのこの小紙片をはがして，その裏が見易いように取り計らって貰った由．L との原文上の異同は，(3)に記す 2 点である．

デモレにより初めて発表された．原文とのテキストの違いについては，(2)以下で記す．デモレは L 25 の次に掲げ，コンドルセとボシュは L 25 の次にそれと同一断章とした．フォジェールが初めて別の断章とした．

（2） 「王たちの権力は，民衆の理性と愚かさとの上に基礎を置いている．そして遙かに多く愚かさの上にである．この世で最も偉大で重要なものが，弱さを基礎としている．(La puissance des Roys est fondéé sur la Raison Et sur la folie du peuple, Et bien plus sur la folie, La plus grande Et Jmportante chose du monde a p^{r} fondem^{t} la foiblesse.)」．この部分は第 1 稿で記されたが，その際「bien (遙かに)」を書く前に「p」と書き，直ちに考えを変えて，その上に最初の字を重ねて「遙かに」を記した．これは初めは，「遙かに」という強めの言葉なしに，その先にくる「plus (より多く)」を書こうとしたためであろう．また「a p^{r} fondem^{t} la foiblesse (弱さを基礎としている)」を書く前に，先ず「est la plus foib (最も弱い (foible)……である)」と書いたが，「弱い」を終りまで書かないうちに考えを変えて，2 本の横線で消し，その先に「弱さを基礎としている」を書き続けた．トゥルノール 1 冊本も記しているように第 1 語の「est (である)」は，はっきりしていない．同 2 冊本では「a (を持つ)」と読んでいた．

デモレは，「最も偉大で最も重要なもの (La plus grande & la plus importante chose)」と，第 2 の形容詞にも「最も (la plus)」を加えて発表した．コンドルセ，ボシュ，ヴォルテール(*09*, 64 番)も同様で，フォジェールが初めて，原稿そして第 1，第 2 両写本のテキストに戻した．ドディユー版は，ここの個所を，パスカルが，形容詞の比較についての異った級を並用している例として掲げている．しかし，ロベール辞典(*124*)によれば，17 世紀では，「最も」をその後のように一々繰返さなくとも，形容詞の最上級が作られていたとあり，その例としてこの文章をあげている．従ってドディユーの解釈をとらず，「最も」は両方の形容詞にかかるものとして訳した．但し，ロベール辞典では，この文章をラ・ブリュイエールのものと記している(「Le」の項，1のIII，第4巻217頁，第2欄)．

(**3**) 「そしてこの基礎は驚くばかり確実である．なぜなら，民衆は弱いであろうという以上に確実なことはないからである．(Et ce fondement la est admirablem[t] seur Car Jl n y a rien de plus que cela que le peuple sera foible,)」この部分と次の(4)は，前の部分よりかなり左から始められ，行間も詰まり，字形も心持ち小さくなっている．従って，ここから先は第1稿でなく，後から書き足された可能性もある．トゥルノール1冊本とアンジューは，(4)だけが後からの追加と解している．それは恐らく，(4)では，行間の詰まり具合も，字形の縮まり方もいっそう進んでいるためであろう．しかし，(3)の原文では最後に当る「foible(弱い)」が，下から2行目の左端でその上の行に強いて密接して書かれているので，そこで一応書き終えたと解するには不自然に見える．それで，後からの書き足しがあったとすれば，(3)と(4)が一緒に加えられたと考えた方がよいと思われる．

しかし，他面，本断章は，紙片の下方の縁(ふち)の形から言って，紙の最下部に書かれていたらしいので，第1稿の際，(2)を書き終え新しい文章に移ろうとした時に，下方の余白が少ないのを見て，それまでより左寄りに始め，全体を詰めて書いたとも充分考えられるので，上掲**原文**の項では，第1稿のものと見なしておいた．

この部分の中程にある「plus(以上に)」の後に，「seur(＝sûr)(確か)」が文法上必要なので，第1，第2写本はこれを補っている．デモレ以後の諸版も，両写本のように何も断わらないで補うか，フォジェールのように注記か，アヴェ改版やミショーのように括弧に入れるかして，これを加えている．例外は，1958年と全集版(L)のラフュマ両版とル・ゲルン版であって，原稿通りになっている．しかしラフュマの場合は意識的にそうなっているものではないらしい．なぜならこの両版以前のラフュマ諸版にはみな「確か」が入っており，他面，本断章以外にも，例えばL 96のように(『心』50年12月号，拙稿63頁参照)，ラフュマ3冊本で，編者補足の意味で括弧内に入れたものを，いったん書いて消した部分と同じようにイタリック体にしたために，同版に続く58年版とLで括弧内のイタリックの個所を一括して省いたために起った，いわば機械的なミスの結果と判断される．L 21で，似た関係にある括弧内の「n'」が，3冊本に続く両版で生き残ったのは，イタリックでなく，普通の活字体だったためである．

ラフュマの以上の両版のこの部分には，今一つ誤りがある．「この基礎(ce fondement la〔＝-là〕)」の最後の「la」を落しているのであるが，これは，同3冊本が初めて落したのをここではその通り受継いだのである．なお，ラフュマ両版と同じに，本文で「確か」を補わなかったル・ゲルン版は，注で「確か」を補って本文の意味するところを説明している．

この部分に対し，アヴェは，先ず初版では，「驚くばかり確実である」という句を取上げて「パスカルは間違っていた」とその後に感嘆符までつけて，からかっている．そして，「民衆」という語の説明として「段階．民衆は，高貴な生れの人たちを敬う……」で始まるL 90(B 337)に相当する「5の2参照」と記し，更に「弱いであろう」という句に対して，次のように反撃している．

「哲学は，教養のある者だけのためにあると常に繰返していたヴォルテールの場合と，口調が重々しい点だけを別にすれば，全く同様な，一思想家の空しい思い上りである．理性は，そんなに絶対的に民衆に禁ぜられているものではない．第一，『民衆』が，その弱さを変えることだってできるではないか．」アヴェは，後の版では，以上三つの注の代りに，「民衆が，その弱さを変えることだってできるではないか．そして，ことに，理性が永久に民衆に対して禁じられていると宣言する一思想家の思い上りは，それ自体果して理性に適っているのであろうか．」と記している．このアヴェの攻撃は，2 世紀の間に起った何回かの革命をふまえて向きになって行なっているものであるが，パスカルは，当時のフランスを中心とする社会について言っているので，当時でも，スイスのように共和制もまた立派に存在し得ることは充分認めていたのである (B 305 (L 50) 参照)．

（**4**）「健全な理性の上に基礎を置いているものは，はなはだ基礎が危い．例えば知恵の尊重などがそれである．(Ce qui est fondé sur la saine raison est bien mal fondé, comme l estime de la sagesse)」

この部分の「健全な理性」の「健全な (saine)」を，両写本が「seule (だけ)」と写し，「理性だけの上に基礎を置いているもの」としたためか，デモレ，コンドルセ，ボシュ，ヴォルテールと 18 世紀を通じて「だけ」になっていた．これを原稿通りに直したのはフォジェールであり，その後の諸版は，それに従ったが，最近のセリエ版はまた「だけ」にした．しかし原稿は，「健全な」と読んだ方が無難である．

トゥルノール 2 冊本は，この部分の後半の初めにある「commc (例えば)」の後にコンマを入れ，その注で，「この語は，『例えば』という意味である．そのことをはっきりさせるために，その後にコンマを付けた．」と記している．しかしこれは，何もコンマを入れなくてもすむことなので，アンジューの改訂版でさえこれに従っていない．

内容に対する注としては，先ずヴォルテールがその『最後の考察』で，本断章をコンドルセ版のテキスト通りに全文引用した後に，「あまりにもまずく述べられている．」とだけ記した (*09*, 64 番)．フランス大革命が 11, 2 年先に迫っている当時としては，パスカルの文章は，あまりにも時代遅れに映り，多言を要しないと考えられたのであろう．

その後，幾多の革命や動乱を経た 19 世紀後半のフランスにおいて，カトリック正統の立場から『パンセ』を編集したロシェーにとっては，逆に，このまま読者の目にさらすのは危険と感じられたのであろう．本断章を，各頁に 1, 2 行ずつ，6 頁にわたって掲げ，その下に細字でぎっしりと，批判的注解を書き綴っている (*15*, 346-351 頁)．この注解は，本断章の冒頭の，「王たちの権力は」という句に対して付けられているものである．「パスカルは，『政治権力の起原』という，かくも複雑な問題を，遊び半分のような調子で提起している」という書き出しで，編者のこの問題に対する考え方を，「1. 歴史の教訓」「2. 哲学の教訓」の二つに分けて展開している．形は本断章に対するものであるが，内容は，その前後に掲げられている類似の主題についての諸断章，すなわちパスカルの政治思想の全体に係っているのであるから，この長文の注解を一々取上げるには及ばないと思う．本断章の番号まで掲げ，これに直接係わる結論としては，そのほとんど最後のところで，「王たちの権力は，『民衆の理性』よりは上にある何ものかの上に基礎を置いているのであって，決してその『愚かさ』や『弱さ』の上ではない.」と記されている．また断章最後の「健全な理性の上に基礎を置いているものは，はなはだ基礎が危い．例えば知恵の尊重などがそれである.」という句には，別の注を掲げて，次のように記している．

「この終りの言葉の中にも，人間の惨めさに対する人間嫌いの皮肉の矢が感じられる．しかしこれは全く取るに足らないものである.」

この部分ならびに，断章全体の説明としては，Bに次のような注がある．

「前に掲げた諸断章(B 5 章の大半)によって，一見極めて解りにくいこの考察の解釈が可能となる．王たちの権力は，理性の上に基礎を置いている．なぜなら，健全な意見を持つ民衆は，社会の平和を確保してくれる主人が必要であることを認めるからである．また愚かさの上にも置いている．というのは，民衆は，一定の個人が他の者以上に主人となる権利を持ち，自然で固有な優越性がその権力を正当化しているものと信じているからである．そして愚かさは理性よりも一層確実な基礎である．なぜなら，王の存在が必要だということだけしか知っていない場合には，誰でもその王になりたいので，争いが起るのを防げない．そして，理性に適うこととして，最も賢い者に王位を与えると決めたとするならば，誰が最も賢いかということで争うであろう．ところが，生れが王位に対する権利を与えるのだという風に想像力によって信じ込んでいる民衆の弱さこそ，王たちの権力にとっての驚くばかり確実な基礎である．そして社会の平和が維持されるのは，その弱さのおかげなのである.」

(結び)　アヴェは，初版の(2)に対する注で「パスカルは王政反対者ではない．それどころか，彼以上忠誠な臣はない．しかし(ここでは)彼の哲学が勝っている.」と述べている．しかしながら，前の断章に対する(結び)でも記したように，この断章も，パスカルの複雑な政治思想の一段階を示しているのに過ぎないのである．

L 27 (原 83, B 354) [1)]

原　　文

L 27[1)]

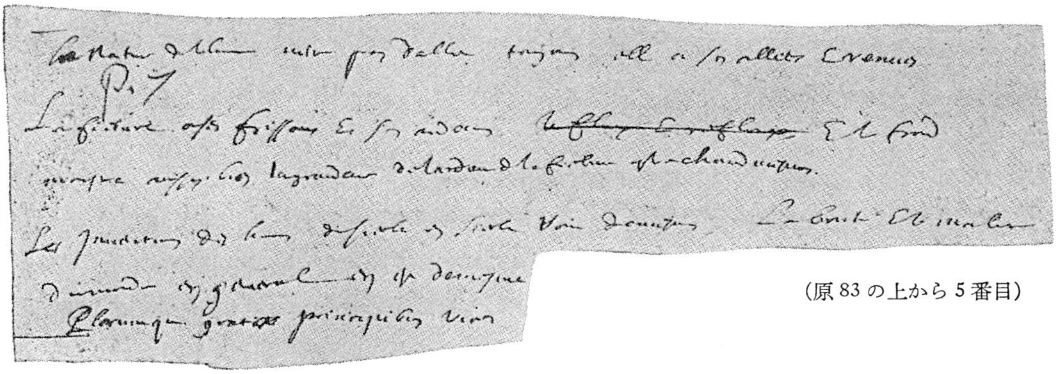

(原 83 の上から 5 番目)

---

la[a)] Nature de l homme n est pas d aller toujours elle a ses allees Et venues. [2)]　　a) h+la
P. 7.
La fiebure a ses frissons Et ses ardeurs, ~~le flux Et reflux~~, Et le froid
monstre aussy bien la grandeur de l ardeur de la fiebure que le chaud mesme. [3)]
Les Jnuentions des hommes de siecle en siecle Vont demesme, La bonté Et la malice
du monde en general[b)] en est demesme[4)]　　b) ?+general
Plerumque gratae[c)] principibus Vices[5)]　　c) gratis+ae

La nature de l'homme n'est pas d'aller toujours. Elle a ses allées et venues. [2)]

La fièvre a ses frissons et ses ardeurs. Et le froid montre aussi bien la grandeur de l'ardeur de la fièvre que le chaud même. [3)]

Les inventions des hommes de siècle en siècle vont de même. La bonté et la malice du monde en général en est de même. [4)]

Plerumque gratae principibus vices. [5)]

訳　　文

人間の本性は，いつでも進むものではない．進むこともあれば，退くこともある．[2)]

熱病には，その悪寒と高熱とがある．そして寒気は，熱そのものと同じように，熱病の高熱の激しさを示している．[3)]

世紀から世紀にわたる人間の発明も同じ具合に進む．世人の善意と悪意とについても，概して同

様である.[4)]

〈多くの場合，貴人にとって変化は心地よい.〉[5)]

注　解

（1） **テキストについて**. 原83の上から5番目に，これだけを記した紙片として，L 21の左上に貼られている. 断章の上と下とにそれぞれ，区切りを示す短い横線が記されているところから判断すれば，おそらく，他の文章と同じ紙に記されていたものが，切り取られたのであろう. 1行目の下の左端に近いところに「P. 7」と，第1写本の頁数が，別の筆跡で加えられている. Lとの原文上の異同はない.

コンドルセが先ず(4)だけを，文意を大変歪めて，発表し，次いでクーザンが(2)を紹介した. 全文の正しいテキストを初めて公にしたのは，フォジェールである. ドディユー版の注は，「この考察は，原83でこれを取巻いている諸考察とは明らかに独立しているものである. これはこれだけ別の紙片に書かれている. 従ってこれを，一連の考察の組合せの中に入れるべきではない.」と記している. これはおそらく，同版の数年前に刊行されたストロウスキー版(*26*, 124頁)が，本断章をそのすぐ下に貼られているL 21(B 381)に続け，しかも紙片が別であることを示さないで掲げていることを指しているものと推察される.

（2） 「人間の本性は，いつでも進むものではない. 進むこともあれば，退くこともある. (la Nature de l homme n est pas d aller toujours elle a ses allees Et venues.)」本断章は全部第1稿で記されたが，その際，冒頭の冠詞「la」を記す前に，おそらく「homme(人間)」の語頭の「h」を書き，直ちに考えを変え，その後半部を削って「l」にし，その先に「a」を足して「la」にした.

第1，第2両写本ともこの部分を正しく写したが，第1写本の方は，後から別人の筆跡で，原文では最後の「venues(退くこと)」の直前の上方に「ses(その. 逐字訳では「その前進もその後退もある」となるため)」を加えている. これは，文法上の考え方の違いからであろうが，クーザンがこの部分を初めて発表した時にもこれを入れ，その後の諸版の中ではドディユーが入れている.

クロケット氏は，この部分をモンテーニュの次の個所と対比している.

> 「私は，進んだり退いたりするだけだ. 私の判断はいつも前に行くものではなく，揺れたり，さ迷ったりする. (Ie ne fay qu'aller & venir: mon iugement ne tire pas toûjours auant, il flote, il vague,)」(『エセー』，2の12，*102*，415頁；*104*，549頁)

（3） 「熱病には，その悪寒と高熱とがある. そして寒気は，熱そのものと同じように，熱病の高熱の激しさを示している. (La fiebure a ses frissons Et ses ardeurs, Et le froid monstre aussy bien la grandeur de l ardeur de la fiebure que le chaud mesme.)」この部分の後半(「Et le froid(そして寒気は)」以下)を記す前に，先ず「le flux Et reflux,(上げ潮と下げ潮)」と書き始めた後，すぐ横線で消した上でこの部分に移っている. これは，フォジェール以来多くの版でこの断章のすぐ前か後に置かれたり，注で対比させられているB 355(L 771)で類似の思想を述べている際に，「海の上げ潮」という例が取上げられていることを思えば，用例として間違っていると考えて消した訳ではない．消した理由は，B 355 の方では，人間に直接関係するものばかりでなく，自然全体に似たような現象のあることを指摘しているので，「上げ潮」を持ち出すのは当然であるが，今我々が問題にしている断章の方では，他の用例はすべて人間に直接係わりのあるものばかりである．それであるから，ここに「上げ潮下げ潮」を入れて問題を広げるよりは，人体のいわば内部に起る，熱の例を更に掘り下げた方がよいと考え，いったん書始めたのをやめて，モンテーニュ以上につっこんで，熱病の場合を論じたのであろう．青年時代より，病に悩まされ続けていたパスカルのことであるから，ここに追加した文章は，自分自身の切実な体験に基く言葉であろう．

トゥルノール 1 冊本は，この部分の前半にある複数形の「ses ardeurs (その高熱)」は，単数形の「『son ardeur』と読まなければならないかも知れない．」と注記しており，原稿はどちらともとれるように見える．しかし同版も，その注を紹介しているアンジューも，本文としては複数形を掲げているので，ここでもそれに準ずることにする．

B 3 冊本は，この部分の前半の「熱病には，その悪寒と高熱とがある．(La fiebure a ses frissons Et ses ardeurs,)」に対して，モンテーニュの，「熱病には，その熱と寒気とがある．(Les fieures ont leur chaud & leur froid:)」(『エセー』，2 の 12，*102*，417 頁；*104*，552 頁) という，内容も表現も酷似している一節を対比している．この個所は更に次のように続いている．「われわれは，高熱の苦しみの結果から，冷寒の苦しみの結果にまた陥ってしまう．」

(**4**)「世紀から世紀にわたる人間の発明も同じ具合に進む．世人の善意と悪意とについても，概して同様である．(Les Jnuentions des hommes de siecle en siecle Vont demesme, La bonté Et la malice du monde en general en est demesme.)」この部分は，両写本では正しく伝えられていたが，これをここだけ引き離して初めて発表したコンドルセは，次のように，パスカルの考えを全く歪めてしまっている．

> 「人間の発明は，世紀から世紀にわたって前進している．世人の善意と悪意とは，概して同じままに留まっている．(Les inventions des hommes vont en avançant de siecle en siecle. La bonté & la malice du monde en général reste la même)」

これを見ると，初めの句では，パスカルの記した，前進も後退も含む意味での「同じ具合に進む」を，「前進」と一方的にしたばかりでなく，2 番目の方では，「同様である」というのを，「同じままに留まっている」と，パスカルの真意と反対のことを言わせていることになる．もしこれが故意の変更でないとするならば，この 2 句を前後と切離したために，原文の最後の「同様である (en est demesme)」の「en」が，その前に 3 回も繰り返されている特別な進み方を指していることがはっきりしなくなったための誤解から出発した書き換えとでも解する外はない．しかし，これはあくまでも，この 2 句だけしか目前になかった場合のことで，いずれにしても，驚くべき変更である．

ヴォルテールの『最後の考察』(*09*，56 番) は，コンドルセのテキストをそのまま引用した後，次のように記している．

> 「私は，誰かに，どの世紀に犯罪が最も多くあり，従って不幸も多かったかということを調べ

て貰いたい．『公共の福祉(la Félicité publique)』の著者はこの目的を持ったのであって，誠に真実で，有益なことを述べている．」

この著者というのは，ガルニエ版『ヴォルテール全集』の注に記されているように(*145*，第31巻，29頁，注2)，ド・シャトリュ侯爵(François-Jean de Chastellux(1734–1788))のことである．元帥にもアカデミー・フランセーズ会員にもなった同人の『福祉について』は，1772年に公刊され「歴史上の異なった時期における人間の運命に関する考察」という副題がついている．その序論では，同書の主題の一つとして「要するに，社会というものは完全にならないとしても，少なくとも改善される可能性があるのだろうか．」(*56*，1頁)と問うている．この答が肯定的であるとヴォルテールが解していたことは，1774年に記された次の文章を見れば明白である．

「2年前からわれわれには『公共の福祉について』と題する書物がある．……著者は，今世紀において，ペテルスブルグからカディスまで，風俗も学芸も完全に近づき，人間がこれ以上知識に富み幸福であったことはかつてないということを圧倒的に証明している．そうだからといって，若干の犯罪があるのに変りはないが．……

全ヨーロッパの賢者を集めて，どの時代を最も好むかと尋ねて見るがよい．彼らは，『この時代』と答えるであろう．

パリの方々に申し上げます．誠に申訳ございませんが，皆様は幸福なのですと申す外ありません．」(『ヴォルテール全集』，*144*，第29巻，312頁，注6)

ヴォルテールは要するに，誤まって伝えられたパスカルの見解を反駁するためにド・シャトリュの本を引合に出したのである．

この部分の正しいテキストは，フォジェール版が初めて明らかにした．コンドルセのテキストは，その後も色々の版で流布されていたものと見え，30数年後のアヴェの改版は，本断章について，「この考察は，ポール・ロワヤル版には欠けている．その後これを刊行した人たち(傍点筆者)は，パスカルに，彼が言ったのと正反対なことを言わせるように変えてしまった．彼らは，本断章を次の二つの文章だけに縮めてしまった．」と述べ，コンドルセのテキストを引用した後，更に次のように記している．

「パスカルのものと取り替えられた以上の思想について，サント・ブーヴ氏は，進歩というものが求められるべきところは，『数学，物理及び自然諸科学と，そしてまた，比較論的観察に基き，あらゆる点で実証的批判によって絶えず身を固めている限りにおいての歴史科学との，それらの歩みと結果の中においてである．人類の道徳的および知的な情況が，長い間に，ゆっくりと，極めてゆっくりと，しかし確実にそして徹底的に変更し，これからも変更するのは，ひとえにこれら諸科学のおかげなのである』と述べている．そして同氏は，もしもパスカルが『聖なる恐怖に襲われることがもう少し少なく』さえあったならば，この事情をよく理解したであろうということを疑っていない．(『シャトーブリアンとその流派』1861年，第1巻147頁注.)」

アヴェのこの注だけを読むと，サント・ブーヴは，コンドルセのテキストをパスカルのものと見なしていたようにとれるが，引用された文章の前後を読めば，必しもそうではなかったことが分る．

サント・ブーヴは先ず，コンドルセのテキストを引用した後，次のように記している．

「これは，パスカルの『パンセ』の古い諸版で読まれるものである．近頃，この考察も編集者たちが変えたものの一つであるとの主張がなされた．この考察の作者が誰であろうと，これは実に立派なものである．――文学者でしかない文学者たちは一般に，この進歩の可能性の問題について妄想をたくましゅうしている．彼らは，そこから相矛盾することを帰納できるような蜃気楼(しんきろう)に夢中になっている．人間精神のはっきりした進歩というものが求められるべきところは，……」(*126*, 121-122 頁)

そしてこの後にアヴェの注に引用された長い個所が続いているのである．また，上掲のアヴェの注の終りの書き振りでは，サント・ブーヴは，彼自身が述べて来た進歩に対する考えをパスカルがよく理解しなかったと考えているかのような印象が与えられる．ところが，実際はむしろ反対で，アヴェに引用された長い個所に引続いて，次のように記し，パスカルの洞察力をほめているのである．

「パスカルは，彼の有していた程度の諸科学の知識にしては，以上のことを非常によく望見したのである．もしも彼が聖なる恐怖に襲われることがもう少し少なくさえあったならば，これをもっとよく感得したことであろう．」(同，122 頁)

こうして，アヴェによるサント・ブーヴの文章の紹介を，その原文と引き合わせてみると，コンドルセの行なった書き換えほどではないにしても，真意がいくらか歪められているのを認めない訳には行かない．

トゥルノール，アンジュー両版は，この部分の前半に対する注として，「パスカルはこの思想を，その『真空論序文』の中で展開している」と述べている．この小品で，パスカルが，「実験と推理」とに従う数学，物理学等の学問においては，「無限のためにしか作られていない人間」の特権は，「各個人が日々学問上の進歩を遂げるばかりでなく，人類全体が，宇宙が年を取るにつれて絶えざる進歩を遂げている」(L 230-232 頁)ことにあると，指摘したのは，あまりにも有名である．しかし，ここに注意しなければならないのは，この小品におけるパスカルは，大まかな，直線的な進歩を主張しているのであって，(5)で紹介するBの注で明らかにされているような，それよりは一層現代的な進歩観にはおそらく未だ達してはいなかったであろうという点である．従って両版の注のように，本断章の思想が，同小品で詳説されているかの感を与える書き方は適切でない．

クロケット氏は，この部分の前半を，モンテーニュの次の一節と対比している．

「このような行き過ぎ(訳注．ローマ皇帝が作らせた，巧妙で贅をつくした仕掛け)に何か許されるところがあるとすれば，その発明(inuention)と新奇さとが感嘆の的になる点であって，その費用なのではない．こうした空しい事柄についても，われわれは，これらの世紀(siecles)においては，われわれのそれとは異なった精神がどんなに豊かに輩出していたかということを発見する．この種の豊かさは，自然の他のもろもろの産出物についても同じである．しかし，そうだからといって，自然があの時にその最後の力を出し尽したという訳ではない．われわれは進んでいるのでは(n'allons)ない．われわれはむしろうろついているのであって，あちこち回り歩いて，自分の通ったところをまた歩いているのである．」(*102*, 673 頁；*104*, 885 頁)

ル・ゲルン版は，この部分の前半に対して次の注を掲げている．

「シャロン，『三つの真理』1の5の15頁(訳注．*53*，同頁)参照．『世界は進んだり退いたり，増したり減ったり，知識が変わり，毎日学んだり忘れたりする．われわれは，われわれの祖先が決して知らなかったことを知っており，われわれの後継者たちもわれわれに対して同じようになるであろう．そしてそれとは反対に，古代人が知っており，また行なっていたことで，われわれが知らずまた到達できない多くの事がある．その証拠は，プルタルコスがマルケルス伝の中で述べているアルキメデスの諸発明や，今日では真似することも表示することもできないような古代の多くの器具である．』パスカルが，1650年頃に，『真空論序文』の中で表明していたのは，これに反して，人知の進歩の継続性であった．」

ル・ゲルンのこの評だけでは尽せない，パスカルの進歩観の特質については，(結び)で後述する．

(**5**) 「〈多くの場合，貴人にとって変化は心地よい．〉(Plerumque gratae principibus Vices)」

原稿では，この引用文の2語目の「gratae」の語尾の2字は，トゥルノール1冊本によれば初めは「is」とも読めそうなものになっていたのを，後から，その上に「ae」が重ねられた．そうだったとすれば，語尾変化についての迷いが原因であろう．

これは，アヴェ初版が指摘したように，ホラティウスの『歌章』3の29，第13行(Plerumque gratae diuitibus uices〔*74*，145頁〕)を，ラテン語で，原文の「〈富者にとって〉(diuitibus)」を「〈貴人にとって〉(principibus)」と変えて引用したものである．しかしこの変更は，パスカル自身が行なったものではない．B以来多くの版に示されているように，モンテーニュの『エセー』1の42の次の個所からの孫引きである．

「貴人にとっては，賤しい，庶民的な暮し方をするために，時たま姿を変えて，身をやつすことができれば，それは，楽しみでもあり，祝いごとでもある．

〈多くの場合，貴人にとって変化は心地よい．
賤が伏屋で，慎ましく，健やかな
食事を，敷物も緋の衣もなしでとる時には，
愁眉を開く思いがする．〉

ありあまる富ほど，邪魔で，うんざりするものはない．」(*102*，189頁；*104*，256頁)

この孫引きは，パスカルが如何に『エセー』に負うところが多いかを如実に示す好例である．この種の原文変更や，時には誤植がそのまま写されている例が他にもかなり見出されるので，そうでない他の多くの場合も，『エセー』中に引用されているものと同じ引用句は孫引きであろうとの推測が行なわれ勝ちなのも致し方がない．パスカルが『エセー』以上に親しんでいたと疑いなく断定できる書物は，恐らく聖書だけであろう．

この断章全体に対する注としては，アヴェ初版が次のように記している．同改版では，(4)で引用した長い注に直ちに引続いてこれが掲げられている．同注で，サント・ブーヴの所説が多少歪められているのは，これとの続き具合をよくするためだったのかも知れない．

「パスカルのこの考察は(訳注．改版では「パスカルの考察そのものは」と，その前のサント・ブーヴの結論に合わせるためか，パスカルの考えの限界を一層ひき立たせるように変えられている.)，真理に満ち満ちている．しかし，望むらくは，真理はそれだけに限られてはいないであろう．人間の本性は，いつでも進むものではないとしても，そして人間は，進むに従って，また退くものとしても，少なくとも言えることは，進むと同じだけ常に退く訳ではない．理性と正義のための主張は，パスカルの時代でも既に大いに勝利を収めており，その後更に収めている．従ってこの主張に力を尽している者は，慢心すべきでないと同時に，絶望すべきでもない.」

アヴェのこの結論は，19 世紀中葉の，楽天的進歩主義の立場からの当然の帰結である．言うまでもなく，パスカルは，『真空論序文』においてさえ，神学については，実証諸科学の場合と正反対な関係にあると断定していたのであり，キリスト教の終末観を信ずる立場からは，究極的には人間自体の絶えざる進歩などという観念を肯定していなかったであろう．しかし(結び)の項で述べるように，既に言及した B 355 の中では，あるがままの自然の観察者として，アヴェの結論とそれほど矛盾しない見解を述べているようにとれるのは興味深い．

次に紹介する B の注は，最初に出た 1 冊本では本断章，後に出た 3 冊本では，上の B 355 の注として掲げられているものである(3 冊本のテキストによる)．

「私たちが今日個体または世界の進化とよぶであろうことを問題にした場合，パスカルはこの進化が必ずしも一方だけに進んで行くものとは考えていない(訳注．1 冊本ではこの後に，「従って，必然的に進歩があるのではない.」という一句が加えられていた)．この点で全く注目に値するのは，パスカルの鋭い見解は，18 世紀と 19 世紀前半にかくも人気のあった画一的連続的な進歩についての理論を越えて，現代の進化論者の考えと合致している点である．ハーバート・スペンサー氏によれば，宇宙の進化は『リズムの法則』に服している．同様に，社会の変革の条件を研究した思想家の中のある人々は，社会の進化も，進歩と同様に『退歩』の可能性もあるとの結論に到達している.」

(結び)　この断章は，かつて『真空論序文』の中では，実証科学について，当時としては勇気を要した，いわば直線的で楽天的な進歩論を主張したパスカルが，その晩年には，ある意味で現代的な複雑な形での進歩観を抱くようになったことを示す意味深いものである．セリエ版の注は，「本断章は，『エセー』を読んだ覚書である」として，上掲のモンテーニュの 4 個所を引き合いに出している．しかし，近代科学の飛躍に自ら貢献したパスカルの進歩観は，モンテーニュの次元を越えている．それで，既に言及したように，この断章は B 355 を参考にして読むべきものである．しかし本書は，『第 1 写本』の順序によっているためにここで取上げる訳に行かないので，他の注解等で指摘されていない重要な一点だけを次に略記する．

それは，断章の終りに，「海の上げ潮は，次のように行われ，太陽は次のように進むように見える (Le flux de la mer se fait ainsy le soleil semble marcher ainsy)」と記したすぐ下に画かれているジグザグ形の略図についてである．原 251 の写真(次頁参照)をよく見ると，斜め右下に向って画かれているジグザグの左側の退く方の頂点は，何度退いてきてもほぼ同一線上にあるのに対し，右

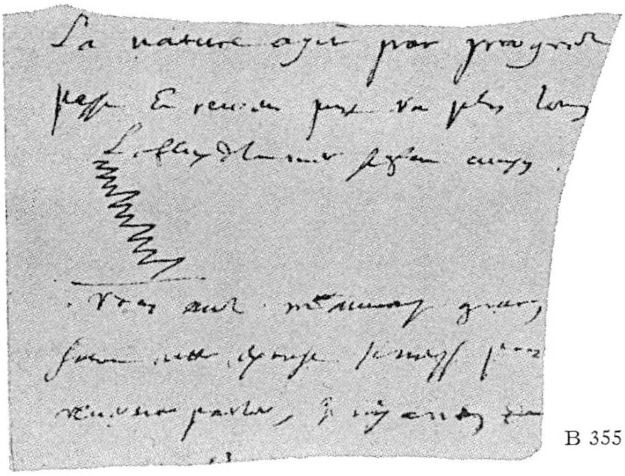

B 355(L 771, 原 251 最下部の紙片)の一部

側の進む方の頂点は，仮に数字の関係でその進み方の度合を示せば，大体「1，2．1，1，3．2，2，4．3，3，5」の関係になっている．要するに，退く方は，大体同じ程度のところまでなのに対して，進む方には一定のリズムがあって，次第に進み方が大きくなって行っている．更にまた，今問題にした部分のすぐ前では，自然の歩みについて，「それは往っては戻り，次いでもっと遠くに行き，次いで2倍も少なく，次いで今迄かつてなかったほど遠くに行く，等々」と記してあるので，それとこの点とを合わせて考えれば次のように結論できるのではあるまいか．即ち，神学上の問題は別として，少なくとも自然の素直な観察者としてのパスカルは，晩年に至るまで，リズムを備えた複雑な形ではあるが，ともかく長い目で見る進歩を認めていたように受取られるのである．

L 28 (原 244, B 436)[1]

原　　文

L 28[1]

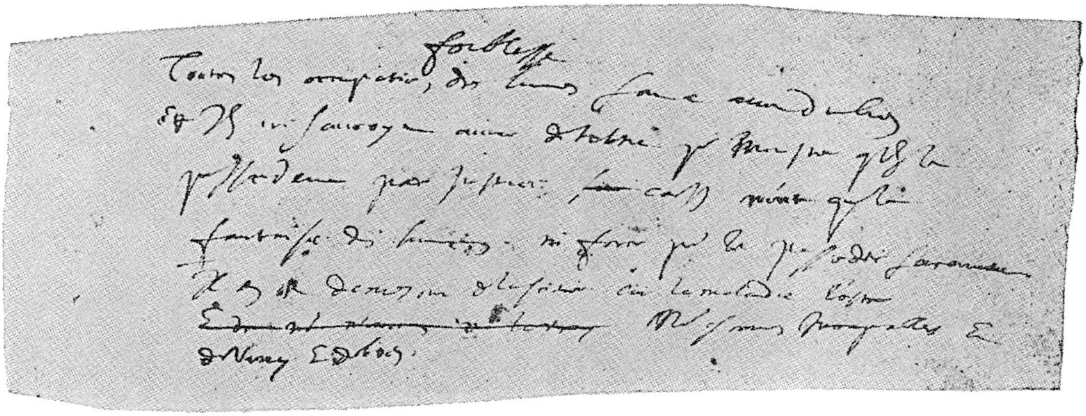

(原244の上から2番目)

foiblesse[2]

Toutes les occupations des hommes sont a auoir du bien[3]
Et[a] Jls ne sauroyent auoir de tiltre p^r monstrer[b] qu Jls le
possedent par Justice, ~~sin~~ car Jls n'ont que la
fantaisie des hommes. *ni force p^r le posseder seurement*[4]

a) J+Et　b) le+monstrer

....

Jl en est demesme de la science. car la maladie l'oste[5]
~~Et donc n^s n'auons ni le vray~~ N^s[c] sommes Jncapables Et
de Vray Et de bien. [6]

c) O+N^s

Faiblesse. [2]

Toutes les occupations des hommes sont à avoir du bien, [3] et ils ne sauraient avoir de titre, pour montrer qu'ils le possèdent par justice, car ils n'ont que la fantaisie des hommes, ni force, pour le posséder sûrement. [4]

Il en est de même de la science, car la maladie l'ôte. [5]
Nous sommes incapables et de vrai et de bien. [6]

L 890[1)]

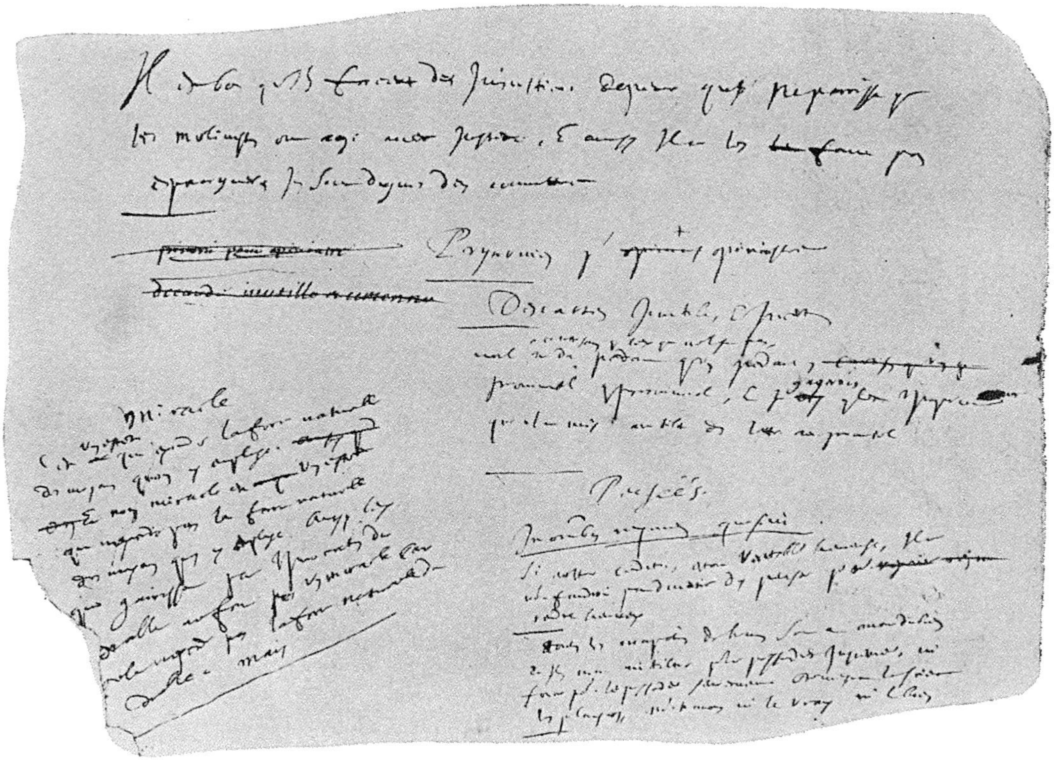

(原 415 の上半部)

---

toutes[a)] les occupations des hommes sont a auoir du bien[3)]
Et Jls n ont ni tiltre p^{r} le posseder Justem^{t}, ni
force p^{r} le posseder seurement. [4)] De mesme la science
les plaisirs, [5)] n^{s} n auons ni le Vray ni le bien[6)]

---

a) E+toutes

訳　　文

弱さ[2)]

人々のあらゆる仕事は，良いものを得ようとするにある．[3)] それなのに，彼らは，それを正当に所有しているということを示すにたるだけの資格を持つことができないだろう．なぜなら，彼らには人々の思い付きしかないのであって，それをしっかりと所有するための力もないからである．[4)]

これは学問についても同様である．なぜなら病気がそれを奪ってしまうからである．[5)]
われわれは真理についても，良いものについても，無能力である．[6)]

注　解

（**1**）　**テキストについて**．原稿は，この断章だけがゆったりと記されている中型の紙片として原244の上から2番目に貼られている．紙片の左側の余白には，紐で綴じられていたことがあるのを示す小さな穴がある．原415の上半部にはられている大きな紙(上掲134頁の写真参照)に，Lでは，第1写本で引続いて写されているので，同885-891として，Bでは7個の異なる断章(936，51，78，52，165，436の2，804)として様々の章に分類されている雑多な文章が記されているが，その中の右側の一番下に次の断章(L 890)が見出され(写真外縦線の左側)，B 3冊本では本断章の付録として「436の2」の番号が付せられている(上掲**原文**の項最下部参照)．

「人々のあらゆる仕事は，良いものを得ようとするにある．3) それなのに，かれらには，それを正当に所有する資格も，それをしっかりと所有するだけの力もない．4) 学問についても，快楽についても同様である．5) われわれは真理をも幸福をも持っていない．6) (toutes les occupations des hommes sont a auoir du bien3) Et Jls n ont ni tiltre p^{r} le posseder Justem^{t}, ni force p^{r} le posseder seurement. 4) De mesme la science les plaisirs, 5) n^{s} n auons ni le Vray ni le bien6))」

上の断章は，本断章とほとんど同じ内容のことを，しばしば同じ言葉でもって述べているばかりでなく，(6)で指摘するように，本断章の最後の文章を記す前に，いったん上の断章と同じ句を書き始めておいてそれを横線で消している．その事実と，上の断章はおなじ紙片上の他の諸断章と同様に小さい字で走り書きされているのに反し，本断章の方は大きな字で，充分余白をとって記されていることを合わせて考えれば，上の断章の方が先に記され，本断章は，パスカルが資料の分類を行った際，上の断章を推敲しながら清書したものと考えられる．

Lとの原文上の異同は，(4)と(5)との間に挿入されている原稿の横線を，Lが省いている点だけである．この短かい横線は，(5)で述べるように，パラグラフの区切りをはっきりさせるために加えられたものに過ぎないと推定されるので，特に問題にしなくてもよいほどのものである．

ポール・ロワヤル版で発表されたが，(2)以下に記すように大分原文に変更が加えられている．ボシュ版もそれを引継いだので，正しいテキストはフォジェールが初めて公表した．

（**2**）「弱さ(foiblesse)」この題名は，原稿では，本文の第1行とすれすれに，第1と第2の行の間よりも少ない間隔で記されているので，おそらく本文よりは後に書かれたものと推定される．ポール・ロワヤル版では省略されている．フォジェールが初めて発表した．

（**3**）「人々のあらゆる仕事は，良いものを得ようとするにある．(Toutes les occupations des hommes sont a auoir du bien)」この部分では，L 890の(3)，すなわち上掲**原文**の項の同断章の第1行をそのまま移している．またポール・ロワヤル版も，この部分だけは手を付けずに再現した．

ここで「良いもの」と訳した「bien」は，当時でも今日でも，広くよいもの(こと)，望ましいもの(こと)を意味し，善とも幸福とも富とも訳せる語である．この部分のように部分冠詞をつけて，それを持つという「avoir du bien」という表現の場合には，富とか財産などの所有物を意味するのが普通で，幸福とか善について用いられる例はほとんど見当らない．また(4)の書き振りや，そこで紹介するニコルの反論を見ても，所有物(財産とか富)が先ず意味されていることが分る．それで，以前は「富」と訳していたが，それでは意味が限られすぎ，富以外のものを求める人だっていくらもいるではないかという反論を招きそうなのと，(6)ではこの訳語を用いる訳には行かず，「幸福」としなければならなかったので，「良いもの」でもって，富をも幸福をも含ませることにした．

（4）「それなのに，彼らは，それを正当に所有しているということを示すにたるだけの資格を持つことができないだろう．なぜなら，彼らには人々の思い付きしかないのであって，それをしっかりと所有するための力もないからである．(Et Jls ne sauroyent auoir de tiltre p^{r} monstrer qu Jls le possedent par Justice, car Jls n'ont que la fantaisie des hommes. ni force p^{r} le posseder seurement)」この部分は，L 890 の(4)では次のようになっていた．

「それなのに彼らは，それを正当に所有するための資格も，それをしっかりと所有するための力もないのである．(Et Jls n ont ni tiltre p^{r} le posseder Justem^{t}, ni force p^{r} le posseder seurement.)」

両者を比べてみると，後半は形だけは同じであるが，前半は，L 890 で走り書きをした時には，「正当に所有するための資格」がないと単刀直入に言い切っているのに対し，これを他に移すために清書した際には，それをいくらか和らげ，所有権のあるなしではなく，それを証明することはできないと言う意味で，それを「示すにたるだけの資格」がないとしている．そして更に，今度はその理由付けを加え，「なぜなら，彼らには人々の思い付きしかない」からということと，L 890 の方では，「資格」と「力」が並行して扱われていたのを，「それをしっかりと所有するための力もない」という後半の同じ句を，資格問題に対する第二の理由付けに変えてしまっている．このように，清書しながら推敲している跡が辿れるのは，『パンセ』の他の断章の作成過程を考えるについても参考になる．例えば，有名な「考える葦」の断章(B 347, L 200)の原稿なども，本断章のようにゆったりと書かれていて，推敲の跡も少ないので，似たようなことが行なわれたのではないかと推測できる．

この部分を L 890 から推敲を加えながら移して行く際に，最初の「Et(それなのに)」を書く前に，おそらく「彼ら(Jls)」をいきなり書くつもりで，その最初の字の「J」を記したところで，直ちに考えを変え，その上に「Et」を，2字目の「t」を「J」に重ねて書いた．

また，「示す(monstrer)」を書く前に「それを(le)」をいったん書いて，その上に初めの1字を重ねて「示す」を記した．これは，おそらく，いきなり「それを所有する(le posseder)」として，L 890 の「それを正当に所有するための資格」に近いものにするつもりだったのを，「示す」を間に入れた方がよいと考え直したためであろう．上述のように，L 890 では，単刀直入に，人間には正当な所有権がないと言っていたのに対して，本断章では，正当であることを証明できないというように幾分和らげたのであるが，その変更は正に，この「それを」を書きながら考え付いたものである．

更に，「なぜなら(car)」を書く前に「s」で始まる2,3字をいったん書いて，横線で消し，その先に「なぜなら」を記した．トゥルノール2冊本は「sur(上に)」，同1冊本とアンジュー版は「sin」，ラフュマ3冊本は「sûr(確かな)」と読んでいるが，トゥルノール1冊本も断っているように，はっきりとは読めない．何れかを選ぶとすれば「sin」がよさそうであるが，それだけでは意味をなさない．一つの推測としては，「sinon(そうでなければ)」などが考えられる．

この部分の終りの「ni force p^r le posseder seurement(それをしっかりと所有するための力もない)」は，その前にピリオッドが打たれていることと，行末が他の諸行よりもずっと右に出ていることから，後から加えられたものと思われる．この句は，L 890にそのままあったものであるが，その前のところを変えたので，これも初めは落されたのであろう．ところが後から，上述のように前とは異った構文の中へ加えることもできると考え直されたのであろう．

トゥルノール1冊本は，同版の本文でも「hommes(人々)」としている語について，「原稿でのこの語の長さからすると『humains(人類)』と読むべきかも知れない」と記している．トゥルノールがなぜ長さだけを問題にしているかというと，文字そのものは，ほとんど直線に近いような波線で，それだけではどちらともとれるからである．トゥルノールの記すように，この波線はかなり長く，「humains」の方が「hommes」より1字多いのと，そうすれば，「彼らには人々の思い付きしかない(Jls n'ont que la fantaisie des hommes)」の主語の「彼ら(Jls)」も(3)に出てきた「人々(hommes)」を受けている以上，同じ語の繰り返しになるので，それを避ける利点もあるので，以前は私もその読み方をとった．しかし，この，形容詞を複数名詞として用いる「humains」は，フュルティエール辞典では，「一般に，すべての人間のことを言う」とだけあるが，リシュレ辞典は，「詩的」な用法であると断り，アカデミー辞典も「荘重な，または詩的な文体以外ではほとんど用いられない」と記していて，本断章のような場合に用いられるのは不自然と思えてきた．他方，デヴィドソンの用語索引にも，『パンセ』の中では名詞複数形の用例がない(*62*, 608頁)ので，両写本と諸版の読み方通りに，「hommes」と読むことに改めた．

ポール・ロワヤル版は，この部分を次のように大幅に変えている．

> 「それなのに，かれらがそれを所有する資格というものは，その起原においては，法律をこしらえた人たちの思いつきにすぎないのである．かれらはまた，それをしっかりと所有するために何の力も持っていないのである．ありとあらゆる事故がそれをかれらから奪い去ってしまう．(& le titre par lequel ils le possedent n'est dans son origine que la fantaisie de ceux qui ont fait les loix. Ils n'ont aussi aucune force pour le posseder seurement: mille accidens le leur ravissent.)」

フォジェール版で初めて元に戻されることになるこの変更は，パスカルの文章に説明を加えて，分り易くすると同時に，力を多少弱めようとしたものであろう．説明そのものは，B 294 (L 60)などを参照すれば，納得できないことはない．力を弱めようとしたのは，パスカルとしてはL 890よりはいくらか和らげたこのテキストでも所有権の全面的否定とも取られかねないので，起原へと問題をずらせたのであろう．しかし，こうして弱めてみても，まだ当時の識者には危険思想と映じたのである．B 3冊本にも掲げられている，パンセ初版についてセヴィニエ侯爵にあてたニコルの手紙の中に次の一節が見出される.

「例えば，パスカル氏が第25章の15で『人々がその財産(bien)を所有する資格というものは，その起原においては，思い付きにすぎない』と言っているのは，彼がそこから結論しようとしていること，即ち人間の弱さということと，われわれが財産を所有しているのは思い付きに基く資格によるにすぎないということについて何の結論も出しておりません．なぜなら，どういう風にでもいいから，ともかくはっきりと規定されさえすればいいといった性質の事柄について，思いつきによる法律を制定することは何の弱味でもありません．そして，この種の資格において財産を所有する場合には，真で堅固な正義に基いて所有しているのです．なぜならば，神によっても，真理においても，財産というものは，起原においてはどちらでもよかったであろうが，ともかくいったん定められた法律に基いて与えられている人たちに所属するものであるということは，正しいからです．これについて何の弱味もありません．」(B 第12巻 **252** 頁)

アヴェは，初版の際には，B 299 と 295 (L 81, 64) に相当する2断章の番号を掲げて参照させ，更にニコルの反論の事実だけを紹介したほかに，自らも「人々が所有権とその譲渡を制定した際に，ただ思いつきだけに従ったのだろうか」と反駁している．また「力もない」というところに対しては，同じく初版で次のように記している．

「なぜなら，何人も自分の持っているものが取上げられないだろうとは確信できないからである．このようにして，われわれは，われわれの財産とよぶところのものについての主人ではないのである．なぜならそれは，権利によっても力によってもわれわれに所属するものではないからである．われわれがわれわれの健康とよんでいるところのものについても同様である．以上がパスカルの所論である．」

アヴェ改版では，上の二つの注は省略され，ポール・ロワヤル版が原文を変えたことと，ニコルの反論の事実だけを指摘するに止めている．

アヴェ初版に2年遅れるだけのルアーンドル版(*14*, 155頁)はこの部分に対して，次の注を掲げている．

「ニコルはこの考えを厳しく非難したが，それは正しかった．『人々の思い付き』だけが所有権を設定したと言う時に，パスカルはキリスト教の掟を完全に見失なっている．その掟は，他人の所有物(bien)をとることばかりでなく，それを欲しがることさえ禁じている．従って，この聖なる掟にも，所有が不正であるということは含まれていないのである．こういうのは残念であるが，パスカルに対するわれわれの尊敬がどんなに大きくても，われわれにとっては，『人々は正当に所有していない』という格率から，『所有とは盗みである』という他の格率への距離は，さほど大きくないのである．」

現代の版の中では，ドディユーだけが，この部分について次のように記している．

「パスカルは，個人財産を保証するところの権利をほとんど認めていないようである．正義についてのこの思想は，『現象の理由』に関する諸断章でまた取上げられるだろう．」

ドディユーの指摘する「現象の理由」については，L 25 についても記したので繰り返さないが，パスカルの政治・社会思想は正反，正反と価値転換を繰り返して行く複雑なものであるから，ニコル，アヴェ，ルアーンドル，ドディユーの行なったように，この断章だけを取上げて，直ちにパスカルが所有権否定論者であったかのように断ずるのはどうかと思う．

(**5**)「これは学問についても同様である．なぜなら病気がそれを奪ってしまうからである．(Jl en est demesme de la science. car la maladie l'oste)」L 890 でこの部分は，「同様に学問も快楽も．(De mesme la science les plaisirs,)」となっていた．それをここに移す際に，一方では「快楽(les plaisirs,)」を省き，他方「なぜなら病気がそれを奪ってしまうからである．(car la maladie l'oste)」を加えた．この追加は，病苦との戦いが，その生涯の多くを占め，ことに『パンセ』執筆当時にそれが甚だしかったことを思えば，特別の重みを持っていると言わなければならない．

(4)の最後の行とこの部分の1行との間に，原稿には，短い横線が記されているが，二つの行の間は他の場合に比べて特に広くなっていないので，初めから書かれたものではないと推定される．(4)で述べたように，原文ではその終りにくる，「ni force p^{r} le posseder seurement (それをしっかりと所有するだけの力もない)」が後から加えられたため，それが書かれる前なら，この部分が新しいパラグラフであることが明らかであったのに，そうでないように見えてしまうので，その区切りを示すために後から插入したものと考えられる．

ポール・ロワヤル版は，この部分の後半から，「car (なぜなら……からである)」を省き，逆に，「la maladie (病気)」の次に「nous (われわれから)」を入れて，「病気がそれをわれわれから奪ってしまう．」とした．フォジェールが初めて元に戻した．

(**6**)「われわれは真理についても，良いものについても，無能力である．(N^{s} sommes Jncapables Et de Vray Et de bien.)」L 890 でこの部分は，「われわれは真理も良いものも持っていない(n^{s} n auons ni le Vray ni le bien)」となっていた．それをここに移すに当ってパスカルは，先ず「それゆえに (Et donc)」とでも読む外ないはっきりしない句と，「われわれは真理をも……持っていない (n^{s} n'auons ni le vray)」という句を記して，それぞれの句を別の横線で消している．第二の句が小文字で始まっているところから推定すれば，おそらくその方が先に消されたのであろう．この第二の句は，L 890 のこの部分の大半そのままである．パスカルは，この句を消して，本文のように直したのであるが，前のようではあまりに絶対的だと考え，能力の問題にして多少和げる気になったのだろうと推察できる．ところで，L 890 の時は，この最後の部分の前に，所有物を意味する「bien」と，「学問」と「快楽」の三つが出てきていて，それをここで，「学問」は「真理」といういっそう広い意味の言葉で受け，「所有物」と「快楽」の方は，「bien」にはもともと，両方を含む広い意味があるので，「良いもの」という意味で両者を受けたものと解することができよう．本断章に移す際には，「快楽」は削ってしまったのであるが，「学問」の方は相変らず意味を広げているので，ここの「bien」も，所有物より意味が広い，快楽や幸福などをも含む意味に用いられていると考えなければならないので，それをも含ませ得る意味で「良いもの」と訳したのである．

ポール・ロワヤル版はこの部分全体を没にしている．

この部分に対する注としては，先ずアヴェ初版が次のように記している．

「ポール・ロワヤル版では削られた．これが，パスカルの到達したかった所である．真理について無能力．彼は他の所でなぜかということを述べた．良いもの(bien)，すなわち幸福(bonheur)，についての無能力．なぜなら，地上のさまざまな良いもの(biens)の空しさは別にしても，それらのものも，真にわれわれのものでさえないのである．」

次いで，ルアーンドル版が，また腹にすえかねたような調子の注を掲げている(*14*，155頁)．

「ここでもまたパスカルは完全に道を誤っている．なぜなら，もし人間が善(bien)について実際に無能力であるならば，なぜ神は善(le bien)をなすように命じられたのであろう．宗教の教えは何の役に立つのだろうか．恩恵そのものも何の役に立つのだろう．」

パスカルは本断章では，「bien」を善の意味には特に用いていないのに，ルアーンドルは，前後関係から「善」としか訳しようのないように問題をすり変えてしまっている．

この部分に対する注としては，ドディユーも次のように記している．

「この考察に対しては，パスカルが，われわれには『良いものに与る能力を具えた本性』があると肯定している断章153(B 423，L 119)を対立させることができよう．パスカルが言おうとしているのは，われわれには『真理への本能』があるように，『良いものへの本能』があるのであるが，その本能は実現できないということである．即ち，意志を通って行くので，そこにこの能力の腐敗を見出し，知性を通って行くので，そこであらゆる欺きの勢力のために堕落してしまうのである．人間は，良いものをも，真理をも実現しない．この思想はシャロンの要約である(『知恵』第1巻第4章)．『弱さ……人間は徳に対して弱いばかりでなく，真理に対してはもっと弱いのである……すべて以上のことは，良いものに対する人間の弱さというものが如何に大であるかを示しているのである．』」

ドディユーが指摘している，シャロンの『知恵』の「弱さ」と題する一章(パスカルの頃の諸版では第1巻第37章)は，1642年版では，15頁(*55*，184-199頁)にも及ぶかなり長いもので，人間の弱さについて多方面の叙述が行なわれている．その前の章名が「空しさ(Vanite)」，その次に続くのが「定めなさ(Inconstance)」「惨めさ(Misere)」「思い上り(Presomption)」といずれも，『パンセ』のいくつかの断章の題名に出てくる語ばかりなので，題名としてのヒントをパスカルに与えたであろうことは充分推測できる．しかし内容に関しては，本断章の中心をなす所有権の問題については，シャロンの長い章の中には全く論じられていない．他面シャロンの様々の議論がここに要約されているとは到底言い得ないばかりか，(2)で推定したように「弱さ」という表題そのものも本文よりは後から書かれたものなので，ドディユーの所説は適当でない．

なお，ドディユーのこの注では，「bien」が，善と幸福の両様の意味に用いられているので，一応「良いもの」と訳しておいた．これを分析すれば，最初の「良いものに与る能力を具えた本性(une nature capable de bien)」が引用されたB 423では，「人間の卑しさと偉大さ」の対立における，「偉大さ」を示すものとして用いられているので，「幸福」という意味も含まれてはいようが，「善」の意味の方が強いと思われる．次の「良いものへの本能(l'instinct du bien)」は，『パンセ』の中には用例はなく(*62*，666頁)，それに最も近いものとしてはB 430(L 149)の「人々には，最初の本性の幸福(bonheur)について，いくらかの力のない本能(instinct)が残っている」というのがあるので，この場合の「良いもの」は，「幸福」と解すべきであろう．第三の「良いものをも，真理をも(ni le bien ni le vrai)」の場合は，その前の二つを受け，「真理」と並立しているのであるから，「善」と「幸福」を含む広い意味であると考えられる．他方，シャロンの引用文(*55*, 184, 190, 194 頁)については，それが記されている「弱さ」と題する一章では，「良いもの(bien)」は一貫して善悪の「善」の意味で用いられている．従って，このドディユーの注の「良いもの」は，財産，幸福，善の三方向のうち，幸福と善の意味に用いられているのである．ところが，パスカルが本断章で用いた「良いもの」は，上述のように，財産と「快楽」などをも含みうる幸福とが主で，いわば低い次元のものである．本断章は，その表題からして，「弱さ」であり，「空しさ」の章に分類されているのであるから，この断章の用語を拡大解釈して，善や至福(B 430(L 149)から今し方引用した「幸福」はこの意味である)の問題にまで押し広げるのは，適当でない．

(結び)　(1)で述べたように，かなり大きな一枚の紙に，他のいくつかの考察と並んで走り書きしたものを，後になって，この部分を別に推敲清書して切り抜き，「弱さ」という題名を付して，「空しさ」の章の諸断片と共に紐で綴ったという操作の推定が正しければ，この断章は，パスカルが，その護教論の一段階で，人間の空しさの一例として，その「弱さ」を取上げることを考えたことを示すものである．第1写本の同じ「空しさ」の章の少し先にある L 33(B 374)でも「私を最も驚ろかすことは，世間の人たちがみな自分の弱さについて驚いていないということである」という書き出しで，人間の弱さを論じている．今までに調べてきたこの「空しさ」の章の多くの断章の場合と同じく，こうした人間性に対する極めて悲観的な見解も，将来他の反面と対立させることになる，真理の一側面だけを示しているのであることを忘れてはならない．

L 29 (原 83, B 156) [1)]

原　　文

L 29[1)]

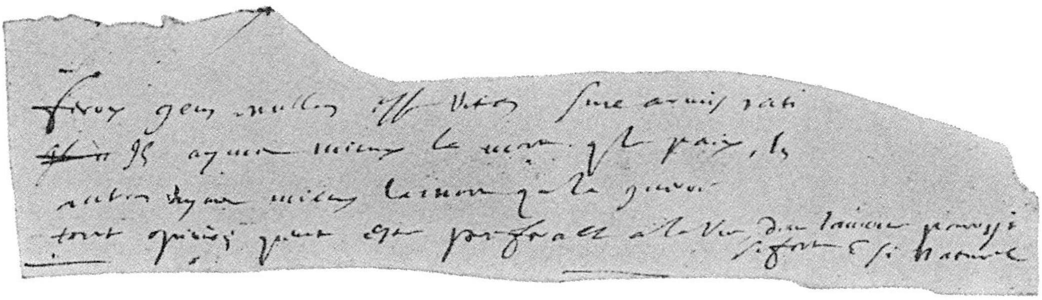

(原 83 の下から 2 番目)

—

ferox gens nullam esse Vitam sine armis rati[2)]
~~gl a~~ Jls ayment mieux la mort que la paix, les
autres ayment mieux la mort que la guerre[3)]
toute opinion peut estre preferable a la Vie, [5)] *dont l'amour paroist*
si fort Et si naturel[4)]

——　　——

Ferox gens, nullam esse vitam sine armis rati. [2)]
Ils aiment mieux la mort que la paix; les autres aiment mieux la mort que la guerre. [3)]
Toute opinion peut être préférable à la vie, [5)] dont l'amour paraît si fort et si naturel. [4)]

訳　　文

〈武器なしの生活など有り得ないと考える，荒々しい国民.〉[2)]
彼らは，平和より死の方を好む．他の人々は，戦争よりも死を好む．[3)]
生命に対する愛はあんなに強く自然に見えるのに，[4)] どんな意見でも，生命よりも望ましく思われることが有り得るのだ．[5)]

注　　解

(1)　テキストについて． 原 83 の下から 2 番目に，これだけを記した紙片として，L 22 と L 34 との間に貼られている．原 83 には，L 13, 15, 21, 22, 27, 29–32, 34 と「空しさ」の章に属する断章ばかりが貼られている．原稿では第 1 行の左上に極く短い横線，最下行の左下と中程の下に短線が引かれている．少なくとも下の方は，別の考察と区別するために記されたものであろう．L との原文上の異同はない．

ポール・ロワヤル版で発表された．内容とはほとんど関係のない，(2)と(5)に記す字句の僅かな変更が 2 個所あるだけで，あとは原文に忠実である．

(2) 「〈武器なしの生活など有り得ないと考える，荒々しい国民.〉(ferox gens nullam esse Vitam sine armis rati)」この部分も，(4)以外の他の部分も第 1 稿で記された．

ポール・ロワヤル版は，この引用句の最後の「rati(〈考える〉)」を，似た意味の「putat(〈思う〉)」に変えただけで，他はそのまま再現した．ボシュもそれを引継いだので，フォジェールが元に戻した．

フォジェール版は次の注を掲げ，その後多くの版に利用されている．

「モンテーニュ，1 の 40(訳注．現行版，1 の 14)．『……(訳注．省略部分は(5)に掲げる)．執政官カトーが，スペインのある町々を確保するために，その住民たちに武器を携えるのを禁じただけで，多数の者が自殺した．〈武器なしの生活など有り得ないと考える，荒々しい国民.〉』――この引用句は，ティトゥス・リヴィウス，34 の 17 からのものである．」(*102*，178 頁；*104*，61 頁)

パスカルの上の引用は，『エセー』の原文と内容は同じであるが，語順だけが次の原文と少し異なっているので，記憶で引用したのかも知れない．

「Ferox gens, nullam vitam rati sine armis esse.」(*102*，178 頁)

なお，ティトゥス・リヴィウスの現代版も，「gens(国民)」を，似た意味の「genus(民族)」にしている外は，モンテーニュの引用と同じである(*138*，34 の 17，155 頁；*139*，同，194 頁)．

この部分に対する注としては，ドディユーが次のように記している．

「善いことと悪いこととの味は，われわれがそれについて持つ意見に左右されると主張している(訳注．(結び)の項で記す，『エセー』1 の 40 の章名を略述したもの)モンテーニュ(1 の 40)から引用されたものである．『意見というものは，手強く，大胆で，際限のない相手である(訳注．『エセー』1 の 40 で次の文章より後に掲げられているもの〔*102*，178 頁；*104*，61 頁〕)．……どんな意見でも，生命をかけてそれに与するようにさせるに足るだけの力を持っている(訳注．(5)で記すように，フォジェールが先ず取上げたもの)．』(同上)．引用文は，ティトゥス・リヴィウス(34 の 17)からのものである．」

(3) 「彼らは，平和より死の方を好む．他の人々は，戦争よりも死を好む．(Jls ayment mieux la mort que la paix, les autres ayment mieux la mort que la guerre)」この部分を第 1 稿で書き始める際に，トゥルノールとアンジューが記しているように先ず「gl」とだけ書いて，直ちに横線で消し，その先に「a」と強いて読めないこともない，はっきりしない字を記し，それも直ちに，前の「gl」にまでかかる，二つ目の横線で消し，その先に「Jls(彼ら)」以下を一気に書き上げた．「gl」

は，B 3冊本，シュヴァリエ2冊本(*24*, 88頁)，同1冊本(*33*, 155番)の記すように「gloire(栄誉)」を書くつもりだったのかも知れない．ラフュマ3冊本は「Il a」と読んでいるが，トゥルノールの方が正しく見える．

ポール・ロワヤル版は，この部分は正しく伝え，その後の諸版のテキストの伝承にも問題はない．

ヴォルテールは，その有名な『哲学書簡』の「書簡25」(*06*)の43(1825年版では44)で，この断章全体をポール・ロワヤル版と同じテキストで引用した後，次のように記している．

> 「タキトゥス(訳注．パスカルの用いた1652年版の欄外の訳文の後にも，リヴィウス34巻と明記してある．)がこれを述べたのは，カタロニア人たちについてである．しかし，『戦争よりも死を好む(*elle aime mieux la mort que la guerre*)』などと言われた，あるいは言うことのできるような国民は存在しないのである．」

ヴォルテールのこのパスカル批判は，国民全体を問題とするか，何人かの個人の考えを問題にするかで，その当否が左右される．世界最初の平和憲法を誇る我が国でさえ，自衛隊が存在する以上，国民全体として「戦争よりは死を好む」とは言い切れないであろうから，前者なら，ヴォルテールの方が正しいことになりそうである．しかし，パスカルの原文は，「彼ら」に対する「他の人々」となって，個人の集合でも指し得るようになっているのである．ところがヴォルテールの批判では，「elle(女性単数の代名詞)」という，女性単数名詞の「nation(国民)」を受けた，民族とか国民という意味に限定させているので，ここいらに，17，18世紀の両雄の論点の分れ目があるようである．

ヴォルテールのパスカル批判に，当時勇敢に立ち向った，新教の牧師のブリエはその『パスカル擁護』(*07*, 43項，285頁)で次のように記している．

> 「『戦争よりも死を好むなどと言うことのできるような人たち(傍点訳者)は存在しないのである．(*Il n'y a point de gens dont on puisse dire, qu'ils aiment mieux la Mort que la Guerre.*)』これは，わが批評家(訳注．ヴォルテールのこと)がこのように決めたのであるが，私にはその理由が分らない．平和より死を好む人たちがいると言うのに，なぜ戦争の苦労や危険や惨禍の方を死よりも恐れる人たちが存在しないというのだろう．タキトゥスの言う，かのカタロニア人たちが前者の証人である．〈武器なしの生活など有り得ないと考える，荒々しい国民．〉タキトゥスの考えを責めるか，パスカルのそれを非難しないかの，どちらかにすべきであったのだ．」

ブリエは，ヴォルテールが「国民(nation)」と書いたのを「gens」と変えている．この語は，ラテン語の引用句で国民とか民族の意味に用いられている「gens」と形は同じで，当時でもその意味に用いられることが無い訳ではなかったが，一般の読者は，これを「人たち」ととるのが普通であったと考えられる．従って，ブリエは，この変更で，一応ラテン語の原語に近づけたという形をとりながら，内容的には個人の集合と受け取られ易くそれだけパスカルに有利となる言葉を選んだのであろう．ヴォルテールがパスカルの「人々」を「国民」にすり変えたのと，丁度逆の手を使っている訳である．

(4)　「生命に対する愛はあんなに強く自然に見えるのに．(dont l'amour paroist si fort Et si naturel)」この部分は，フランス語では，(5)に続いて文章の終りにくるのであるが，行末に2行細字ではみ出ている原稿の書き具合から判断すると，パスカルが，初めにこの断章を記した第1稿のときにはなく，しばらく後になって，推敲した際の加筆と推定される．

(**5**) 「どんな意見でも，生命よりも望ましく思われることが有り得るのだ．(toute opinion peut estre preferable a la Vie,)」ポール・ロワヤル版では，この部分の「望ましく思われる(preferable)」を，「望ましいとされる(préferée)」と変えている．ボシュもこれにならい，フォジェールが元に戻した．

ラフュマの1947年版(*30*, 114頁)と同1952年版(*32*, 66番)は，「望ましく思われる(preferable)」を「好ましく(favorable)」と誤記している．

フォジェール版は，(2)で紹介した注の引用部分の冒頭で，『エセー』の同じ章の次の類似個所を掲げている．

「どんな意見でも，生命をかけてそれに与するようにさせるに足るだけの力を持っている．(Toute opinion est assez forte, pour se faire espouser au prix de la vie.)」(*102*, 171頁．*104*, 52頁)

ロシェー版は，この部分に次の注を掲げている(*15*, 330頁)

「『どんな意見でも……』この主張は明らかに，あまりにも絶対的である．このことは，注意しただけで充分である．」

(結び) これは，パスカルが，人間の「空しさ」の一例として記したものであるが，上述のように，『エセー』の一つの章からこの短い断章で2個所も影響を受けているところからみても，この「善いことと悪いこととの味は，大部分，われわれがそれについて持つ意見に左右されること」という題の章は，パスカルが印象深く読んだものの一つと考えて差支えないであろう．

L 30 (原 83, B 320) [1)]

原　　文

L 30[1)]

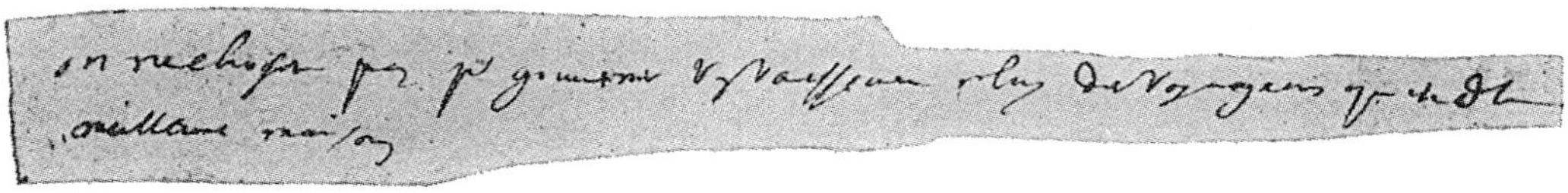

(原 83 の上から 3 番目)

on ne choisit pas p^r gouverner Vn Vaisseau celuy des Voyageurs qui est de la meilleure maison[2)]

On ne choisit pas pour gouverner un vaisseau celui des voyageurs qui est de la meilleure maison. [2)]

訳　　文

人は，船の舵をとるために，船客のなかで一番家柄のいい者を選んだりはしない．[2)]

注　　解

（1）**テキストについて**．原 83 の上から 3 番目に，これだけを記した細長い紙片として，L 15 と L 32 との間に貼られている．L との原文上の異同はない．

コンドルセ版で初めて発表された．

（2）「人は，船の舵をとるために，船客のなかで一番家柄のいい者を選んだりはしない．(on ne choisit pas p^r gouverner Vn Vaisseau celuy des Voyageurs qui est de la meilleure maison)」本断章は，一気に書かれている．これを初めて発表したコンドルセは，「一番家柄のいい (de la meilleure maison)」の中で形容詞の最上級を示す「la」を省いて，比較級の「よりよい家柄の (de meilleure maison)」とした．これは原稿でもはっきり見え，両写本も写しているものであるが，フォジェール以後の編集者によっても，長い間気が付かれず，B 3 冊本が初めて挿入した．その後は，おおむね最上級になっているが，現代の版では，1947 年のラフュマ版(*30*, 113 頁)が，誤って比較級にしている．また，両写本を初めどの版も「gouverner (舵をとる)」と読んできた語の語尾「er」を，トゥルノール 1 冊本は「eur」と解して，「gouverneur (舵取り)」と名詞にして読んでいる．しかしこれでは文法上筋が通らないので，この読み方をとっているアンジューは，本文は「舵を取る」にして，注で，「パスカルは舵取りと書いた．」と記している．しかし原稿は，「eur」よりは「er」に見えるので，トゥルノール1冊本の誤植ではないかと思う．なぜなら同2冊本でも「gouverner」であったのだし，このような場合には，脚注で何か説明があるのが普通であるからである．

本断章を初めて発表したコンドルセは，これの次に，B 234(L 577)の後半をかなり変えて発表したポール・ロワヤル版のテキスト(31 の 15)を置いて同一断章として掲げた．ボシュ版もこれに従った．フォジェールは，本断章を後述のヴァラン稿本にある断章の注として掲げたが，その際，これは独立したものとしてパスカルが記したのであるから，従来の諸版で結合されている一節と何の関係もないと指摘している．本断章を初めて独立した本文として掲げたのは，アヴェ初版である．その後でも，モリニエ，B 1冊本，ドディユー等のように，本文としてはヴァラン稿本の方だけを載せているものがある．トゥルノール2冊本は，その反対に本断章を本文に，ヴァラン稿本の方を注に掲げている．

アヴェ改版の注は，「クセノフォン，『ソクラテスの思い出』，3 の 9 の 11 参照．」と記しているが，これは次の一節を指している．

「船の上では，知識のある者が支配するのであって，船主も他のみなも，その知識のある者に服従する．」(*146*，3 の 9 の 11，228 頁)

B のヴァラン稿本中の本断章と同じ部分に対する注では，この考察はクセノフォンの中にあると記した後，更に，パスカルは恐らく友人のメレの口からその話を聞いたのであろうとして，メレの著作から次の一節を引用している．

「ソクラテスだかプラトンだかが言ったことで，長い航海をする人たちは，彼らを導く者として，最も地位の高い者を選ばずに，最も優秀な運転士に目をつけるということが心に浮んできた．(『真の紳士道(オネツトテ)について』講話第 1)」(*98*，3 の 76 頁．プラトン，*117*，6 の 488；*118*，8 の 551 C；*119*，298 c–d, 299 b–c 参照．但しプラトンでは，納税額が問題にされていたので，家柄ではない．)

フォジェール版は，上述のように，パスカルと同時代の医師ヴァランの稿本(B によれば，同稿本 6 の 56)にパスカルのものとして収録してある次の断章を初めて掲げた．

「世の中で最も不合理なことが，人間がどうかしているために，最も合理的なこととなる．一国を治めるために，王妃の長男を選ぶというほど合理性に乏しいものがあろうか．人は，舟の舵をとるために，船客のなかでよりよい家柄の者を選んだりはしない．そんな法律は，笑うべきものであり，不正であろう．ところが，人間は笑うべきものであり，不正であり，しかも常にそうであろうから，その法律が合理的となり，公正となるのである．なぜなら，一体誰を選ぼうというのか．最も有徳で最も有能な者をであろうか．そうすれば，各人が，自分こそその最も有徳で有能な者だと主張して，たちまちたたかいになる．だからもっと疑う余地のないものにその資格を結びつけよう．彼は王の長男だ．それははっきりしていて，争う余地がない．理性もそれ以上よくはできない．なぜなら，内乱こそ最大の災いであるからである．」(B 320 の 2, L 977)

フォジェールはこの断章について，「ニコルは，その著『貴公子の教育について』で，パスカルの表現を変えながら，われわれが最初に刊行するものの一つであるこの考察の一部分を掲げた．」

と記した．

次いでアヴェ初版は，本断章の注で，フォジェール版の上の断章の全文を引用した後，次のように記した．

「原稿は，われわれが本文として掲げた文章しか載せていない．おそらくパスカルはこれを，口頭で話し，人が記憶でその言葉を書き留めたのであろう．4の2参照．——しかし，記述が投げ遣りであること自体が，パスカルのものであると思わせる．ニコルはこれを彼の『高位について』第1部第5章のテキストの中(人が言ったように，『貴公子の教育について』の中ではない)に，溶け込ませた．同章を全部参照すること．——ヴィネ氏(152頁)は，この王妃の長男という表現の中に諷刺の寸鉄を見出している．それはパスカルには，はなはだ相応しくない．ヴィネ氏は，その少し先の方に，王の長男とあるのに注意をしなかったのである．」

この注に，更に注をすると，ニコルの『高位について』は，1670年版の『貴公子の教育について』(*109*)の中に収められており，問題の個所もその198頁(第1部24)に掲げられているので，フォジェールが誤っていたことにはならない(『倫理随想』の中に組入れられた『高位について』では，アヴェの記すように第1部第5章になっている(*107*, 151頁))．いずれの刊本でも，余白に，「この考察は，パスカル氏のものである．」と記されている．ヴィネの方は，「諷刺の寸鉄に何も欠けるものがないように，王のでなく，王妃のとなっている」という文章を指しているのである(*140*, 192頁)．なお，アヴェ版の4の2というのはB 168(L 133)のことで，本断章とは無関係である．仮りに5の2の誤植とすれば，B 337, 328, 335(L 90, 93, 92)となり，関係が出てくるので，その方かも知れない．

ラフュマ3冊本は，ヴァラン稿本の断章(977)について次のように記している．

「このテキストは，パスカルのものか，それともヴァランの解説だろうか．ヴァランによってもたらされた他のテキストから判断すれば，いくつかの用語(例えばパスカルはいつも舟(bateau)の代りに船(vaisseau)を用いている)を別にすれば，これはパスカルのもののように見える．」

「舟」と「船」については，ラフュマの記憶は正確で，デヴィドソン－デュベの用語索引では，「舟」の方は，『パンセ』の中では，このヴァランのテキストで1回出てくるだけである(*62*, 108頁)．

ラフュマは，3冊本の翌年に発表した『パスカル論争』(*79*, 177-185頁)の中で，ヴァラン稿本の内容を検討した結果，上の注で記した見解とは異なる見解に達した．すなわち同稿本でこの断章が掲げられている前後には，7頁にわたってポール・ロワヤル版作成中の一段階に相当すると推定される『パンセ』の断章のテキストが収められており，その中には，パスカルの原文に手を加えながらも，同版に結局は収録されなかったものもあるので，これも，本断章と次の断章をもとにして，同版の編集委員会の誰かがこしらえたものであろうというのである．

「民衆の意見の健全さ．

最大の災いは内乱である．

値打に応じて報いようとすれば，内乱は必至である．なぜなら，値打があると皆が言うだろうから．世襲の権利によって相続する愚か者について恐れなければならない災いは，それほど

大きくもないし，それほど必至でもない」(L 94, B 313)

1963 年の L では更に進んで，次のように記している．

「……これはニコルが『パンセ』刊行用に記したものであるが，採用されなかったものである．これには，断章 30 と 94 が利用された．ニコルは両断章を，自分の『倫理随想』第 2 巻「高位について」，第 1 部第 5 章で，再び展開した．」

ラフュマの新見解は，その後アンジュー，セリエ，ル・ゲルンの諸版にも略記され，メナール教授の近著(*100*, 54 頁)でも採用されている．

(結び) ヴァラン稿本のテキストは，ラフュマ以後の新解釈によれば，本断章と L 94 を一緒にして組立てられたことになるが，L 94 は，第 1 写本の第 1 部第 5 章「現象の理由」に分類されているものである．従って，パスカル自身の意図は両者をここで結ぶのではなく，本断章は，神なき人間の空しさの一例として「空しさ」の章に入れ，L 94 の方は，先の方の第 5 章で，このような現象の理由を明らかにするために用いるためのものであったものと推定される．

L 31 (原 83, B 149) [1)]

原　　文

L 31[1)]

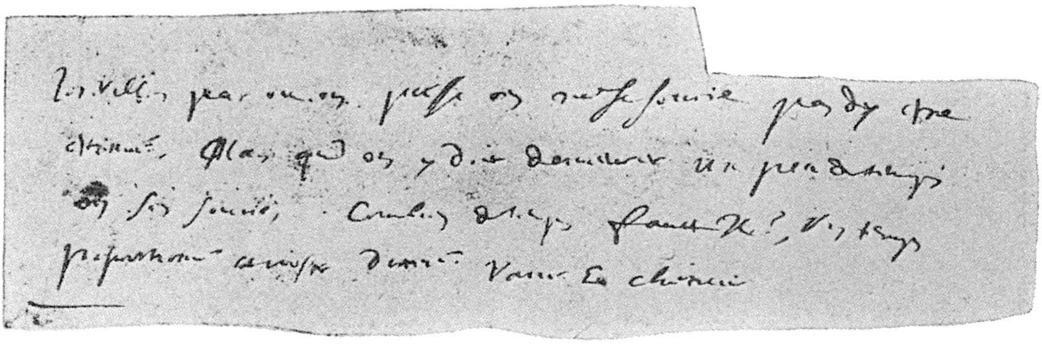

(原 83 の下から 4 番目)

les Villes par ou on passe on ne se soucie pas d y estre
estimé, [2)] Mais[a)] quand on y doit demeurer Vn peu de temps　　　a) C+Mais
on s en soucie, Combien de temps faut Jl?, Vn temps
proportioné a nostre durée Vaine Et chetiue[3)]

Les villes par où on passe, on ne se soucie pas d'y être estimé. [2)] Mais, quand on y doit demeurer un peu de temps, on s'en soucie. Combien de temps faut-il? Un temps proportionné à notre durée vaine et chétive. [3)]

訳　　文

人が通りすぎる町々．人はそこで尊敬されることなど気にかけない．[2)] しかし，そこにしばらく滞在しなければならないとなると，気にかける．それにはどの位の時が必要なのだろう．われわれの空しい，取るに足りない存続期間に釣合ったひと時．[3)]

注　解

(1)　テキストについて． 原 83 の下から 4 番目に，これだけを記した紙片として，L 21 と L 22 との間に貼られている．L との原文上の異同はない．

ポール・ロワヤル版で発表されたが，(2)に記すように，変更が 1 個所ある．

（2）「人が通りすぎる町々. 人はそこで尊敬されることなど気にかけない. (les Villes par ou on passe on ne se soucie pas d y estre estimé,)」本断章は全部第1稿で記され，この部分は一気に書かれた.

この文章は，ドディユー版にも指摘してあるように，パスカルの文章にはたびたび見いだされる，アナコリュット(anacoluthe)とよばれる破格構文の一例である．すなわち，原文では，「人が通りすぎる町々」という句は，その先の部分と，同一の文章中にあり，当然，後者に対する主語となって，それに対する動詞が続くことが予期されているのに，後半で「人はそこで……」と別の主語がでてきて，それに対する動詞しか表われず，最初の句が尻切れとんぼになってしまっている．これは「クレオパトラの鼻. もしそれがもっと短かかったなら，全地の表面が変っていただろう」という有名な文章の場合もそうであり，フランスの修辞学の教科書では，アナコリュットの例としてよく引合に出されるものである．こうした破格構文は，凡人が行なう場合は間違いとされるが，大作家の場合には，文章を生々とさせる，修辞学上の有効手段の一つとしてほめられるものである．面白いのは，パスカルを若造扱いにする傾向がなくもなかったポール・ロワヤル版の編者たちが，この破格構文を変えて「通りすぎるだけの町々では，人はそこで尊敬されることなど気にかけない(On ne se soucie pas d'estre estimé dans les villes oú l'on ne fait que passer;)」と普通の構文にしていることである．この変更は，コンドルセ，ボシュにも引き継がれ，フォジェールが元に戻した．ドディユー版は，冒頭の定冠詞「les」を，不定冠詞「Des」と誤記している．

（3）「しかし，そこにしばらく滞在しなければならないとなると，気にかける．それにはどの位の時が必要なのだろう．われわれの空しい，取るに足りない存続期間に釣合ったひと時．(Mais quand on y doit demeurer Vn peu de temps on s en soucie, Combien de temps faut Jl?, Vn temps proportioné a nostre durée Vaine Et chetiue)」パスカルはこの部分の冒頭の「しかし(Mais)」を書く前に「C」と記し，直ちに考えを変え，その上に初めの1字を重ねて「しかし」と書いた．これは，トゥルノール2冊本の解釈のように，この部分の2番目の文章の最初に出てくる「Combien (どの位の)」を書くつもりだったのかも知れない．

ボシュ版は，この部分の最初の文章にある「on y doit demeurer(そこに滞在しなければならない)」の原文で2語目の「y(そこに)」を3語目に移して「on doit y demeurer」と変えた．これは準助動詞と補語の順序に関する文法上の考え方だけに関するもので，意味上は無関係である．フォジェールが元に戻して以来，諸版もそれに従った．他方，1947年(*30*, 114頁)と1952年(*32*, 68番)のラフュマ版は，この「そこに(y)」を誤って落している．

アヴェ初版は，この部分について次の二つの注を付している．

「『どの位の時.』この疑問の効果は，『……に釣り合ったひと時しか必要でない.』と言ったとした場合よりは遙かに大きい.」

「『われわれの空しい，取るに足りない存続期間.』これらの表現の中に何というわびしさが込められていることだろう.」

L 32 (原 83, B 317 の 2) [1)]

原　　文

L 32[1)]

(原 83 の上から 4 番目)

Vanité[2)]
Les Respects signifient Jncommodez Vous[3)]

Vanité. [2)]
Les respects signifient: 《Incommodez-vous》. [3)]

訳　　文

空しさ[2)]
敬意を表するとは,『苦労しなさい』ということを意味する.[3)]

注　解

(**1**) **テキストについて**. 原 83 の上から 4 番目にこれだけを記した小紙片として, 貼られている. L との原文上の異同はない.
フォジェール版の注で, 初めて発表された. テキスト上の細かい違いは, (3)で記す.

(**2**) 「空しさ. (Vanité)」この表題は, トゥルノール 1 冊本では, 後から加えられたもののように示されているが, 本文との間隔や字形の上で, 特に異常なことが見当らないので, 同じ時に記されたものと解して差支えないと思う.

(**3**) 「敬意を表するとは,『苦労しなさい』ということを意味する. (Les Respects signifient Jncommodez Vous)」この本文の原文では初めに並ぶ三つの語「Les Respects signifient(敬意を表するとは……を意味する」は全部複数形で, 両写本もその通り写していたが, 後掲の B 317 (原 406, L 80) の注として本断章を初めて発表したフォジェール以後, 本断章を本文なり注で掲げた比較的少ない諸版(ミショー, B 1 冊本, 同 3 冊本, ドディユー, シュヴァリエ 2 冊本等)はいずれも「Le respect signifie」と 3 語共単数にしていた．これは B 317 の相応個所が単数であるために引きずられたのであろうが，明らかに誤りである．トゥルノール 2 冊本が原稿通り複数に戻して以来，その後の諸版はルウィス校訂の B 1 冊本も含めてその通りになったが，シュヴァリエ 1 冊本の注でのテキストは相変らず単数になっている．単数の場合の「le respect」は抽象的な「敬意」を先ず意味するが，複数の「les respects」となると，ロベール辞典にあるように，今日では古くなった 17 世紀の用法では，複数の場合「(言葉や行動による)敬意のしるし」を意味するので，単数と複数の別を無視できない．

ところで，本断章と極めて似ている文章で始まる上述の B 317 の全文は次の通りである．

「敬意とは，『苦労しなさい』である(Le respect est Jncommodez Vous.)．

それは，一見空しいようだが，きわめて正しいのである．なぜならそれは，『あなたにそれが必要になった場合は，喜んで苦労するでしょう．今だってあなたのお役に立たないのに，喜んで苦労しているのですから』と言う訳になる．それに加えて敬意とは，安楽椅子に腰かけていることだったら，みなの人に敬意を表することになろう．従って区別をしないことになる．ところが，苦労させられるために，うまい具合に区別することになるのである．」

この断章は，「現象の理由」と題する第 1 写本の第 1 部第 5 章の冒頭に掲げられている．すると，僅か 1 行の本文の本断章が，「空しさ」と題する同第 3 章の中に分類されているのは，「敬意を表する」ための様々な下らない苦労の「空しさ」をここで画き出す計画であったことを示し，他方長い方の断章は，そうした空しい諸現象の理由を説き明かすために記されたものと考えられる．「現象の理由」を説明している文章が既に相当程度書き上げられているのに対し，本断章は，極く簡単なものなので，おそらく，前者を第 5 章に分類する際に，第 3 章に伏線を敷いておく必要に気付いて，その前にわざわざ章名までつけて，この 1 行を走り書きしたのであろう．長い方の断章では，敬意を表わす問題が細々と述べられているので，主語は抽象名詞の「敬意」でよかったが，それを一言で，要約するには複数形の方が，そのものずばりでよいと考えられたのであろう．(1)で，表題の「空しさ」と本文とは，同じ時に記されたように記したのは，そこであげた理由のほかにこのような推定も可能なためである．

長い方の断章は，48 年 11 月号の『心』の拙稿で取り上げたのでそれに譲るが，その際，当時は「面倒なことをしなさい」と訳していた「Jncommodez Vous(「苦労しなさい」という訳に変えることができたのは，フュルティエール辞典で，この動詞の第一義として，「苦痛や疲労や悲しみを与える」という強い意味があることを知ったおかげである)」について，様々の版で付せられた説明を年代順に掲げたので，それを本断章の説明にも転用する．

「その意味は，人に敬意を表する方法とは，その人のために苦労することであるというのである．この言い廻わしは，世間がこれを語り，この「苦労しなさい」という規則を与えているように思える．なるほど，人の前で帽子をかぶらずにいたり，立っていたりするとか，背もたせのない椅子に腰かけるなどというのは，苦労することである．」(アヴェ初版)

「人に尊敬の意を示すためには，その人のために苦労し，窮屈な状態にならなければならない．」(ルアーンドル，*14*，177 頁)

「人に敬意を示す方法は，その人のために苦労することにある.」(アスティエ，*18*，400頁)
「原83に記されている異文(ヴァリアント)の『空しさ．敬意とは，「苦労しなさい」ということを意味する.』が示しているように，『である』は，意味するの意である.『私を尊敬しなさい』とは『苦労しなさい』ということである.」(B1冊本)
「人は，立って，上半身を傾け，帽子をかぶらないなどという窮屈な姿勢で，その敬意を表明する.」(ガジエ，*22*，450頁)
「『他人に要求する』を『敬意』の前に補うこと.」(アンジュー)
「『私を尊敬しなさい』とは『苦労しなさい』という意味である.」(ル・ゲルン版)

L 33 (原** 81, B 374)[1]

原　　文

L 33[1]

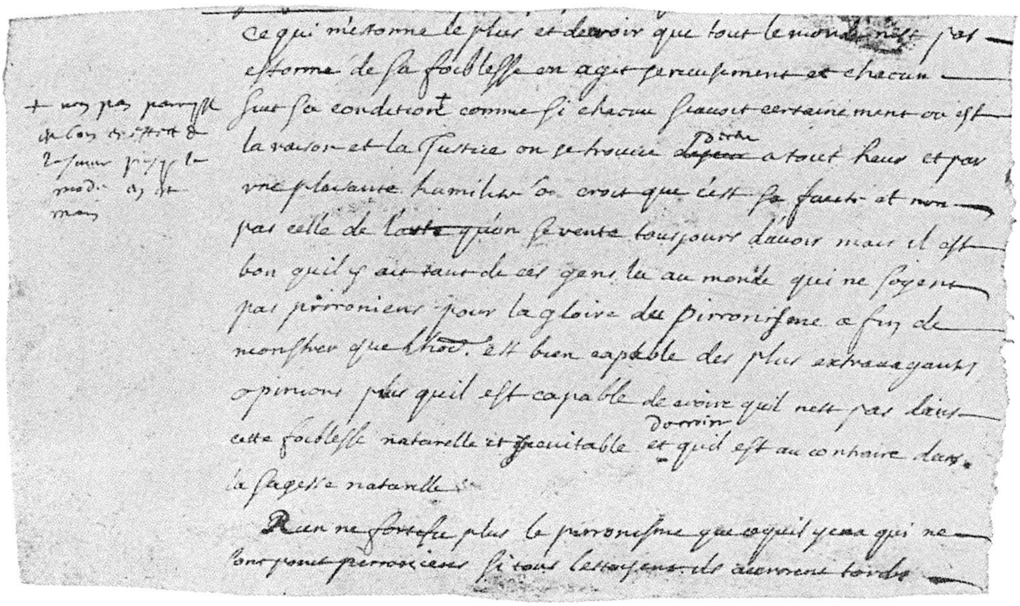

(原 81 の上から 3 番目)

………

Ce qui m'estonne le plus et de*v*oir[a] que tout le monde n est pas

a) deuoir+*v*

estonné de sa foiblesse *on*[b] agit serieusement et chacun

b) vn+*o*

suit sa condition[2] *** comme si chacun scauoit certainement ou est

*+*non pas parcequ Jl est bon en effect de la suiure puisque la mode en est mais** [3]

deceu

la raison et la Justice[4] on se trouue ~~deseeu~~ a tout heur et par

vne plaisante humilité on croit que c est sa faute et non

pas celle de l'*art*[c] qu'on se vente tousjours d'auoir[5] mais il est

c) acte+*r* --e--

bon qu il y ait tant de ces gens la au monde qui ne soyent

pas pirroniens pour la gloire d*u*[d] pirron*isme*[e][6] a fin de

d) de+*u*　　e) pirronne+*isme*

monstrer que l ho^me^ est bien capable[f] des plus extrauagantes

f) capl̲+a̲ble

opinions puis[g] qu il est capable de croire qu il n est pas dans

g) pl̲+u̲is

de croire

cette foiblesse naturelle et Jneuitable[h] et qu il est au contraire dans

^

h) y̲neuitable+J̲

la sagesse naturelle[7]

Rien ne fortifie plus le pirronisme que ce qu il yena qui ne sont point pirroniens si tous l estoyent ils auroient tords[8]

Ce qui m'étonne le plus est de voir que tout le monde n'est pas étonné de sa faiblesse. On agit sérieusement, et chacun suit sa condition, [2] non pas parce qu'il est bon en effet de la suivre puisque la mode en est, mais[3] comme si chacun savait certainement où est la raison et la justice. [4] On se trouve déçu à toute heure; et, par une plaisante humilité, on croit que c'est sa faute, et non pas celle de l'art, qu'on se vante toujours d'avoir. [5] Mais il est bon qu'il y ait tant de ces gens-là au monde, qui ne soient pas pyrrhoniens, pour la gloire du pyrrhonisme, [6] afin de montrer que l'homme est bien capable des plus extravagantes opinions, puisqu'il est capable de croire qu'il n'est pas dans cette faiblesse naturelle et inévitable, et de croire qu'il est, au contraire, dans la sagesse naturelle. [7]

Rien ne fortifie plus le pyrrhonisme que ce qu'il y en a qui ne sont point pyrrhoniens: si tous l'étaient, ils auraient tort. [8]

訳　文

私をいちばん驚かすことは，世間の人たちがみな自分の弱さに驚いていないということである．人は大まじめに行動し，それぞれ自分の職務に服している．[2] しかも，そういう仕きたりなのだから自分の職務に服すのが実際によいのだという理由からではなく，[3] それぞれ道理と正義とがどこにあるかを確実に知っているかのように，である．[4] 人は，絶えず期待を裏切られている．ところが，おかしな謙虚さから，それは自分のあやまちのせいであって，心得ていることを常に自分が誇りとしている処世術のせいではないと思っているのだ．[5] だが，世の中に，懐疑論者でないこのような連中があんなに沢山いるということは，懐疑論の栄光のためには結構なことである．[6] そのおかげで，人間というものが最も常規を逸した意見をもよく抱きうるということを示せるのである．なぜなら，人間は，自分はこの自然で避け難い弱さのなかにいるのではないと信じたり，それどころか，自然の知恵のなかにいるのだと信じたりすることができるからである．[7]

懐疑論者でない人たちが存在するということほど，懐疑論を強化するものはない．もしみなが懐疑論者だったら，懐疑論者たちが間違っていることになろう．[8]

注　解

(1)　テキストについて． 原稿は，この断章だけが記されている，かなり大きい紙片として原 81

の上から 3 番目に貼られている．紙片の上部には，別の断章の最後の行の下のはじが数個所と，この断章との区切りを表わす横線が残っているので，その断章と切り離されたことを示している．

トゥルノール 1 冊本の諸注(95 頁の 3 と 5，172 頁の 1，225 頁の 11)を総合すれば，一連の断章が口授されていた 1 枚の大きな紙が次の 4 個の紙片に上から次の順序で分断されたのである．

1) 原 441 の上から 3 番目の小紙片(B 13, 42, L 635, 636)．

2) 原 63 の下から 2 番目の小紙片(B 238, L 153)．

3) 原 441 の上から 2 番目のかなり大きい紙片(B 59, 109, L 637, 638, 639)．

4) 原 81 の上から 3 番目のかなり大きい紙片(B 374, L 33)．

トゥルノールはその根拠として，筆跡と紙のすかし模様の同一を上げているが，私も写真版によって，1 と 2，2 と 3，3 と 4 の紙片の間の 3 個所の紙の切れ目と，切れ目をまたぐ上下の文字の縦線の末端が完全に一致していることを確認できたので，この見解は正しいと思う．

上の 4 紙片は，第 1 写本では，1) と 3) が，第 2 部の第 25 綴り，2) は第 1 部第 12 章，4) すなわち本断章は第 1 部第 2 章に分類されたのである．パスカルが分類を行なった際，このように 3 個所に分けたことでも明らかなように，これらの 4 紙片に記されている諸断章は内容は雑多である．従って，本断章の解釈の参考のためにこれらすべての諸章を問題にする必要はないと思われる．ただ本断章のすぐ上に書かれていた次の文章(ル・ゲルン版もこの事実を指摘している)は，一応取上げるべきであろう．

「自然は，あらゆる状態においてわれわれをいつも不幸にするので，われわれの願望は，幸福な状態というものをわれわれに描いてくれる．なぜなら，その願望は，われわれの現に在る状態に，われわれの現にいない状態の快楽を結合させるからである．そして，われわれがその快楽に到達したあかつきには，それだからといって幸福になりはしないであろう．なぜなら，われわれはその新しい状態にふさわしい他の願望を持つだろうからである．

この一般的命題を，個別化する必要がある．」(B 109 の後半，L 639)

このすぐ下に本断章が記されている以上，本断章が，「個別化」の一例であるかどうかを考えて見ると，期待が裏切られることが述べられているので本断章と無縁とは言えないまでも，個別化の適例とはとても言えない．ことに，もしパスカルが本断章をその一例として書いたのなら，何も前の文章の終りにその必要を宣言するまでのことはなく，いきなりこれに移れば済んだことであろう．従って本断章は，前の文章の続きではなく，その内容の一部からの連想で触発された別個の考察とみなしてよいと思う．

パスカルから口授されて書いた人については，トゥルノールやアンジューはパスカルの妹ジャクリーヌの筆跡に似ていると述べているが，上述の 4 紙片を通じて，ジャクリーヌのようにパスカルさえ一目を置いていたような優れた人のものとは到底思えないような書き違えや綴りの間違いが多々あるので大いに疑問である．メナール教授は，原稿綴りに見出されるパスカル以外の筆跡で，誰のものかはっきりしているのは，姉ジルベルトのものだけであると記している(*100*, 15, 44-45 頁)．先になって指摘するように，本断章にはパスカル自筆の追加または訂正が数個所ある．L との原文上の異同はない．

終りの短いパラグラフを除いて，ポール・ロワヤル版で「人間の弱さ (Foiblesse de l'homme)」と題する第25章の冒頭に発表された．発表された部分にも更に一部削除されたり変えられたところがあるが，先になって，その都度明らかにする．

（2）「私をいちばん驚かすことは，世間の人たちがみな自分の弱さに驚いていないということである．人は大まじめに行動し，それぞれ自分の職務に服している．(Ce qui m'estonne le plus et de voir que tout le monde n est pas estonné de sa foiblesse on agit serieusement et chacun suit sa condition)」この部分が口授された際には，「de voir (直訳すれば，「自分の弱さに驚いていないということを見ることである」の中の「見ること」に相当)」が「deuoir (義務)」，また「on (人は)」が「vn (男性単数の不定冠詞)」と誤記されたが，後から訂正された．それがパスカル自身によるものかどうかは不明である．また「de voir」の直前に「et (および)」と記されたままになっているが，これは明らかに「est (である)」の誤りであり，両写本は正している．

ここで「職務」と記した原語の「condition」は，パスカルの時代にも既に多くの意味を持ち，1694年のアカデミー辞典にも「状態．家柄．身分．職業．職務．資格．条件．待遇．(複数形で) 行状」というように，色々の定義が掲げられ，それぞれに用例が付せられている．(7) で紹介するBの注は，身分とか家柄という意味に解しているようにとれるが，私があえて「職務」という訳語を選んだのは，次のような理由によるのである．

1）この断章の少し先の「人は，絶えず期待を裏切られている……」で始まる (5) の部分は，家柄とか身分のように，一度そう生まれついてしまったらどうにもならないものよりは，職業とか職務のようにある期待をもって選んだものの方にいっそうよく当てはまると考えられる．

2）第1写本では，この断章の直後は，これの続きとも考えられる同じ懐疑論を扱った短い断章で，その次の35番の前半は次のようになっており，その中に出てくる「職業選択」の中の「職業」は同じ原語である．「靴のかかと．『おや，なんてみごとな出来ばえだろう．』『なんて腕ききの職人だろう．』『なんて大胆な兵士だろう．』ここにわれわれの好みと，職業選択のみなもとがあるのだ．……」(B 117)

3）次の断章に2回でてくる「職務」と1回でてくる「職業」の原語は，いずれも今問題にしている語である．

「誤りに導く先入観

すべての人が手段についてだけ熟慮して，目的についてそうしないのは，嘆かわしいことである．各人は，それぞれの職務をどういう風に果たそうかということを考えている．しかし，その職務，そして祖国の選択ということについては，運命がそれをわれわれにあてがってくれるのである．

あんなに多くのトルコ人，異端者，異教徒たちが，おのおのそれが最善だとの先入観をふきこまれたという理由だけで，彼らの父祖の生き方を踏襲しているのは，かわいそうなことだ．またまさにそのことが各人に，錠前屋，兵士などというそれぞれの職業を決めさせるのである．……」(B 98, L 193)

内容に対する注としては，アヴェ初版が次のように記している.

「これこそ哲学者というものだろう．先ず自分が発見したことに驚き，次いで俗人がそれについて驚かないということにもっと驚いているのである.」

このからかい半分の評は，後の版では省かれている．パスカルは似たような驚きをL 16(B 161)でも既に述べている.

(3)「しかも，そういう仕きたりなのだから自分の職務に服すのが実際によいのだという理由からではなく，(+non pas parcequ Jl est bon en effect de la suiure puisque la mode en est mais)」これは，原稿では，推敲の段階で，+の印で挿入個所を明記して左側の欄外に，自筆で書き加えたものである．これは第1写本の第1部第5章(Bでもおおむね第5章)の諸断章に記されているような「現象の理由」(上掲 L 25 の(4)と(結び)の項参照)の適用であって，これを入れないと，職務を忠実に果すことが間違ったことででもあるかのようにとられてはいけないと考えてのことであろう．なお，ここで,「仕きたり」と訳したものの原語は，普通「流行」と訳されることの多い「la mode」である．パスカルは，こうした場合は,「習慣(la coutume)」という語の方を多く用いているので，訳語もそれにいくらか近いものを選んだ.

内容に対する注としてはアヴェ初版が,「そういう仕きたりなのだから」という句について「6の40および処々参照.」とだけ記しているが，6の40というのは，B 325, 326(L 525, 66)のことである.

(4)「それぞれ道理と正義とがどこにあるかを確実に知っているかのように，である．(comme si chacun scauoit certainement ou est la raison et la Justice)」(3)の部分の加筆が行なわれる前，すなわちパスカルが最初に口授した時には，この部分は(2)の部分にそのまま直結していたのである．従って訳文としては「……人は大まじめに行動し，それぞれ道理と正義とがどこにあるかを確実に知っているかのように，それぞれ自分の職務に服している」となっていたわけである.

内容に対する注としては，B 3冊本が,「断章297(訳注．L 86)以下参照.」とだけ記しているが，これは(3)でも言及した「現象の理由」の章に収められている諸断章のことである.

(5)「人は，絶えず期待を裏切られている．ところが，おかしな謙虚さから，それは自分のあやまちのせいであって，心得ていることを常に自分が誇りとしている処世術のせいではないと思っているのだ．(on se trouue deceu a tout heur et par vne plaisante humilité on croit que c est sa faute et non pas celle de l'art qu'on se vente tousjours d'auoir)」「期待を裏切られ」の原語は，口授の段階では,「desceu」と「落ちる」にやや近い綴りだったのを推敲の段階で，横線で消し，その上の行間に自筆で,「deceu」と訂正している．「処世術」と訳しておいた「art」は，初め「acte(行為)」となっていたのが訂正されているが，筆記者自身がしたのか，パスカルがしたのかは判別できない．処世術というと悪い意味にとられるおそれがあるが，ここでは，人が大まじめに，道理と正義とに従っていると思い込んでいる状態のことであるから，単に技術とか業(わざ)といったのと同じ意味である．また，「絶えず」の原語「a toutheur」は「a toute heure」の誤記．「誇りとしている」の原語「vente」は「vante」の誤記であるが，そのままになっている．両写本は正している．

内容に対する注としては，アヴェ初版が，「処世術」と訳した「art(直訳では「技術」とか「芸」)」の語意を次のように説明している．

> 「何の技術のことであるか．これは最も広い意味にとるべきである．即ち，自分の考えや行動を導く技術，生活の技術，知恵のことである．」

B 3 冊本は「断章 425(訳注．L 148)参照．」とだけ記しているが，これは次の個所を指すものと思われる．

> 「ところが前例は，われわれに教えるところが少ない．微妙な違いさえも何もないというほどに完全に似ている前例というものはないからである．その違いに目をつけて，今度は，われわれの期待が前の例のときのように裏切られないだろうと期待するのである．」

(6) 「だが，世の中に，懐疑論者でないこのような連中があんなに沢山いるということは，懐疑論の栄光のためには結構なことである．(mais il est bon qu il y ait tant de ces gens la au monde qui ne soyent pas pirroniens pour la gloire du pirronisme)」ここでも原文で最後の「懐疑論の(du pirronisme)」が初めは「ピロンの(de pironne)」となっていたのを後から誰かが訂正した．

ポール・ロワヤル版は，初めの「だが(mais)」を除き，「あんなに沢山(tant de)」を「多くの(beaucoup de)」に変え，後半の「qui ne soyent pas pirroniens pour la gloire du pirronisme」を全部削除した．この削除や変更の結果，この部分の意味は，「世の中にこのような連中が多くいるということは結構なことである」となってしまったのである．このうちの初めの細かい二つは，文章をよくするつもりの変更にすぎないのだろうが，終りの長い部分の削除は，懐疑論をほめすぎると考えての削除であろう．ポール・ロワヤル版が行なったこれらの削除や変更は，すべてボシュ版にも引き継がれ，フォジェールが初めて正しいテキストに戻した．ここで注目すべきことは，この部分の後半の削除は，第1写本でも同じところが横線で消されているという事実である．この事実は，第1写本が，ポール・ロワヤル版作成のある段階(おそらくかなり初期の)で，編纂者によって使用されたものであることを示す一資料である．ミショー版にも，第1写本での削除の事実が取上げられているが，ミショーがBに先立って，第1写本軽視に傾いたことと思い合わせると面白い．第2写本ではこの部分は生きている．なお「懐疑論者」とか「懐疑論」と訳した原語はそれぞれ「pirroniens」と「pirronisme」であり，上掲L 4の(7)の終りの方にでてきた「懐疑論者」の場合と同じに，紀元前4世紀の懐疑派哲学者のピュローンの名をとったもので，モンテーニュに準じてパスカルも，これを絶対懐疑論者の意味に用いていた．アヴェ版の注も，このことを記し，17世紀の懐疑論者ラ・モット・ル・ヴァイエーの著書の中には「la sceptique(ἡ σκεπτική.)」(懐疑論)という用例はあるが，今日用いられている「le scepticisme(懐疑論)」という形は見当らず，モンテーニュもパスカルも用いなかったと説明している．アカデミー辞典の初版にも，後者は見当らず，前者は形容詞として掲げられ，その用例の一つに「ピュローンは懐疑論の哲学の創始者と見なされている」

とあり，名詞としては，懐疑論者という意味にもなると記されている．フュルティエール辞典でも，前者だけが，「女性名詞及び形容詞」として掲げられている．

(7)「そのおかげで，人間というものが最も常規を逸した意見をもよく抱きうるということを示せるのである．なぜなら，人間は，自分はこの自然で避け難い弱さのなかにいるのではないと信じたり，それどころか，自然の知恵のなかにいるのだと信じたりすることができるからである．(afin de monstrer que l ho^{me} est bien capable des plus extrauagantes opinions puis qu il est capable de croire qu il n est pas dans cette foiblesse naturelle et Jneuitable et de croire qu il est au contraire dans la sagesse naturelle)」 2番目の「信じたり (de croire)」というのは，推敲の段階でパスカルが自筆で追加を示す記号を下方に記した上で，上部の行間に書き加えたものである．この加筆は，ポール・ロワヤル版では削除されている．ボシュもそれを引き継ぎ，フォジェールが初めて発表した．なお，口授の段階では，「capable(うる)」の初めの「cap」の次に「l」を記したが，その上に「a」を重ねて語尾を補い，また「puis qu(なぜなら)」の冒頭の「p」の次に「l」を記したが，その上に「u」を重ねてその先を書いた．更に，「Jneuitable(避け難い)」の冒頭の「J」は初め「y」であったが，後から誰かが「J」に直した．

B 1冊本には，これまでのところ全体に対する注として次のように記されている．

「第5章にわれわれが集めた諸断章によれば，自分の身分に服するのはよいことである．なぜなら，この習慣のおかげで，社会に秩序と平和とが維持されるからである．ところが世間というものは，現に自分らが引き廻わされている習慣や想像力に服するのは不名誉であり，恥かしいことだと思って，道理と正義とによって行動しようと欲している．そこに世人の弱さと期待はずれとがある．」

(2)で記したように，この注では，社会の秩序と平和というような政治的な問題と直結して論じているので，「condition」という語を身分とか家柄をいう意味で用いていると考えられる．パスカルの場合は，この断章では，職務とか職業という意味の方が強かったろうことは既に述べた通りである．フランス語では，一つの語で両方の意味を含んでいるので問題が起らないのであるが，日本語の場合は，この違いを一応明らかにしなければならない．実際には，職業選択の場合にも，このB版の注の説明を適用して差支えないと思う．なぜなら次にかかげる B 97 (L 634) の前半には，「習慣」とか，「人は元来徳を好み……」というように類似の考え方が見いだされるからである．なおここで「職業」と訳した原語は「métier」である．

「一生のうちでいちばん大事なことは，職業の選択である．ところが，偶然がそれを左右するのだ．

習慣が，石工，兵士，屋根屋をつくる．『あれはすばらしい屋根屋だ』と人が言う．そして，兵隊の話をしながら『やつらは全くばか者だ』と言う．ところが，他の人たちは反対に，『偉大なものは戦争だけだ．軍人でないやつは，ろくでなしだ』と言う．人は子供のときにこれこれの職業がほめられ，それ以外のすべてがばかにされるのをさんざん聞かされたために，それに引きずられて選択する．なぜなら，人は元来，徳を好み，愚かなことをきらうものなので，それだからこそ，これらの言葉がわれわれの心を動かすのだ．要するに，人がしくじるのは，適用に際してだけなのだ．……」

（8）「懐疑論者でない人たちが存在するということほど，懐疑論を強化するものはない．もしみなが懐疑論者だったら，懐疑論者たちが間違っていることになろう．(Rien ne fortifie plus le pirronisme que ce qu il yena qui ne sont point pirroniens si tous l estoyent ils auroient tords)」終りの「まちがって」の原語「tords」は，「tort」の誤記であるのは言うまでもなく，両写本が正している．ポール・ロワヤル版は，(6)での懐疑論者への言及の削除に引き続き，この部分も全部省いてしまった．ボシュも，それを引継いだ．両版による削除はクーザンの指摘するところとなり，その「報告」(*11*, 170–171 頁)で初めてこの部分が公表された．フォジェール以後の諸版はみなこれを本断章の一部として掲げているが，モリニエ版は更にこの部分だけを再度別の章に分類して，次のL 34 の直前に掲げている．

この一節の説明としては，諸版に次のような注がほどこされている．

「『間違っていることになろう．』なぜかといえば，そうだったなら，彼らの主張に反して，人間の精神にとって少なくとも一つの真理，即ち真理は存在しないということ自体の真理が可能となるからである．ポール・ロワヤルはこの断章の中から，懐疑論という名前といわば貼札だけを消して，現実の懐疑論としてあるものは全部存続させていることが分る．」(アヴェ初版)

同改版の方では，断章全体について，これとやや異なる次のような注を掲げている．

「ポール・ロワヤルは，本断章の中から懐疑論に対する讃辞を削除した．」

「彼らはどういう点でまちがっていることになるのか．おそらく次の理由からであろう．もしすべての人間が懐疑論者だったとすれば，もはや理性に対して，矛盾したもろもろの意見を生むことを責められなくなるし，人間に対しても，その真の本性について思い違いをさせられなくなってしまって，懐疑論はその大勝利の中に埋没してしまうことになる．」(B 1 冊本)

「言い換えれば，彼らが人類の弱さと思いあがりとを告発するのはまちがっていることになる．なぜなら，彼らにとっての最高の知恵であるところに，すべての人間が到達したことになるからである．」(B 3 冊本)

「なぜなら，そうなると，懐疑論の主張そのものを非とする普遍的な確実さが存在することになるからである．すなわち，すべてのことが不確かであるということが確実になるのである．」(ドディユー)

「なぜなら，すべてのことが不確かであるということが確実になるからである．」(アンジュー)

（結び） パスカルが究極的には，懐疑論者ではなく，懐疑論と独断論との完全な釣合を保った対立から，読者をキリスト教の真理に到達させようとしたことは，B 434 (L 131) を初めとして，『パンセ』の幾多の断章が明らかにしていることである．しかしそのような完全な釣合に到達する途中，例えばこの断章のように，筆がすべったのか，懐疑論の方に軍配をあげているように見えるものがときたまある．それで，パスカルの認識論は懐疑論なのではないかとの問題が，しばしば論ぜられてきた．この問題についての私の考えは，『モンテーニュとパスカルとの基督教弁証論』(*85*)に詳しくのべたので，それを参照していただきたい．

L 34 (原* 83, B 376)[1]

原　　文

L 34[1]

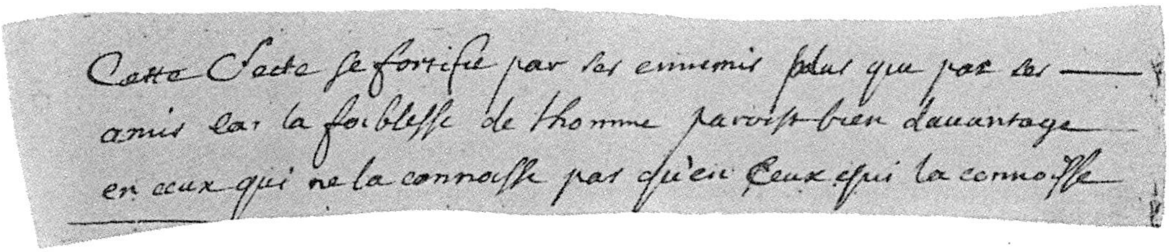

(原 83 の最下部)

Cette Secte se fortifie par ses ennemis plus[a] que par ses
amis Car la foiblesse de l homme paroist bien dauantage
en ceux qui ne la connoisse pas qu'en Ceux[b] qui la connoisse[2]

a) b+p

b) s+C

Cette secte se fortifie par ses ennemis plus que par ses amis; car la faiblesse de l'homme paraît bien davantage en ceux qui ne la connaissent pas qu'en ceux qui la connaissent.[2]

訳　　文

この学派は，その味方よりも，その敵によっていっそう強化される．なぜなら，人間の弱さは，それを知っている人たちよりは，それを知らない人たちにおいて，ずっとよく現われているからである.[2]

注　　解

（1）**テキストについて．** 原稿は，これだけが記されている長方形の小紙片として，原 83，すなわち前の断章の貼られたものの次の台紙の最下部に貼られている．パスカルの自筆ではなく，前の断章を記した人と同じ筆蹟で全部書かれている．紙片の左端に紐を通した穴の跡が見える．また左下には，次の文章と区別するための短い横線が記されている．L との原文上の異同はない．

ポール・ロワヤル版に(2)で記すような削除と変更を伴って掲げられている．

（2）「この学派は，その味方よりも，その敵によっていっそう強化される．なぜなら，人間の弱さは，それを知っている人たちよりは，それを知らない人たちにおいて，ずっとよく現われているからである．(Cette Secte se fortifie par ses ennemis plus que par ses amis Car la foiblesse de l homme paroist bien dauantage en ceux qui ne la connoisse pas qu'en Ceux qui la connoisse)」原稿では，ここにも，2 個所誤記がある.「知って(connoisse)」というのが，2 回とも，主語が複数なのに単数形で記され，両写本で正されている．このような細かな誤記を一々取上げたのは，前断章の(1)でも記した，トゥルノール，アンジューのジャクリーヌ筆記説に疑いを抱くためである．この断章が口授された際には，「plus(いっそう)」を書く前に「b」を書いた後，誤りに気付きその上に「p」を重ねて「いっそう」と書き続けた．また二つ目の「Ceux(人たち)」を書く前に「s」を書き，直ちに誤りに気付きその上に「C」を重ねて「人たち」と書き続けた．

なお，トゥルノール 1 冊本は，「amis(味方)」の綴りを「amys」と誤記している．

ポール・ロワヤル版は，前断章のすぐ後に 25 章の 2 番目の断章として，この断章を次のように形を変えて掲げている．

「人間の理性の弱さは，それを知っている人たちよりは，それを知っていない人たちにおいて，ずっとよく現われている．(La foiblesse de la raison de l homme paroist bien davantage en ceux qui ne la connoissent pas, qu'en ceux qui la connoissent.)」

すなわち，ここでも，前断章の場合と同様に，懐疑論者に対する言及を削除し，従って「なぜなら(Car)」を除き，更に「人間の弱さ」を「人間の理性の弱さ」に変えている．コンドルセもボシュ(同版は，ポール・ロワヤル版で次の断章として掲げられていた L 21 (B 381) を同じ断章内のものとして直結させている)もこれを受け継ぎ，クーザンが初めて正しいテキストの全文を公表した．

ミショー，B，ラフュマ 3 冊本は，本断章を最初に掲げたのはボシュであると誤記している．またラフュマ 3 冊本は否定の「ne」を落している．

内容に対する注としては，アヴェ初版とラフュマ 3 冊本は前断章を参照させ，B 3 冊本には，「自分を知り，自分を判断し，自分を非とする無知は，完全な無知ではない．そうあるためには，無知が自分を知らないのでなければならない」という，モンテーニュの「レーモン・スボンの弁護」(*102*，364 頁；*104*，482 頁)の一節を引用し，更に「B 327 参照」と記してある．後者も，「自分を知る，賢明な無知」(L 83)についてのべているものである．

この断章は，内容の上からも，原稿や写本の状況からも，前の断章の続き(直後に記されたか否かは別として)と見なしてよいほど，同じ趣旨のものであり，フォジェール版以来同一断章として扱っているものも少なくない位であるから(ただしル・ゲルン版のように，前断章の終りのパラグラフの中に入れてしまうのは行き過ぎである)，内容についてこれ以上論ずる必要はないであろう．デコット版は，本断章に対して，「懐疑論者たちのことである.」と注をつけているが，言うまでもないことである．

L 35 (原 81, B 117)[1]

原　　文

L 35[1]

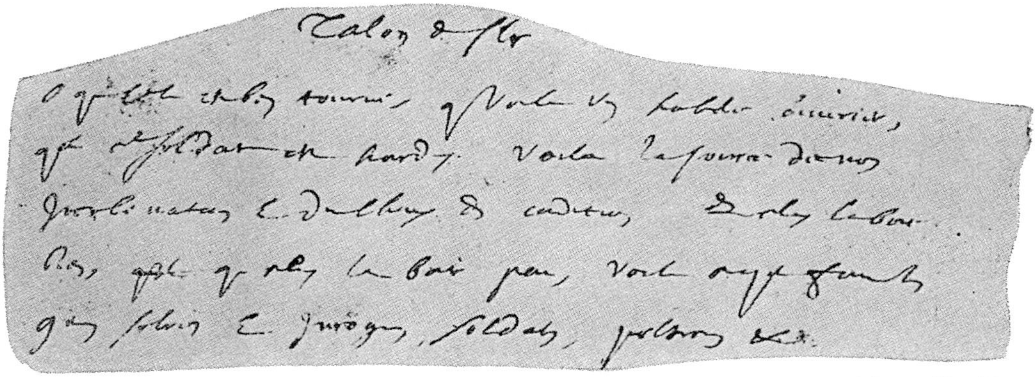

(原 81 の最下部)

Talon de slr[2]
O que Cela est bien tourné, [3] que Voila Vn habile ouurier,
que ce soldat est hardy. Voila la source de nos
Jnclinations Et du Choix des conditions　Que celuy la boit
bien, ~~qu Jl~~ que celuy la boit peu, Voila ce qui fait les
gens sobres Et Jurognes, soldats, poltrons &c. [4]

Talon de soulier. [2]

《Oh ! que cela est bien tourné ![3] que voilà un habile ouvrier ! que ce soldat est hardi !》 Voilà la source de nos inclinations, et du choix des conditions. 《Que celui-là boit bien ! que celui-là boit peu !》 Voilà ce qui fait les gens sobres et ivrognes, soldats, poltrons, etc. [4]

訳　　文

靴のかかと[2]

「おや，なんてみごとな出来ばえだろう」[3]「なんて腕利きの職人だろう」「なんて大胆な兵士だろう」ここにわれわれの好みと，職業選択の源があるのだ．「あの人は，なんて飲みっ振りがいいんだろう」「あの人は，なんとよく酒を慎んでいることだろう」これが人々を，節酒家や酔っぱらいや，兵士や臆病者，等々にさせるのである．[4]

注　解

(1)　テキストについて．原稿綴りでは，これだけを記した紙片として原 81 の最下部に貼られている．L との原文上の相違点はない．クーザンが初めて発表した．

(2)　「靴のかかと (Talon de slr)」これは断章全体の表題である．「靴」の原語「soulier」は，ここでは，ヘブライ語のように子音字だけしか記してないが，第 1，第 2 写本いずれも全部の綴りを記している．これは本文の初めで見当がつくばかりでなく，B ですぐ前にある次の断章と合わせて読めば，靴であることに疑いはない．なお，トゥルノール 1 冊本は「sr」と誤記している．

「職業．
　思想．
すべては一つであり，すべては多様である．
　人間の本性のなかにいかに多くの本性があることだろう．いかに多くの天職があることだろう．そして人は，普通，どんな偶然から，ある職業がほめられるのを聞いてそれを選ぶことだろう．みごとにできたかかと (talon bien tourné)．」(B 116, L 129)

パスカルがなぜ「靴のかかと」などという奇抜な例を思い浮べたかということについて，B 116 の注は，「サント・ブーヴの『ポール・ロワヤル』第 5 版の第 2 巻 235 頁」(訳注．*127*，2 の 235 頁；*128*，1 の 689 頁) に，ポール・ロワヤルの隠士たちの中には，手を使う仕事をあえてなし，例えばド・ラ・プティティエールのように，修道尼のために靴をこしらえた人もあると記されていることを紹介している．サント・ブーヴのその前のところを読んでみると，このド・ラ・プティティエールというのは，リシュリュー側近の当代随一の剣士であったが，あるいざこざからリシュリューの親戚を刺し殺してしまった．それでしばらく身を隠していたが，リシュリューの死後，ポール・ロワヤルの隠士の列に加わった人である．ド・ラ・プティティエールはもとより，他にもかつては社会的地位の高かった人たちが，卑しい仕事を好んでしていると言って，イエズス会側からの嘲笑の種となっていた由である．パスカルも同じようなことを言われたと見え，B の注には，更に次のような面白い話が，やはり，サント・ブーヴの「同書第 1 巻 500 頁」(訳注．*127*，1 の 500 頁；*128*，1 の 491 頁) から引用されている．

「かの諷刺詩人にふさわしい兄である司教座聖堂参事会員ボワローが，パスカル自身が靴を作ったことがあると主張したイエズス会員に対して答えた言葉は周知の如くである．『彼が靴を作ったかどうかは知りません．しかし神父様，彼があなたがたを大層きつく靴で蹴っ飛ばしたということはお認めになるでしょうね．』」

これは，『プロヴァンシアル』書簡でパスカルがイエズス会をやっつけたことを指しているのは，言うまでもない．

ル・ゲルン版の注は，本断章の標題は，エピクテトスの『語録』2 の 14 の次の一節を思い出したためかも知れないと記している．

「靴屋がその職業を学んでいるところを見守るのは愉快なことではない．しかし，靴というも

のは有益で，それを見るのは不愉快ではない.」(67bis，2の14，223頁)

この例は，エピクテトスが哲学者の心得を述べる前に，靴屋と石工と音楽家の例を次々に語ったところにあるもので，かかとという語が出ている訳でもないから，これが本断章の「靴のかかと」という標題の起因になったとは考えられない.

(**3**)「『おや，なんてみごとな出来ばえだろう』(O que Cela est bien tourné,)」「みごとな出来ばえ」の原語は，文字通りには「上手に回わされた」という意味であって，言い廻しの上手の場合などには比喩的にも用いられるが，当時の用法では，轆轤で廻して作る場合にも使われた言葉で，(2)で引用したB 116の終りにも用いられているので，このように訳した.

(**4**)「『なんて腕利きの職人だろう.』『なんて大胆な兵士だろう』ここにわれわれの好みと，職業選択の源があるのだ.『あの人は，なんて飲みっ振りがいいんだろう』『あの人は，なんとよく酒を慎んでいることだろう』これが人々を，節酒家や酔っぱらいや，兵士や臆病者，等々にさせるのである. (que Voila Vn habile ouurier, que ce soldat est hardy. Voila la source de nos Jnclinations Et du Choix des conditions Que celuy la boit bien, que celuy la boit peu, Voila ce qui fait les gens sobres Et Jurognes, soldats, poltrons &c.)」本断章は全部第1稿で記されたが，この部分の「あの人は，なんとよく酒を慎んでいることだろう (que celuy la boit peu,)」を書く前に，先ず「彼は，なんと (qu Jl)」と書いたが直ちに横線で消して，その先に「あの人は，なんと……」と書き続けた. これは，その直前の「あの人は，なんて飲みっ振りがいいんだろう」の書き出しと全く同じにした方がむしろよいと考え直したためであろう (B 48, L 515 参照). この個所以外は，(2) (3) も含めて全部一気に記されている.

この部分の初めの方に出てくる「ouurier (職人)」の2字目の「u」の上に太いコンマらしいものが見えるが，何を意味するか不明である. また，トゥルノール1冊本は，この語の次に，原稿でははっきり見えるコンマを落している.

第1写本は，「あの人は，なんて飲みっ振りがいいんだろう (Que celuy la boit bien,)」の「あの人 (celuy la)」を写す前に，先ず，はっきりしないが「seby」のようにも見える意味をなさない4, 5字を書いた後，それをらせん状の横線で字形がほとんど分らないまでに消し，その先に「あの人」を記した. これは，原稿での「あの人」の前半の「celuy」がはっきりせず，後半の「la」は前半とは離れて次の語に結ばれているために，初めは何のことか分らず，その先の方の類似の言い廻しに気付いて，書き直したものであろう (原稿の本文第3行の右端参照). 従って，この個所に関しては，第1写本が直接原稿を写したことを示しているものと言えよう. 第2写本は，初めから正しく読んでいる.

内容に対する注としては，本断章を，(2)で引用したB 116と並べて初めて発表したクーザンは，次のように記している.

「以上二つの断章は，ポール・ロワヤルの次のパラグラフ (24章，ボシュ，第1部，6の4) と大きな類似点を持っている.『一生で最も大事なことは，職業の選択である. ところが，偶然がそれを左右するのだ．等々．』」

上掲のパラグラフというのは，L 33 の (7) の終りで，その前半を引用した B 97 (L 634) のことである．確かに，このかなり長い断章が本断章に対する最も適切な解説である．後の諸版の中では，アンジュー版の注が同じ断章を参照させている．ラフュマ 3 冊本は，同版の 628, 153, 754 (B 153, 238, 501) を参照させているが，これらの 3 断章よりも，クーザンが初めての公表と同時に指摘した B 97 の方が遙かによい注解となる．ただし，「空しさ」の章に分類されている本断章は，類似の現象の空しさを単に指摘する段階で止まっているのであって，B 97 のように，更に突っ込んだ考察をここで加えようとしているものではない．

L 36 (原 23, B 164) [1]

原　　文

L 36[1]

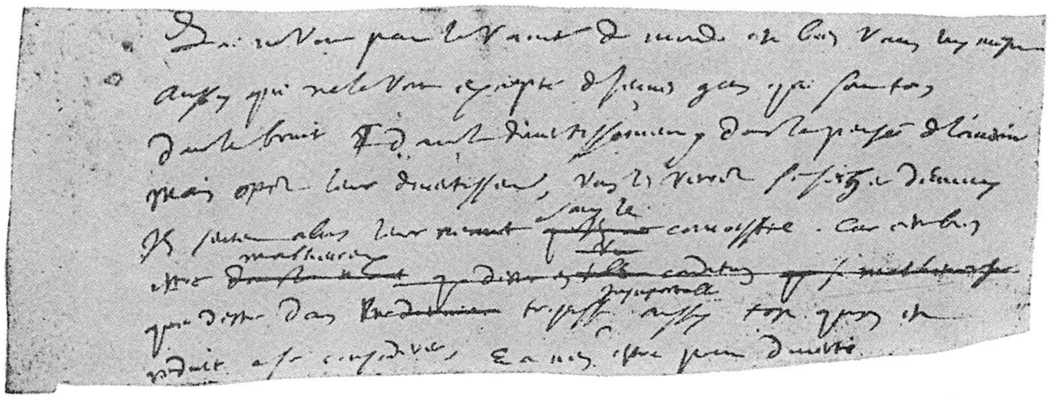

(原 23 の最上部)

Qui ne Voit pas la Vanité du monde est bien Vain *luy mesme*
Aussy qui ne la Voit excepté de Jeunes gens qui sont tous
dans le bruit ~~Et~~ dans le diuertissement *& dans la penseé de l'auenir*[2]
Mais ostez leur diuertissemt, Vous les Verrez se secher de*E*nnuy[a)][3]　　a) de_nnuy+*E*
　　　　　　　　　　sans le
Jls sentent alors leur neant ~~qu Jls ne~~ connois*tre*[b)]. [4] Car c est bien　　b) connoiss+*tre*
　　　malheureux　　　　　　~~Vne~~
estre ~~dans le neant~~ ~~que d estre en~~ ~~telle~~ ~~condition que si malheureuse~~
　　　　　　　　　　Jnsuportable
qu*en d* est*re*[c)] dans *Vne*[d)] ~~derniere~~ tristesse‸aussy tost qu on est　　c) quon est +qu*en d* est*re*
reduit a se considerer, *Et a n en estre point diuerti*[5]　　d) la+*Vne*

Qui ne voit pas la vanité du monde est bien vain lui-même. Aussi qui ne la voit, excepté de jeunes gens qui sont tous dans le bruit, dans le divertissement, et dans la pensée de l'avenir?[2]

Mais, ôtez leur divertissement, vous les verrez se sécher d'ennui. [3] Ils sentent alors leur néant sans le connaître:[4] car c'est bien être malheureux que d'être dans une tristesse insupportable, aussitôt qu'on est réduit à se considérer, et à n'en être point diverti. [5]

訳　　文

この世の空しさを悟らない人は，その人自身が正に空しいのだ．それで，騒ぎや，気を紛らすこと，および将来を考えることに埋没している若者たちみなを除いて，それを悟らない人があろうか[2].

だが彼らの気を紛らしているものを取り除いて見たまえ．彼らは退屈のあまり消耗してしまうだろう．[3] そこで彼らは，自分の虚無を，それとは知らずに感じるだろう．[4] なぜなら，自分というものを眺めるほかなく，そこから気を紛らすことができなくなるや否や，堪え難い悲しみに陥るということこそ，正に不幸であるということだからである．[5]

注　解

(1)　テキストについて． これだけを記した紙片として原 23 の一番上に貼ってある．同じ頁の下には，L 39, 38, 41, 42, 43 と，第 1 写本ですぐ後に並んでいる諸断章が，それぞれ別の紙片として貼られている．こういう現象は，かなりしばしば見られるのであるが，これは，原稿綴りと第 1 写本の配列が全く無関係ではないことを示すものである．紙片の左上のすみに紐で綴じた穴の跡が見える．L との原文上の相違点はない．

デモレによって初めて発表された．その際行なわれたテキストの変更はそれぞれの部分で示す．

(2)　「この世の空しさを悟らない人は，その人自身が正に空しいのだ．それで，騒ぎや，気を紛らすこと，および将来を考えることに埋没している若者たちみなを除いて，それを悟らない人があろうか．(Qui ne Voit pas la Vanité du monde est bien Vain luy mesme Aussy qui ne la Voit excepté de Jeunes gens qui sont tous dans le bruit dans le diuertissement & dans la penséé de l'auenir)」 この部分は，第 1 稿の際には，原稿第 1 行の終りにある「luy mesme (その人自身が)」がなく，また第 3 行の終りの「& dans la penséé de l'auenir (および将来を考えることに埋没している)」がなく，その代り「le bruit (騒ぎ)」の次に「Et (および)」があった．即ち第 1 稿を訳せば次のようになっていた．

> 「この世の空しさを悟らない人は，正に空しいのだ．それで，騒ぎおよび気を紛らすことに埋没している若者たちみなを除いて，それを悟らない人があろうか．」

このような推定をする根拠は，いずれも行末にある「その人自身が」と「および将来を考えることに埋没している」のそれぞれの最後の語が，それまでのものより詰めて書かれていることからである．前者の追加は語勢を強めるためで，後者のそれは，騒ぎや気を紛らすこと以外にも，自分の将来のことについて思い廻らす若者の心理の特徴を特に加えた方がよいと後から気付いたためであろう．

推敲の段階で，2 個所の追加と，「騒ぎ」の前の「および」の削除を行なって決定稿とした．「および」の削除は，第二の追加の初めに同じ語を用いたので，こちらの方は不用になったためである．

第 1，第 2 両写本は，第二の追加の，原文では 2 語目の「dans (に埋没している)」を「sans (のない)」と写しているが，こうすると，この部分の意味は次のようになる．

> 「……騒ぎや，気を紛らすことに埋没していて，将来を考えることのない若者たちみなを除いて……」

パスカルの原稿では，問題の語は「sans」とは読めず，明らかに「dans」なので，これは単なる読み違いではなく，筆写した人が，パスカルの真意をつかめず，パスカルが誤記したものと解したためであろう．すなわち，筆写人は，パスカルが現世での「未来」を意味していたのを，「来世」と誤解して，このような訂正が必要と考えたものと思われる．

この誤写は，デモレとボシュ両版にも引き継がれ，フォジェールが，初めて正しい読み方を発表した．

なおボシュ版は，本断章をL 16につなげて同一断章とし，トゥルノール1冊本は，L 35につなげて同一断章としているが，いずれも根拠のない結合である．

内容に対する注としては，アヴェの初版が，「空しさ(vanité)」とか「空しい(vain)」とは「空虚なこと，根底のないこと，堅固さのないこと」の意味であると説明し，「気を紛らすこと(le divertissement)」については同版の第4章全体を参照させている．同章には，B 143, 139, 142, 171, 168, 109の後半，199(L 139, 136, 137, 414, 133, 639, 434)が収められているが，問題の語については，上掲L 10の(3)の後半で詳述した．

同版は更に，「将来を考えることに埋没している」について次のように記している．

「現世においての将来，明日のことを意味する．人間はこれを考えることによって，絶えず現在から注意をそらしてしまうのである．」

またガジエ版(*22*, 319頁)は，この部分の「tous」は，「みな(ラテン語のomnis)」ではなく「すっかり(tout entiers. ラテン語のtotus)」の意味であると断っている．そうすると，その前後は次のような意味になる．

「……ことにすっかり埋没している若者たちを除いて……」

ガジエが問題にしている「tous」は，ここでは，いずれにしても文意を強める以外には大した意味を持たない語で，諸国語への訳文でも略されている例が少なくない．しかし，「みな」と「すっかり」を選ぶとすれば，「すっかり」の方がこの場合に適切だと考えての説明であろう．ところで「すっかり」と解する場合は副詞的用法になるので，現代の綴りでは，「tout」と単数形にしなければならない．しかし17世紀の用法では，副詞的に用いられた際にも，男女両性とも，性数に応じて変化させる例が少なくないので，ガジエのような解釈も可能である．その可能性も充分認めた上で，なお「みな」と訳したのは，現代の綴りに改めている諸版が，副詞的用法と解しているなら単数形に直すのが普通なのに，すべて複数形を掲げているのと，デヴィドソン-デュベの『「パンセ」の用語索引』で，複数形で副詞的に用いられている類似の用例が見当らなかったからである．

(**3**)「だが彼らの気を紛らしているものを取り除いて見たまえ．彼らは退屈のあまり消耗してしまうだろう．(Mais ostez leur diuertissem^{t}, Vous les Verrez se secher deEnnuy)」この部分の「退屈の(deEnnuy)」が母音字省略されていないのは，後からはっきりさせるために大文字の「E」を挿入した際に，その前の小文字の方を消すのを忘れたためであろう．なお，トゥルノール1冊本は，「diuertissem^{t}(気を紛らしているもの)」の次にはっきり見えるコンマを落している．

第1写本では，「かれらの(leur)」の次に，別の人の手でもう一つ同じ形の単語の複数形(leurs)が書き加えられている．この書き足しは，「彼らから彼らの」とするためであって，この方が文法的に正しいと考えてのことであろう．しかし，この位の省略は構わないのであって，デモレの版ですでに元に直されている．ただし，デモレでは「彼らの気を紛らしているもの」が複数形(leurs divertissemens)になっているので，もしそうなら「彼らの娯楽」と訳した方がよくなるが，原稿も両写本も明らかに単数である．ところで，デモレより後のボシュ版は第1写本の追加を省略せず，「気を紛らしているもの」も複数形にしている．第1写本やデモレとボシュの様々な変更をパスカルの原稿通りに戻したのはフォジェールである．同版の注は，第1写本の追加はアルノーによると記しているのに対し，トゥルノール，アンジュー両版はニコルのものらしいとしている．ミショー版は，第1写本の追加を単数形にしているが，フォジェール等の注にも記されているように複数形が正しい．

(**4**) 「そこで彼らは，自分の虚無を，それとは知らずに感じるだろう．(Jls sentent alors leur neant sans le connoistre.)」 ここでは，第1稿の時に，「そこで彼らは，自分では知っていない自分の虚無を感じるだろう．(Jls sentent alors leur neant qu Jls ne connoiss)」と記したが，推敲の際に「qu Jls ne(自分では……いない)」を横線で消して，その上の行間に「sans le(それとは……ずに)」を加え，その先の「connoiss(知って)」の語尾に1字を重ねて「tre」を加え「connoistre(知ら)」とした．これは文章をすっきりさせるための訂正である．

(**5**) 「なぜなら，自分というものを眺めるほかなく，そこから気を紛らすことができなくなるや否や，堪え難い悲しみに陥るということこそ，正に不幸であるということだからである．(Car c est bien estre malheureux quen d estre dans Vne tristesse Jnsuportable aussy tost qu on est reduit a se considerer, Et a n en estre point diuerti)」 この最後の部分では，第1稿と決定稿との間にかなり開きがある．パスカルのいつものやり方がここでも適用されているので，原稿の消し具合から判断して，第1稿を次のように再現できる．

> 「なぜなら，自分というものを眺めるほかなくなるや否や，この上ない悲しみに陥ってしまうほど，そんなに不幸な状態にあるということこそ，まさに虚無の中に在ることだからである．(Car c est bien estre dans le neant que d estre en Vne condition si malheureuse qu on est dans la derniere tristesse aussy tost qu on est reduit a se considerer,)」

第1稿自体ができる時にも，初めは，「estre」の次に「そんな状態(en telle condition que)」とまで書いたのを，直ちに訂正して終りの「que」を横線で消し，その先に「si malheureuse(そんなに不幸な)」以下を書き続けた．またその後に「telle(そんな)」を横線で消し，その上の行間に不定冠詞「Vne」を書いた．これは，その先の変更のために必要となったからである．

推敲の際には，先ず「そんなに不幸な状態にある(que d estre en Vne condition si malheureuse)」というのを消して，その次の行の初めの3字「qu on est」を「que d estre」とするために，横線で消したりしないで，直接その字の上で直した．その際，前にあった「on」の語尾が消し残されたために，「que」が「quen」となってしまったのである．この段階では，「……この上ない悲しみに陥ってしまうということこそ，まさに虚無の中にあることだからである」となり，まだ「虚無の中」

という句は残っていて，ただ文章が従属句の数を一つ減らしてすっきりしただけである．ところが更に変更を加えて，「虚無のなか(dans le neant)」を消して，その上に「不幸で(malheureux)」を書き足した．これは「虚無」という語の繰り返しを避けたのである．また，原文ではその先にある「この上ない悲しみ(la derniere tristesse)」の定冠詞の「la」の上に不定冠詞の「Vne」を重ね，その先の「derniere(この上ない)」を横線で消し，その代りに「tristesse(悲しみ)」の右上の行間に「Jnsuportable(堪え難い)」を書き加え「堪え難い悲しみ」と直した．また更に，「堪え難い」の挿入を示すための，「悲しみ」の右下に書かれた記号を避けて，最下行の右半分下寄りに「そこから気を紛らすことができなく(Et a n en estre point diuerti)」と書き足した．この追加は，(3)で記した「気を紛らしているものを取り除いて見たまえ」に対応させて，しめくくりを付けたものである．

デモレは，原文で第4，5語目の「bien」と「être」の順序を逆にしているが，これは文法上の見解の相違のためである．ボシュも同様で，フォジェールが元に戻した．

内容に対する注としては，アヴェの初版が次のように記している．

「『なぜなら，……正に不幸であるということだからである．』この『なぜなら』は，『自分の虚無を(leur néant)』にかかるのである．『私は「自分の虚無を」と敢えて記した．なぜなら……』となっているのと同じである．人間の虚無とその惨めさとは，同じことなのである．」

アヴェのこの説明は，原稿の第1稿では，「なぜなら，……虚無の中に在ることだからである」となっていたことを想起すれば，正に適切なものである．

アヴェ初版は更に，「そこから気を紛らすことができない」の「そこから」とは，「自分というものを眺める」ことであると説明し，同版の4の1を参照させている．それは，上掲(2)で同版の第4章に相当するBとLとの断章番号を列挙した際の初めの4断章に当たるものであって，いずれも「気を紛らすこと」に関するものである．

(結び)　本断章は，第1写本の第1部第8章で「気を紛らすこと」を主題として扱うための，いわば伏線の一つとなるものであろうが，この断章で，他の類似の内容の諸断章にない特筆すべきことは，「……若者たちみな」と，若い人たちが特に槍玉に上げられている点である．他のところでは，人間一般が「気を紛らし」ているように記されているのを，ここでは，「若者たちみなを除いて，それを悟らない人があろうか」という風に，年長者を除いて反語的に書き換えているのである．

L 37 (原 21, B 158) [1]

原　　文

L 37[1]

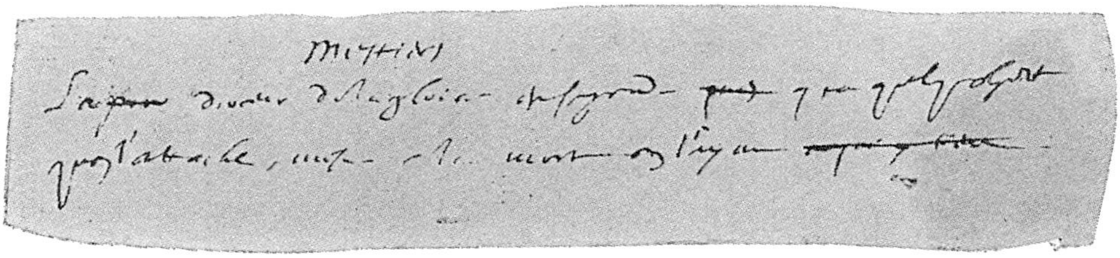

(原 21 の下から 2 番目)

Mestiers[2]
La[a] ~~prix~~ douceur de la gloire est si grande ~~qu en~~ qu a quelque object qu on *l'*attache, mesme a la mort on *l'*ayme ~~ce qui y tient.~~ [3]

a) Le+a

Métiers. [2]
La douceur de la gloire est si grande, qu'à quelque objet qu'on l'attache, même à la mort, on l'aime. [3]

訳　　文

職　　業. [2]
栄誉の魅力というものは，それをどんな対象と結び付けても，たとえ死とであっても，人がそれを好むほどに大きいものである. [3]

注　　解

(1)　テキストについて. 原 21 の下から 2 番目に，これだけを記した紙片として貼ってある. L との原文上の相違点はない.

ポール・ロワヤル版で発表された. その際，題名の「職業」という語はなく，本文は (3) に記す一点を除いてそのままで，第 24 章「人間の空しさ」の 2 番目の断章として掲げられている. 最初の断章は B 147 (L 806) で，ボシュ版は両者をつなげて同一断章にしている.

(2)　「職業 (Mestiers)」 原稿でこの題名は，本文との距離がやや詰まっているので，分類の際に加えられたものであろう. 第 1，第 2 両写本はこれを掲げているが，ポール・ロワヤル版に続いて，コンドルセ，ボシュ両版も省略し，フォジェールが初めて発表した. この語と同じ題名は，L

35の(2)で引用したB 116(L 129)にも用いられている．そこでは「靴のかかと」を例として職業の選択が，偶然によって支配されていることが述べられている．また同様のことは，L 35の(2)で言及したB 97(L 634)でも見出される．L 35(B 117)で，「靴のかかと」と「兵士」とが並べられているところからも，アヴェの注にあるように，ここでは兵士の職業を意味しているのであろう．同注は，L 35の(4)でも言及したB 97(L 634)を参照させている．

（3）「栄誉の魅力というものは，それをどんな対象と結び付けても，たとえ死とであっても，人がそれを好むほどに大きいものである．(La douceur de la gloire est si grande qu a quelque object qu on l'attache, mesme a la mort on l'ayme.)」「栄誉の魅力」の「魅力(La douceur)」という語を書く前に，先ず「値打(Le prix)」と記し，直ちにそれを「魅力」と直した(冠詞の「Le」の2字目に「a」を重ねて「La」にし，名詞の「prix」は横線で消し，その先に「douceur」と書いた)．これは，「prix」には，「値打」という意味ばかりでなく，「賞」とか「賞品」という意味もあるので，「死」と結び付けては無意味になるおそれがあるため，「魅力」の方がよいと考えたのであろう．また，「どんな対象と(qu a quelque object)」の「qu a(と)」を書く前に「qu en(の中に)」(B 3冊本は「Puisque(なぜなら)」と読んだが誤りで，トゥルノール2冊本が初めて正しい読み方を示した)と記したが，すぐ横線で消して「qu a」以下を書いて行った．ここまでの本文はみな第1稿の際に書かれたものであるが，原文では最後にくる「それをどんな対象と結びつけても，たとえ死とであっても，人がそれを好む」(a quelque object qu on l'attache, mesme a la mort on l'ayme)」という部分は，第1稿では，「どんな対象と結びつけても，たとえ死とであっても，人はそれにくっついているものを好む(a quelque object qu on attache, mesme a la mort on ayme ce qui y tient.)」となっていたが，推敲の際に「それにくっついているもの(ce qui y tient)」を横線で消し，「attache(結びつける)」と「ayme(愛する)」の前にそれぞれ「l'(それを)」を書き足して決定稿にした．第1稿の書き方だと，「それ(＝栄誉)にくっついているもの」というと，「死」などを意味する「どんなものと」を指すことになる．すると死そのものを好むというのは，少し言い過ぎなので，死と結びついてさえ，なお栄誉を好むという意味に書き改めたのであろう．トゥルノールとアンジューは，訂正した後の「それを好む」の「それ」をも，「どんなものと」の意味だとの注をほどこしているが，「それを(l')」という全く同じ形の代名詞に，同じ文章のしかもこんなに近いところで別のものを代表させるのは，おかしいと思われる．

ポール・ロワヤル版は，両写本は正しく写している「どんな対象(quelque object)」の「対象(object)」を「もの(chose)」と変えている．この変更は，コンドルセ，ボシュばかりか，どうした訳かフォジェール，アヴェ，ルアーンドル等の諸版にまで受け継がれ，モリニエ版が初めて原稿通りに直した．

ル・ゲルン版は，この部分の「たとえ死とであっても」に対して次の注を掲げている．

「シャロン，『知恵』，3の20参照．『幾多のギリシャ人やローマ人のように彼らの名の未来の栄誉のために，あるいはもっとよい生命の望みのために，死を平然と受けたり，更にそれを自ら求めたり，自分に与えたりした者は沢山いる．」(*55*, 3の29, 710–711頁；*54*, 3の29, 150頁)

この引用文は 3 の 20 章には見当らず，上に記したように同 29 章に掲げられている．

（結び）　これは，「人間の空しさ」の一例として記されたもので，似たような考えは，上掲の L 29 (B 156) にも表われている．

L 38 (原 23, B 71)[1]

原　　文

L 38[1]

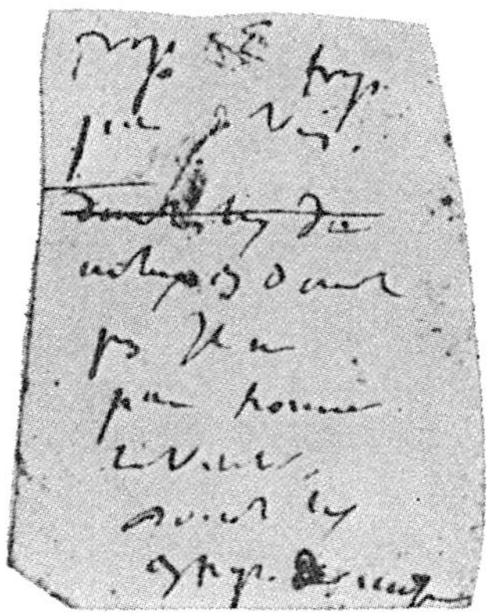

(原 23 の上から 5 番目)

trop Et trop
peu de Vin.[2]

~~donnez luy du~~
ne luy en donnez
pas Jl ne
peut trouuer
la Verité,[3]
donnez luy
en trop. de[a] mesme[4]

a) &c+de

Trop et trop peu de vin.[2]

Ne lui en donnez pas, il ne peut trouver la vérité.[3] Donnez-lui en trop, de même.[4]

訳　　文

多すぎる，また少なすぎる葡萄酒.[2]

彼に葡萄酒をやらないでみたまえ．彼は真理を見いだせなくなる.[3]
あまり多くても同様.[4]

注　　解

(1)　テキストについて．原 23 の上から 5 番目に，これだけを記した小紙片として貼られている．1 行目の最初の語の右に，紐を通した穴の跡が見える．L との原文上の相違は，原稿では，1 行目の次に挿入されている短い横線を，L では省いている点だけである．

クーザンが初めて発表した．

(2)　「多すぎる，また少なすぎる葡萄酒．(trop Et trop peu de Vin.)」　これは，二つの無限に関する有名な断章(B 72, L 199)の中で，「両極端の中間にあるというこの状態は，われわれのすべての能力において見いだされる．われわれの感覚は，極端なものは何も認めない．……遠すぎても，近すぎても，見ることを妨げる．話が長すぎても，短かすぎても，それを不明瞭にする．……われわれは極端な暑さも，極端な冷たさも感じない．……あまりの若さも，あまりの老年も，精神を妨げる．多すぎる教育も，少なすぎる教育もまた同様である．すなわち，極端な事物は，われわれにとっては，あたかもそれが存在していないのと同じであり，われわれもそれらに対しては存在していない．……」と多くの具体例を，大きな紙の左の余白に書き込んだ時に似た考えを述べている．行の長さが極めて短いので，この断章も，大きな紙の余白に書いたものを切り取ったものかも知れない．ただし本断章は，「空しさ」の章に分類されているのであるから，B 72 の場合のように両極端とその中間という問題について論じるためではなく，多すぎても少なすぎても駄目という，人間の不安定な状態を指摘する趣旨であったものと考えられる．

(3) 「彼に葡萄酒をやらないでみたまえ．彼は真理を見いだせなくなる．(ne luy en donnez pas Jl ne peut trouuer la Verité,)」 この部分を書く前に，先ず，「彼に……をやってみたまえ (donnez luy du)」と肯定形で 1 行書いたが，直ちにそれを横線で消し，その次の行以下で否定形に書き換えた．ミショー版の注には，「彼」とは「人間」のことであると説明してある．

(4) 「あまり多くても同様．(donnez luy en trop. de mesme)」 この部分の終りの「同様(de mesme)」を記す前に，先ず「等々 (&c)」と記したが，その上に「de」を重ねて「同様」と改めた．

本断章の内容に対する注としては，本断章を，(2) で引用した B 72 の類似個所に対する脚注で紹介したアヴェ初版は，その後に「3 の 2 参照.」と記しているが，それは，L 21 (B 381) を指しているのである．

なお，ル・ゲルン版は本断章に対して次の注を掲げている．

> 「少し謎めいたこの断章は，シャロンの『知恵』の次の一節 (3 の 5) と対照することによって説明できるかも知れない．『人間の正義はみな幾粒かの不正義，恩恵，厳格，あまり多くの，またあまり少ない (trop et trop peu) ことと混合している．』そうだとすれば，17 世紀の訴訟人たちが，彼らの訴訟事件を担当する裁判官に与える習慣であった『贈物』のことになるのであろう．ラシーヌは，『訴訟狂』の中で，『なにがしかの葡萄酒 (vin) の小樽』(訳注．第 2 幕第 11 場，*121*, 225 頁) について話すことになろう．贈物が不足すれば，裁判官はあなたの不利になるように真理から遠ざかるであろう．過度ならば，あなたの有利になるようにそこから遠ざかるであろう.」

この新説は，現代のフランス人の葡萄酒に対する感覚が，(結び) で述べるような伝統的なそれと食い違い始めていることを示す点では興味深いが，その根拠がしっかりしているとは言い難い．その重点は，シャロンの一節中の「あまり多くの，またあまり少ない」との用語の一致に置かれているようであるが，それを『知恵』の前後の文章とつなげて読めば，それを裁判官への贈賄と関係付けるのは無理である．そこで述べられているのは，次に引用するように，「正義一般について」と題する章での，人間世界での正義についての一般論なのである．

「ところで，この日常的で実際的な正義は，真で完全な正義ではないのである．そして人間性というものは，これについても他のすべてのことについても純粋を保つことはできないのである．人間の正義はみな幾粒かの不正義，恩恵，厳格，あまり多くの，またあまり少ないことと混合している．そして純粋で真の中庸というものは存在しないのである．そこから古代人たちの次の言葉が生まれてきたのである．全体として正しく行おうと思う者は，細部では害をなさざるを得ず，大事で正義を行おうと思う者は，小事で不正義を行わざるを得ない．」(*55*，3の5，574頁)

更にまた，この断章での問題は，「真理」であって，「正義」ではないのである．

(結び)　葡萄酒を飲みすぎれば真理を見いだせなくなるというのは，分るが，「彼に葡萄酒をやらないでみたまえ．彼は真理を見いだせなくなる」というのは，われわれ日本人にとっては，少なくとも一般的真理としては理解し難い．フランスに留学後5年経って初めてアルコール類を口にした私には，長い間この意味が分らなかった．しかし，その後フランスの葡萄酒にも大いに親しみ，またフランス人は子供の時から少量ではあるが葡萄酒を飲む習慣を養われていること，多くの人は昼食の時でさえ葡萄酒をたしなんでいること，乞食の最低生活は，葡萄酒とパンの常食であること，禁酒運動は，アルコール反対運動とよばれ，その際には通常葡萄酒は除外されていること，カトリック教の厳粛なミサの際も，会衆の面前で，司祭が，葡萄酒の杯を心をこめて口にしていること等々を見聞するうちに，少なくともフランス人パスカルにはこれが不思議でないことが分るようになった．これは，「酒中に真理あり (In vino veritas)」(＝酔うと本音を吐く) という格言とは全く別の問題であり，要するに，フランス人にとっては，葡萄酒は我々にとっての茶のようなものであることを意味している．次に掲げるのは，ポール・ロワヤル運動の先達の一人である，アルノー・ダンディイ (1589–1674) の「酩酊について」と題する短詩の前半であって，パスカルの時代の厳格な宗教家でさえ抱いていた葡萄酒観の一端を示してくれる．

「万能の神様が，賢明この上ない父親のように，
お前の力を回復し，心を喜ばせるために，
葡萄酒という無害の飲物を下さろうというのに，
なぜお前は，度を過して，その用い方を誤るのか．
なぜお前は，薬を毒にしてしまうのか．」(*42*，94頁)

L 39 (原 23, B 141) [1]

原　　文

L 39[1]

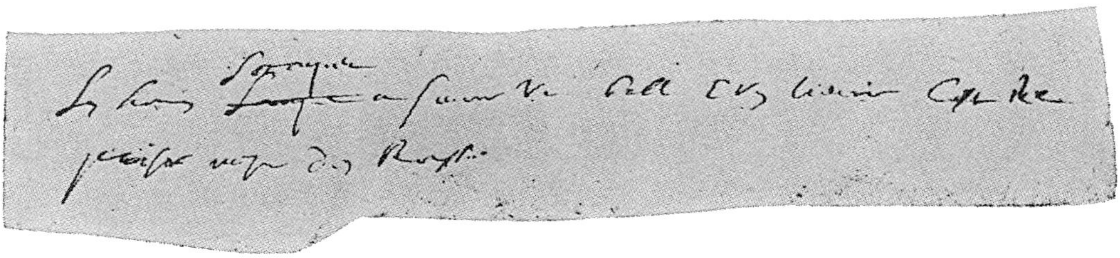

(原 23 の上から 2 番目)

s occupent
Les hommes ~~songent~~ a suiure Vne balle Et Vn lieure[2] C est le[a] a) m+le
plaisir mesme des Roys. [3]

Les hommes s'occupent à suivre une balle et un lièvre. [2] C'est le plaisir même des rois. [3]

訳　　文

人々は，球や野兎を追うのに没頭している.[2] それは王たちにとってさえ楽しみなのだ.[3]

注　　解

(1)　テキストについて. 原 23 の上から 2 番目に，これだけを記した紙片として貼られている. L との原文上の相違点はない.

フォジェール版で初めて発表された.

(2)　「人々は，球や野兎を追うのに没頭している. (Les hommes s occupent a suiure Vne balle Et Vn lieure)」「没頭している (s'occupent)」という語は，第 1 稿で書かれた語を横線で消した上に記されている. 消された語は，トゥルノール 1 冊本が，同じ「没頭している」を最初も書いてそれを消したと解しているが，モリニエ，ミショー，B 3 冊本の諸版は，「考える (songent)」と読み，「……を追うことを考えている」という意味に解している. 原稿の状態，また内容の上から言っても，後者の見解を，トゥルノールのように改める理由はないと思う.

(3)　「それは王たちにとってさえ楽しみなのだ. (C est le plaisir mesme des Roys.)」「さえ」

の原語「mesme」は，形容詞として解すれば，「それ自体」とか，「そのもの」という意味になり，「王たちの楽しみそのもの」ということになる．そのように解することも文法的には可能であるが，副詞と解して，「王たちにとってさえ」と訳すことも等しく可能である．しかし，内容の上からは，王たちの楽しみは，球遊びや兎狩り以外にいくらでもあり得るので，「王たちの楽しみそのもの」よりも，「王たちにとってさえ楽しみなのだ」と解した方が適切であると判断される．また，この部分は，全部第1稿で記されたが，その際，「楽しみ (le plaisir)」を書く前に，先ず「m」と記したのを，直ちに考えを変えて，その上に「l」を重ねて「le」以下を記した．この「m」を「le plaisir」の次に出てくる「mesme (さえ)」の書き初めと解すれば，この考え直しの動機は次のようなものであったろうと推定される．即ち，この「mesme」を「楽しみ」の前に持ってくれば，「楽しみでさえある」と「楽しみ」にかかるのに対し，その後に廻し「王たちの (des Roys)」の前に置けば，直接「王たち」にかかり，他にも沢山楽しみを持っている「王たちにとってさえ楽しみなのだ」と，強調点がいっそう的確になると考えたためであろう．

内容に対する注としては，L 3 冊本が，上掲 L 36 の (2) でも言及した「気を紛らすこと」に関する有名な断章 (B 139, L 136) を参照させている．また，ル・ゲルン版の注は，同じ断章の中の「貴族は，狩りを偉大な快楽，王者の快楽であると本気で思っている」という一節を特に引用している．なおここに掲げられている「球や野兎を追う」ことについては，B 140 (L 522) に詳しく述べられている．

(結び)　B 版で本断章の直前に分類されている B 139 と 140 は，「人間の空しさ」をただ指摘するだけでなく，そのよって来たる理由を深く掘り下げている訳であるが，本断章は，ただ，人間の空しさの一例としてこうした事実を取り上げるのを忘れないようにとの覚書にすぎない．すなわち，第1写本の「空しさ」の章に編入されているこの短い断章は，この章で様々の現象を叙述した後に，先になってそれらの「現象の理由」(L 第1部第5章，B 第5章および上掲 L 25の (4) 参照) を明らかにするための伏線の一つと解すべきであろう．

L 40 (原 21, B 134) [1]

原　　文

L 40[1]

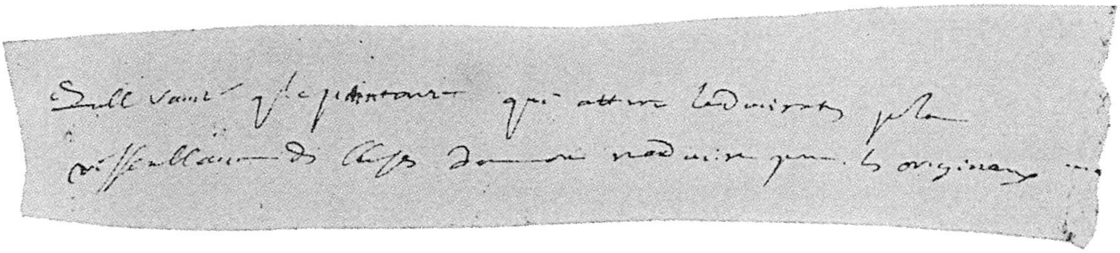

(原 21 の下から 3 番目)

Quelle Vanité que la peinture qui attire l admiration p^r la
ressemblance des Choses dont on n admire point les originaux[2]

Quelle vanité que la peinture, qui attire l'admiration pour la ressemblance des choses dont on n'admire point les originaux ![2]

訳　　文

絵画とは，なんと空しいものだろう．原物には感心しないのに，事物の相似のために感心されるとは.[2]

注　解

(1)　**テキストについて.** 原 21 の下から 3 番目に，これだけを記した紙片として貼られている．行間の左端に，紐で綴じた跡の穴が見える．L との原文上の相違点はない．

デモレによって初めて発表された．

(2)　「全文 (Quelle Vanité que la peinture qui attire l admiration p^r la ressemblance des Choses dont on n admire point les originaux)」 本断章は，全文第 1 稿で一気に記された．ただし，「peinture (絵画)」の第 2 字と第 3 字辺りには，それを書いている時，または後から手を加えてはっきりさせた跡が見える．また，「ressemblance (相似)」の第 1 字を後からはっきりさせている．

「p^r la ressemblance des Choses (事物の相似のために)」の最初の語である「p^r」(原稿では「p」の後を右上にはねているだけ) を，第 1，第 2 両写本およびデモレ以後現代までの諸版は，いずれも「par」(によって)」と読んで来たが，スタインマンだけは「pour (のために)」というテキストを掲げ，欄外に「ou *par*(または「によって」)と記した．次いでル・ゲルン版は，「のために」だけを掲げた．上述のように原稿は，「p」1字の後を右上にはねただけなので，どちらとも解し得る訳であり，意味の上からも，「事物の相似」「によって」でも「のために」でも大した相違はない．どちらでもよいようなものであるが，一応スタインマンとル・ゲルンの見解の方を選んだのは，パスカルは，「pour」の2字目以下をしばしば略しているが，「par」の方は，全部記す場合が遙かに多いからである．例えば，これまで取上げてきた39個の断章の中には，語尾が略されている事例が一つもないのに反して，「pour」の語尾の省略は十数回見いだされる．

「事物の相似」の「の」に相当する「des」を，モリニエが「de」と読んだため，アスティエとシュヴァリエもこれに準じた．ミショーは，テキストとしては「des」を掲げ，注でモリニエの読み方を紹介した後，「原稿は『ds』のように見える．」と記している．原稿を見ると成程「d」と「s」の間は単純な斜線に過ぎないが，「ds」という語は存在しないので，「des」のつもりであったと推定される．内容の上からも，前置詞だけで不限定な「de」よりも，定冠詞を含めて限定した「des」の方が，その後に関係代名詞が来る以上，文法的にも正確になるのは言うまでもない．

「n admire point(感心しない)」の終りの「point」は，両写本を初め，デモレ，ボシュ，フォジェール，アヴェ初版まで「pas」と読まれて来たが，モリニエ以後は，「point」になった(セリエを除く)．原稿の語尾は不明瞭であるが，その長さから言って，後者の方が正しいと考えられる．これら二つの否定の副詞は，今日では意味上の区別はほとんどなしに用いられているが，当時の用法としては，リシュレ辞典によれば，「point」の方が否定の度が幾分強かった由である．

なお，アンジュー版は，「peinture(絵画)」の後にピリオッドを打ち，その次の語を小文字で始めているが，これは無論コンマの誤植である．

内容に対する注としては，先ずヴォルテールが『考察』の補遺の2 (*06*，240頁)で次のように記している．

「ある人の肖像の値打は，その人の性格の善良さに間違いなくあるのではなく，その相似にある．人はシーザーにある意味で感心するが，その立像や画像に対しては別の意味で感心するのである．」

次いでアヴェ初版が「原物(Les originaux)」という語について次のように記した．

「しかし，原物にどんな種類の美も存在しないのだったら，絵画にもそれが存在する訳に行かないだろう．」

モリニエ版の注は，更に痛烈である．

「『絵画とは，なんと空しいものだろう．』これは，パスカルの芸術上の趣味について奇態な観念を与えるものである．ジャンセニストたちがみな彼と同じように考えていたのは事実である．しかし彼としては，こんなに軽蔑し，しかも知るところがこんなに少なかったものについて話すのを差し控えることができた筈である．」

通常はパスカルを手放しで誉めることの多いジローも次のように記している．

「この警句は，パスカルの筆のものとしては意外である．文字通りにとれば，これは，テニールスやルーベンスやレンブラントの現実主義的または自然主義的な絵画の否認ということになろう．自然と生命の再現の中には，拒否することのできない芸術の根源となるものが存在する．この点でボワローは，テニールスの「狒狒（ひひ）」を排除しようとしたルイ 14 世よりも正しかった．

蛇であれ，虫酸の走る　怪物なりと，
芸術の　真似るところに，醜さはなし．

（『詩法』）（訳注．第 3 歌，第 1，2 行）」

上の注にあるルイ 14 世の一件は，ヴォルテールの『ルイ 14 世に関する逸話（Anecdotes sur Louis XIV』（*142*，27 巻，389 頁）に次のように記されている．

「ルイ 14 世は当時流行していたギターを旨く弾き，音楽や絵画についてもよく知っていた．後者については，高貴な題材しか好まなかった．フラマン派のテニールスその他の群小画家は彼の気に入らなかった．居室の一つにテニールスの絵が掛けられているのを見るや，『この狒狒共を取払って仕舞え』と命じた．」

上の文章は，リトレ辞典を初め色々の辞書の「MAGOT（狒狒〔この訳語を用いたのは，『エンサイクロペディア・ブリタニカ』第 11 版のテニールスの項による〕）」の項で多少省略して引用されている．

またセリエ版の注は，次のように聖アウグスティヌスとの類似点を指摘している．

「聖アウグスティヌス（『〈キリスト教の教義について〉(De doctrina christiana)』，2 の 25 の 39）と同じように，パスカルも絵画についての教条としては，モデルと絵との間の完全な相似しか考えなかった．従って，かなりくだらない技巧の巧妙さが，感心の的となっていた．〈この種のことはみな，人間にとってなくてもよいものの中に数えられるべきものである．〉」

上の注は，セリエ氏の『パスカルと聖アウグスティヌス』の中で指摘されたことの要約である（*131*，174–175 頁）．ところで，セリエ氏が取上げているアウグスティヌスの一節を，その前後の部分と共に読めば（*44*，2 の 25 の 38–39，298–302 頁），ここでモデルと絵との類似が取上げられているのは，それが絵画の本質であるからというためでは必しもないことが分る．アウグスティヌスは，この前後の所で，人間自身が設定した様々な物事の中で，何が善く，何が悪く，何が無くてもよいものであるかを教えようとしているのである．先ず演劇などの中には，約束事を知らない者にとっては，それが何を意味するか分らないものがあると述べたのに引続いて，ところが優れた芸術家の手になる絵画や彫像の場合ならばそれが何を表わしているのかすぐ分ると言っているのに過ぎず，要するに記号とその意味するものとの関係について論じているのである．そして，演劇や絵画や彫像等についてこのように論じた後に，『〈しかし，この種のことはみな，人間によって設定された無くてもよいこと（訳注．上のセリエ版の注の引用文では，「設定された」が落ちている）の中に数えられるべきものである〉」と結んだのである．しかし原文ではその先に，「但し，それが作られた目的や，原因や，時や，場所，更にまたそれを作らせた権威の如何によってそれが重要となる場合は，その限りではない．」という除外例が明記されているのを見逃せない．

以上のように様々な角度からの批判や解釈がなされて来たのを受けて，メナール教授は，先ず，既述の L 13（「個別的にはどれも笑わせない，似ている二つの顔も，一緒になるとその相似によって笑わせる．」）について，「笑いという興味の反応を引き起すものは全くとりとめのないことである．

この相似は二つの顔の現実の外側にある．それは，根元において非本質的なものである．」と述べた後，次のように記している．

「『絵画とは，なんと空しいものだろう．原物には感心しないのに，事物の相似によって感心されるとは．』(第2章の40) というあんなに度々誤解されて来た考察の意味も，それと極めて近いのである．これをもって，絵画に対する何らかの蔑視の表明——この蔑視はポール・ロワヤルの修道女や隠士たちに肖像画の『被写体』となるのを拒否させる(おそらく，言われているほどしばしばではないのだが)原動力となった一種の道徳的厳格さの結果と見られているのであるが——そうした蔑視の表明であるとこじつけるのはよそう．パスカルが認めているのは，醜いモデルが美しい絵を生み得るというこの逆説的な事実だけなのである．バロック芸術が幾多の適用例を提供し，ボワローもまた自分のものとするであろう理論に基いて，芸術の完全さというものは，そのモデルではなく，模倣の完全さに存するのである．従って感心されるものは，対象自体の中ではなく，その相似という空しいものの中にだけ存するのである．」(*100*, 182 頁)

L 13 も本断章も短い走り書きで，それぞれ，それだけが独立して切り取られて「空しさ」の章に分類されたものであるから，両者とも先ず人間の空しさの一面を指摘するための材料として解するのが妥当である．従って，本断章を正面からの絵画論と見なして，これだけから直ちにパスカルの芸術観を引出すのは性急というべきであろう (*131*^{bis} 参照)．

Ⅱ 『パンセ』原稿複読法について

1. パスカルの「二つの無限」に関する断章の第1稿

戦後数年の頃のことである．当時の困難な事情のため，多くの文献や資料を要する研究を企てる訳には行かないので，クーシュー編の『人間の条件についての論』(*59*)の中にある写真複製を用いて，『パンセ』原稿の異文(バリアント)を細かく検討し始めた．先ず取上げたのが，「二つの無限」に関する有名な断章(B 72, L 199)である．その第1頁(原 347)の検討によって，間もなく，訂正の次々の段階の再構成に基づくいくつかの新しい事実を発見することができた(後掲 190–193 頁参照)．ところが，第2頁(原 348)の初めにかかるとたちまち行詰ってしまった．消されたところがあまりにも多く，あまりにも狭い間隔で続いているので，異文の次々の段階を大まかにさえ推定できなかったからである(218 頁の写真参照)．何回も無駄な試みを繰返したあげく，あきらめて研究全体を止めてしまいそうになったところで，10 年以上も前に読んだことの記憶が謎を解く鍵となった．いつどこでであったかは直ぐには思い出せなかったが，パスカルがル・メートル・ド・サシに，書いたものに手を加えるのは，しばらく時をたたせてからにした方がよいと勧めたという記録を確かに読んだ覚えがあったのである．また『パンセ』の中にさえ，次のような文章が見出される．「自分の作品を作りたてに検討したのでは，まだそれに全くとらわれている．あまりあとからでは，もうそこには入っていけない」(B 381, L 21)．それなら，パスカル自身も，人に勧めた方法を自ら実行していたに違いないと考えた．そして，もしパスカルが，後からゆっくり手を加えることを前提として最初の文章を書く習慣を持っていたとするならば，後からの訂正に充分な余裕を残すために一定の方法に基く各行の書き方をしていた可能性が大いにあると推量した．そこで，ぎっしり詰まった行のうち，先ず余白に書き込まれているものを除いてみた．次いで，消された行の中でも，幸い消されていなかった初めの2行の間隔と等しい間隔にあるものを次々拾って読んでみた．すると嬉しいことには，完全に意味の通る文章を再現できたのである．それこそが，パスカルが初めに書いた日に，それだけで止めておいた第1稿であろうと推定された(209 頁参照)．こうしてこの第1稿が再現された後は，他の異文の書かれた次々の過程を再構成するのはさほど困難でなかった(193–195 頁参照)．この作業に際しては，消すための線の区切り方や重なり方の検討が大いに役立った．その後第1頁に戻ってみると，そこでもまた，真中に書かれ，かなり幅の広い行間を規則正しくとって記された第1稿の再現が可能であるのが確認できた．その際パスカルは，直ちに書き直そうとする時には，たいていの場合，同じ行の先に書き直したものを記して行き，できるだけ行間や余白にはみ出さないように努めていることが認められた．この断章の他の6頁の検討も，この仮説をいっそう補強する結果となり，やがてこの重要な断章全体についての，完結した形の第1稿を確定することができた(208–215 頁参照)．

その後パリに残してきたパスカル関係の文献を取り戻せたので，故ブランシュヴィック先生編の写真複製版(*01.* 同括弧内のラフュマ編も参照)を用いて他の断章の分析を続けることができた．そして，今まで調べてきた断章でかなり重要な異文を含むもののほとんどすべてにおいても，『パンセ』最長篇で採用されたのと同じような執筆法が通常とられていることが判明した．そこでは一応完結している第1稿と，行間や上下左右の余白に書いたり消されたりしている，時として多数の異文を経てでき上った決定稿とを区別できたのである．しかし長い間，その記憶がこうした見解に達する道を拓いてくれた文章そのものは見付け出せなかった．1957年ハーヴァード大学のワイデナー図書館で研究中，偶然にも，かつてレールメの『パスカルと聖書』(*82*)の中で読んだに違いないその文章を発見した．それは，ドン・クレマンセの『ポール・ロワヤル通史』からの引用で，次にそれを原著から引用する．

「ド・サシ氏がその翻訳を終えると，パスカル氏は，それをかなりの間(bien du tems)見ないでしまっておいて，初めに心を占めた考えが消えたころ再検討するようにと勧めました．ド・サシ氏はそれを2, 3年後に実行しました．この事実は，ペリエ諸氏から伝えられたもので，パスカル氏はこの話を何回もなさったそうです[1)]．」

1)　*65*，441頁．この記述は，ル・メートル・ド・サシの『新約聖書』翻訳に関するものである．(追記．メナール教授によれば(*100*，372頁)，この逸話の元はマルグリット・ペリエの『死者略伝追記』(*116*，第1巻，1140頁)に見出される．)

第1稿を再構成する目的で今までに分析した諸断章の中でも，「二つの無限」に関する断章が，この分析法がパスカルの記述の仕方やテキストそのものの解釈について与えてくれる新知識という点で，依然として最も興味深いものである[1)]．第1稿(208–215頁参照)と決定稿との比較(216–231頁参照)，そして訂正の次々の過程の検討は，この有名な断章の発生と変形とをいわば生のままとらえさせてくれるのである．ここでは，最も著しいと思われる3種類の考察を記すに止める．

1)　B 434 (L 131)も，第1稿と決定稿の間での著者の考えの同じように意味深い変動を含んでいる．この事実は拙著『モンテーニュとパスカルとの基督教弁証論』(*85*，241–242頁)で既に指摘したところである．しかし当時われわれは第1稿と決定稿との間に多かれ少なかれ重要な間隔が置かれていることは想定していなかった．この事実が分っていたなら，そこでの議論は一層強力なものとなっていただろう．

1

原稿第1頁(208，217頁参照)の検討によれば，パスカルは先ず題名の「人間の無能力(Jncapacité de l homme)」と本文の冒頭のパラグラフ全部を書いた．それは第1稿の段階では完結した文章をなしており，終りは「そして，人間と自然とを比較することによって，人間が自然と何らかの釣合を持っているかどうかを判断して欲しい．(Et Juge s Jl a quelq proportion auec Elle, par la comparaison q Jl fera de Ces deux objects.)」となっていた．この冒頭部に引続きパスカルは，先ず次の5行を一気に記した．

「Que l homme Considere donc La Nature entiere dans sa haute
　Et pleine Majesté, qu Jl eloigne sa Veue des objets bas qui
　l Enuironnent, qu Jl l Estende a Ces feux Jnnombrables
　qui roulent si fierem^{t} sur luy, que Cette Jmmense
　Estendue de l'Vniuers luy paroisse

(そこで人間は，全自然をその高く満ちみちた威容のうちに考察し，その視線を自分を取り巻く低いものから遠ざけるがいい．そしてそれを彼の頭上をかくも悠然と廻り行くあの無数の火にまで伸ばすがいい．宇宙のこの絶大な広がりが……彼には見え」

ここまで書いたところでとっさに考え直し，「luy paroisse(彼には見え)」を横線で消し，「luy face Consi(彼に考えさせ)」をその代りに記した．ここで注意すべきことは，この訂正を，消したところの上の行間ではなく，同じ行の先に書いている点である．これまでのところとモンテーニュの二つの文章との対比が既に行われてきた．一つは「子供の教育」の章(*102*，1の25；*104*，1の26)から，他は「レーモン・ド・スボンドの弁護(パスカルの用いた1652年版の記し方)」の章(2の12)からのものである．「彼には見え」または「彼に考えさせ」という言葉がでてきたのは，パスカルの初めの考えでは，「スボンの弁護」におけるモンテーニュの足跡に従って，「宇宙のこの絶大な広がり(Cette Jmmense Estendue de l'Vniuers)」の後直ちにわれわれの小ささとの比較を「考えさせ」ようとするつもりであったためであろうと推定される．「スボンの弁護」のテキストは次の通りである．

「大空の円天井のこの見事な運行，彼の頭上をかくも悠然と廻り行く(roulans si fierement sur sa teste)これらの燈明の永遠の光やこの無限の海の恐るべき運動が，彼の便宜と彼への奉仕とのために設けられ，かくも多くの世紀にわたって続けられているということを，誰が一体彼に信じこませたのであろう．」(*102*，322頁；*104*，427頁)

しかし「Considérer(考える)」という語を「Consi」まで書いたところで，パスカルの「幾何学の精神」(B 1, L 512)が働き出し，ここでは「漸次的移行(gradation)」(B 337, L 90)で行った方がいっそう効果的であると考え付いた．「qui roulent si fierem[t] sur luy, que Cette(彼の頭上をかくも悠然と廻り行く……この)」とその行の最後になる「Jmmense(絶大な)」との間で，この行全体を消すための横線がいったん切れている事実，更にまた「sur luy(彼の頭上)」には，それを消すために二重の横線があるところから推定すると，パスカルは先ず「彼の頭上に」と，行末の「絶大な」とそれに続く次の行一杯に書いた未完の文章を全部消し，生き残った最後の「この(Cette)」に続くべきものとして，消した1行をまたいで次の行一杯に「Vaste route que le soleil descrit en son tour(太陽がその周回で描く(この)広大な軌道)」と書き記した．ところがここで再び考えを変えた．「漸次的移行」により，小さい方から大きい方へと進むことに決めた以上，諸天体の周回の方を太陽のそれよりも先に出すべきではなかったからである．そこで彼は，今までに書いてきたもののうち，「qu Jl l Estende a Ces feux Jnnombrables(そして……あの無数の火にまで伸ばすがいい)」以下のものを全部消し去り，最も小さいもの(太陽とその周回)から再出発することにした．余白や行間を侵食せずに，各行の普通の並び具合に添って横線で消したり書き直して行った，これら未完結の手探りの後，パスカルは，今度は確かな足取りで小さい方から大きい方への次々の比較に乗り出したのである(208頁の下半分にある「Qu'Jl regarde Cette eclattante lumiere〔……あの輝かしい光に目を注ぎ〕」以下参照)．「太陽がその周回で描く(この)広大な軌道」を挿入しようと考え付いたことが，パスカルをモンテーニュの軌道から離れさせ，「幾何学の精神」が真価を発揮するあの壮大な進行が描き始められたのである．

このようにしてできた第1稿をパスカルが，「初めに心を占めた考えが消えたころ」(190頁参照)になってどういう風に推敲したかを検討して見よう．今度は余白や行間が自由に用いられるのである．冒頭のパラグラフは，何回か推敲が試みられた後，3本の縦線で全体が消されている．「人間の無能力」という題名は「人間の不釣合(Disproportion de l homme)」に変えられた(195–197頁参照)．同じ頁の最下部にまで至る次のパラグラフに対してパスカルは多数の訂正を行なっているので，その中で最も興味深いと思われるものを取上げる．

先ず注目に値するのは，第1稿の次の文章についてである．

「そして宇宙の中心に永遠の燈火のように置かれているあの輝かしい光に目を注ぎ，それの描く広大な周回が地球を一点のように見させ(Qu Jl regarde Cette eclattante lumiere mise Comme Vne lampe eternelle au Centre de l Vniuers, que Le Vaste tour quelle descrit luy fasse regarder la terre comme Vn point,)」

これが推敲の段階で次のように変えられた．

「そして宇宙を照らすための[1]永遠の燈火のように置かれているあの輝かしい光に目を注ぎ，地球もこの天体の描く広大な周回に比べては，一点のように見え(Qu Jl regarde Cette eclattante lumiere mise Comme Vne lampe eternelle pour eclairer l Vniuers, que la terre luy paroisse comme Vn point au prix du Vaste tour que cet astre descrit)」

この変更では，太陽の周回を地球に比べる代りに，その順序を入れ換え，今度は地球の方が先に来てそれが太陽の周回と比べられるのである．この変更は何を意味しているのだろう．第1稿では，相次ぐ比較が次の順序で行なわれていた．

1. 太陽の周回(Le tour du soleil)＞地球(La terre)
2. 太陽の周回(Le tour du soleil)＜諸天体の周回(Le tour des astres＝目に見える世界)
3. 目に見える世界(Le monde Visible)＜(空間の絶大性についての〔des Jmmensitez d espaces〕)われわれの思い
4. われわれの思い(Nos conceptions)＜事物の現実(La realité des Choses)

従って，第1の比較の順序を逆にすることによって，それをその先の三つの比較と同方向にする結果となり，事物の無限の広がりの中への壮大な飛翔をいっそう自由かつ連続的なものにしたのである．

1) 「を照らすための(pour eclairer)」を「の中心に(au Centre de)」に代えたのは，同じ頁の先に書いた「これは中心がどこにもあり，円周がどこにもない驚嘆すべき球体である(C est Vne sphere estonnante dont le Centre est partout La Circonference Nulle part)」と矛盾させないため必要となったのである．

パスカルが第1稿で太陽の周回を諸天体のそれと比べた際に用いた「点(point)」という抽象語を，後で「尖端(pointe)」という具体語に変えたことは，注解者たちによって既にしばしば指摘されてきたところである．われわれには，それ以上のことがそこに見出されると思われる．上に並記した四つの比較を第1稿と決定稿とについてそれぞれ比べてみると，比較の第1項は各ゝ次表のように形容されている．

	第 1 稿	決 定 稿
1. 地　　球	点(point)	点
2. 太陽の周回	点	ごく微細な尖端(pointe tres delicate)
3. 目に見える世界[1]	小さな原子(petit atome)	目にとまらぬ程の線(trait Jmperceptible)
4. われわれの思い	原子(atomes)	原子(＝想像しうるかぎりの空間よりも更に向こう)

上の第1稿の方では,「点」という語が初めの二つの比較で繰返し用いられ,「線(trait)」は用いられていないのに対し,決定稿の方では順次四つの異なった語が用いられている(点,尖端,線,原子).この四つの語の間に,小から大へとの明白な前進を認めて差支えないと思う.1. 点＝無次元.2. 尖端＝いわば幾何学の次元外にある,点の単なる具体化.3. 線＝少なくとも1次元を持つ.4. 原子＝小さいなりに3次元を具えている.[2] このようにしてパスカルは,小さい方の形容に際しても漸次的段階を確立するよう留意したのであって,次の頁で展開されるこれまでと逆の方向に向っての級数的進行を予感させようとしているかのようである.こんなに細かいところまで「幾何学の精神」を導入することによって,この一節から立ちのぼる「あの偉大さの感情(ce sentiment de grandeur)」[3] は更に強められる結果となったのである.

1) 次の頁の第1稿では,目に見える世界は「尖端」と形容されていた.推敲の際にパスカルは,「尖端」を「原子」に変えた後,その辺りの文章全部を横線で消してしまった.

2) この解釈は既に1952年の拙稿(*60*, 19頁)で記したところである.なお,今度気の付いたことであるが,「3」の「小さな原子」は単数形であったが,「4」の「原子」は複数形で,いっそう大きい.

3) サント・ブーヴ『ポール・ロワヤル』(3の21, *127*, 第3巻, 426頁; *128*, 第2巻, 382頁),拙著*85*, 158頁参照.

この部分の終りとして,パスカルが事物の広大さを形容した用語を検討するならば,「空間の絶大性(Jmmensitez d espaces)」が推敲の段階で消されてしまい,「絶大な(Jmmense)」が「広大性(amplitude)」に,次いで「ゆったりしたふところ(ample sein)」にと変わり,「この無限の広漠さの現実(realité de Cette Vastitude Jnfinie)」が「事物の現実(realité des Choses)」に,更に「驚嘆すべき球体(sphere Estonnante)」が「無限の球体(sphere Jnfinie)」に変わっている.仰々しい言葉がもっと簡単な日用語に変えられているこれらの訂正のすべては,パスカルが,推敲の段階で,われわれを無限の中にまで立ち上らせる思考の力強い飛躍そのものに頼る決心をしたことを示すものではなかろうか.「絶大性」「広大性」「広漠さ(Vastitude)」というような抽象語は,思考のこの自由な飛翔を吸い込んでしまう衝立になるおそれがあろう.

2

原稿第2頁の初めの推敲の次々の段階をどのようにして再構成できるようになったかについては既に記した(189頁参照).第1稿のテキストは209頁に掲げてあるので,推敲の際の次々の段階を次に示すことにする(219頁参照).

(1) 行間と右側の余白への書き込み.「...qu Jl se regarde Comme egaré dans ce Canton detourné de la Nature, Et qu il s estonne de ce que dans ce petit cachot ou Jl se trouue logé Jl n'apercoiue autre chose qu Vniuers seulem^t qui luy paroissait d Vne grandeur s. etonnante, au lieu que Ce n est qu Vne atome[1] Jnsensible dans l Jmmensité reelle des choses. Par la Jl

apprendra a estimer l Vniuers qu Jl decouure, la terre, Les Royaumes, Les villes, Et soy mesme son Juste prix.(自分を，この自然の辺鄙な片隅に迷い込んでいるもののように見なし，そして彼がいま住んでいるこの小さな暗い牢獄の中からは宇宙だけしか認められないのに驚くがいい．その宇宙はあのように驚くべき程の大きさに見えていたのに，事物の現実の絶大性の中では，感じられない程の一原子[1]に過ぎないのである．そこから彼は，彼が発見する宇宙，地球，国々，町々，また自分自身をその正当な値において評価するのを学ぶであろう.)」

1)　第1稿にあった「尖端」をこの語に変えるのは必然的である．なぜなら前の頁で仕上げられた「漸次的進行」によれば，「尖端」は太陽の周回にしか対応できないからである．

(2) 右側の余白への書き込み．「...qu Jl se regarde Comme egaré dans ce Canton detourné de la Nature, Estonné que l Vniuers qu Jl admiroit de ce cachot ou Jl se trouue logé n est qu Vne atome Jnsensible dans l Jmmensité reelle des choses. Par la Jl apprendra a estimer la terre, Les Royaumes, Les villes, Et soy mesme son Juste prix.(彼がいま住んでいるこの小さな暗い牢獄から感嘆して見ていた宇宙が，事物の現実の絶大性の中では，感じられない程の一原子に過ぎないことに驚き，自分を，この自然の辺鄙な片隅に迷い込んでいるもののように見なすがいい．そこから彼は，地球，国々，町々，また自分自身をその正当な値において評価するのを学ぶであろう.)」

(3) 左右両側の余白と行間1個所への書き込み．「...qu Jl se regarde Comme egaré dans ce Canton detourné de la Nature, Et que de ce petit cachot ou Jl se trouue logé Jl apprenne a estimer la terre, Les Royaumes, Les villes, Et soy mesme son Juste prix.(自分を，この自然の辺鄙な片隅に迷い込んでいるもののように見なし，彼がいま住んでいるこの小さな暗い牢獄から地球，国々，町々，また自分自身をその正当な値において評価するのを学ぶがいい.)」

(4) 左側の余白への書き込み．「...qu Jl se regarde Comme egaré dans ce Canton detourné de la Nature, Et que de ce petit cachot ou Jl se trouue[1] trouue logé J entends l Vniuers, Jl apprenne a estimer la terre, Les Royaumes, Les villes, Et soy mesme son Juste prix.(自分を，この自然の辺鄙な片隅に迷い込んでいるもののように見なし，彼がいま住んでいるこの小さな暗い牢獄，私は宇宙の意味で言っているのだが，そこから地球，国々，町々，また自分自身をその正当な値において評価するのを学ぶがいい.)」

1)　パスカルは行間のこの語を消し忘れた．

この再構成で明らかになったように，「彼がいま住んでいるこの小さな暗い牢獄，私は宇宙の意味で言っているのだが(Et que de ce petit cachot ou il se trouue logé J entends l Vniuers)」という表現は，推敲の段階での4回目の訂正でやっと実現したのである．特に注目に値するのは，第1稿ではもとより，推敲の段階での初めの3回の訂正においても，「暗い牢獄(cachot)」という語は，モンテーニュの類似の比喩[1]の場合もおそらくそうであったのと同じに，常に地球を意味していたということである．消されたところが数多く，狭い間隔で並んで解読に悩まされたのは，パスカルがそれまでのありふれた比喩から脱して，現実の突然の拡大というか，われわれの宇宙のめまいがするような縮小を一言で言い当てるために苦労した暗中模索の跡だったためである．こうしてこれらの消された跡の検討は，3世紀を隔てた今日でも，この斬新な比喩がほとばしり出た瞬間に直面させてくれるのである．

1) 「お前は，お前の住んでいるこの小さな穴倉の秩序と組織としか見ていないのである(少なくともそれは見えると仮定するならば)．神はその先に更に無限の管轄区域を持っておられるのである．この部屋は全体と比べれば，何物でもない．」(「スボンの弁護」，*102*，381頁；*104*，504頁)．「全被造物中で最も惨めで脆いものは人間であるが，それが同時に最も傲慢なものである．此世の糞土の中に宿り，……宇宙の中で最悪で最も死滅停滞した部分，即ち大空の円天井から最も遠く離れた住宅の最下階に結び付けられ，釘付けられているのを自ら感じ，それを認め……」(同，*102*，324頁；*104*，429頁)

3

推敲の次々の段階の検討によって見いだされたことを他の6頁についても順次取上げて行くと長くなり過ぎるので，終りに，第1稿のテキストと決定稿のそれとの全般的比較を試みることにする．

上述のように，「人間の無能力」という断章の題名は，後から「人間の不釣合」に代えられた．ところで極めて意味深いのは，題名の同じ変更が第5頁(原355)，即ち二つ折りの紙2組のうちの第2の二つ折りの最初の頁で繰り返されていることである．この事実は，パスカルは第1稿での長い議論の展開の真中辺りまで来ていた時でさえ，まだ「スボンの弁護」の著者と同じように人間の傲慢さを打ち砕くことを主として考えていたことを明らかに示している．「不釣合(disproportion)」という語に関連のあるものとしては，最後より一つ前の頁(原359)に次の言及が1個所あるだけである．

「従って精神と泥とのこの混合は，われわれを不釣合にする(disproportionne)ということを認めよう．」

既に検討してきた諸訂正においても，決定稿の方がサント・ブーヴの指摘した「あの偉大さの感情」をいっそう際立たせていたのである．「幾何学の精神」をいっそう自由に発揮させた結果，われわれの注意は，考えの運びそのものに向けられるようになった．ところで，先の方の頁で行なわれた推敲の跡を辿ってみても，変更の方向は常に同方向であることが認められる．更にまた，われわれをあらゆる面で取囲んでいる二つの無限の存在を一般的に確認しているパラグラフ[1)]と，次の重要な一節で終わる今一つのパラグラフ[2)]が，二つとも，第1稿では全くなかったという事実は意味深い．

「これらの無限を目の前におけば，有限なものはすべて相等しい．それで私には，なぜわれわれの思いを，他の有限でなく，ある一つの有限の上に置くのであるか，その理由が分らない．われわれを有限なものと比べることだけがわれわれを苦しめるのである．(Dans la Veue de ces Jnfinis tous les finis sont egaux Et Je ne Vois pas pourquoy assoir son Jmagination plustost sur Vn que sur l autre. La seule comparaison que N^{s} faisons de nous au fini n^{s} fait peine)」

1) 第5頁(原355)左側余白一杯に記され，「両極端の中間にあるというこの状態は，われわれのすべての能力において見いだされる．われわれの感覚は，極端なものを何も認めない．(Cet Estat qui tient le milieu entre deux extremes se trouue en toutes nos puissances Nos sens n'apercoiuent rien d extreme)」から始まり，「すなわち，極端な事物は，われわれにとっては，あたかもそれが存在していないのと同じであり，われわれもそれらに対しては存在していない．それらのものがわれわれから逃げ去るか，われわれがそれらのものから逃げ去るかである．(Enfin les Choses extremes sont pour Nous Comme si elles n estoyent point Et N^s ne sommes point a leur egard, elles n^s echapent ou Nous a elles.)」に至る長い追加全体である．

2) 次の一節で始まり上記の引用へと続く，第6頁(原356)左側余白に記された分全部である．

「このことがよく分ったら，人は自然が各人を置いたその状態で，じっとしているであろうと思う．われわれの分として与えられたこの中間が，両極からは常に隔たっている以上，人が事物の知識を少しばかりよけい持ったとしたところで，何になるだろう．もし彼がそれを持っているとすれば，彼はそれを少しばかり上のところから取っただけのことである．彼は常に究極からは無限に遠ざかっているのではなかろうか．またわれわれの寿命は，それが10年よけい続いたとしたところで，永遠からは等しく無限に遠いのではなかろうか．(Cela estant bien compris Je Croy qu on se tiendra en repos chacun dans l estat ou la Nature l a placé. Ce milieu qui nous est escheu en partage estant toujours distant des extremes, qu Jmporte qu Vn Autre ayt Vn peu plus d Jntelligence des choses S Jl en a, Jl les prend Vn peu de plus haut n est Jl pas toujours $Jnfinim^t$ Esloigné du bout, Et la Duréé de nostre Vie n est elle pas $egalem^t$ infime d l Eternité p^r durer dix ans dauantage,)

他方，パスカルが第1稿で人間の無能力を鞭打つ際に用いた「単純にそして絶対的に不可能(Jmpossible $purem^t$ Et $absolum^t$)」(原359)とか，「否定するのは不条理であるのと同様に不敬虔である(aussy absurde qu Jmpie de nier)」(原359)とか，「泥に出来ること(ce que peut de la boüe)」(原359)というような強い表現は，推敲の段階で消されてしまっている．

以上指摘した諸点を総合して，次のような仮説を立てることができよう．第1稿の際には，「スボンの弁護」でモンテーニュが行なったのと大体同じように人間の無能力を明らかにする考えで全断章を書き終えたパスカルは，終りの方で「不釣合にする」という語にぶつかったためか，あるいはもっと本質的な理由からか，推敲に際しては，断章の意味を全く変えてしまうことになった．今度は，もはや「無能力」ではなく，「不釣合」がこの有名な断章の中心思想となったのである．そこで，考えの飛翔をいっそう自由にさせるための配慮，二つの無限の観念の一般化，そしてまたこれらすべての考察の到達点ともいうべき「これらの無限を目の前におけば，有限なものはすべて相等しい」という見解が生まれたのである．そして人間の弱さについての「大言(grands mots)」(B 391, L 658)を和らげると同時に，この重要な断章を「人間の認識から神への移行(Transition de la connoissance de l'Homme à Dieu)」の基本的な要素として考えるようになったのである．注目すべきことには，この章名を持つ第1写本第1部第15章では，この断章が，これに劣らず重要な「考える葦(roseau pensant)」(B 347, L 200)の直前に置かれているのである．外にある宇宙では，すべてがわれわれを「不釣合にする」ため，そこでわれわれが占めている地位は決定的で絶対的な意味をすべて失う以上，これから先は，別の次元である考えとそして究極的には愛の次元[1)]の中にわれわれの「足場(assiette)[2)]」を探し求めるよう，パスカルはわれわれに勧奨するのである．

1) 既に他の所で記したように(*85*, 171頁)，人間のもろさの象徴として葦を選んだこと自体が，「傷ついた葦を折らない(ne brisera pas le roseau cassé)」(「イザヤ書」42〔*92* では40と誤記〕の3．仏文はパスカルが用いたらしい〔*82*, 240頁参照〕ルーヴァン訳〔*48*, 2の291頁〕による．以下同じ)人の来臨を暗に示しているように思われる．福音書の中でもパスカルは，キリストと葦を関係付けている次の諸節を読むことができたのである．「彼らが帰ってしまうと，イエスはヨハネのことを群衆に語りはじめられた，『あなたがたは，何を見に荒野に出てきたのか．風に揺らぐ葦であるか．(vn roseau demené du vent?

〔*48*, 2の593頁〕)」(「マタイによる福音書」11の7.「ルカによる福音書」7の24参照. 訳文は日本聖書協会訳による. 以下同じ).「いためられた葦を折ることがなく(Il ne brisera point le roseau cassé〔*48*, 2の594頁〕)」(「マタイ」12の20).「またいばらで冠を編んでその頭にかぶらせ，右の手には葦の棒(& vn roseau en sa dextre〔*48*, 2の616頁〕)を持たせ，……またイエスにつばきをかけ，葦の棒を取りあげて(ils prindrent vn roseau〔同〕)その頭をたたいた.」(「マタイ」27の29-30.「マルコによる福音書」15の19参照).「するとすぐ，彼らのうちのひとりが走り寄って，海綿を取り，それに酢いぶどう酒を含ませて葦の棒につけ(mit sur vn roseau〔*48*, 617頁〕)，イエスに飲ませようとした.」(「マタイ」27の48.「マルコ」15の36参照).

2)　この語については，原356，第6行(後掲203頁本文右側第16行)参照.

この先に，第1稿と決定稿との訳文を原稿の頁別に，それぞれ左右に対照させて掲げる. 左側の第1稿での傍線は，決定稿では消された個所を示し，右側の決定稿での傍線は，第1稿には無かった個所を示す1). また更にその先では，第1稿の原文を，原稿綴り(*01*)の頁別に，行の切り方も同じにして掲げる. それに続いて，第1稿再構成の根拠を示すため，原稿の写真と，それと可能な限り活字によって対応させた推敲の段階をも含む再構成を試みる2). その場合通常の活字と，消すための直線は，第1稿の際に記されたものを示し，イタリック体活字と，消すための点線は，推敲の際に記されたものを示す.

1)　仏語の拙論(*92*)では，第1稿の原文だけを，傍線もなしにそのまま掲げた.

2)　仏語の拙論(*92*)では，原347全体と原348の上部の活字による再構成(原348の場合は写真も)を第1稿のそれの前に掲げるに止めた.

第1頁(原347)第1稿

＋

人間の無能力.　1

自然的な認識がわれわれを導いていくところはここまでである. もしそれが真でないならば，人間のための真理は存在しない. もしそれが真ならば，人間はそこに卑下すべき大きな理由を見いだし，いずれにしても人間はへりくだらなければならない.

そして人間は，それを信じないでは存続できない以上，私のねがうところは，彼が先に進み，自然のさらに大いなる探究に入る前に，その自然を一度真剣に，またゆっくり観察し，また自分自身を見つめ，そして人間と自然とを比較することによって，人間が自然と何らかの釣合を持っているかどうかを判断して欲しい.

そこで人間は，全自然をその高く満ちみちた威容のうちに考察し，その視線を自分をとりまく低いものから遠ざけるがいい. そして宇宙の中心に永遠の燈火のように置かれているあの輝かしい光に目を注ぎ，それの描く広大な周回が，地球を一点のように見させ，更

第1頁(原347)決定稿

＋

人間の不釣合.　1

そこで人間は，全自然をその高く満ちみちた威容のうちに打ち眺め，その視線を自分をとりまく低いものから遠ざけるがいい. そして宇宙を照らすための永遠の燈火のように置かれているあの輝かしい光に目を注ぎ，地球もこの天体の描く広大な周回に比べては，一

にこの広大な周回それ自体をも，天空をめぐる諸天体が取り込んでいる周回に比べては一点のように見なすがいい．しかし，彼の視線をそこで止めるならば，彼の想像力がさらに遠くに進むがいい．自然が空間の絶大性を提供するのに疲れるより先に，想像がそれを思い浮べるのに疲れてしまうだろう．すべてこの目に見える世界は，自然の絶大なふところの中では，1個の小さな原子にすぎない．いかなる観念もそれに近付くことはない．われわれの思いをいくらふくらませて行ったところでむだである．この無限の広漠さの現実に比べては，原子を生みだすにすぎない．これは中心がどこにもあり，円周がどこにもない驚嘆すべき球体である．すなわち，われわれの想像がその考えの中に自分を見失ってしまうということこそ，神の万能について感知しうるしるしのうち最大のものである．

点のように見え，さらにこの広大な周回それ自体といえども，天空をめぐる諸天体が取り込んでいる周回に比べてはごく微細な一尖端にすぎないということに驚くがいい．しかし，もしわれわれの視線がそこで止まるならば，想像力がさらに遠くに進むがいい．自然が提供するのに疲れるより先に，想像がそれを思い浮べるのに疲れてしまうだろう．すべてこの目に見える世界は，自然のゆったりしたふところの中では，目にもとまらぬほどの一線にすぎない．いかなる観念もそれに近付くことはない．われわれが，想像しうるかぎりの空間よりもさらに向こうへ，われわれの思いをいくらふくらませて行ったところでむだである．事物の現実に比べては，原子を生みだすにすぎない．これは中心がどこにもあり，円周がどこにもない無限の球体である．すなわち，われわれの想像がその考えの中に自分を見失ってしまうということこそ，神の万能について感知しうる最大のしるしである．

第2頁(原348)第1稿

さて，人間は自分自身に立ち返り，存在しているものに比べて，自分が何であるかを考えてみるがいい．そして自分が，事物の絶大な広がりの中で迷い，宇宙だけしか見ることを許してくれないこの小さな暗い牢獄に住まわされているのを見るがいい．その宇宙はあんなに驚くべき程の大きさに見えていたのに，事物の現実の絶大性の中では，感じられない程の一尖端に過ぎないのである．そこから地球全体，国々，町々，家々，また自分自身をその正当な値において評価するのを学ぶであろう．

自然の中において，人間とは一体何なのだろう．

しかし私は，人間に他の同じように驚くべき驚異を示そうと思うのであるが，それには彼がその知る限りの中で最も目にもとまらぬ程のものを探求するがいい．1匹のだにが，その小さな身体の中に，比べようもないほどに更に小さな部分，すなわち関節のある足，その足の中の神経，その神経の中の血，その血の中の液，その液の中のしずくを彼に提出するがいい．そしてこれらのしずくをなおも分割して行き，ついに彼がそれを考えることに力尽きてしまうがいい．こうして彼が到達できる最後の対象を，今われわれの論議の対象と

第2頁(原348)決定稿

さて，人間は自分自身に立ち返り，存在しているものに比べて，自分が何であるかを考えてみるがいい．そして自分を，この自然の辺鄙な片隅に迷い込んでいるもののようにみなし，彼がいま住んでいるこの小さな暗い牢獄，私は宇宙の意味で言っているのだが，そこから地球，国々，町々，また自分自身をその正当な値において評価するのを学ぶがいい．

無限の中において，人間とは一体何なのだろう．

しかし私は，人間に他の同じように驚くべき驚異を示そうと思うのであるが，それには彼がその知る限りの中で最も微細なものを探究するがいい．1匹のだにが，その小さな身体の中に，比べようもないほどに更に小さな部分，すなわち関節のある足，その足の中の血管，その血管の中の血，その血の中の液，その液の中のしずく，そのしずくの中の蒸気を彼に提出するがいい．そしてこれら最後のものをなおも分割して行き，ついに彼がそれを考えることに力尽きてしまうがいい．そこで，こうして彼が到達できる最後の対象を，今わ

しよう．私はその中に，大きさの深淵を彼に見せようと思う．単に目に見える宇宙だけではなく，自然の考えられない程の絶大性を，この原子の縮図の枠内に描きだしてやろうと思うのである．すなわち無数の世界，それぞれの中に天空，惑星，地球，その地球の中に動物類，だに，そのだにの中に，今聞いた宇宙に似た無数の宇宙，そして，いつまでも，果てしのない，また休みのない，同様の深みである．

れわれの論議の対象としよう．彼はおそらく，これこそ自然の中の最も小さなものであると考えるであろう．私はその中に新しい深淵を彼に見せようと思う．単に目に見える宇宙だけではなく，自然について考えられるかぎりの絶大性を，この原子の縮図の枠内に描きだしてやろうと思うのである．彼はその中に無数の宇宙を見，そのおのおのがそれぞれの天空，惑星，地球を，目に見える世界と同じ割合で持っているのを見，その地球の中に動物類，そしてついにはだにを見るがいい．そしてこれらのだにの中に，最初のだにが提供したものを再び見いだすであろう．こうして，その次のものの中にも，やはりこれと同様に果てしのない，また休みのないものを見いだし，

第3頁(原351)第1稿

そして，その広がりにおいて驚嘆すべき他の不可思議と同様に，その小ささにおいて驚嘆すべきこれらの不可思議に，呆然自失するがいい．われわれの身体は，つい先程までは，宇宙の中にあって知覚できない程のものであり，その宇宙すら，全体のうちにあって知覚し難い程のものであったにもかかわらず，今やその身体が，人の到達できない虚無に対しては一個の巨人であり，一つの世界であり，いな，むしろ全体であるということについて，だれか感嘆しない者があるだろうか．

このように考えてくる者は，自分自身について恐怖に襲われるであろう．そして自分が，自然の与えてくれた塊の中に支えられて無限と虚無とのこの二つの深淵の中間にあるのを眺め，その不可思議を前にして恐れおののくであろう．そして彼の好奇心は今や驚嘆に変わり，これらのものを僭越な心でもって探究するよりは，沈黙のうちにそれを打ち眺める気持になるだろうと信ずる．

なぜなら，そもそも自然の中における人間というものは，一体何なのだろう．無限に対しては虚無であり，虚無に対してはすべてであり，無とすべてとの中間である．両極端を理解することから無限に遠く離れており，事物の究極もその原理も彼に対して立ち入り難い秘密の中に固く隠されている．従って彼に思うことができるのは何なのだろう．限られている彼に無限であ

第3頁(原351)決定稿

そして，その広がりにおいて驚嘆すべき他の不可思議と同様に，その小ささにおいて驚嘆すべきこれらの不可思議に，呆然自失するであろう．なぜならわれわれの身体は，つい先程までは，宇宙の中にあって知覚できない程のものであり，その宇宙すら，全体のうちにあって知覚し難い程のものであったにもかかわらず，今やその身体が，人の到達できない虚無に対しては一個の巨人であり，一つの世界であり，いな，むしろ全体であるということについて，だれか感嘆しない者があるだろうか．

このように考えてくる者は，自分自身について恐怖に襲われるであろう．そして自分が，自然の与えてくれた塊の中に支えられて無限と虚無とのこの二つの深淵の中間にあるのを眺め，その不可思議を前にして恐れおののくであろう．そして彼の好奇心は今や驚嘆に変わり，これらのものを僭越な心でもって探究するよりは，沈黙のうちにそれを打ち眺める気持になるだろうと信ずる．

なぜなら，そもそも自然の中における人間というものは，一体何なのだろう．無限に対しては虚無であり，虚無に対してはすべてであり，無とすべてとの中間である．両極端を理解することから無限に遠く離れており，事物の究極もその原理も彼に対して立ち入り難い秘密の中に固く隠されており，彼は自分がそこから引き出されてきた虚無をも，彼がその中へのみ込まれて

ろうか．存在している彼に虚無であろうか．すべてがそこから引き出されてきた虚無をも，すべてがそこへ押しやられている無限をも等しく見ることができないのである．

それなら人間は，事物の原理をも究極をも知ることができないという永遠の絶望の中にあって，ただ事物の中間の何らかの外観を思う以外に，一体何ができるのだろう．すべてのものは，虚無から出て無限にまで運ばれて行く．これらの不可思議の創造主は，それをつつんでいる．他の何びとにもそれはできない．

自然のこの二つの無限のうち，人間は大きい無限の方を小さい方のそれよりも容易に思い浮べる．

いる無限をも等しく見ることができないのである．

それなら人間は，事物の原理をも究極をも知ることができないという永遠の絶望の中にあって，ただ事物の中間の外観を見る以外に，一体何ができるのだろう．すべてのものは，虚無から出て無限にまで運ばれて行く．だれがこの驚くべき歩みについていくというのだろう．これらの不可思議の創造主は，それをつつんでいる．他の何びとにもそれはできない．

第 4 頁（原 352）第 1 稿

これらの無限を打ち眺めなかったために，人間は，あたかも自然に対して何らかの釣合を持っているかのように，向こう見ずにもその自然の探究へと立ち向かったのである．彼らがその対象と同じように無限なうぬぼれをもって，事物の原理を理解しようとし，そこからすべてを知るに至ろうとしたのは，奇怪なことである．なぜなら，このような意図は，自然と同様に，無限な能力，あるいはうぬぼれなしには，とうてい抱きうるものでないことは，疑いないからである．

学識ある者は，自然は自分の姿とその創造主の姿とをあらゆるものの中に刻み込んだので，それらのものは，ほとんどすべてその二重の無限性をそこから受けているということを理解する．すなわちわれわれは，すべての学問が，その探究の範囲において無限であることを認める．なぜなら，たとえば幾何学が展開すべき命題は，無限に無限であることをだれが疑うであろう．同様に，これらの学問は，その原理が多数で微細である点においても無限である．なぜなら最後のものとして提出された原理といえども，それ自身では立つことができず，他の原理によって支えられ，その原理もまたさらに他の原理を支えとしているのであるから，最後のものなど決してありえないということを，認めない者があろうか．しかし，物理学においてするように，われわれは，その性質上無限に分割できるにもかかわらず，われわれの感覚がそれ以上何ものも認めら

第 4 頁（原 352）決定稿

これらの無限を打ち眺めなかったために，人々は，あたかも自然に対して何らかの釣合を持っているかのように，向こう見ずにもその自然の探究へと立ち向かったのである．彼らがその対象と同じように無限なうぬぼれをもって，事物の原理を理解しようとし，そこからすべてを知るに至ろうとしたのは，奇怪なことである．なぜなら，このような意図は，自然と同様に，無限な能力，あるいはうぬぼれなしには，とうてい抱きうるものでないことは，疑いないからである．

学識ある者は，自然は自分の姿とその創造主の姿とをあらゆるものの中に刻み込んだので，それらのものは，ほとんどすべてその二重の無限性をそこから受けているということを理解する．すなわちわれわれは，すべての学問が，その探究の範囲において無限であることを認める．なぜなら，たとえば幾何学が展開すべき命題は，無限に無限であることをだれが疑うであろう．同様に，これらの学問は，その原理が多数で微細である点においても無限である．なぜなら最後のものとして提出された原理といえども，それ自身では立つことができず，他の原理によって支えられ，その原理もまたさらに他の原理を支えとしているのであるから，最後のものなど決してありえないということを，認めない者があろうか．しかしわれわれは理性に対して，最後のものと見えるものに対して，物質的なものについてするのと同じことをしている．すなわち，物質的

れない点を指して不可分の点と呼んでいるのである．

学問のこの二つの無限のうち，大きい無限の方は，ずっと感じられやすい．そのため，万物を知るとあえて自負するに至った人は少ない．「私はすべてのことについて語ろうと思う」とデモクリトスは言った．しかし証明することも知ることもなしに，それについてただ話すだけなら大したことでないばかりでなく，それを行なうことは不可能なのである．なぜなら，事物の無限の多様性はあまりにも隠されているので，われわれに言葉や考えで表現できるところは，目に見えないような一線にすぎないからである．そこから，〈すべての知りうべきことについて〉というような或る種の書物の題名がいかに馬鹿げたものであるかが露呈するのである．

なものについては，その性質上無限に分割できるにもかかわらず，われわれの感覚がそれ以上何ものも認められない点を指して不可分の点と呼んでいるのである．

学問のこの二つの無限のうち，大きい無限の方は，ずっと感じられやすい．そのため，万物を知るとあえて自負するに至った人は少ない．「私はすべてのことについて語ろうと思う」とデモクリトスは言った．

第5頁(原355)第1稿

＋

人間の無能力．　2

一見しただけでも，算術一つでも無数の特性を提供している．そしてどの学問でも同様である．

しかし小さい無限のほうは，ずっと認めにくい．哲学者たちは，多くの場合，そこに到達すると自負しただけであって，みなそこで人も知る首尾でつまずいてしまった．

虚無に達するためには，万有に達するのと少しも劣らない能力を必要とするのである．そのいずれにおい

第5頁(原355)決定稿

＋

人間の不釣合．　2

しかし小さい無限のほうは，ずっと認めにくい．哲学者たちは，多くの場合，そこに到達すると自負しただけであって，みなそこでつまずいてしまった．そのために，これらのありふれた書名，『事物の原理について』『哲学の原理について』といったたぐいのものが出現したのである．それらは，一見それほどではないが，実際は，〈すべての知りうべきことについて〉という目にあまるものと同じようにけばけばしいものである．

事物の周囲をつつむよりは，その中心へ達するほうがはるかに可能だと，われわれはおのずと考える．世界の目に見える広がりは，目に見えてわれわれを超越する．しかし，小さいものは，それを超越しているのがわれわれなのであるから，われわれはそれを所有するほうがはるかに可能であると考えている．しかしながら，虚無に達するためには，万有に達するのと少しも劣らない能力を必要とするのである．そのいずれに

ても無限の能力が必要である．そして，もし事物の究極の原理を理解した人があるとするならば，その人は同様に無限を知ることにも到達しえたであろうと私には思えるのである．一は他に依存し，そして一は他に導く．これら両極端は，相遠ざかるあまりに相触れ，相合し，そして神のうちで再会する．しかもそれは神のうちにおいてだけである．

それならば，われわれの限度をわきまえよう．われわれは，何ものかであって，すべてではない．われわれの持っている存在が虚無から来る第1原理の認識をわれわれから盗み去り，われわれの持っている存在の少なさが，無限を見ることをわれわれから隠すのである．

われわれの知性は，知的なものの次元において，われわれの身体が自然の広がりの中で占めるのと同じ地位を占めている．

達するためにも，無限の能力が必要である．そして，もし事物の究極の原理を理解した人があるとするならば，その人は同様に無限を知ることにも到達しえたであろうと私には思えるのである．一は他に依存し，そして一は他に導く．これら両極端は，相遠ざかるあまりに相触れ，相合し，そして神のうちで再会する．しかもそれは，神のうちにおいてだけである．

それならば，われわれの限度をわきまえよう．われわれは，何ものかであって，すべてではない．われわれの持っている存在が虚無から生ずる第1原理の認識をわれわれから盗み去り，われわれの持っている存在の少なさが，無限を見ることをわれわれから隠すのである．

われわれの知性は，知的なものの次元において，われわれの身体が自然の広がりの中で占めるのと同じ地位を占めている．

われわれは，あらゆる方面において限られているので，両極端の中間にあるというこの状態は，われわれのすべての能力において見いだされる．われわれの感覚は，極端なものは何も認めない．あまり大きい音は，われわれをつんぼにする．あまり強い光は，目をくらます．遠すぎても，近すぎても，見ることを妨げる．話が長すぎても，短かすぎても，それを不明瞭にする．あまり真実なことは，われわれを困惑させる．私は，ゼロから4を引いてゼロが残るということを理解できない人たちがいるのを知っている．第1原理は，われわれにとってあまりに明白すぎる．あまりに多くの快楽は，不快にする．あまりに多くの協和音は，音楽では，気にさわる．あまりの恩恵は，われわれをいらだたせる．われわれは負債を余分に償えるようなものがほしいのである．〈恩恵は返却可能と見られるあいだは好ましいが，度をはるかに越えれば，感謝に代わって憎悪で報いられる〉われわれは極端な暑さも，極端な冷たさも感じない．過度の性質は，われわれの敵であって，感知できないものである．われわれはもはや，それを感じることなく，その害を受けるのである．あまりの若さも，あまりの老年も，精神を妨げる．多すぎる教育も，少なすぎる教育もまた同様である．すなわち，極端な事物は，われわれにとっては，あたかもそれが存在していないのと同じであり，われわれもそれらに対しては存在していない．それらのものがわれわれから逃げ去るか，われわれがそれらのものから逃げ去るかである．

これがわれわれの真の状態である．そのために，われわれは絶対的に知ることも，無知であることもできないのである．われわれはみな常に定めなく漂い，そして一方の側でも他方の側でも(傍点の部分は原356の最上部)止まることなく，一方の側と他方の側へと押しやられている．……

これがわれわれの真の状態である．そのために，われわれは確実に知ることも，絶対的に無知であることもできないのである．われわれは，広漠たる中間に漕ぎいでているのであって，常に定めなく漂い，一方の端から他方の端へと押しやられている．……

第6頁(原356)第1稿

われわれが，どの究極に自分をつないで安定させようと思っても，それは揺らめいて，永遠の遁走でもって逃げ去ってしまう．何ものも止まってはくれない．そしてそれはわれわれの性向に最も反するものである．われわれはしっかりした足場と，われわれがその上に無限に高くそびえ立つ塔を築き得るような不動な基盤を見いだしたいとの願いに燃えている．ところが，われわれの基礎全体がきしみだし，大地は奈落の底まで裂けてしまう．

それゆえに，われわれは何の確かさも堅固さも求めるのをやめよう．われわれの理性は，常に外観の約束によって欺かれている．事実何ものもわれわれを閉じ込めている二つの無限の間に有限を確立できないのである．

第6頁(原356)決定稿

われわれが，どの極限に自分をつないで安定させようと思っても，それは揺らめいて，われわれを離れてしまう．そしてもし，われわれがそれを追って行けば，われわれの把握からのがれ，われわれから滑りだし，永遠の遁走で逃げ去ってしまう．何ものもわれわれのために止まってはくれない．それはわれわれにとって自然な状態であるが，しかもわれわれの性向に最も反するものである．われわれはしっかりした足場と，無限に高くそびえ立つ塔を築くための究極の不動な基盤を見いだしたいとの願いに燃えている．ところが，われわれの基礎全体がきしみだし，大地は奈落の底まで裂けてしまう．

それゆえに，われわれは何の確かさも堅固さも求めるのをやめよう．われわれの理性は，常に外観の定めなさによって欺かれている．何ものも有限を，それを閉じ込め，しかもそれから逃げ去る二つの無限の間に固定できないのである．

このことがよく分ったら，人は自然が各人を置いたその状態で，じっとしているであろうと思う．

われわれの分として与えられたこの中間が，両極からは常に隔たっている以上，人が事物の知識を少しばかりよけい持ったとしたところで，何になるだろう．もし彼がそれを持っているとすれば，彼はそれを少しばかり上のところから取っただけのことである．彼は常に究極からは無限に遠ざかっているのではなかろうか．またわれわれの寿命は，それが10年よけい続いたとしたところで，永遠からは等しく無限に遠いのではなかろうか．

これらの無限を目の前におけば，有限なものはすべて相等しい．それで私には，なぜわれわれの思いを，もし人間が，まず第一に自分を研究したならば，それ以外に出る力が彼にないことの多くの原因が分るだろう．それによって，人間は一部分でしかないのであるから全体を知りえないということが充分分るだろうと思う．だがおそらく彼は，少なくとも自分との間に釣合を保っている部分だけでも知りたいと渇望するだろう．しかし世界の諸部分は，すべて互いにあのように関係し連絡しているので，他の部分を知らず，そしてまた全体を知らずに，一部分を知ることは不可能であると思う．

たとえば人間は，彼の知っているすべてのものと関係を持っている．彼は，彼を養うための食料，呼吸するための空気，彼をいれるための場所，存続するための時間，生きるための運動，彼を組成するための諸元素，熱と光を必要とする．彼は光を見，物体を感知する．要するに，すべてのものは彼の探究の対象となるのである．それで，人間を知るためには，どういう理由で彼が生存するために空気を必要とするのかを知らなければならず，その空気を知るためには，人間の生命に対してどういう関係にあるかを知らなければならない，等々．

他の有限でなく，ある一つの有限の上に置くのであるか，その理由が分らない．われわれを有限なものと比べることだけがわれわれを苦しめるのである．

もし人間が，まず第一に自分を研究したならば，それ以外に出ることが，どんなに不可能かが，分るだろう．どういうふうにして一部分が全体を知るのであろうか．だがおそらく彼は，少なくとも自分との間に釣合を保っている部分だけでも知りたいと渇望するだろう．しかし世界の諸部分は，すべて互いにあのように関係し連絡しているので，他の部分を知らず，そしてまた全体を知らずに，一部分を知ることは不可能であると思う．

たとえば人間は，彼の知っているすべてのものと関係を持っている．彼は，彼をいれるための場所，存続するための時間，生きるための運動，彼を組成するための諸元素，彼を養うための熱と食料，呼吸するための空気を必要とする．彼は光を見，物体を感知する．要するに，すべてのものは彼に縁があるのである．それで，人間を知るためには，どういう理由で彼が生存するために空気を必要とするのかを知らなければならず，その空気を知るためには，どういう点でそれが人間の生命に対してこのような関係を持っているのかを知らなければならない，等々．

第7頁(原359)第1稿

炎は，空気なしには存続しない．従って，炎を知るには，空気を知らなければならない．

このようにしてすべての事物は，引きおこされるか引き起し，助けられるか助け，間接的であるか直接的であり，そしてすべては，極端で最も異なるものをつなぐ，自然で感知されないきずなによって支えあっているので，他のすべてを知らないかぎり，その中のどの一つをも知ることは不可能，すなわち単純にそして絶対的に不可能であると，私は思う．

さらに，事物のそれ自体における，あるいは神における永遠性も，われわれの短い存続を驚かさずにはおかない．

自然の一定不変な不動性も，われわれのうちにおこる絶え間のない変化と比べて，同じ結果をおこすに違

第7頁(原359)決定稿

炎は，空気なしには存続しない．従って，一を知るには，他を知らなければならない．

このようにしてすべての事物は，引きおこされまた引きおこし，助けられまた助け，間接的でありまた直接的であり，そしてすべては，最も遠く，最も異なるものをつなぐ，自然で感知されないきずなによって支えあっているので，全体を知らないで各部分を知ることは，個別的に各部分を知らないで全体を知ることと同様に不可能であると，私は思う．

いない．

われわれの無力に止めを刺すのは，われわれの二重で組成されている存在に比しての，事物の単純性である．この点に反対するのはあらがい難い不条理である．人間が霊魂と身体という本性の異なる二つの部分から組成されているということを否定するのは，不条理であるのと同様に不敬虔である．そうすれば，すべてのことを知ることについてわれわれを無力にしてしまう．もし人がこの組成を否定し，われわれはすべて身体的であると主張するならば，物質が物質を知ることについてどんなに無能力であるか，そして知ることについて泥に出来るのが何であるかを判断に任せよう．これ以上不可能なことはない．

従って精神と泥とのこの混合は，われわれを不釣合にするということを認めよう．

このようにして，われわれが単に物質的であるならば，われわれは全然何も知ることができず，もしわれわれが精神と物質の混合したものならば，われわれは，単純なものは，完全には知ることができないのである．なぜなら，その認識に際して働くわれわれの基体が一部精神的なものである以上，われわれがどうやって物質を知りえよう．また，われわれを重くし地へと下げる身体を持っている以上，われわれがどうやって精神的なものをはっきりと知りえよう．

事物を知ることについてのわれわれの無力に止めを刺すのは，事物それ自体は単純であるのに，われわれは，霊魂と身体という，相反し，種類の異なる二つの本性から組成されていることである．なぜなら，われわれのうちにあって推理する部分が，精神的以外のものであるということは不可能である．またもし，われわれが単に身体的であると主張するならば，それはわれわれを事物の認識からいっそう遠ざけることになるであろう．なぜなら，物質がそれ自身を知るということほど不可解なことはないからである．物質がどうやってそれ自身を知るのかを，われわれは知ることができない．

このようにして，もしわれわれが単に物質的であるならば，われわれは全然何も知ることができず，もしわれわれが精神と物質とによって組成されているならば，われわれは，精神的なものでも，物体的なものでも，（傍点の部分は原360の最上部）単純なものは，完全には知ることができないのである．

第8頁（原360）第1稿

ここから，ほとんどすべての哲学者たちが，事物の観念を混同し，物体的なものを精神的に話し，精神的なものを物体的に話すようになるのである．なぜなら，彼らは大胆にも，石は下方に向かうとか，真空を恐れるとか，共感的意向や反感を持つとか言うが，それらはすべて精神だけに属するものである．また，彼らは精神について話しながら，それをあたかもある場所にあるかのように見なし，一つの場所から他の場所への運動を付与したりするが，それらは物体だけに属するものである．

人はそれらの事物から観念を受け入れる代りに，それらを自分の性質でもって染めてしまい，自分の眺めるすべての単一な事物を，自分自身の複合的な存在で

第8頁（原360）決定稿

ここから，ほとんどすべての哲学者たちが，事物の観念を混同し，物体的なものを精神的に話し，精神的なものを物体的に話すようになるのである．なぜなら，彼らは大胆にも，物体は下方に向かうとか，その中心を渇望するとか，自身の破壊を避けるとか，真空を恐れるとか，意向や共感や反感を持つとか言うが，それらはすべて精神だけに属するものである．また，彼らは精神について話しながら，それをあたかもある場所にあるかのように見なし，一つのところから他のところへの運動を付与したりするが，それらは物体だけに属するものである．

われわれは，それらの事物の純粋な観念を受け入れる代りに，それらをわれわれの性質でもって染めてしまい，われわれの眺めるすべての単一な事物を，われ

もって彩るのである．同様に，自分が限られているので，宇宙をも限ってしまうのである．

人があらゆる事物を精神と物体とから合成するのを見て，この混合こそ，彼にとって大いに理解しやすいものであろうと，だれが思わないであろう．ところが，これこそ最も理解し難いものなのである．彼は，自分自身にとって，自然の中での最も驚異に値する対象なのである．なぜなら，人間は，身体が何であるかを理解できず，なおさらのこと精神が何であるかを理解できない．まして，身体がどういうふうにして精神と結合されうるのかということは，何よりも理解できないのである．それが彼の固有の存在なのにもかかわらず，そこに，彼の困難の極みがあるのである．〈精神と身体がどのように結合するかは，人間に理解できないところである．しかもこれがすなわち人間なのである．〉

以上[1)]が，自然を知ることについて人間をかくもひ弱にした原因の一部である．自然は二様に無限なのに，人間は有限で限定されている．自然は持続し，その存在を永久に維持するのに，人間は過ぎ去り，死ぬものである．個々の事物は，腐敗し，絶えず変って行くが，彼はそれを通りすがりにしか見ていない．それらのものはその原理と究極とを持っているのであるが，彼はそのいずれをも思い浮べることができない．それらのものは単一であるが，彼は異なる二つの本性から合成されている．そして，われわれの弱さの証拠を完全にするために，われわれの本性の状態についての次の考えによって結ぼうと思う．

われの複合的な存在でもって印するのである．

われわれがあらゆる事物を精神と物体とから合成するのを見て，この混合こそ，われわれにとってきわめて理解しやすいものであろうと，だれが思わないであろう．ところが，これこそ最も理解し難いものなのである．人間は，自分自身にとって，自然の中での最も驚異に値する対象なのである．なぜなら，人間は，身体が何であるかを理解できず，なおさらのこと精神が何であるかを理解できない．まして，身体がどういうふうにして精神と結合されうるのかということは，何よりも理解できないのである．そこに，彼の困難の極みがあり，しかもそれが彼の固有の存在なのである．〈精神と身体との結合様式は，人間に理解できないところである．しかもこれがすなわち人間なのである．〉

最後[2)]に，われわれの弱さの証拠を完全にするために，私は次の二つの考察によって結ぼうと思う．

1)　これから先の最後のパラグラフは，これまでよりも左右に長く，上下の行が近接して書かれており，全部後から4本の斜線で消されている．

2)　これから先の，原文では2行の文章は，(1)のように左右に長くなく，その下のこの頁の最下部の中央に記されている．ザカリ・トゥルノールは，その古文書学版で，この2行の方が先に書かれ，(1)のパラグラフは，「そうして残された中間の空白部に書き足されたものであろう．」(29，244頁，注9)と述べている．私見では，(1)のパラグラフの方が第1稿で記され，後になってからパスカルが，それに代わるものとして(2)の2行に変えたと解した方がよい．(1)のパラグラフは，それまでに展開してきたこと全部の一種の要約を為しているものであるから，二つ折の2組の紙片の最後の頁の最下部に残っている余白にぎっしりと詰めて書き，その上方の左右の空白は，推敲の時のために空けて置いたものと推定される．この要約は，推敲の段階では消されてしまっている個所(「さらに，事物のそれ自体における，あるいは神における永遠性も，われわれの短い存続を驚かさずにはおかない．自然の一定不変な不動性も，われわれのうちに起る絶え間のない変化と比べて，同じ結果を起すに違いない．」〔原 359，第11–15

行])に対して次のように言及している.「人間は有限で限定されている. 自然は持続し，その存在を永久に維持するのに，人間は過ぎ去り，死ぬものである.」更にまた，このパラグラフは，「人間の不釣合」についてよりは，「人間の無能力」についての諸論拠の要約と見なされるべきであるという点にも注目しなければならない. このパラグラフが，横線でなく縦線によってしか消されておらず，その左側を曲線で包むようにして，更にその左側の真中に十字のしるしを付しているのは，パスカルがこれを，その護教論のおそらくもっと前の段階で利用しようと考えていたことを示すもののようである.

原 347 第 1 稿

R. O., p. 347 (1er jet)

+

Jncapacité de l homme 1

Voila ou Nous menent les connoissances Naturelles.
Si celles la ne sont Veritables Jl n'y a point de Verité
p^{r} l homme, si elles le sont ~~l homme N^{s}~~ Jl y trouue Vn grand
subject d humiliation, forcé a s abaisser d Vn ou d autre maniere.
Et puisqu Jl ne peut subsister sans Les Croire Je souhaitte
auant q passer outre Et d Entrer dans de plus grandes recherches
de la Nature, qu Jl la Considere Vne fois serieusem^{t} Et a loisir,
qu Jl se regarde aussy soy mesme Et Juge s Jl a quelq
proportion auec Elle, par la comparaison q Jl fera de Ces
deux objects.
Que l homme Considere donc La Nature entiere dans sa haute
Et pleine Majesté, qu Jl eloigne sa Veue des objets bas qui
l Enuironnent, ~~qu Jl l Estende a Ces feux Jnnombrables~~
~~qui roulent si fierem^{t} sur luy, que Cette Jmmense~~
~~Estendue de l'Vniuers luy paroisse luy face Consi~~
~~Vaste route que le soleil descrit en son tour~~
Qu Jl regarde Cette eclattante lumiere mise
~~au~~ Comme Vne lampe eternelle au Centre de l Vniuers,
que Le Vaste tour quelle descrit luy fasse
regarder la terre comme Vn point, ~~autour~~
~~dans s~~. Et que Ce Vaste tour luy mesme
~~ne~~ soit considere Comme Vn point a l egard de
celuy que Ces astres qui roulent dans le firmam^{t}
ambrassent. Mais arrestera Jl la sa Veue
que son Jmagination passe outre, Elle se lassera
plustost de conceuoir des Jmmensitez d espaces
que la Nature d en fournir, Tout Ce monde
Visible, N est qu Vn petit atome dans ~~le Va~~
l Jmmense sein de la Nature, Nulle Jdéé
~~n y~~ n en approche, ~~N^{s} n Jmagi~~ n^{s} auons beau
Enfler nos conceptions nous n enfantons
que des atomes, au prix de la realité de
Cette Vastitude Jnfinie, C est Vne sphere
Estonnante dont le Centre est partout
La Circonference Nulle part, Enfin c est le plus grand
des Caracteres sensibles de la toute puissance de dieu
que Nostre Jmagination se perde dans cette penseé ~~Mais pour reuenir~~
~~Jncomprehensi a soy~~

原348第1稿

R. O., p. 348 (1er jet)

Que l homme estant revenu ~~d vne Cer~~ a soy considere
ce qu Jl est au prix de Ce qui est, qu Jl se regarde
Comme egaré dans l Jmmense Estendue des choses
Et logé dans ce petit cachot qui ne luy decouure
la Veüe que de l Vniuers seulem^{t}, qui luy paroissoit
d Vne grandeur si etonnante, ~~luy q~~ au lieu qu Jl n est
qu Vne pointe Jnsensible dans l Jmmensité reelle des
choses. Par la Jl apprendra a estimer la terre
entiere Les Royaumes, Les villes, Les maisons
Et soy mesme son Juste prix.
Qu estce qu'Vn homme, dans la Nature.
Mais pour luy ~~faire~~ presenter Vn Autre prodige
aussy estonnant, qu Jl recherche dans ce qu Jl
Connoist les choses les plus Jmperceptibles, qu Vn Ciron
luy offre dans la petitesse de son Corps des parties
Jncomparablem^{t} plus petites, des Jambes auec des
Jointures, des nerfs dans ses Jambes Du sang
dans ses nerfs des humeurs dans ce sang, Des
Goutes dans ses humeurs, ~~Et s Jl~~ que
diuisant encore Ces gouttes Jl espuise ses
forces en ces conceptions, que le dernier object
ou Jl peut arriuer soit Mainten^{t} celuy de
nostre discours.
Je Veux luy faire Voir la dedans Vn abisme
de grandeur, Je luy Veux peindre non seulem^{t}
l Vniuers Visible, Mais l Jmmensité Jnconceuable
de la Nature dans l Enceinte de ce racourcy
d'atome, Vne Jnfinité de mondes, dans
Chacun ~~Vne Jnfinité de f~~ Vn firmam^{t} ~~Vne~~
des planettes Vne terre, dans Cette terre
des animaux des Cirons Et dans ces Cirons
~~Vne Ja~~ Vne Jnfinité d Vniuers semblables a
Ceux qu Jl Vient d'Entendre, Et toujours
des ~~diuis~~ profondeurs pareilles, sans
fin Et sans repos

原351第1稿

R. O., p. 351 (1er jet)

qu Jl se perde dans ces ~~petites~~ merueilles aussy
estonnantes dans leur petitesse, que les autres par leur
Estendue, Qui N'admirera ~~quel a~~ que Nostre
corps qui tantost n estoit pas perceptible dans l Vniuers
Jmperceptible luy mesme dans le sein du Tout,
soit a present Vn Colosse ~~Mais plustost~~ Vn monde
ou plustost Vn Tout a l egard du Neant ou
l on ne peut arriuer.

Qui se Considerera de la sorte s Effrayra de soy mesme
~~Jl aura p^{r} la Nature~~ Et se Considerant soutenu
dans la Masse que la Nature luy a donnéé entre ces
deux abismes ~~du Neant~~ de l Jnfini Et du Neant,
Jl tremblera dans la Veuë de ses merueilles Et Je
Croy que sa Curiosité se Changeant en admiration
Jl sera plus disposé à les contempler en silence
qu'a les rechercher auec presomption.

Car enfin Qu est ce qu~~Vne~~ l homme dans la Nature
Vn neant a l Egard de l Jnfiny, Vn Tout a
l egard du Neant, Vn milieu entre rien Et
tout, Jnfinim^{t} Eloigné de Comprendre les extremes,
La fin des choses Et leur principes sont pour luy
Jnuinciblem^{t} Cachez dans Vn secret Jmpenetrable,
Que pourra Jl donc conceuoir, sera ce l Jnfini, ~~Jl~~ luy qui
est borné, sera ce Le neant, Jl est en Estre egalem^{t}
Jncapable, de Voir ~~de~~ le Neant d'ou tout est tiré
Et l Jnfini, ou tout est poussé.

Que fera Jl donc sinon conceuoir quelque apparence
du milieu des choses, ~~sans esperence~~ dans Vn desespoir
eternel de connoistre ny leur principe ni leur fin.
Toutes Choses sont sorties du Neant Et portéés Jusqu'a
l Jnfiny, l autheur de Ces merueilles Les comprend
Tout autre ne le peut faire.

De Ces deux Jnfinis de Nature, ~~en grandeur Et en petitesse~~
l homme en Concoit plus aysem^{t} Celuy de grandeur
que Celuy de petitesse.

原352第1稿

R. O., p. 352 (1er jet)

~~L homme peu Jn~~
Manque d'auoir Contemplé Ces Jnfinis, l homme s est
porté temerairem^{t} a la recherche de la Nature Comme s Jl
auoi quelque proportion auec elle.
C est Vne chose estrange qu Jls ont Voulu comprendre les
principes des Choses Et ~~mesmes arriuer co~~ de la arriuer
Jusqu'a connoistre tout, par Vne ~~temerité~~ presomption
aussy Jnfinie que leur object. Car Jl est sans doute
qu on Ne peut former Ce dessein sans Vne presomption
ou sans Vne Capacité Jnfinie, comme la Nature.
Quand on est Jnstruit on Comprend que ~~toutes les C~~
la Nature ayant graué son Jmage Et celle de son autheur
dans Toutes choses Elles tiennent presque toutes de sa double
Jnfinité: C est ainsy qu N^{s} voyons que toutes Les sciences
sont Jnfinies en l estendue de leur recherches, Car qui
doute que la geometrie par exemple a Vne Jnfinité
d Jnfinitez de propositions a exposer. Elles sont aussy
~~estendues~~ Jnfinies dans la multitude Et la delicatesse
de leurs principes, Car qui ne Voit que ~~pr~~ Ceux qu'on
propose p^{r} les derniers ne se soutiennent pas d eux mesmes
Et qu Jls sont Apuyez sur d autres qui en ayants d'autres
pour appuy ne souffrent Jamais de dernier.
Mais, Comme ~~N^{s} appelons~~ dans la phisique
N^{s} Apelons Vn point Jndiuisible Celuy au dela
duquel nos sens n'apercoiuent plus rien quoy que
diuisible Jnfinim^{t} Et par sa Nature.
De Ces deux Jnfinis de sciences celuy de grandeur
Est bien plus sensible, Et C est pourquoy Jl est arriué
a peu de personnes de pretendre A traitter toutes
Choses, Je Vay parler de tout disoit democrité.
Mais outre que C est peu ~~de gloire~~ d en parler simplem^{t}
sans prouuer Et connoistre.—Jl est neantmoins Jmpossible
de la faire la multitude Jnfin des choses N^{s}
estant si cachéé que tout ce que N^{s} pouuons exprimer
par parolles ou par penséés n en est qu Vn trait
Jnuisible. d ou Jl paroist combien Est sot
ce tiltre de quelques liures, de Omni Scibili

原355第1稿

R. O., p. 355 (1er jet)

+

Jncapacité de l homme 2.

~~Mais l Jnfinité de petitesse est bien~~
on Voit d Vne premiere Veue que l arithmetique seule
fournit des proprietez sans nombre, Et chaque science
de mesme

Mais l Jnfinité en petitesse est bien moins Visible
Les philosophes ont bien plustost pretendu d y arriuer,
Et s est la ou tous se sont achopez auec le succez
qu on peut Voir.
Jl ne faut pas moins de Capacité pour ~~compre~~ aller
Jusqu'au neant que Jusqu'au tout, Jl la faut
Jnfinie en l Vn Et en l autre, Et Jl me semble
que qui auroit compris les derniers principes des choses
pourroit aussy arriuer Jusqu'a connoistre l Jnfini.
l Vn depend de L autre, Et l Vn Conduit a l autre
Ces extremitez se touchent Et se reunissent
a force de s estre Eloignees, Et se retrouuent
en dieu, Et en dieu seulem^{t}.

Connoissons donc Nostre portéé, ~~Nous occupons~~
~~Vne place,~~ Nous sommes quelque chose Et ne
sommes pas tout, ~~Nostre estre N^{s} ni~~ Ce que Nous
auons d Estre, ~~n^{s} eloigne~~ nous derobe la
~~viennent du~~
connoisse des premiers principes qui ~~sortent du neant~~
Viennent du neant, Et le peu que N^{s} ~~en~~ auons
d estre, n^{s} cache la Veue de l Jnfini

Nostre Jntelligence tient dans l ordre des
Choses Jntelligibles le mesme rang que nostre
Corps dans ~~les Choses~~ l Estendue de la Nature.

Voila Nostre estat Veritable, C est ce qui Nous rend
Jncapables de scauoir ~~abso certai~~ Et d Jgnorer
absolum^{t}. Nous sommes tous toujours Jncertains Et
flottants, Et poussez d Vn Costé Et d autre
sans ~~Jamais treu~~ Arrest ~~ni nous prendre~~

原356第1稿

R. O., p. 356 (1er jet)

ni d Vn ni d autre Costé, quelque fin que Nous
pensions n^s attacher Et n^s affermir, Jl
bransle, Et ~~s eloigne~~ fuit d Vne fuite eternelle
rien ne ~~n^s~~ s'arreste. Et C est l'Estat qui est
le plus contraire a nostre Jnclination, N^s brulons
du desir de trouuer Vn assiette ferme, Et Vne
base constante surquoy n^s puissions edifier Vne
tour qui s Eleue a Jnfini, Mais tout nostre
fondem^t craque Et la terre souure Jusqu'aux
abismies,
Ne Cherchons donc point d assurance Et de fermeté
Nostre ~~att~~ raison ~~deceüe tant de fois~~ est toujours
deceüe, par les promesses des apparences, rien
en Effect de peut affermir le finy Entre
Les duex Jnfinis ~~que nous Cons~~ qui nous Enferment.
Si l homme s Estudioit ~~plusto~~ le premier Jl y Verroit bien
~~des tant~~ de ces Causes de son Jmpuissance de passer outre
~~qu Jl y borneroit sa Curiosité, mais Jl ne la remplir~~
Je Croy qu on Voit assez par la que l homme ~~ne peu~~N'estant
qu Vne partie ne peut connoistre le Tout, mais Jl
aspirera ~~peut~~ peutestre aConnoistre au moins les parties
auec lesquelles Jl a de la proportion. Mais les
parties du monde ont toutes Vn tel rapport Et Vn
tel enchaisnem^t l Vne auec l autre que Je Croys Jmpossible
de Connoistre l Vne sans l autre Et sans le Tout.
L homme par exemple a raport a tout ce qu Jl connoist
Jl a besoing d aliment p^r se nourrir, d air p^r repirer
de lieu p^r le Contenir, de ~~mou~~ temps p^r durer, de
mouvem^t p^r Viure, d Elem^{ts} p^r le Composer, de ~~feu~~ Chaleur
de ~~Cha~~ lumiere, Jl Voit la lumiere Jl sent
Les Corps Enfin tout tombe sous ses recherches,
Jl faut donc p^r Connoistre l homme sauoir
~~ce qui~~ d'ou Vient qu Jl a besoing d air Pour subsister
Et p^r Connoistre l air, sauoir quel raport
a la Vie de l homme &c.

原 359 第 1 稿

R. O., p. 359 (1er jet)

La flamme ne subsiste point sans l'air donc
p^{r} Connoistre la flamme Jl faut Connoistre
l'air,
Donc toutes choses estant causéés ou Causantes
aydees ou Aydantes, Mediatem^{t} ou Jmmediatem^{t}
Et toutes s Entretenantes par Vn lien Naturel
Et Jnsensible qui lie les extremes Et les plus
differentes, Je tiens Jmpossible d en connoistre aucune
seule sans toutes les Autres, Cest a dire Jmpossible
purem^{t} Et absolum^{t}.
L Eternité des Choses en Elles mesmes ou en dieu
doit encore estonner nostre petite duréé.
L Jmmobilité fixe Et Constante de la Nature
Comparaison au Changem^{t} Continuel qui se passe
en nous ~~est d~~ doit faire le mesme effect
Et Ce qui acheue Nostre Jmpuissance est La
simplicité des choses comparéé auec
nostre estat double Et composé. Jl y a des
absurditez Jnuincibles a combatre Ce point
Jl est aussy absurde qu Jmpie de nier que
L homme est Composé de deux parties de differente
Nature, d'ame Et de Corps. Cela N^{s} rend
Jmpuissants a Connoistre toutes choses.
Que si on nie cette composition Et qu on ~~Entre~~
pretende que N^{s} sommes tous corporels Je laisse a Juger
Combien la matiere est Jncapable de Connoistre la
matiere Et ce que peut de la boüe p^{r} con
rien nest plus impossible que cela.
Conceuons donc que Ce meslange d esprit Et de ~~Matiere~~ boüe
Nous disproportionne.
~~Et ainsy Vn estre tout materiel ne pouuant se~~
~~Connoistre,~~
Et ainsy soit que N^{s} soyons simples materiels
Nous ne pouuons rien du tout Connoistre, Et si nous sommes
mesles d Esprit Et de Matiere, nous ne pouuons
connoistre parfaitem^{t} les choses simples, Car
comment Connoistrions N^{s} la Matiere, puisque Nostre
suppost qui agit en cette connoissance est en partie
spirituel, Et comment connoistrions nous nettem^{t} les
spirituelles ayants Vn corps qui n^{s} aggraue Et
nous baisse Vers la terre

原360第1稿

R. O., p. 360 (1er jet)

~~L ame empeschant que le suppost entier ne~~

De la Vient que ~~tous~~ presque tous les philosophes ~~s egar~~
Confondants les Jdéés des Choses, ~~d~~ Et parlent des Choses
Corporelles Spirituellem^{t} Et des Spirituelles Corporellem^{t}
Car Jls disent hardim^{t} qu Vne pierre tend en bas,
qu elle craint le Vuide, qu elle a Jnclinations
simpatiq des antipaties qui sont toutes choses
qui n'appartienn^{t} qu aux Esprits, Et en parlant des
esprits Jls ~~leur Attribuent le mouum^{t} local Et~~
les considerent comme en Vn lieu, Et leur attribuent
le mouuem^{t} d vn lieu a Vn autre qui sont
choses qui n'appartienn^{t} qu aux Corps.
Au lieu de recevoir les Jdéés de Ces Choses
~~Jls~~ on les teint de ses qualitez Et peint son
propre estre ~~son~~ composé toutes les choses simples
qu Jl contemple, C est ainsy ~~qu Jl borne l Vniuers~~
~~parce que~~ qu estant borné Jl borne l Vniuers
~~Et~~,
Qui ne Croirait a Voir qu Jl compose toutes
Choses d esprit Et de Corps ~~p^{r} les comprendre~~ que Ce meslange la
luy seroit fort ~~Jne~~ comprehensibe, C'est neantmoins la chose
q Jl comprend le moins, Jl est a luy mesme la ~~ch~~
plus prodigieux object de la Nature, Car Jl ne
peut conceuoir ~~ny~~ ce que C est que Cops, Et encore moins
ce que C est qu' Esprit, Et moins qu'aucune Chose
Comment Vn Corps peut estre Vni auec Vn Esprit. C est
la le Comble de ses difficultez, quoy que Ce soit son propre estre.
quomodo Corporibus adherent spiritus comprehendi
ab hominé non potest, Et hoc tamen homo est.
Voila Vne partie des ~~causes qui~~ Causes qui rendent l homme si Jmbecille a Connoistre la Nature.
Elle est Jnfinie en deux manieres, Jl est finy ~~de toutes pa~~ Et limité. Elle dure Et se ~~perpetue~~ maintient
~~en son co en~~ perpetuellem^{t} en son estre, Jl passe Et est mortel. Les Choses en particulier se Corrompent
~~a toute a~~ Et se Changent a chaque Jnstant Jl ne les Voit qu en passant, Elles ont Vn principe Et Vne
fin, Jl ne concoit ni l Vn ny l autre, Elles sont simples Et Jl est composé de deux Natures differentes
~~Toutes les sciences Ont de~~ Et pour Consommer La preuue de Nostre foiblesse
Je finiray par cette reflexion sur l estat de Nostre Nature.

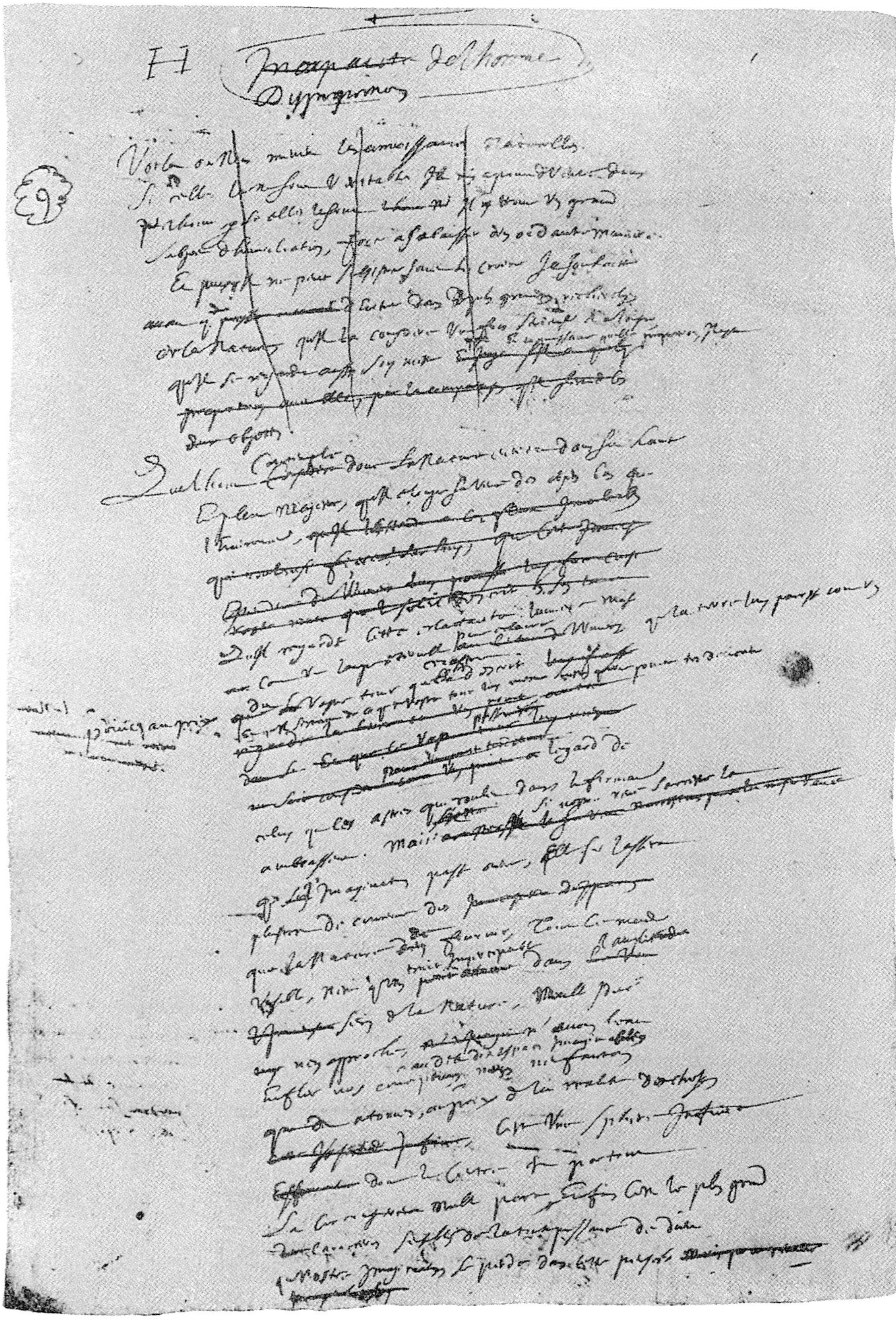

原 347 (p. 347 du manuscrit)

\+

H

~~Jncapacité~~ de l homme
Disproportion 1)

1

9 Voila ou Nous menent les connoissances Naturelles.

Si celles la ne sont Veritables Jl n'y a point de Verité *dans*
~~p^r~~[a] l homme, & si elles le sont ~~l homme~~ ~~N^s~~ Jl y trouue[b] Vn grand
subject d humiliation, forcé a s[c]abaisser d Vn ou d autre maniere.

Et puisqu Jl ne peut subsister sans Les Croire Je souhaitte
~~*de*~~
auant q ~~passer outre Et~~ d Entrer dans de[d] plus grandes recherches
de la Nature, qu Jl la Considere Vne fois serieusem^t Et a loisir,
~~qu Jl~~ Et connoissant quelle proportion Jl y a
qu Jl se regarde aussy soy mesme ~~Et Juge s Jl a quelq~~
~~proportion auec Elle, par la comparaison q Jl fera de Ces~~
~~deux objects.~~

Contemple
Que l homme ~~Considere~~ donc La Nature entiere dans sa haute
Et pleine Majesté, qu Jl eloigne sa Veue des objets bas qui[e]
l Enuironnent, ~~qu Jl l Estende[f] a Ces feux Jnnombrables~~
~~qui roulent si fierem^t sur luy, que Cette~~ ~~Jmmense~~
~~Estendue de l'Vniuers luy paroisse luy face Consi~~
~~Vaste route que le soleil descrit en son tour~~
Qu Jl[g] regarde Cette eclattante lumiere mise
pour eclairer
~~au~~ Comme Vne lampe eternelle ~~au Centre de~~ l Vniuers, *que la terre luy paroisse comme Vn*
du *cet astre*
point au prix ~~que Le~~ Vaste tour quelle descrit ~~luy fasse~~
Et qu Jl s estonne de Ce que ce Vaste tour luy mesme n est qu Vne pointe tres delicate
~~regarder la terre comme Vn point, autour~~
passe ~~soit~~[h]
~~dans s. Et que Ce Vaste tour luy mesme~~
~~*pour Vne pointe tres delicate*~~
~~ne soit considere Comme Vn point~~ a l egard de
celuy que Ces astres qui roulent dans le firmam^t
~~s: Jl n ar~~ *si nostre Veue s arreste la*
ambrassent. Mais ~~arrestera Jl[i] la sa Veue~~ ~~*Narrestons point la nostre Veue*~~
que ~~son~~ *l'* Jmagination passe outre, Elle[j] se lassera
plustost de conceuoir des ~~Jmmensitez d espaces~~
de
que la Nature ~~d en~~ fournir, Tout Ce monde
trait Jmperceptible *l ~~amplitude~~*
Visible, N est qu Vn ~~petit atome~~ dans ~~le Va~~
~~l Jmmense~~ sein de la Nature, Nulle[k] Jdéé
~~n y~~ n en approche, ~~N^s n Jmagi~~ n^s auons beau
∧ *au dela des Espaces Jmaginables*[l]
Enfler nos conceptions nous n enfantons
∧
que des atomes, au prix de la realité des *Choses*
~~Cette Vastitude~~[m] ~~Jnfinie~~, C est Vne sphere *Jnfinie*[n]
~~Estonnante~~[o] dont le Centre est partout
La Circonference Nulle part, Enfin c est le plus grand
~~des~~ Caracteres sensibles de la toute puissance de dieu
que Nostre Jmagination se perde dans cette penseé ~~Mais pour reuenir~~[p]
~~Jncomprehensi a soy~~[q]

a) d+p^r
b) aV+y tr
c) b+s
d) l+d
e) ?+q (?=不明または不確かなもの〔lecture impossible ou douteuse〕)
f) les+Estende
g) e+J
h) *soit*=?
i) Jl=?
j) q+E
k) N^s+Nu
l) *ir*+*bl*
m) J+V
n) この語の上の横線は，その前の語の終りに筆を走らせたもの (cf. TOU, p. 237, n. 1)
o) ff+st
p) reuenir=?
q) a soy=?

1) イタリックと点線は，推敲の際に記されたもの (L'italique et les barres de rature en pointillé représentent les retouches).

原 348 (p. 348 du manuscrit)

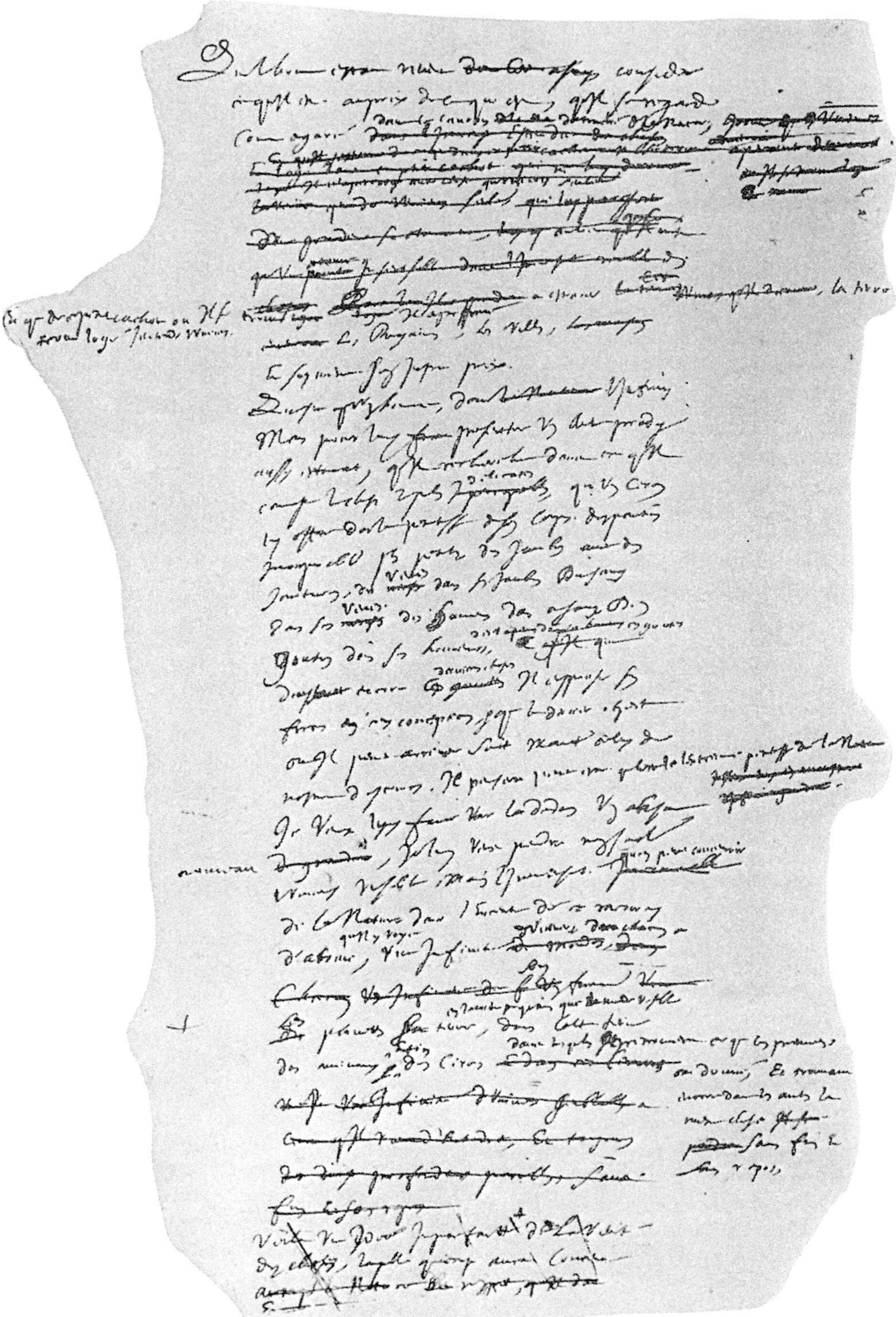

原 348 (p. 348 du manuscrit)

Que l homme estant revenu ~~d vne Cer~~ a soy considere

ce qu Jl est au prix de Ce qui est, qu Jl se regarde ---?----------------

dans ce Canton ~~de la Na~~ detourné de la Nature, *~~Estonné que~~a) ~~l Vniuers qu Jl admiroit~~*

Comme egaré ~~dans l Jmmense Estendue des choses~~

~~Et qu Jl~~b) ~~s estonne de ce que dans ce petit cachot ou Jl se trouue~~ *~~apperceuoit de ce cachot~~*

~~Et logé dans ce petit cachot qui ne luy decouure~~

~~logé Jl n'apercoiue autre chose qu Vniuers seulemt~~ *~~ou Jl se trouue logé Et~~c) ~~trouu~~*

~~la Veüe que de l Vniuers seulem^t~~, ~~qui luy paroissoit~~

~~que Ce~~

~~d Vne~~d) ~~grandeur si etonnante~~, ~~luy q au~~ lieu ~~qu~~ ~~Jl~~ n est

~~atome~~

~~qu Vne pointe Jnsensible dans l Jmmensité reelle des~~

~~Cet~~

~~choses~~. ~~Par~~e) ~~la Jl apprendra~~ a estimer ~~la terre~~

Et que de ce petit cachot ou Jl se trouue ~~egar~~ ~~logé~~ Jl aprenne trouue logé J entends l Vniuers, *~~l Vniuers qu Jl decouure~~, la terre,*

~~entiere~~ Les Royaumes, Les villes, ~~Les maisons~~

Et soy mesme son f) Juste prix.

Qu estce qu'Vn homme, dans ~~la Nature~~. *l Jnfiny.*

Mais pour luy ~~faire~~ presenter Vn Autre prodige

aussy estonnant, qu Jl recherche dans ce qu Jl

delicates

Connoist les choses les plus ~~Jmperceptibles~~, qu Vn Ciron

luy offre dans la petitesse de son Corps des parties

Jncomparablem^t plus petites, des Jambes auec des

Venes

Jointures, des ~~nerfs~~ dans ses Jambes Du g) sang

Venes

dans ses ~~nerfs~~ des humeurs h) dans ce sang, Des

des vapeurs dans ~~ces humeurs~~ ces goutes

Goutes i) dans ses humeurs, ~~Et s j) Jl~~ que

dernieres choses

diuisant k) encore Ces ~~gouttes~~ Jl espuise ses

forces en ces conceptions, & que le dernier object

ou Jl peut arriuer soit Mainten^t celuy de

nostre discours. *Jl pensera peut estre que C est la l extreme petitesse de la Nature*

Je Veux luy l) faire Voir la dedans Vn abisme m) *~~Je Veux luy en monstrer l Jnfinie grandeur.~~*

nouueau ~~de grandeur~~, Je luy Veux peindre non seulem^t

qu on peut conceuoir

l Vniuers Visible, Mais l Jmmensité ~~Jnconceuable~~

de la Nature dans l Enceinte de ce racourcy

qu Jl y Voye *d Vniuers, dont n) chacun a*

d'atome o), Vne Jnfinité ~~de mondes~~, ~~dans~~

son

~~Chacun Vne Jnfinité de f~~ ~~Vn~~ firmam^t ~~Vne~~

ses *en la mesme proportion que le p) monde Visible*

\+ ~~des~~ planettes *sa* q) terre, dans Cette terre

^Enfin *dans les quels Jl r) retrouuera ce que les premiers ont donné, Et trouuant encore dans les autres la mesme chose ~~Jl se perdera~~ sans fin Et sans repos,*

des animaux & des Cirons ~~Et dans ces Cirons~~

~~Vne Ja~~s) ~~Vne Jnfinité d Vniuers semblables~~t) ~~a~~

~~Ceux qu Jl Vient d'Entendre~~u); ~~Et toujours~~

~~des diuis profondeurs pareilles, sans~~

~~fin Et sans repos~~

Voila Vne Jdée v) Jmparfaitte + de La Verité

des choses w), laquelle quiconque aura Conceue

~~aura p^r la Nature~~ Le x) respect, ~~qu Jl doit~~

~~Et~~

a) *de*+*qu*
b) *e*+*J*
c) *J*+*E*
d) Si+dV
e) A+P
f) J+s
g) s+D
h) g+h
i) d+G
j) q+s
k) se+a
l) y+u
m) u+b
n) *ans*+*ont*
o) b+t
p) *N*+*l*
q) Vne+*sa*
r) *on*+*Jl*
s) V+J
t) C+s
u) e+E
v) *d*+*J*
w) *chos*__+*es*
x) *du*(?)+*Le*(?)

原 351 (p. 351 du manuscrit)

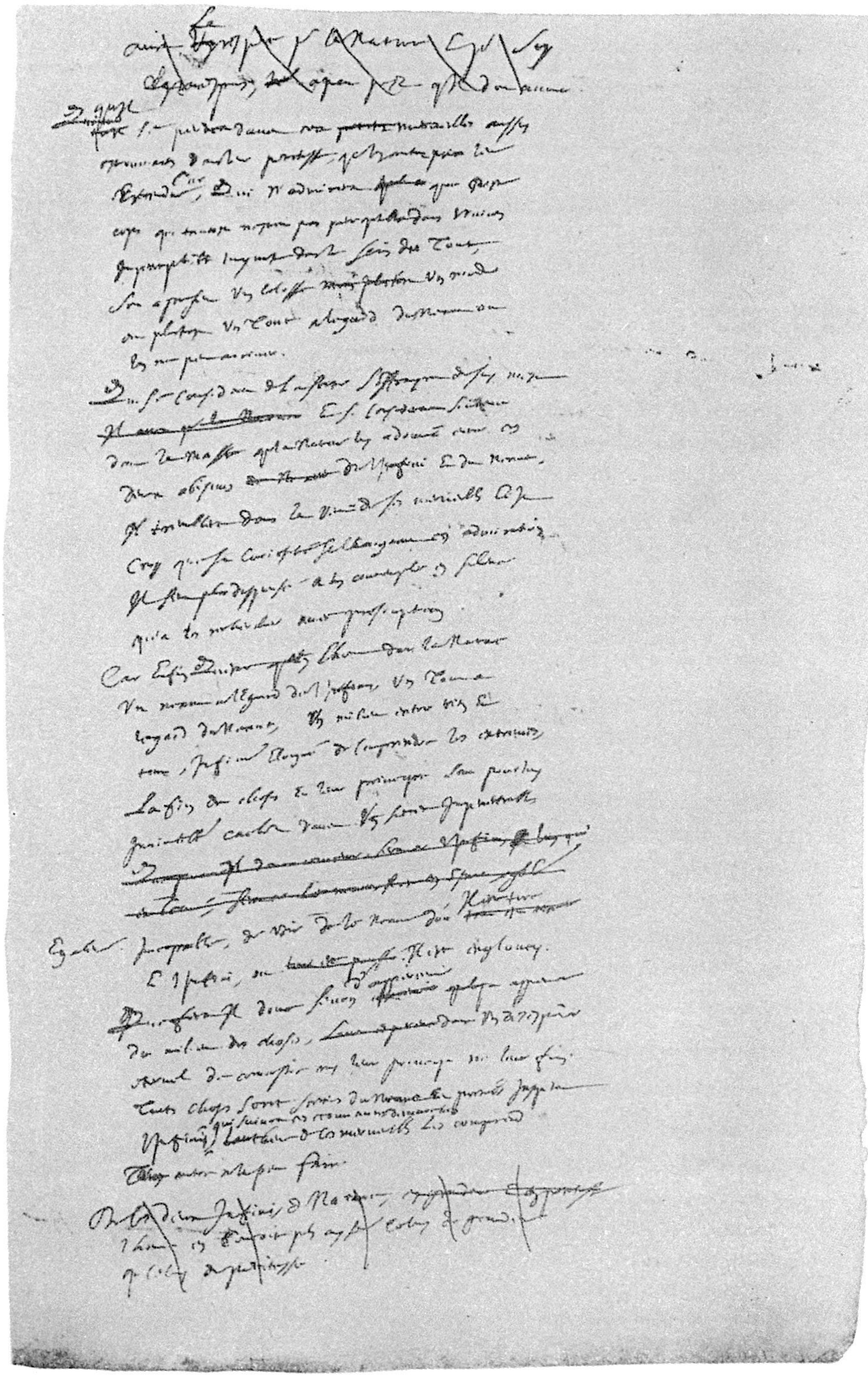

原 351 (p. 351 du manuscrit)

Le
Aura ~~Vn~~ respect pr la Nature Et pr soy
Le[a] mespris, ~~tel~~ a peu prez qu Jl doit auoir. — a) Vn+Le

qu Jl
~~Qui ne~~
~~qu Jl~~ se perd*ra*[b] dans ces ~~petites~~ merueilles aussy — b) e+*ra*
estonnantes dans leur petitesse, que les autres par leur
Car
Estendue[c], Qui N'admirera ~~quel[d] a~~ que Nostre[e] — c) Va+Es d) l+q e) C+N
corps qui tantost n estoit pas perceptible dans l Vniuers
Jmperceptible luy mesme dans le sein du[f] Tout, — f) e+u
soit a present Vn Colosse ~~Mais plustost~~ Vn monde
ou plustost Vn Tout a l egard du Neant ou
l on ne peut arriuer.
Qui se Considerera de la sorte s Effrayra de soy mesme
~~Jl aura pr la Nature~~ Et se Considerant soutenu
dans la Masse que la Nature luy a donnéé entre ces
deux abismes ~~du Neant~~ de l Jnfini Et du Neant,
Jl tremblera dans la Veuë de ses merueilles Et Je
Croy que sa Curiosité se Changeant en admiration
Jl sera plus disposé à les contempler en silence
qu'a les[g] rechercher auec presomption. — g) r+l
Car enfin Qu est ce qu~~Vn~~e l homme dans la Nature
Vn neant a l Egard de l Jnfiny, Vn Tout a
l egard du Neant, Vn[h] milieu entre rien[i] Et — h) l+V i) n+r
tout, Jnfinimt Eloigné de Comprendre les extremes,
La fin des choses Et leur principes sont pour luy
Jnuinciblemt Cachez dans Vn[j] secret Jmpenetrable, — j) le+Vn
~~Que pourra Jl[k] donc conceuoir, sera ce l Jnfini, Jl luy qui~~ — k) d+J
~~est borné, sera ce Le neant, Jl est en Estre egalem~~t[l] — l) ,+e
Jl est tiré
Egalement Jncapable, de Voir ~~de~~ le Neant d'ou ~~tout est tiré~~
Et l Jnfini, ou ~~tout est poussé.~~ *Jl est englouty.*
d'apperceuoir
Que[m] fera Jl donc sinon ~~conceuoir quelque~~ apparence — m) J+Q
du milieu des choses, ~~sans esperence~~ dans Vn desespoir
eternel de connoistre ny leur principe ni leur fin.
Toutes Choses sont sorties du Neant Et portéés Jusqu'a
^*qui suiura ces estonnantes demarches*
l Jnfiny[n], l autheur de Ces merueilles Les comprend — n) i+y
^
Tout[o] autre ne le peut faire. — o) Vn+To
De Ces deux Jnfinis de Nature, ~~en grandeur Et en petitesse~~
l homme en Concoit[p] plus aysemt Celuy de grandeur — p) ?+C
que Celuy de petitesse.

原 352 (p. 352 du manuscrit)

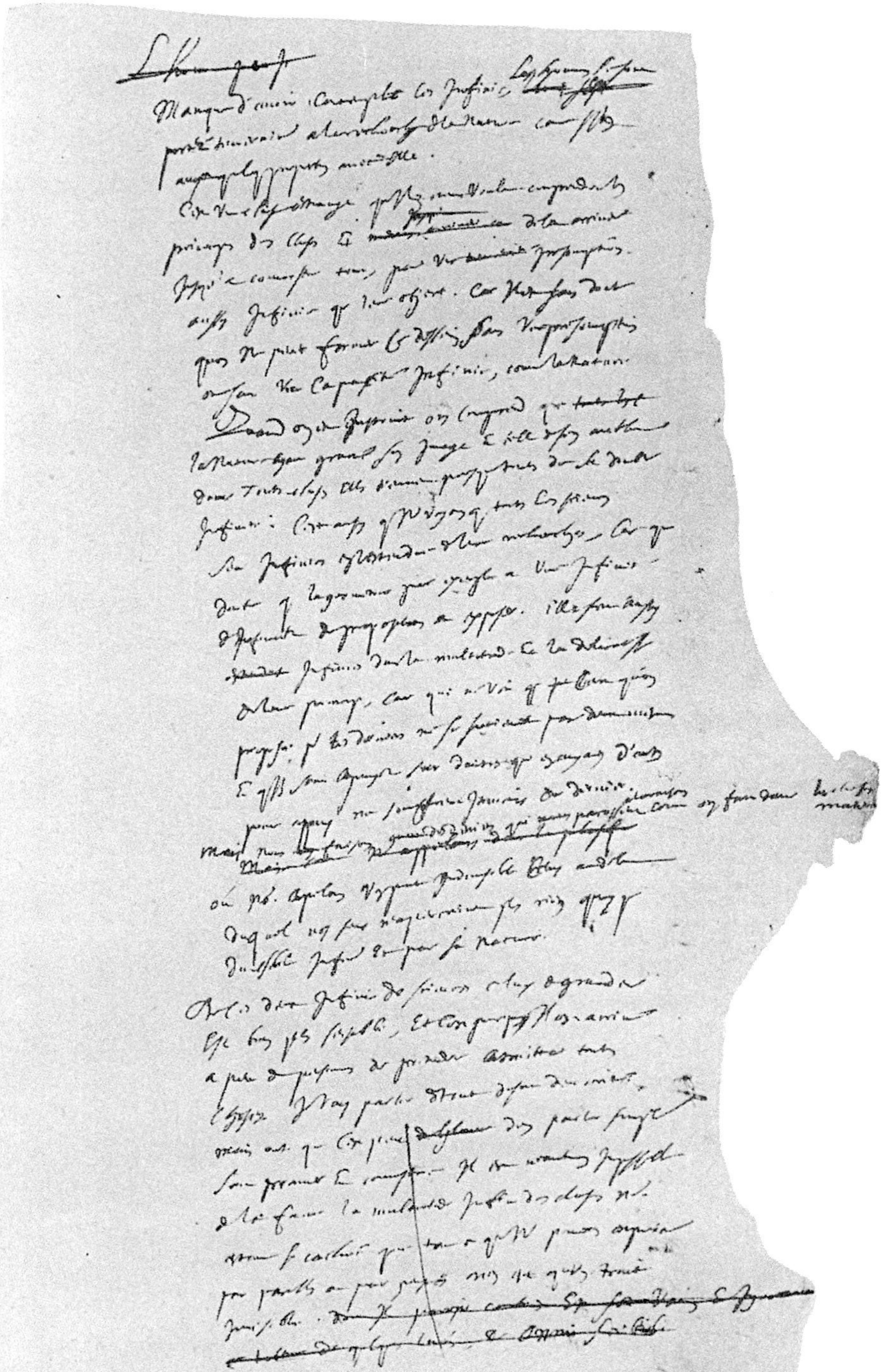

原 352 (p. 352 du manuscrit)

~~L homme peu Jn~~

Les hommes se sont
Manque d'auoir Contemplé Ces Jnfinis, ~~l homme s est~~
portéz[a] temerairem[t] a la recherche[b] de la Nature Comme s Jl*s*[c] — a) é+*ez* b) j+h c) Jl__+*s*
auo*yent*[d] quelque proportion auec elle. — d) i+*yent*
C est Vne chose estrange qu Jls[e] ont Voulu comprendre les — e) Jl__+s
~~Jusqu'a~~
principes des Choses Et ~~mesmes arriuer co~~ de la arriuer
Jusqu'a connoistre tout, par Vne ~~temerité~~ presomption
aussy Jnfinie que leur object. Car Jl est sans doute
qu on Ne peut former Ce dessein sans[f] Vne[g] presomption — f) d+s g) Vn__+e
ou sans Vne Capacité[h] Jnfinie, comme la Nature. — h) s+c
Quand on est Jnstruit[i] on Comprend que ~~toutes les C~~ — i) e+J
la Nature ayant graué son Jmage Et celle[j] de son autheur — j) ?+c
dans Toutes[k] choses Elles tiennent presque toutes de sa double — k) s+T
Jnfinité: C est ainsy qu N[s] voyons que toutes Les sciences
sont Jnfinies en l estendue de leur recherches, Car qui
doute que la geometrie par exemple a Vne Jnfinité
d Jnfinitez[l] de propositions a exposer. Elles sont aussy — l) i+J
~~estendues~~ Jnfinies dans la multitude Et la delicatesse
de leurs principes, Car qui ne Voit que ~~pr~~ Ceux[m] qu'on — m) les+C
propose p[r] les[n] derniers ne se soutiennent pas d eux mesme — n) ?+l
Et qu Jls sont Apuyez sur d autres qui en ayants d'autres
pour appuy ne souffrent Jamais de dernier. *a la raison*
Mais Nous ~~en~~ faisons ~~comme~~ des derniers qui ~~nous~~ paroissent Comme on fait dans les choses materielles
~~Mais, Comme N[s] appelons dans la phisique~~
où N[s] Apelons[o] Vn point Jndiuisible[p] Celuy[q] au dela — o) a+A p) i+J q) ?+C
duquel nos sens n'apercoiuent plus rien quoy que
diuisible Jnfinim[t] Et par sa Nature.
De Ces deux Jnfinis de sciences celuy de grandeur
Est bien plus sensible, Et C est pourquoy[r] Jl est arriué — r) i+y
a peu de personnes de pretendre A[s] traitter toutes — s) a+A
Choses[t], Je Vay parler de tout disoit democrité. — t) j+h
Mais outre que Cest peu ~~de gloire~~[u] d en parler simplem[t] — u) C+g
sans prouuer Et connoistre. — Jl est neantmoins Jmpossible
de le[v] faire la multitude Jnfin des choses N[s] — v) a+e
estant si cachéé que tout ce que N[s] pouuons exprimer
par parolles ou par pensées n en est qu Vn trait
Jnuisible. ~~d ou Jl paroist combien Est sot~~ *~~Vain Et Jgnorant~~*
~~ce tiltre de quelques liures[w], de Omni Scibili~~ — w) liu___+res

原 355 (p. 355 du manuscrit)

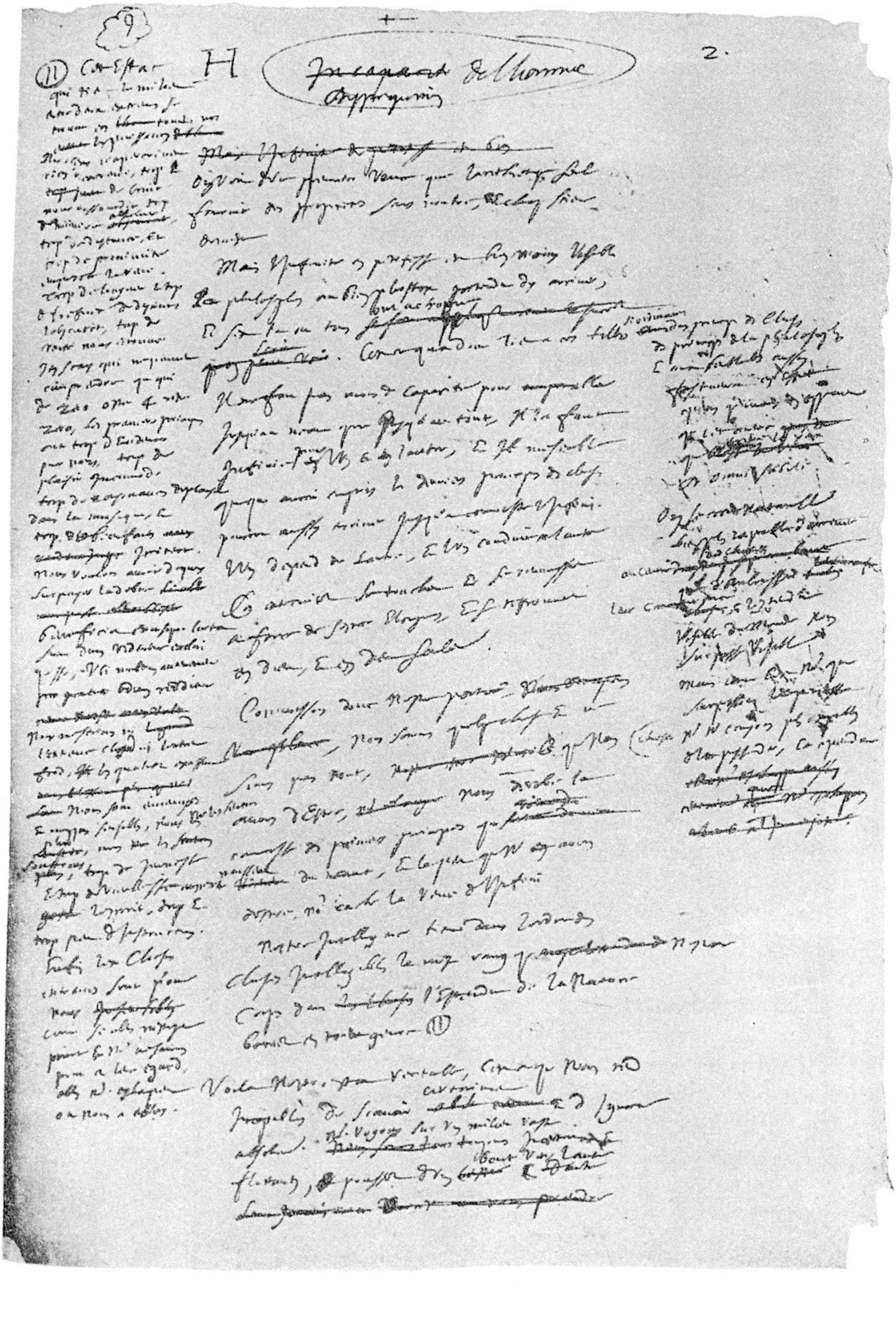

原 355 (p. 355 du manuscrit)

+

~~Jncapacité~~ de l homme
Disproportion

2.

9

H

~~Mais l Jnfinité de petitesse est bien~~

On Voit d Vne premiere Veue que l arithmetique seule fournit des proprietez sans nombre, Et chaque science de mesme

Mais l Jnfinité en petitesse est bien moins Visible Les[b] philosophes ont bien plustost pretendu d y arriuer, Et s est la ou tous *ont achoppé* ~~se sont achopez~~[c] ~~auec le succez~~ ~~*scait*~~ ~~qu on peut Voir.~~ *C est ce qui a donné lieu a ces tiltres* ~~*au*~~ *si ordinaires des principes des Choses des principes de la philosophie, Et aux semblables*[d] *aussy fastueux en Effect quoy que moins en apparence que Cet autre* ~~*qu on Ne*~~ *creue les yeux qui* ~~*blesse la Veue*~~ *De Omni scibili*

Jl ne faut pas moins de Capacité pour ~~compre~~ aller Jusqu'au neant que Jusqu[e] au tout, Jl la faut Jnfinie *pour*[f] ~~en~~ l Vn Et ~~en~~ l autre, Et Jl[g] me semble que qui auroit compris les derniers principes des choses pourroit aussy arriuer Jusqu'a connoistre l Jnfini. l Vn depend de L autre, Et l Vn Conduit a l autre Ces[j] extremitez se touchent Et se reunissent a force de s estre Eloignees, Et se retrouuent[k] en dieu, Et en[l] dieu seulem^t^.

On se croit Naturellem^t^ bien plus capable d arriuer au Centre des Choses ~~*diuiser Jusqu au bout leur Circonfer*~~ *que d'ambrasser* ~~*toutes*~~ *leur Circonference* ~~*Choses*~~[2]*. Et l estendue Visible du Monde Nous surpasse Visiblem^t^ Mais Comme C est N^s^ qui surpassons les petitesse (Choses N^s^*[3]*) N^s^ croyons plus capables de les*[t] *posseder Et cependant* ~~*elle n^s^ eschappe aussy que certainem^t^ comme N^s^ eschapons a la C a l Jmmensité.*~~

Connoissons donc Nostre[n] portée, ~~Nous occupons~~[o] ~~Vne place~~, Nous sommes quelque chose Et ne sommes pas tout[q], ~~Nostre estre N^s^ ni~~[r] Ce que Nous auons d Estre, ~~n^s^ eloigne~~[u] nous derobe la connoise des premiers principes qui ~~sortent du neant~~ ~~viennent du~~ *naissent* ~~Viennent~~ du neant[5], Et le peu que N^s^ ~~en~~ auons d estre, n^s^ cache la Veue de l Jnfini

Nostre Jntelligence tient dans l ordre des Choses Jntelligibles le mesme rang que ~~nostre~~ ~~*l estendue de*~~ *Nostre* Corps dans ~~les Choses~~ l Estendue de la Nature.

bornez en toute genre (ll)

Voila Nostre estat Veritable, C est ce qui Nous rend Jncapables[z] de scauoir *Certainement* ~~abso~~ ~~certai~~ Et d Jgnorer absolum^t^. *N^s^ Voguons sur Vn milieu Vaste* ~~Nous sommes tous~~ toujours Jncertains Et flottants, ~~Et~~ poussez d Vn *bout Vers l autre* ~~Costé~~ ~~Et d autre~~ ~~sans Jamais treu~~ Arrest ~~ni nous prendre~~

(ll) *Cet Estat qui tient le milieu entre deux extremes se trouue en* ~~*l homme*~~ *toutes*[a] *nos* ~~*entier*~~ *les puissance* ~~*de l homme*~~[1] *Nos sens n'apercoiuent rien d extreme, trop* ~~*Et*~~ ~~*trop peu*~~ *de bruit nous assourdit, trop de lumiere* *eblouit* ~~*obscurcit*~~*, trop de distance, Et trop de proximité empesche la veue. Trop de longueur Et trop de briefueté de discours l obscurcit, trop de Verité nous estonne. J en scay qui ne peuuent comprendre que qui de Zero oste 4 reste Zero, Les premiers principes ont trop d Euidence pour nous, trop de plaisir Jncommode trop de consonances deplaisent*[h] *dans la musique, Et trop de*[i] *bienfaits* ~~*nous rendent Jngr*~~ *Jrritent.*

Nous Voulons auoir dequoy surpayer la debte ~~*si elle nous passe elle blesse*~~ *beneficia eo usque laeta sunt dum Videntur exolui posse, Vbi multum anteuenere pro gratia odium redditur* ~~*nemo Non*~~[m] ~~*V non Vult*~~ *Nous ne sentons ni* ~~*le grand*~~ *l'extreme Chaud*[p] *ni l extreme froid,* ~~*Jls*~~ *les qualitez excessiues* ~~*nous blessent plus que n^s^ l sent*~~ *Nous sont ennemyes*[s] *Ne les sentons Et non pas sensibles, nous les plus* ~~*souffre*~~*, nous* ~~*Ne*~~ *les* ~~*sentons*~~ *souffrons* ~~*plus*~~[4]*, trop de Jeunesse Et trop de Vieillesse empesche* ~~*gaste*~~ *l esprit*[6]*, trop Et trop peu d Jnstruction. Enfin les Choses extremes sont p^r^our*[v] *Nous* ~~*Jnsensibles*~~ *Comme si elles n estoyent point Et*[w] *N^s^ ne sommes point a leur egard, elles n^s^ echapent*[x] *ou Nous a elles*[y]*.*

a) *tout*__+*es*
b) Et+Les
c) pp+ch
d) c+s
e) p+J
f) d+p
g) Je+Jl
h) +*deplaisent*
i) ?+e
j) S+C
k) j+t
l) ?+n
m) Vu+Non
n) ?+N
o) ?+o
p) os+au
q) r+t
r) ~~ni~~=?
s) s+es
t) a+es
u) ?+el
v) p^r^__+our
w) ,+E
x) s+c
y) ??+ll
z) ?+n

1) *en l homme tout entier→en* ~~*l homme*~~ *toutes (tout__+es)* ~~*entier*~~ *les puissances de l homme→en toutes nos les (sic) puissances* ~~*de l homme*~~
2) *capable de diuiser Jusqu au bout que d'ambrasser toutes Choses→capable d arriuer (e+a) au Centre* ~~*diuiser Jusqu au bout*~~ *des Choses que d'ambrasser* ~~*toutes*~~ ~~*leur Circonfer*~~ ~~*Choses*~~ *leur Circonference*
3) *la petitesse N^s^→les (a+es) petitesse Choses N^s^*
4) *nous les souffro, nous Ne les sentons plus,→nous Ne (les+Ne) les sentons* ~~*souffro*~~ *plus, nous* ~~*Ne*~~ *les* ~~*sentons*~~ ~~*plus*~~ *souffrons,*
5) sortent du neant→~~sortent du~~ viennent du neant→~~viennent du neant~~ Viennent du neant→~~Viennent~~ *naissent* du neant
6) *Vieillesse gaste l esprit→Vieillesse empesche* ~~*gaste*~~ *l esprit*

原 356 (p. 356 du manuscrit)

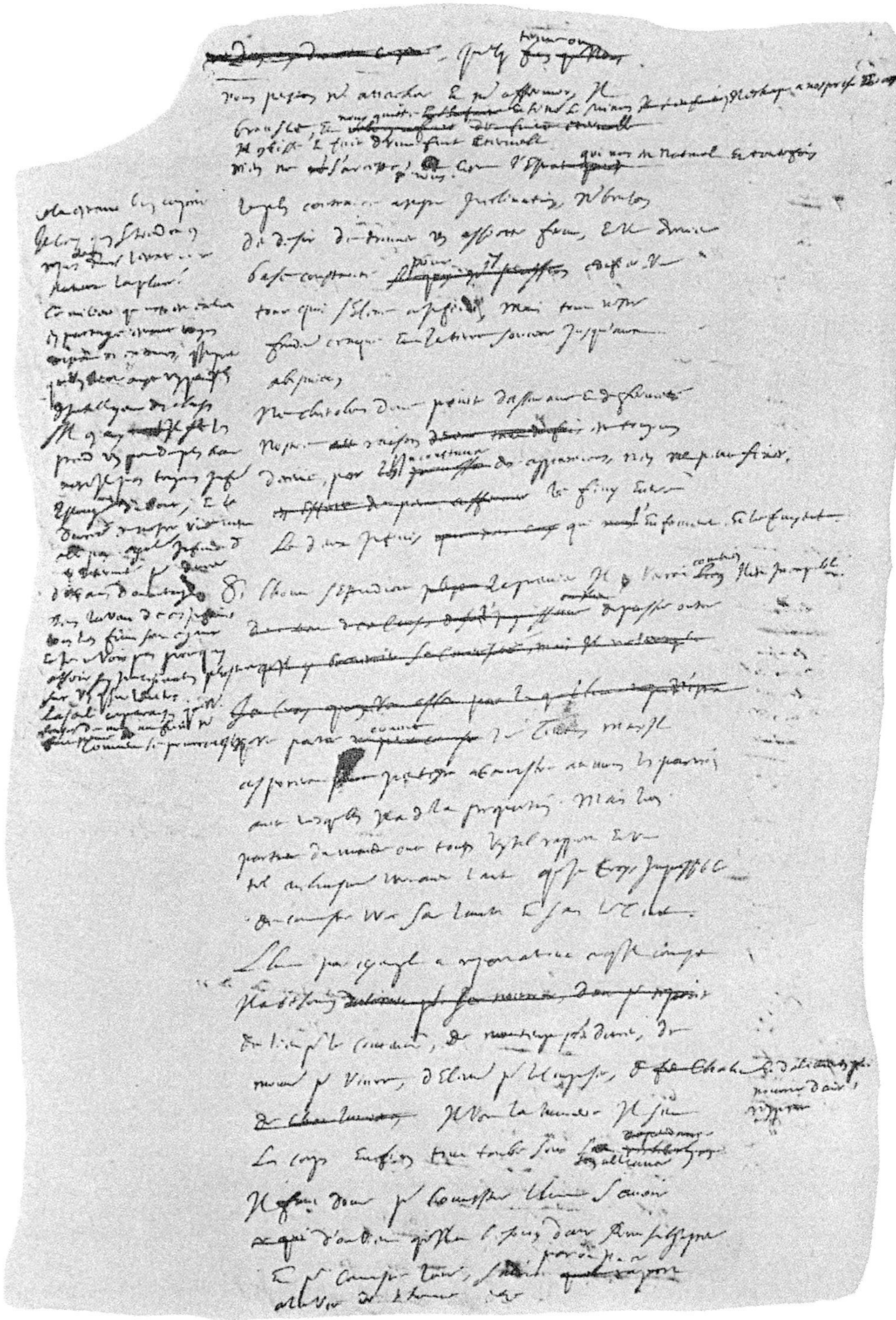

原 356 (p. 356 du manuscrit)

termes ou
~~ni d Vn ni d autre Costé,~~ quelque ~~fin~~ ~~que Nous~~
nous pensions n^{s} attacher Et n^{s} affermir, Jl
nous quitte ~~Et s Enfuit~~ Et si n^{s} Le[a] *suiuons ~~Jl s enfuit~~ & Jl echape a nos prises Nous*[b]
bransle, Et ~~s eloigne fuit~~ d ~~Vne fuite eternelle~~
~~*Jl glisse*~~[c] *Et fuit d Vne fuite Eternelle* *qui nous est Naturel Et toutefois*
rien[d] ne ~~n^{s}~~ s'arreste. ~~Et~~ C est l'Estat ~~qui est~~
/p^{r} nous.
le plus contraire a nostre Jnclination, N^{s} brulons
du desir de trouuer Vn assiette ferme, Et Vne *derniere*
pour *y*
base constante ~~surquoy n^{s} puissions~~ edifier Vne
tour qui s Eleue a Jnfini, Mais tout nostre
fondem^{t} craque Et la terre souure Jusqu'aux
abismies,
Ne Cherchons donc point[g] d assurance Et de fermeté
Nostre ~~att~~ raison ~~deceüe tant de fois~~ est toujours
l Jnconstance
deceüe, par ~~les promesses~~ des apparences, rien *ne peut fixer*
~~en Effect de~~[i] ~~peut affermir~~ le finy Entre
Les deux Jnfinis ~~que nous Cons~~ qui ~~nous~~ *l'*Enferment. *Et le fuyent.*
combien
Si l homme s Estudioit ~~plusto~~ le premier Jl ~~y~~ Verroit ~~bien~~ *Jl est Jncapable*
~~*ou Jl est*~~
~~des tant de ces Causes de son p Jmpuissance~~ de passer outre
~~qu Jl y borneroit sa Curiosité, mais Jl ne la remplir~~
~~Je Croy qu on Voit assez par la que l homme ne peuN~~[j] ~~estant~~
connut
qu Vne partie ~~ne peut connoistre~~ le Tout, mais Jl
aspirera ~~peut~~ peutestre aConnoistre[k] au moins les parties
auec lesquelles Jl a de la proportion. Mais les
parties du monde ont toutes[l] Vn tel rapport Et Vn
tel enchaisnem^{t} l Vne auec l autre que Je Croys[m] Jmpossible
de Connoistre l Vne sans l autre Et sans le Tout.
L homme par exemple a raport[n] a tout ce qu Jl connoist
Jl a besoing ~~d aliment p^{r} se~~[o] ~~nourrir, d air p^{r} repirer~~
de[p] lieu p^{r} le Contenir, de ~~mou~~ temps p^{r} durer, de
mouvem^{t} p^{r} Viure, d Elem^{ts} p^{r} le Composer, de ~~feu~~ Chaleur *Et d aliments p^{r} se nourrir d air p^{r} respirer.*
~~de Cha lumiere,~~ Jl Voit la lumiere Jl sent
~~*dependance*~~
Les Corps Enfin tout tombe sous ~~sa~~[q] ~~recherches,~~
son alliance
Jl faut donc p^{r} Connoistre l homme sauoir
~~ce qui~~ d'ou Vient qu Jl a besoing d air Pour[r] subsister
par ou Jl a ce
Et p^{r} Connoistre l air, sauoir ~~quel~~ raport
a la Vie de l homme &c.

Cela estant bien compris
Je Croy qu on se tiendra en chacun
repos dans l estat ou la
Nature l a placé.
Ce milieu qui nous est escheu
en partage estant toujours
distant des extremes, qu Jmporte
qu Vn[e] *Autre*[f] *ayt Vn peu plus*
d Jntelligence des choses
S Jl en a, ~~n est~~ Jl ~~pa~~ les
prend Vn peu de plus haut
n est Jl pas toujours Jnfinim^{t}
Esloigné[h] *du bout, Et la*
Durée de nostre Vie n est
elle pas egalem^{t} Jnfime d
l Eternité p^{r} durer
dix ans dauantage,
Dans la Veue de ces Jnfinis
tous les finis sont egaux
Et Je ne Vois pas pourquoy
assoir son Jmagination plustost
sur Vn que sur l autre.
La seule comparaison que N^{s}
faisons de nous au fini n^{s}
fait peine ~~Et~~
Comment se pourroit Jl

a) s+L
b) Et+Nous
c) r+l
d) ?+r
e) o+V
f) Au=?
g) ?+o
h) l+E
i) *sic* (=ne)
j) t+N
k) u+C
l) s+t
m) t+C
n) ?+o
o) l+s
p) ?+e
q) es+a
r) s+P

原 359（p. 359 du manuscrit）

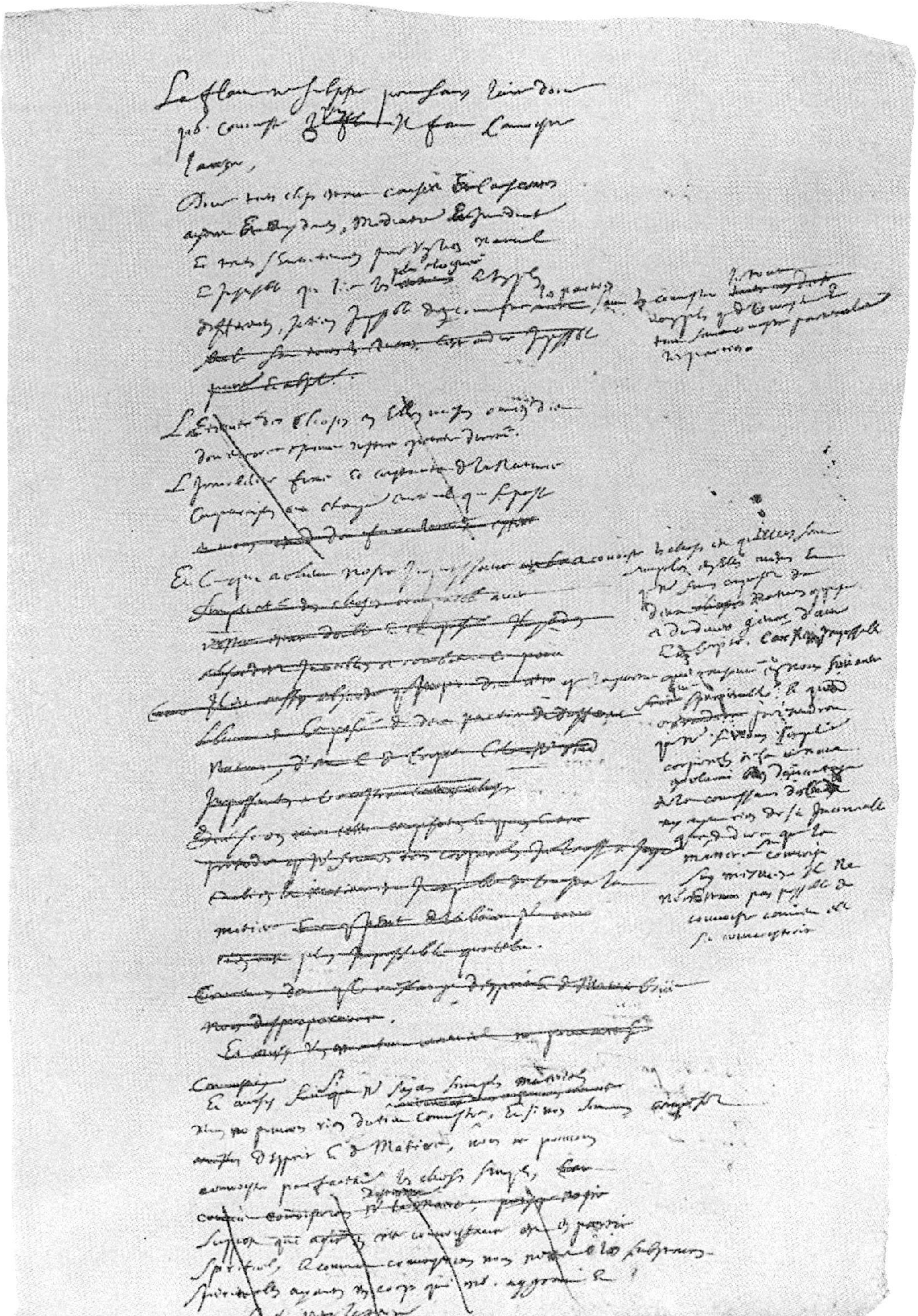

原 359 (p. 359 du manuscrit)

La flamme ne subsiste point sans l'air donc
Vn
p^r Connoistre ~~la flamme~~ Jl faut Connoistre[a] a) s+C
l'a*utre*[b], b) ir,+*utre*
Donc toutes choses estant causées *Et*[c] Causantes[d] c) ou+*Et* d) s?+sa
aydees *Et*[e] Aydantes[f], Mediatem^t *Et*[g] Jmmediatem^t e) ou+*Et* f) d+A
Et toutes s Entretenantes par Vn lien Naturel g) ou+*Et*
plus eloignées
Et Jnsensible qui lie les ~~extremes~~ Et les plus
les parties *le tout*
differentes, Je tiens Jmpossible d ~~en~~ connoistre ~~aucune~~ *sans ~~les~~ Connoistre ~~toutes ny de se~~*
~~seule sans toutes les Autres, C est a dire Jmpossible~~ *non plus que de Connoistre*[h] *le* h) *les*+*Con*
~~purem^t Et absolum^t.~~ *tout sans connoistre particulierem^t les parties.*
L Eternité[i] des Choses[j] en Elles mesmes ou en dieu i) a+E j) e+C
doit encore estonner nostre petite durée.
L Jmmobilité fixe Et Constante de la Nature
Comparaison au Changem^t Continuel qui se passe
~~en nous est d doit faire le mesme effect~~
Et Ce qui acheue Nostre Jmpuissance ~~est La~~ *a connoistre les choses est qu'elles sont simples en Elles mesmes Et*
~~simplicité des choses comparée~~ auec
~~nostre estat double Et composé. Jl y a des~~ *que N^s sommes composez de deux ~~choses de~~ Natures opposées et de diuers genres, d'ame*
~~absurditez Jnuincibles a combatre Ce point~~ *Et de Corps. Car Jl est Jmpossible*
~~*Car*~~ ~~Jl est aussy absurde qu Jmpie~~[k] ~~de nier~~ que *la partie qui raisonne en nous soit autre* k) ?+J
~~L homme est Composé de deux parties de differente~~ *que* *~~soit~~ spirituelle Et quand*
~~Nature, d'ame Et de Corps. Cela N^s rend~~ *on ~~voudroit~~ pretendroit que n^s serions simplem^t*
~~Jmpuissants a Connoistre toutes choses.~~ *corporels cela ne nous excluroit bien dauantage de la connoissance des Choses*[l] l) ? +*s Choses*
~~Que si on nie cette composition Et qu on Entre~~ *n y ayant rien de si Jnconceuable*
~~pretende que N^s sommes tous corporels Je laisse a Juger~~ *que de dire que la se matiere connoist*
~~Combien la~~[m] ~~matiere est Jncapable de Connoistre la~~ *soy mesmes, Jl Ne* m) ?+l
~~matiere Et ce que peut de la boüe p^r con~~ *N^s Estant pas possible de*
~~rien nest plus Jmpossible que cela.~~ *connoistre comment elle se connoistroit.*
~~Conceuons~~[n] ~~donc que Ce meslange d esprit Et de Matiere boüe~~ n) Et+Co
~~Nous disproportionne.~~
~~Et ainsy Vn estre tout materiel ne pouuant se~~
~~Connoistre,~~
si
Et ainsy ~~soit que~~ N^s soyons simples materiels
~~*ou du moins nous ne pouuons connoistre*~~
Nous[o] ne[p] pouuons rien du tout Connoistre, Et si nous sommes *composez* o) ?+N p) ?+e
~~mesles~~ d Esprit Et de Matiere, nous ne pouuons
connoistre parfaitem^t[q] les choses simples, ~~Car~~ q) ?+e
~~*distinctement*~~
~~comment Connoistrions N^s la Matiere, puisque Nostre~~
suppost qui agit en cette connoissance est en partie
spirituel, Et comment connoistrions nous nettem^t les *substances*
spirituelles ayants Vn corps qui n^s aggraue Et
nous baisse Vers la terre

原 360 (p. 360 du manuscrit)

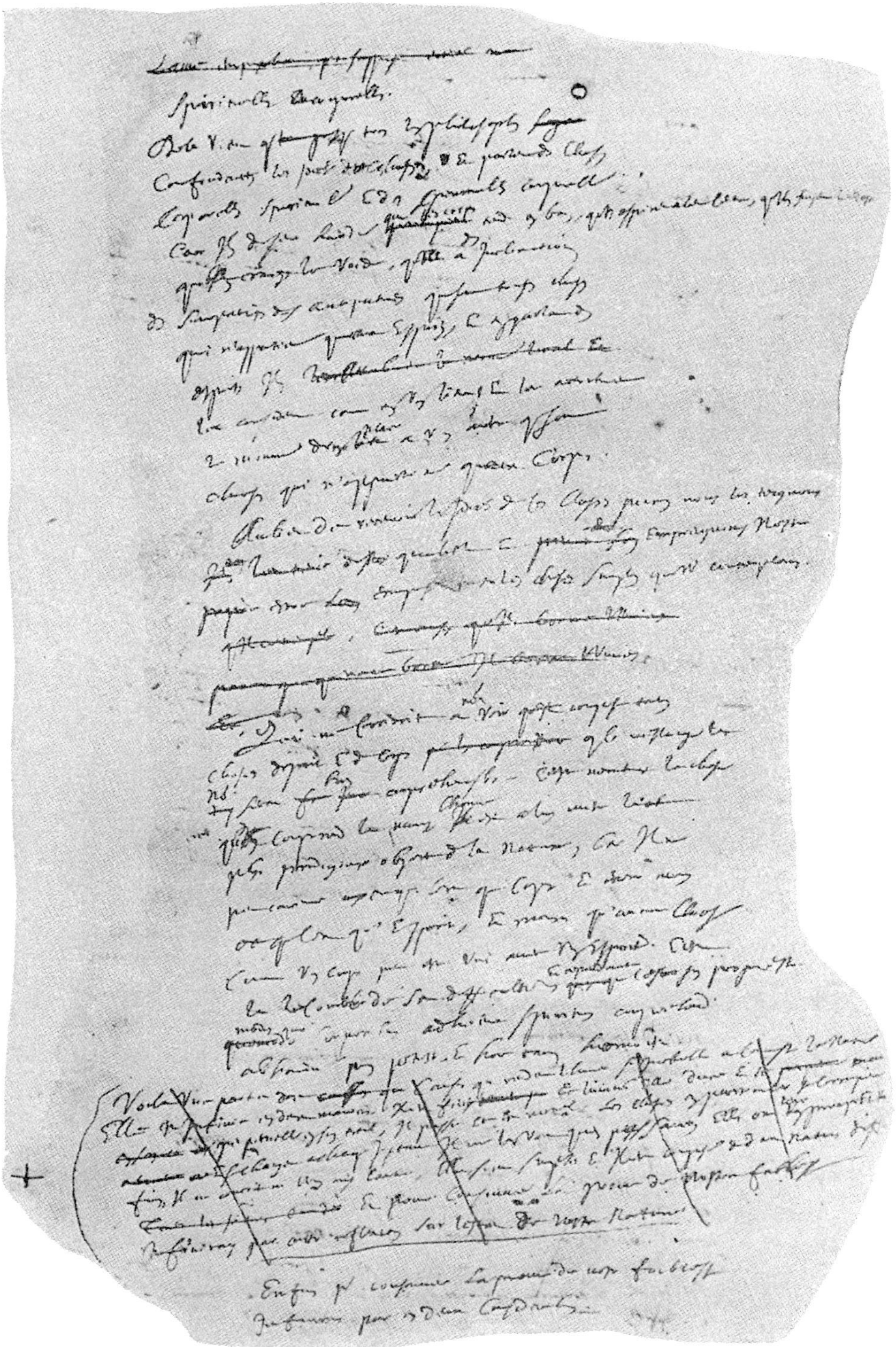

原 360 (p. 360 du manuscrit)

~~L ame empeschant que le suppost entier ne~~

spirituelles Ou[a] *corporelles.*

De la Vient que ~~tous~~ presque tous les philosophes ~~s egar~~

Confondants les Jdéés des Choses[b], ~~d~~ Et parlent des Choses

Corporelles[c] Spirituellemt Et des Spirituelles[d] Corporellemt

que les corps

Car Jls disent hardimt qu ~~Vne pierre~~ tend en bas, *qu Jls aspirent a leur Centre, qu Jls fuyent leur destruction*

des

qu *Jls*[e] crai*gnent*[f] le Vuide, qu *Jls*[g] a Jnclinations

des simpati*es*[h] des[i] antipaties qui sont toutes[j] choses

qui n'appartiennt qu aux Esprits, Et en parlant des

esprits Jls ~~leur Attribuent[k] le mouumt local Et~~

les considerent comme en Vn lieu, Et leur attribuent

place

le mouuemt d vn*e* ~~lieu~~ a Vn autre qui sont

choses qui n'appartiennt qu aux[l] Corps.

Au[m] lieu de recevoir les Jdéés de Ces Choses *pures nous les teignons*

~~on~~ ~~de~~

~~Jls les teint~~ de *No*s[n] qualitez Et ~~peint son~~ *Empreignons Nostre*

~~propre~~ estre ~~son~~ composé toutes les choses[o] simples *que Ns contemplons.*

~~qu Jl contemple, C est ainsy qu Jl borne l Vniuers~~

~~parce que qu estant borné Jl borne l Vniuers~~

~~Et,~~

ns

Qui ne Croirait a Voir ~~qu Jl~~ compose toutes

Choses d esprit Et de Corps ~~pr les comprendre~~[p] que Ce meslange la

ns *bien*

~~luy~~ seroit ~~fort~~ ~~Jne~~ comprehensibe, C'est neantmoins la chose

l homme

q*u'on*[q] comprend le moins, ~~Jl~~ est a luy mesme la ~~ch~~

plus prodigieux object de la Nature, Car Jl ne

peut conceuoir ~~ny~~ ce que C est que Cops, Et encore moins

ce[r] que C est qu'Esprit, Et moins[s] qu'aucune Chose

Comment Vn Corps peut estre Vni auec Vn Esprit. C est

Et cependant

la le[t] Comble[u] de ses difficultez, ~~quoy que~~ C *est*[v] son propre estre.

modus quo

~~quomodo~~ Corporibus adherent spiritus comprehendi

ab hominé non[w] potest, Et hoc tamen homo est.

Voila Vne partie des ~~causes qui~~ Causes qui rendent l homme si Jmbecille a Connoistre la Nature.
Elle est Jnfinie en deux manieres, Jl est finy[x] ~~de toutes pa~~ Et limité. Elle dure Et se ~~perpetue~~ maintient[y]
~~en son co~~ ~~en~~ perpetuellemt en son estre, Jl passe Et est mortel. Les Choses en particulier se Corrompent
+ *leur*
~~a toute a~~ Et se Changent a chaque Jnstant Jl ne les Voit qu en passant, Elles ont ~~Vn~~ principe Et ~~Vne~~ *leur*
fin, Jl ne concoit ni l Vn ny l autre, Elles sont simples Et Jl est composé de deux Natures differentes
~~Toutes les sciences Ont de~~ Et pour Consommer La preuue de Nostre foiblesse
Je finiray par cette reflexion sur l estat de Nostre Nature.

Enfin pr consommer La preuue de nostre foiblesse
Je finiroy par ces deux Considerations.

a) Et+Ou
b) de Ces+s Ch
c) S+C d) C+S
e) elle+*Jls* f) nt+*gnent*
g) elle+*Jls*
h) q+*es* i) d s+e
j) s+tes
k) les s+leur A
l) ?+a
m) S+A
n) se+*No*
o) chos +es
p) s+dre
q) q Jl+q*u'on*
r) c +e s) moi +ns
t) l +e u) Comb e+l
v) Ce soit+*est*
w) p+n
x) i+y y) e+m

2.『パンセ』原稿の第1稿と推敲

パスカルの一生よりも多い歳月を,『パンセ』を読んだり学んだりする事に既に費した,地球の向う側からきた人間にとって,今日ほかならないポール・ロワヤルにおいて,この名著刊行300年を記念するために企てられた重要な討論会[1)]に参加できる事は,望外の名誉と喜びであります.

1) 1970年10月28–29日,ポール・ロワヤル友の会主催で,パリ郊外のポール・ロワヤルで開かれた.

1

1964年3月に発表した論文[1)]で私は,「二つの無限」の原稿において見られる特殊な書き方を発見したことによって,どのようにこの有名な文章の「第1稿」を再現できたかということを明らかにしようと試みました.

1) *92*; *93* に再録されたが,その際,同じ論文の他の個所への参照は,1件を除きすべて *92* での頁数を誤って掲げている.多くの場合,その頁数に7を加えれば,*93* のものになる.

私はその論文に,その再構成されたテキストを,各頁と各行をそのまま再現した形で掲げました.肉筆原稿の8頁にわたって記されているこのテキストは,原則としてこれらの大きな紙片の中央部に書かれており,行間や上下左右の幅広い余白はほとんど使われていないという,注目すべき特徴を備えております.その上,各頁の約3,40行の各行は,かなり広い行間を規則的に設けて記されており,その行間は,ほとんど常に使用されておりません.これらの行の途中に横線で消された言葉や文章が見当れば,それはほとんど常にその行の延長上に書き直されております.例えば第1稿の先の方で行なわれた変更によって必要となった修正というような,たいてい説明のつく場合を除いて,行間や上下左右の余白は意識的に避けられたように見えます.このように行間や上下左右の余白における訂正をほとんど借りないで第1稿のテキスト全体を,完全に書き上げられた形で再構成できたという事実こそ,意味深いと思います.

この事実の説明を,私はドン・クレマンセの『ポール・ロワヤル通史』の一節に見出しました.そこには,新約聖書翻訳について次のように記されております.

「ド・サシ氏がその翻訳を終えると,パスカル氏は,それをかなりの間見ないでしまっておいて,初めに心を占めた考えが消えたころ再検討するようにと勧めました.ド・サシ氏はそれを2,3年後に実行しました.この事実はペリエ諸氏から伝えられたもので,パスカル氏はこの話を何回もなさったそうです.」(*65*, 441頁)

この「かなりの間」というのが余り長すぎてもいけないということは,他のところでパスカルが自ら二度も記しております.

「自分の作品を作りたてに検討したのでは,まだそれに全くとらわれている.あまりあとからでは,もうそこには入って行けない.」(L 21, B 381)

「私は，同じものを，全く同じように判断する事はできない．私は，自分の作品を，それを作りながら判断することはできない．私は画家がやるように，そこから少し離れなければならない．しかし離れすぎてもいけない．では，いったいどのくらいだろう．当ててごらん．」(L 558, B 114)

同方向で相補っているこれらの証言を，行間や上下左右の余白に記されているものの助けを借りないで，一通り筋が通って完成している文章を再構成できるという事実と，合わせて考えるならば，他人にすすめていた推敲の仕方を，パスカルも自ら実行していたであろうと推定できるのではないでしょうか．そして，このように，第1稿を後になってからゆっくり再考するつもりで書く傾向があったとするならば，推敲の時のために充分場所を空けておくよう心掛けていたことが推定されます．このような方針を組織的に厳格に適用したからこそ，再現された第1稿において見られたような特殊な書き方(行間と上下左右の余白の最小限の使用)が起り得たのでしょう．

原稿を調べることによって到達した結果によれば，この長い断章の執筆に際しては，「かなりの間」を隔てた時間的相違ばかりでなく，性質も異っている二つの段階が区別できるのです．すなわち第1稿はおそらく一気に記されたもので，推敲の際には，しばしば，苦労を重ねた複雑な修正を行なったものと見受けられます．そして，第1稿と決定稿とを比較したり，二つの段階の分離によって大いにやり易くなった，両段階それぞれの際における修正の次々の過程を検討することによって，この有名な一篇の発生と変形をその生きた姿でとらえることができたばかりでなく，ミシェル・フーコー氏からの手紙(1964年12月)の言葉を借りれば，「段階的な用語(点，尖端，線，原子)の出現(l'apparition du vocabulaire de la gradation〔point, pointe, trait, atome〕)」とか「無能力の問題から，釣合の問題への移行(le passage du problème de l'incapacité à celui de la proportion)」(*92*, 3–7, 8–10頁〔上掲190–193, 195–196頁〕参照)というような「意味上の説明を試みること(proposer une explication conceptuelle)」までできたのです．

これまでに，その方法論的内容を要約してきた拙論では，実際には「二つの無限」についての断章を構成する8頁だけを取上げました．しかし，それでも，その中で次のように記しております．「今まで調べてきた断章でかなり重要な異文を含むもののほとんどすべてにおいても，『パンセ』最長篇で採用されたのと同じような執筆法が通常とられていることが判明した．そこでは，一応完結している第1稿と，行間や上下左右の余白に書いたり消されたりしている，時として多数の異文を経てでき上った決定稿とを区別できたのである．」(*92*, 2頁〔上掲190頁〕)．この事実をもっと詳しく説明することが，今日のお話の趣旨であります．

2

1960年，すなわちこの論文発表の4年前に，私は，東京大学大学院の修士課程と博士課程の学生諸君と共に，『パンセ』の過去300年における原稿，写本，刊行本，注解の主なものの詳しい批判的検討を，「第1写本」の順序に従って行なう仕事を始めました．それは急がずに，しかし，東京大学を長い間揺さぶり続けたあの紛争の間でさえ休まずに行なわれてきました．そして今から二週間前には，ラフュマ版の166番，すなわち，「分類された紙片(第1部のこと)」の第12章の終りにまで到達しました．この研究に当っては，ある断章を新たに取上げるたびに，先ず，その原稿が，第1稿と推敲との二つの段階に分けられるかどうかを検討しました．そして，それが可能な場合には，そのことが，問題の断章の解釈にどういう貢献ができるかを明らかにしようと努めてきました．

数量的なことだけを申しますと，最初の12章に含まれている，大きな紙片に記されている断章(L 44, 60, 109, 131, 136, 148, 149〔B 82, 294, 392, 434, 139, 425, 430〕等)は，すべて，これら二つの段階に分けることができました．その際，第2の段階の重要性は，断章によって程度の差は勿論ありました．たとえば，「ポール・ロワヤルで．明日のため」というような断り書きのある第11章の断章(L 149, B 430)などの第2段階での修正は概して簡単でした(訳注．*87*，54年7月号，61頁参照)．大きな紙片に記されているこれらの断章はラフュマの原稿写真版(*01*の括弧内)での初めの12章が占めている55頁のうち半分近くの長さを占めております．また以上の諸断章より小さい紙片に記されている150以上の断章については，その約3分の1において，行間や余白に記されている加筆の助けを借りないで，普通の行の延長線上だけで，一応でき上って完成した文章をなしている第1稿を再構成することが可能でした．この約3分の1を，大きな紙片に記されている断章に加えますと，最初の12章全体の長さの6割程について，二つの段階の区別が可能であるという注目すべき結論になりました[1)]．

1)　二つの段階が区別されるものの中でも，特に著しい内容上の意義を持たないものがかなりあることは言うまでもない．しかし，そのような場合でも，このような2段階への分析の方が，トゥルノールの古文書学版(*29*)でのイタリック体の用い方よりは意味があると思う．同版では，最初に書きながら直ちに行なった変更と，後になってから行なった推敲とを区別せずに，すべての書き直しをイタリック体にしているのである．

このようにして再構成された二つの段階の比較と，それぞれの段階内での修正の各過程の検討とによって，多種多様の考えが起きてまいりました．5年前，同じく「第1写本」の順序に従って，日本の『心』(この語は，フランス語の「esprit(精神)」と「cœur(心情)」との両方の意味を持っています)という雑誌に，「パスカルの『パンセ』注解」と題する一連の論文を掲げ始めました．この注解は上述の研究を要約するというよりは，むしろ発展させることの方が多いので，大変な長さになり，翻訳された本文1行に対し，注解が平均20倍以上という有様です．次の号では，第55回目が掲げられることになっており，それは法律に関する長い断章(L 60, B 294)の最後のパラグラフの初めに関するものです．これら55のうち，42では二つの段階の区別に言及し，その42のうち38では，2段階の比較と修正の諸過程の検討に基づく，多種多様な考察を記しました．次に，種類の異ったいくつかの例を挙げ，それぞれについて典型的と思われるものを一つずつ掲げます．

第1稿の段階

(1) 極めて早い頭の回転．法律に関する長い断章(L 60, B 294)では，モンテーニュの文章から取った言葉(山．monts)を，その初めの2字(mo)を書き終えないうちに，独創的な「ピレネー山脈(Pyrénées)」に取り換えました[1)]．

1)　*87*，45年7月号，78頁．「ピレネー山脈」を選んだのは，「緯度を3度高める(trois degrez d Eleuation du pole)」ことによってイギリスやオランダを，「川一つ越え(le trajet d une riuiere)」ることによって東の国境を暗示した直後のことであるから，誠に適切というべきである．更にまた，「緯度を3度高める」という表現の選択も極めて適切なものである．なぜなら，その直前に用いられていた「climat（訳注．今日では普通「気候」の意味に用いられているが，当時は次に述べるように「地帯」とでも訳す意味に用いられていた．*87*，45年7月号，73-74頁参照）」という語は，17世紀においては次のような意味を持っていた．「地理用語で，二つの緯線の間に挟まれている地球の広がりを意味する．」(*64*)．

推敲の段階

(2) 簡潔化への努力．同じ断章で，長い4行を縮めて，僅か8語(sera ce sur la Justice Jl l'Jgnore.〔正義の上にであろうか．彼はそれを知らない．〕)にしました(*87*，45年6月号，57頁)．

(3) 内容と形を改善するための複雑な苦労．L 48 (B 366)では，「1匹の蠅が，彼の耳もとでぶんぶんいっている」で始まる文章に到達するまでに，10の過程が再構成されました(*87*，44年2月号，52-54頁)．

(4) 技術用語や学術語を用いた文章を，普通の言葉に変更．「定めなさ」という標題の下にオルガンが取上げられている断章(L 55, B 111)の中で，「そのパイプは音階的に隣接して続いていない(dont les tuyaux ne se suiuent pas par degrez conjoints)」が「奇妙で，変わりやすく，変化するものである(bizarres Changeantes Variables)」に変えられました(*87*，44年12月号，69頁)．

(5) 感覚の順序から論理の順序への移行．「想像力」に関する長い断章(L 44, B 82)の中で，「彼が生まれつき嗄れ声で珍妙な顔つきをしていたとしよう」を，「また理髪師が彼の顔を剃りそこない」の前に移しました(*87*，42年7月号，192頁)．

(6) モンテーニュから借りた文章を，独創的なものに変更．例の1で第1稿の段階でも既にモンテーニュから離れる努力が行なわれたのを認めましたが，推敲の段階でも更に一層遠ざかりました(「川一つ越え〔le trajet d une riuiere〕」を「川一つで仕切られる〔qu Vne riuiere borne〕」に変更)(*87*，45年7月号，79頁)．

(7) 断章の主題自体の変更．L 58 (B 332)の主題が「圧制(la Tyrannie)」となるのは，第2段階に入ってからのことであります(*87*，45年3月号，60頁)．

(8) 文章解釈への貢献．「土星の獅子座入りが，われわれにとって，これこれの犯罪の起原を示す」という有名な文章(L 60, B 294)で，「権利(droit)」が，意味が大いにかけ離れている「犯罪(crime)」と直されたのは，その2行上で同じ語が用いられているので，繰返しを避けるために推敲の段階で行なわれたものと推定しました．この事実は，これらの語を記した時にパスカルはある特定な事柄を考えていなかったことを示すものです．すると土星が選ばれたのは，その恒星周期が長いため(約29年半)でありましょう．アカデミー・フランセーズの辞典の第1版の「土星(SATURNE)」の項には，「土星は他の惑星よりもその周回をするのに長い時をかける」と記されています．再現に最も長い時を必要とするような回り合わせの方が読者に対して効果的と考えてのことでしょう．「獅子座」が選ばれた理由を見付けるのは，これよりもむつかしいのですが，それでも次のような解釈が可能です．獅子宮は真夏に太陽がさしかかるところなので，火の象徴とされていたのは周知の通りです．特定の事柄を考えていなかったので，十二宮のうちどれでもよかった訳である以上，百獣の王と火との二つの連想を伴うこの名が，読者に対して同じように効果的であると考えられたためでありましょう(*87*, 45年7月号, 75-77頁)[1].

1) 後掲241-242頁参照.

3

今日の発表の最後の点として，上記の拙論(*92*)の中にある一つの脚注に記されていることの解説をいたします．なぜならこの脚注は，その中で言及されている日本語の書物を手にすることのできない人たちには，意味がわからないからであります．その論文の3頁の注(3)に，私は次のように記しました．

「B 434 (L 131)も，第1稿と決定稿の間での著者の考えの(「二つの無限」の断章と)同じように意味深い変動を含んでいる．この事実は拙著[1]の241-242頁に既に指摘したところである．しかし当時われわれは，第1稿と決定稿との間に多かれ少かれ重要な間隔が置かれていることは想定していなかった．この事実が分っていたなら，そこでの議論はいっそう強力なものとなっていたことであろう．」

1) *85*. この書物は，初めフランス語で記され，1940年にパリ大学から，国家博士号用主要論文としての印刷許可を受けた．しかしフランス語では今まで極く一部しか刊行されていない(*90*; *91*).

この書物の中で私は，懐疑論者と独断論者との対立によって始まる重要な断章(L 131, B 434)について，そこで「相対立している懐疑論者と独断論者とを双方とも決定的に非と」(*85*, 239頁)する前にパスカルは，「少くとも暫くの間は『スボンの弁護』において主張されたような懐疑論に軍配をあげるつもりになっていた」(*85*, 242頁)ということを記しました．そのことの論拠として，今日では第1稿の段階に属するものであることが分っている，次の個所を引用しました．それは肉筆原稿258頁の中央部の終りの10行であって，行間や上下左右の余白は一度も用いられていないものであります(訳文に続く原文は，行の配列も原文通りで，鉤括弧内は第1稿の際に消されたものです．後掲の第1稿の原文の場合も同様です)．

「誰がこのもつれを解いてくれるのだろう．これは確かに，独断論と懐疑論，そして人間的哲学のすべてを越えている．人間は人間を越えている．だから，懐疑論者たちに対して，彼等があんなに盛んに叫んだことを承認してやるべきである．すなわち，真理はわれわれの力の及ぶ範囲にはなく，われわれの獲物でもない．それは地上には留まらず，天の一族で，神の懐に宿り，人はそれを，神が思召しによって啓示して下さる程度にしか知ることができないのである．それならば，創造されたものでなく，しかも肉となった真理からわれわれの真の本性を教えてもらおう．

(Qui desmeslera Cet Embrouillem^{t}. Certainem^{t} Cela
passe le dogmatisme Et pyrronisme Et toute la philosophie
humaine. L homme passe l homme, Qu on accorde
donc aux pyrroniens Ce qu Jls ont tant Crié que la
Verité n est pas de Nostre portéé ny de Nostre gibbier, qu elle
ne demeure pas en terre qu elle est domestique du Ciel

qu elle Loge dans le sein de dieu, Et que [Nous] l on Ne
le peut Connoistre qu a mesure qu Jl luy plaist de la
reueler. Aprenons donc de la Verité Jncréé Et
Jncarnéé nostre Veritable Nature)[1)]」

1)　拙著の注(*85*, 242頁)に記したように，この一節はモンテーニュの思い出に満ちている．アヴェが最初に「獲物(gibier)」という語について対照させた一節(『エセー』, 3の8, *102*, 689頁; *104*, 906頁)の外にも，「われわれの力の及ぶ範囲(Nostre portéé)」と「一族で(domestique)」という言葉を「スボンの弁護」自体の中に見出すことができた．「プラトンは，『ティマイオス』の中で鬼神について語らなければならなくなった時に，次のように述べた．これはわれわれの力の及ぶ範囲(nostre portée)を越える企てである．これについては，鬼神から生れたと称していた，かの昔の人たちを信ずべきである．彼らの言うことが，必然的な理由によって確立されず，本当らしく見えなくとも，神々の子供たちに対して信用を拒むのは理に反している．なぜなら，彼らは一族の(domestiques)内輪のことについて語っているのだとわれわれに請合っているからである．」(*102*, 390頁; *104*, 517頁)．付言すれば，モリニエの次の注は，この一節を漠然と思い出しているもののようである．「天の一族(Domestique du ciel)．ラテン語的な言い廻しで，『天の住人(habitante du ciel)』という意味である．大変な間違いをしていない限り，われわれはこのような表現をモンテーニュかシャロンの中で見たことがある．」(*16*, 2の279頁)．更にまた，今取上げているテキストの終りの方は，内容も表現も，「スボンの弁護」の同じ部分でわれわれが見出した次の個所に類似している．「なぜなら，われわれが偽看板を掲げてその名を盗用している真の本質的理性は神の懐に宿っている(elle loge dans le sein de Dieu)．そこにこそその住家と隠遁所とが在り，神々がわれわれにその光線のいくらかを見せようという気になった場合に，あたかもパラスが自分を世に伝えるために父の頭から噴出したように，そこから出で立つのである．」(*102*, 395頁; *104*, 523頁)．

そして，パスカルが，肉筆原稿の同じ頁の右側の余白，すなわち，推敲の際に，数々の訂正を行なった上で書き上げた次の一節によって「懐疑論も独断論も同じように非とするように書き直す」ために，上の個所の「ほとんど全部を消し去」(*85*, 243頁)ったのは[1)]，かつて記したように「暫くの間」(*85*, 242頁)ではなく，「かなりの間」を隔ててのことだったのです(訳文に続く原文の中の斜線は，行の変更を示します)．

1)　「誰がこのもつれを解いてくれるのだろう(Qui demeslera Cet Embrouillem^{t})」との冒頭の句だけを残し，第1行のその先と第2行の全部を横線で消し，次いで，残りの全部を3本の縦線で消し去った．

「自然は懐疑論者たちを困惑させ，理性は独断論者たちを困惑させる．自分の自然的な理性によって，自分の真の状態を知ろうと求めている人間よ．君はどうなってしまうのだろう．君はこれらの宗派の何れかを逃れることができず，そうかといって，その何れに留まることもできないのだ．そうならば，尊大な者よ，君は自分自身に対してどんな逆説であるかを知りなさい．無力な理性よ，謙虚になりなさい．愚かな自然性よ，黙りなさい．人間は人間を無限に越えるものであることを知りなさい．そして君の知らない，君の真の状態を，君の主から聞きなさい．神に聞きなさい．

(La Nature Confond/les pyrroniens/Et la/raison confond les/dogmatiques,/que deuiendrez Vous/donc o homme qui/Cherchez/quelle est Vostre Veritable Condition/par Vostre raison/Naturelle, Vous/ne pouuez fuir Vne/de Ces sectes/ny subsister dans/Aucune/Connaissez donc/superbe quel/paradoxe Vous/estes a Vous mesmes/humiliez Vous/raison Jmpuissante/taisez

Vous/Nature Jmbecile/aprenez que/l homme passe/Jnfinim^{t} l homme/Et entendez de/Vostre Maistre/Vostre condition/Veritable que Vous/Jgnorez./Escoutez Dieu.)」

問題の注の中で「この事実は，そこでの議論はいっそう強力なものとなっていたことであろう」と言うことができたのは，以上の事実を示したことの目的は，「この点については，パスカル自身が同じ断章の中で，モンテーニュの立場とどんなに接近したかをはっきり記録に残している」(*85*, 241頁)ことを明らかにするためであったからであります．それですから，この訂正が，「暫くの間」ではなく，「かなりの間」の隔りをおいて行なわれたことを当時既に知っていたなら，両者の接近した事実を，いっそう強調することができた訳であります．

しかし，結局のところは，当時明らかにしたように，パスカルの究極の立場は次のようであった事に変りはありません．

「この一節は，パスカルの立論が，どんなに一時モンテーニュのそれに接近したかを示すものであるが，しかしパスカルがいったんそれを書いた後にほとんど全部を消し去り，そして懐疑論をも独断論と同じように非とするように書き直したという事実は，……パスカルが究極においてモンテーニュの方法をあえて意識的に斥けたことを意味するものである．」(*85*，243頁)

第1稿と推敲との2段階を区別することは，第1稿の段階において，パスカルの立論が「モンテーニュの立場とどんなに接近したかを」強調するために，当時は明らかにできなかった論拠を新たに提供してくれるのであります．なぜならば，同じ断章の先のところで，次の二つの文章が見出されるのでありまして，両方共に，肉筆原稿の中央部(第1の方は，原261の真中辺り，第2の方は，原262の上部)に，行間も上下左右の余白も用いずに記されております．

「人間は人間を無限に超越するということと，信仰の助けなしでは，人間は自分自身にとって不可解であるということを了解しよう．なぜなら，自然性のこの二重の状態なしには，人は，その自然性の真理について，打ち勝つことのできない無知の中にあったという事を悟らないものは誰もないからである．

(Conceuons donc que l homme passe Jnfinim^{t} l homme, Et qu Jl estoit Jnconceuable
a soy mesme sans le secours de la foy. Car qui ne Voit
que sans Cette double Condition de la Nature [Nous] on estoit
dans Vne Jgnorance Jnuincible de la Verité de sa Nature)」

「われわれについて教える権利を御自身ひとりにとっておくために，神は，その結び目を，非常に高い，というよりはむしろ非常に低いところに隠してしまわれたので，わたしたちがそこに到達することは，全く不可能であったように見える．従って，われわれが真にわれわれを知る事ができるのは，われわれの理性の尊大なふりかざしではなく，理性の単純な服従によってなのである．

(Jl paroist que dieu p^{r} se reseruer a soy seul le droit
de N^{s} Jnstruire de N^{s} mesme en a caché le Nœud
[dans la Chose du monde la plus ar] si haut ou p^{r} mieux
dire si bas que N^{s} [ne pouuions pas] estions bien Jncapables

d y arriuer Jamais. De sorte que Ce n est pas par les superbes
agitations de nostre raison, mais par la simple soumission
de la raison que N[s] pouuons Veritablem[t] nous Connoistre)」

「スボンの弁護」の中でのモンテーニュの立場とこんなにまで密接に接近していた，以上二つの文章は，推敲の段階で消し去られたのであります．

以上手短かに御説明した分析方法が，今日私たちが，出版300年を記念している傑作の解釈に，時として効果的な助けになり得るということを御了解いただければ幸いであります．

3. 仕事中のパスカル

——パスカルの執筆方法について——

1

パスカルの『パンセ』出版300年を記念してポール・ロワヤル友の会が開催した討論会で，私は，「『パンセ』肉筆原稿の第1稿と推敲」と題する発表をする機会を与えられました．『ポール・ロワヤル紀要』(*94*)に掲載されたこの発表の中では，ペンをとって仕事中のパスカルの一局面に光をあてることを可能にした，その執筆方法のある特徴に関する研究の報告を行ないました．この研究はその後も続けておりますので，今朝[1)]は上の報告に対する追加ともいうべきものをお耳に入れることにいたします．

1) 1976年6月11日の朝．同月10–13日，クレルモン・フェランで開催された「パスカルにおける方法」と題する討論会の席上(*100*^{bis})．

この報告の中で今日のお話と関係のある部分を要約しますと，その第1部では，「人間の不釣合」と題された長い断章(L 199, B 72)の原稿での執筆上の一つの特徴を発見したことによって，同断章の第1稿というべきものを再構成し，更にその第1稿と決定稿との比較や推敲の次々の過程の検討によって，この有名な断章の発生と変形をいわば生のまま観察することができた旨を述べました．この執筆上の特徴というのは，一度発見してしまえば，コロンブスの卵のように簡単なものでした．かなり広い間隔の行間はほとんど用いられないまま，大きい紙の中央部に記されている行を8頁にわたって次々に追って行くだけで，完全に書き上げられている第1稿を再構成できたのです．それは，パスカルが，後で推敲する際のために充分な余白を残そうと決意していたことを示すものと解せられました．

上の報告の第2部では，先ず1960年から東京大学大学院学生のために行なった演習について話しました．そこでは，第1写本の順序によって，過去3世紀を通じての『パンセ』の自筆原稿，写本，刊行本，注解の主なものの詳しい批判的検討を行なっていたのです．この研究において，新しい断章を取上げる際最初に注目したのは，自筆原稿のテキストが，「二つの無限」についての長い断章で再構成できたような，第1稿と決定稿との2段階の区別を許すかどうかの問題でした．それが可能な場合には，それがそのテキストの解釈にどのような寄与ができるであろうかを検討しました．そして，2段階の区別の可能性については，それまでに取上げたラフュマ版の初めの166断章についての数量的結論として，それらの断章全体の長さの約6割が区別可能という著しい結果を報告いたしました．

次いで，1965年6月から，『心』と題する日本の月刊雑誌に連載中の「パスカルの『パンセ』注解」についてお話しました．それは当時，第55回までできており，法律に関する長い断章(L 60, B 294)の最後のパラグラフを注解しているところでした．そして，この55篇中の38篇では，2段階の比較と推敲の次々の過程の検討の結果に得たさまざまの見解を記すことができたのです.

2

この発表の後も，演習と連載を続けてきました．1972年3月に東京大学を定年退職しましたが，似たような演習を慶応義塾大学大学院博士課程の学生と続けてきました．執筆の2段階の分析については，ラフュマ版の「第1部．分類された紙片.」の終りまで進めることができました．連載の方は，第107回になり，それはL 101-102について既に記した3篇中の最初の一つを掲げています．他方，昨年から，既載のものの前半を1冊にして出版する準備に取りかかっております．そこでこれから，これら3種類の仕事で得た結果の中から，今大要を御説明した報告に対する追加の材料を取り出したいと思います．ただし，パリ・ソルボンヌ大学で1972-73年に行なった，「パスカルの『パンセ』の批判的注解」と題する研究演習で既にフランス語で発表したものは繰り返さないよう心掛けます.

3

先ず，第1写本の初めの12章を構成する166断章について既に述べた数量的結果に対する追加をいたします．それは，同写本の分類済みの第1部全27章を構成する382断章の全部に対する数字についてですが，382断章中の175断章，すなわち第1部の断章数の45.8パーセントで，2段階の区別が可能であったということです．しかも，ただ断章の数の上からだけでなく，それらの断章が占めている長さを問題にするならば，この175断章中には，大きな紙に記されたものが20もあり，ラフュマの写真版(*01*の括弧内)第1部112頁中この20断章だけで43頁半，すなわち38.8パーセントの長さを占めています．この38.8パーセントに，他のそれより短い155断章の占める約26パーセントを加えるならば，第1部に分類された全紙片の約65パーセントは2段階の区別が可能であるという重要な結論に到達します．これは前回の166断章についての御報告より5パーセントも多いものです.

今度は，数量だけでなく，質の問題に移りましょう．前回の報告では，2段階の比較と推敲の次々の過程の検討から引き出した様々の考察から8種類の類型を選び，それぞれの典型的な事例と共に掲げました．この機会を利用して，その中の最後の第8型について訂正というかむしろ追加を行ないたいと思います．そこでは次のように記しました.

> 「(8)文章解釈への貢献．『土星の獅子座入りが，われわれにとって，これこれの犯罪の起原を示す』という有名な文章(L 60, B 294)で『権利(droit)』が，大いにかけ離れた意味の『犯罪(crime)』と直されたのは，その2行上で同じ語が用いられているので，繰返しを避けるために推敲の段階で行なわれたものであることを推定しました(括弧内として付け加えますならば，ここで問題になっているのは，『法にもいろいろの時期があり(le droit a ses Epoches)』ということです)．この事実は，これらの語を記した時にパスカルがある特定の歴史的事件を考えていなかったことを示すものです.」(上掲235頁参照).

ここまでのところでは，何も訂正することはありません．しかし，その先で「土星の獅子座入り」をおそらく任意に選んだ際の理由らしいものを若干推測して見ました．ところが1974年ハーグで刊行された『土星の獅子座入り(1654年8月12日の日食)』という書物(*78*)で，エリザベト・ラブルス夫人は，この日食の前には，ヨーロッパの様々な国で，不安な予言が色々行なわれ，そのうちの一つは，「太陽が火の象徴である獅子宮に位し，不吉な惑星である土星と火星に近接する」(*78*, 5頁)ことに根拠を置いていた旨を指摘されました．もしパスカルが，これらの当然ながら実現しなかった予言を耳にしていたとすれば，それを頭に浮べて「土星の獅子座入り」という例を選んだことも可能です．しかし，そうだとしても，執筆の2段階の比較から推定できたように，パスカルがこれらの語を記した時に，ある特定の歴史的事件，すなわち一つの「犯罪」やなおさらのこと一つの「権利」の起原などを考えていなかったことを示している事実に変りはありません．

次に，以上の8種類の類型に，更に二つを加えたいと思います．第1のもの，すなわち第9型となるものは，「推敲の段階における顕著な表現の発見(découverte de l'expression saillante dans l'étape des retouches)」と題するものです．そして『心』の1975年8月号の拙稿から選んだその典型的事例は，「現象の理由」と題された断章の一つで，「正から反への絶えざる転換」という有名な表現を副題とする断章(L 93, B 328)についてです．同断章の第1稿では，「破壊する(destruire)」という動詞は，最後の第3パラグラフ中の次の個所で一度用いられただけでした．「だが，今度は，この最後の命題を破壊して，これらの意見は健全であるにしても，民衆が空しいものであるということは相変わらず本当である，ということを示さなければならない．(Mais Jl faut destruire mainten[t] cette derniere proposition Et monstrer qu Jl demeure toujours Vray que le peuple est Vain quoy que ces opinions soyent saines)」 従って，パスカルが，前の意見の破壊という言い方を繰返すことによって強調しようと思い立ったのは，第1稿をすっかり書き上げた後のことなのであります．そこでパスカルは，後から第1パラグラフの終りに，「そして，これらすべての意見は破壊された．(Et toutes ces opinions sont destruites.)」，第2パラグラフの終りに，「こうしてわれわれは，民衆の意見を破壊した意見を破壊した．(Et ainsy n[s] auons destruit l opinion qui destruisoit celle du peuple.)」という文章を追加したのです．このように前の意見の破壊という言い方を3回も繰返したことが，パスカルに親しんでいるすべての者にとって親しみのある，「正から反への絶えざる転換」という表現を副題として挿入する考えをパスカルに起させたのだろうと思います(同号57-58頁)．

他の類似の事例も取上げましょう．「われわれが，われわれと同じ仲間といっしょにいることで安んじているのは，おかしなことである」という文章から始まる断章(L 151, B 211)で，「人は独りで死ぬのである(on mourra seul)」というあの印象的な表現は，推敲の段階での2回の模索の後に加えられたものです．L 255(B 758)の冒頭にある「神は，メシアを善人には認めうるように，そして悪人には認めえないようにするために，彼のことを次のように預言させられたのである．(Dieu p[r] rendre le Messie connoissable aux bons Et meconnoissable aux meschants l a fait predire en cette sorte)」という重要な文章は，推敲の段階で，上部左側の余白に加えられたものなのです．L 260(B 678)の「肖像は，不在と実在，快と不快を蔵している．現実は不在と不快を排除する．(Vn portrait porte absence Et presence, plaisir Et deplaisir La realité exclud absence Et deplaisir)」

という初めのパラグラフも同様です．

第2で最後の類型，すなわち第10型となるものは，「推敲の段階における主要観念の出現 (apparition de l'idée principale dans l'étape des retouches)」と題するものです．この典型的事例としては，「現象の理由」の束（第1写本第1部第5章）の最初の断章 (L 80, B 317) を問題にします．「敬意とは，『苦労しなさい』である．それは，一見空しいようだが，きわめて正しいのである．(Le respect est Jncomodez Vous. Cela est Vain en apparence mais tres Juste,)」で始まるこの断章の第1稿での説明は，「もし敬意とは，安楽椅子に腰かけていることだったら，みなの人に敬意を表することになろう．従って区別をしないことになる．ところが，苦労させられるために，うまい具合に区別することになるのである．(si le respect estoit d estre en fautueil on respecteroit tout le monde Et ainsy on ne distingueroit pas. Mais estant Jncommodé on distingue fort bien.)」というだけだったのです．そして，パスカルが，「なぜならそれは，『あなたにそれが必要になった場合は，喜んで苦労するでしょう．今だってあなたのお役に立たないのに，喜んで苦労しているのですから』と言う訳になる (Car c est dire Je m Jncomoderois bien si vous en auiez besoing puisque Je le fais bien sans que cela vous serue)」という主な論拠をパスカルが提示したのは，『心』の 1973 年 11 月号の拙稿で詳しく分析したように，余白を用いて何度も行なわれた模索の後のことなのです（同号 136-137 頁）．他方，第1稿での説明は，補足的な論拠として，断章の最後に廻わされたのです．

更に二つの事例を加えましょう．「表徴 (figures)」と題する L 270 (B 670) で，「すべて愛にまでいたらないものは表徴である．(Tout ce qui ne ua point a la Charité est figure)」という有名な句を初めとして，この断章の主要概念である「愛 (charité)」に関する一連の文章が最初に出現するのは，最下部の余白に記された追加の中なのです．

偉大さについての三つの秩序に関する重要な断章 (L 308, B 793) の第1と終りの三つのパラグラフは他の大部分の文章よりも後から加えられたものですが，この断章の中での最も一般的な考察はその中に記されているのです．これは特に次の第1パラグラフについて言えることです．「物体から精神への無限の距離は，精神から愛へのさらに無限に無限な距離を表徴する．なぜなら，愛は超自然的なのだから．(La distance Jnfinie des Cops (*sic*) aux Esprits, figure la distance Jnfinim[t] plus Jnfinie des Esprits a la Charité, car elle est surnaturelle)」なぜなら，終りの頃に追加されたこのパラグラフの中で初めて，「表徴する (figure)」という，かなめの語や，「無限に無限な (Jnfinim[t] plus Jnfinie)」という表現が現われてきたのでして，両者とも偉大さについての三秩序の相互関係をぴたりと言い当てているからです．

終りにのぞんで申し上げたいのは，わたくしたちが 10 年以上前から従事してきた作業，すなわち，パスカルが各断章を起草した際の，次々の段階や過程を細かく再現し，それと同じ考えの動きを，3 世紀も後の彼の知らなかった国で，彼のとは根本的に異なる言葉を話す多数の読者に追体験させる作業が，どんなに感銘深いものであるかということです．これこそ，多様の諸文明の間を隔てている幾多の相異点にもかかわらず，人間性が根元では同一であるということの証拠の一つではないでしょうか．諸文明間の相互理解の必要は，今日，にわかに緊急の度を加えているのです．

Ⅲ　『パンセ』断章対照表と参考文献

1. 『パンセ』断章対照表

対照表の注

1) ラフュマ 3 冊本 (LAF *31*), 1958 年ラフュマ (laf *34*) も同番号.
2) 括弧内は, 1678 年版以降の番号を示す.
3) アラビア数字の後にある n に続く数字は, 脚注の番号を示し, モリニエ (MOL *16*) の場合の括弧内は注の掲げられている頁数を示す.
4) アヴェ初版 (Hav *13*) で Ap に続く数字は, 巻末 APPENDICE 内の番号を示し, 同改版 (HAV *17*) で Prov. に続く数字は, アヴェ版『プロヴァンシアル』書簡 (*113*) の頁数を示す.
5) B (ブランシュヴィック) 3 冊本 (BRU *21*), ジロー初版 (Gir *23*), ジロー改版 (GIR *25*), デコット (DESC *38*) も同番号. B 1 冊本と同 3 冊本の番号が異なる場合は, 括弧の前に B 3 冊本 (BRU), 括弧内に同 1 冊本 (Bru) の番号 (n に続く数字は脚注の番号) を示す. ジロー初版 (Gir), 同改版 (GIR), デコット (DESC) には, L 32 のテキストはなく B 317 (L 80) の分のみ.
6) 括弧内の a または b は脚注, 1 は巻末の注を示す.
7) 括弧内は, ポール・ロワヤル版のテキストの掲載個所を示す.
8) 括弧内は, ヴァラン稿本のテキストの掲載個所を示す.
9) 括弧内は, B 317 (L 80) のテキストの掲載個所を示す.
10) Ap は, ヴォルテール『考察』(VOL *06*) の APPENDICE *Suite des remarques sur Pascal* を示す (II＝pp. 239–240).

	———	17	世	紀 ———	———	———	———	18	世	紀 ———	
L 37[1] ラフュマ 全集版	原(RO) 01 肉筆原稿集	1C 02 第1写本	2C 03 第2写本	POR 04[2] ポール・ロワヤル	DES 05 デモレ	VOL 06 ヴォルテール『考察』	BOU 07 ブリエ	COND 08 コンドルセ	Vol 09 ヴォルテール『最後の考察』	BOS 10 ボシュ	L
Nos	Pages	Pages	Pages	Nos	Pages	Nos	Nos	Nos	Nos	Nos	Nos
1	27	1	13	…	…	…	…	…	…	…	1
2	29	1	13	…	…	…	…	…	…	…	2
3	29	1	13	…	…	…	…	…	…	…	3
4	29	1	13	…	…	…	…	…	…	…	4
5	25	1	14	…	324	…	…	…	…	…	5
6	25	2	14	…	324	…	…	…	…	…	6
7	25	2	14	…	…	…	…	…	…	…	7
8	27	2	15	…	…	…	…	…	…	…	8
9	25	2	15	…	…	…	…	…	…	…	9
10	27	2	15	…	…	…	…	…	…	…	10
11	25	2	15	…	…	…	…	…	…	…	11
12	27	3	15	XXVIII 38(45)	…	…	…	IX–I 5	LXXV	II–XVII 36	12
13	83	5	17	…	324	…	…	…	…	I–X 39	13
14	81	5	17	…	…	…	…	…	…	…	14
15	83	5	17	…	…	…	…	…	…	…	15
16	79	5	17	…	324	…	…	…	…	I–IX 62	16
17	79	5	17	…	…	…	…	…	…	…	17
18	79	5	18	…	…	…	…	…	…	…	18
19	79	5	18	(XXIX 41〔52〕)[7]	…	…	…	(VII 7)[7]	(LXIII)[7]	(I–VIII 7)[7]	19
20	79	5	18	…	…	…	…	…	…	…	20
21	83	5	18	XXV 3	…	…	…	V–II 11	…	I–VI 2	21
22	83	6	18	…	306	…	…	…	…	…	22
23	81	6	19	XXVIII 52(60)	…	…	…	…	…	I–IX 44	23
24	79	6	19	…	306	…	…	…	…	I–IX 46	24
25	81	6	19	…	325	…	…	VII 8	…	I–VIII 8	25
26	79	7	19	…	326	…	…	VII 8	LXIV	I–VIII 8	26
27	83	7	20	…	…	…	…	VI 22	LVI	…	27
28	244	7	20	XXV 13(15)	…	…	…	…	…	I–VI 18	28
29	83	8′	20	XXIX 38(48)	…	XLIII	XLIII	…	…	I–IX 41	29
30	83	8′	21	…	…	…	…	VII 10	…	I–VIII 10	30
31	83	8′	21	XXIV 10	…	…	…	VI 13	…	I–V 7	31
32	83	8′	21	…	…	…	…	(VII 12)[9]	(LXIX)[9]	(I–VIII 12)[9]	32
33	81	8′	21	XXV 1	…	…	…	…	…	I–VI 1	33
34	83	9′	22	XXV 2	…	…	…	VI 20	…	I–VI 2	34
35	81	9′	22	…	…	…	…	…	…	…	35
36	23	9′	22	…	325	…	…	…	…	I–IX 62	36
37	21	9′	23	XXIV 2	…	…	…	VI 9	…	I–V 1	37
38	23	9′	23	…	…	…	…	…	…	…	38
39	23	9′	23	…	…	…	…	…	…	…	39
40	21	8bis	23	…	306	Ap II[10]	…	…	…	I–X 31	40

L	COU *11* クーザン	FAU *12*[3] フォジェール	Hav *13*[3)4] アヴェ初版	LOU *14* ルアーンドル	ROC *15* ロシェー	MOL *16*[3] モリニエ	HAV *17*[4] アヴェ改版	AST *18*[3] アスティエ	MIC *19* ミショー	Bru *20*[5] B(ブランシュヴィック)1冊本	L
	19 世紀										
Nos	Pages	Pages	Nos	Pages	Pages	Pages	Nos	Pages	Nos	Nos	Nos
1	231	II 334	XXV 45	407	122	I 179	XXV 45	517	63	596	1
2	250	II 389	XXV 109	…	**LXXXIX**	II 61	XXV 109	601	71	227	2
3	250	II 389	XXV 109 Ap 84	…	**LXXXIX** 268	II 61 I 314	XXV 109 XXV 200	601 457	71	227 244	3
4	249	II 390	XXV 108 n 2	…	**XC**	II 61	XXV 108 bis	601	72	184	4
5	248	II 390	X 4 p. 161 n 5	…	**XC**	II 62	X 9	601	61	247	5
6	243	II 389	XXII 1	325	**LXXXVIII**	II 61	XXII 1	601	60	60	6
7	249	II 391	X 4 p. 161 n 5	…	**XC**	II 62	X 11	602 ; 495	58	248	7
8	…	II 388	Ap 83	…	**LXXXIX**	II 64	XXV 199	600	64	602	8
9	249	II 392	XXV 111	420	**XC**	II 62	XXV 110	602	59	291	9
10	…	II 41	…	…	14	I 58	…	419	65	167	10
11	249	II 391	4 X p. 161 n 5	…	**XC**	II 62	X 10	601	62	246	11
12	…	II 387	XXIV 26	364	**LXXXVII**	II 63	XXIV 26	599	69	187	12
13	…	I 206	VII 38	215	365	I 85	VII 38	377	232	133	13
14	226	II 353	XXV 103	417	282	II 53	XXV 103	466	227	338	14
15	195	I 235 II 82 n 1	I 4 n 5	…	4	I 72	I 4 bis	274 ; 446	233	410	15
16	…	I 207	VI 59	200	338	I 63	VI 59	420	222	161	16
17	…	II 335	XXV 102	…	363	I 123	XXV 102	518	225	113	17
18	…	I 294	…	…	…	…	Prov. 296	231	220	955	18
19	…	I 184 n 1	V 6 n 2	175 n 1	(344)[7]	I 108 n (II 264)	V 6 Remarque	(400)[7]	218	318	19
20	…	II 392	…	…	**XCI**	…	…	…	221	292	20
21	92 ; 102	II 75	III 2	161	34	I 40	III 2 bis	367	237	381	21
22	…	I 185	Ap 1	…	364	I 40	XXV 120	381	239	367	22
23	…	I 198	VI 41	196	359	I 126	VI 41	386	226	67	23
24	…	II 41	VI 43	196	14	I 89	VI 43	417	217	127	24
25	…	I 182	V 7	175	344	I 82	V 7	379	229	308	25
26	…	I 178	V 7	175	346	I 82	V 7 bis	402	223	330	26
27	220	I 203	XXIV 89	392	358	I 43	XXIV 89	258	236	354	27
28	…	II 88	III 12	155	32	I 99	III 12	404	513	436	28
29	…	I 215	VI 38	195	330	I 86	VI 38	377	240	156	29
30	…	I 178 n 1	V 9	176	(345)[8]	(I 95)[8]	V 9	(403)[8]	234	320	30
31	…	I 208	II 7	137	338	I 89	II 7	426	238	149	31
32	…	I 185 n 1	(V 11)[9]	(177)[9]	(365)[9]	(I 108)[9]	(V 11)[9]	(400)[9]	235	317 bis (317 n 1)	32
33	170	II 98	III 1	160	94	I 41; 169	III 1	439	228	374	33
34	171	II 98	III 2	160	95	I 169	III 2	439	241	376	34
35	214	II 55	XXV 81 n1	…	40	I 86	XXV 80 ter	378	231	117	35
36	…	II 41	VI 59	200	21	I 63	VI 59 bis	420	47	164	36
37	…	I 209	II 1	136	337	I 88	II 1 bis	427	45	158	37
38	212	II 75	I 1 p. 12 n 7	…	34	I 42	I 1 ter	367	51	71	38
39	…	II 41	…	…	22	I 63	…	414 n 1	48	141	39
40	…	I 206	VII 31	214	365	II 150	VII 31	377	44	134	40

	20 世紀													
L	GAZ *22* ガジェ	CHE *24*3) シュヴァリエ 2冊本	STR *26* ストロウスキー	DED *27*3) ドディユー	Tou *28* トゥルノール 2冊本	TOU *29* トゥルノール 1冊本	Laf *30* 1947年ラフュマ.	LaF *32* 1952年ラフュマ	Che *33*6) シュヴァリエ1冊本	ANZ *35* アンジュー	STE *36* スタインマン	SEL *39* セリエ	LEG *40* ル・ゲルン	L
Nos	Pages	Pages	Pages	Nos	Nos	Pages	Pages	Nos	Nos	Nos	Pages	Nos	Nos	Nos
1	259	216	219	399	188	245	106	24	404	11	48	37	1	1
2	135	191	19	15	3	167	106	25	353	3	47	38	2	2
3	135	193	19	15	3	167	106	26	362	3	47	38	2	3
4	145	195	19	15	4	167	106	27	365	4	47	38	2	4
5	145	253	20	16	5	168	106	28	442	5	46	39	3	5
6	306	36	20	21	1	167	107	29	73	2	47	40	4	6
7	135	275	20	18	6	168	107	30	…	7	46	41	5	7
8	174	217	23	407	7	168	107	31	405	10	48	42	6	8
9	337	128	101	200	8	168	107	32	232	8	48	43	7	9
10	356	120	71	323	8	168	107	33	215	9	48	44	8	10
11	145	253	20	17	9	168	107	34	441	6	46	45	9	11
12	397	2	21	23	2	167	107	35	1	1	45	46	10	12
13	502	71	307	607	10	168	111	50	115	12	66	47	11	13
14	416	165	101	244	11	168	111	51	313	13	65	48	12	14
15	505	145 n1	310	137 n 75	12	169	112	52	268(a)	14	65	49	13	15
16	319	97	67	72	13	169	111	53	178	15	65	50	14	16
17	502	96	122	63	14	169	111	54	173	16	65	51	15	17
18	505	…	…	…	15	169	111	55	IV	17	65	52	16	18
19	450	…	105	209	16	169	111	56	302(a)	18	65	53	17	19
20	337	129 n1	…	202	17	169	111	57	233(b)	19	65	54	18	20
21	322	54	124	107	18	169	112	58	85	20	64	55	19	21
22	339	60	70	122	19	169	112	59	96	21	64	56	20	22
23	401	105	85	600	20	170	112	60	196	22	63	57	21	23
24	355	107	81	59	21	170	112	61	199	23	62	58	22	24
25	331	156	53	221	22	170	112	62	293	24	62	59	23	25
26	331	158	106	243	23	170	112	63	297	25	62	60	24	26
27	492	167	124	173	24	170	113	64	318	26	63	61	25	27
28	330	197	…	157	25	171	113	65	…	27	63	62	26	28
29	444	88	53	85	26	171	114	66	155	28	63	63	27	29
30	339	…	105	(211)8)	27	171	113	67	296(1)	29	62	64	28	30
31	317	87	67	80	28	171	114	68	152	30	61	65	29	31
32	451	160 n1	(106)9)	220	29	171	114	69	303(b)	31	61	66	30	32
33	321	100	144	301	30	171	113	70	185	32	60	67	31	33
34	322	100	145	302	30	172	119	71	186	33	61	68	31	34
35	341	74	52	92	31	172	119	72	126	34	60	69	32	35
36	319	119	80	328	32	172	119	73	211	35	60	70	33	36
37	315	88	65	86	33	172	118	74	154	36	59	71	34	37
38	340	49 n1	123	105	34	172	119	75	84(b)	37	59	72	35	38
39	356	97	79	325	35	173	119	76	177	38	59	73	36	39
40	502	71	305	606	36	173	114	77	116	39	59	74	37	40

2. 参 考 文 献 (Bibliographie)

I.『パンセ』のテキストまたは注解 (Textes ou commentaires des *Pensées*)

各文献の第1行にはその番号(Numéro d'ordre)，略号(Abréviation)，名称(Appellation)，作成または初刊年を分書し，第2行以降には主に使用した版を先ず記述し，他の版をも参照した場合は括弧内に記した．

01　原(RO)　肉筆原稿集　-1662

Original des Pensées de Pascal, Fac-similé du Manuscrit 9202 (Fonds Français) de la Bibliothèque Nationale. Texte imprimé en regard et notes par Léon BRUNSCHVICG, Paris, Hachette, 1905. フランス国立図書館作成のマイクロフィルムも参照したが，この方の鮮度が高い．(*Le manuscrit des Pensées de Pascal,* par Louis LAFUMA, Les Libraires Associés, 1962. 断章の配列を第1写本の順序に変えている．紙片の輪郭を示していない．)

02　1C　第1写本　1662-

La Première Copie des Pensées de Pascal, Bibliothèque Nationale fonds français Manuscrit 9203. 同図書館作成のマイクロフィルムによる．

03　2C　第2写本　1662-

La Seconde Copie des Pensées de Pascal, Bibliothèque Nationale fonds français Manuscrit 12449. 同図書館作成のマイクロフィルムによる．

04　POR　ポール・ロワヤル　1670

Pensées de M. Pascal sur la religion, et sur quelques autres sujets, l'Edition de Port-Royal (1670) et ses compléments (1678–1776) présentée par Georges COUTON et Jean JEHASSE, Centre interuniversitaire d'éditions et de rééditions, Universités de la Région Rhône-Alpes, 1971. 1670年第2版，1678年増補版，デモレ(05 DES)等の複写版(*Pensées de M. Pascal sur la religion et sur quelques autres sujets Qui ont esté trouvées apres sa mort parmy ses papiers,* Troisiéme Edition, Paris, Guillaume Desprez, 1671.) 最初の刊行本．

05　DES　デモレ　1728

Œuvres Posthumes, ou Suite des Pensées de M. Pascal, Extraites du Manuscrit de M. L'Abbé Perrier son neveu, dans *Continuation des Memoires de Litterature et d'Histoire,* par le P. Desmolets, Tome V, Partie II, Paris, Simart, 1728, pp. 271–331. 未発表の断章多数掲載．

06　VOL　ヴォルテール『考察』　1734, 1742

Vingt-cinquième Lettre–Sur les Pensées de M. Pascal, dans VOLTAIRE: *Lettres Philosophiques. Édition critique avec une introduction et un commentaire* par Gustave LANSON, Tome II, pp. 184–244, Paris, Librairie Marcel Didier, 1964. (*Remarques sur les Pensées de M. Pascal,* dans *Œuvres complètes de Voltaire,* Tome XLIII, Paris, Baudouin Frères, 1825, pp. 15–68.) 強烈なパスカル批判．

07　BOU　ブリエ　1741

Défense des Pensées de Pascal contre la critique de M. de Voltaire, par David-Renaud BOULLIER, dans *Pensées de M. Pascal sur la religion, et sur quelques autres sujets. Nouvelle Edition Augmentée de la Défense,* 2 vol., Amsterdam, La Compagnie, 1758, Tome I, pp. 189–305 プロテスタント牧師による

ヴォルテールのパスカル批判に対する反論.

08　COND　コンドルセ　1776

Pensées de Pascal, Nouvelle Édition, Corrigée & augmentée, par CONDORCET, Londres, 1776. パスカルを持ち上げつつ反論. 未発表の断章も掲載.

09　Vol　ヴォルテール『最後の考察』　1778

Dernières Remarques sur les Pensées de Pascal, dans *Œuvres complètes de Voltaire*, Tome XLIII, Paris, Baudouin Frères, 1825, pp. 69–116. 晩年の反パスカル論.

10　BOS　ボシュ　1779

Pensées de M. Pascal, dans *Œuvres de Blaise Pascal*, par BOSSUT, 5 vol., La Haye, Detune, 1779, Tome II, pp. 1–405, 534–541. パスカル全集の一部. 若干の未発表断章も掲載.

11　COU　クーザン　1842

De la nécessité d'une nouvelle édition des PENSÉES de Pascal.–Rapport à l'Académie française, dans Victor COUSIN: *Des Pensées de Pascal*, Paris, Librairie philosophique de Ladrange, 1843, pp. 1–251.(dans Victor COUSIN: *Études sur Pascal*, Sixième édition, Paris, Didier, 1876, pp. 105–283.) それまでの『パンセ』刊行本の欠陥を暴露.

12　FAU　フォジェール　1844

Pensées, Fragments et Lettres de Blaise Pascal, publiés pour la première fois conformément aux manuscrits originaux en grande partie inédits, par Prosper FAUGÈRE, 2 vol., Paris, Andrieux, 1844. 原文に忠実な最初の刊行本. (Seconde Édition, revue et corrigée, 2 vol., Paris, Ernest Leroux, 1897.)

13　Hav　アヴェ初版　1852

Pensées de Pascal, publiées dans leur texte authentique avec un commentaire suivi et une étude littéraire, par Ernest HAVET, Paris, Dezobry et E. Magdeleine, 1852. 詳細な注が重要.

14　LOU　ルアーンドル　1854

Pensées de Pascal, Édition variorum d'après le texte du manuscrit autographe, par Charles LOUANDRE, Paris, Charpentier, 1854. 集注版と称するほどではないが, かなりの数の注を掲げている.

15　ROC　ロシェー　1873

Pensées de Pascal sur la religion publiées d'après le texte authentique et le plan de l'auteur avec des notes philosophiques et théologiques, par Victor ROCHER, Tours, Alfred Mame et fils, 1873. 正統派カトリックの立場からの注解.

16　MOL　モリニエ　1877–1879

Les Pensées de Blaise Pascal. Texte revu sur le manuscrit autographe avec une Préface et des Notes, par Auguste MOLINIER, 2 vol., Paris, Alphonse Lemerre, 1877–1879. 原文の綴りと多くの消された個所とを再現.

17　HAV　アヴェ改版　1881

Pensées de Pascal publiées dans leur texte authentique avec une introduction, des notes et des remarques, par Ernest HAVET, 2 vol., huitième édition revue et corrigée, Paris, Delagrave, 1925. 初版と異なるところが少なくない.

18　AST　アスティエ　1857, 1882

Pensées de Pascal disposées suivant un plan nouveau. Édition complète d'après les derniers travaux critiques avec des notes, un index et une préface, par J.-F. ASTIÉ, Seconde édition, Paris, G. Fischbacher, 1882. プロテスタント信者用の版.

19 MIC ミショー 1896

Les Pensées de Pascal disposées suivant l'ordre du cahier autographe. Texte critique établi d'après le manuscrit original et les deux copies de la Bibliothèque Nationale avec les variantes des principales éditions, par Gustave MICHAUT, Fribourg, en vente à la librairie de l'Université, 1896. 肉筆原稿集(*01* 原〔RO〕)通りの順序で，原，1C, 2C, POR, BOS, FAU, HAV, MOL を照合した批判版.

20 Bru B(ブランシュヴィック)1冊本 1897

Blaise PASCAL: *Pensées et Opuscules publiés avec une introduction, des notices et des notes,* par Léon BRUNSCHVICG, Paris, Hachette, 1968.(1927年以降の若干の版). 優れた配列と注.

21 BRU B(ブランシュヴィック)3冊本 1904

Pensées, 3 vol. =Tomes XII–XIV des *Œuvres de Blaise Pascal publiées suivant l'ordre chronologique avec documents complémentaires, introduction et notes,* par Léon BRUNSCHVICG, Paris, Hachette, Tome XII 1925, Tomes XIII et XIV 1921. 原文で消された多くの個所の再現と最も詳しい注. B1冊本(*20* Bru)と同番号.

22 GAZ ガジエ 1907

Pensées de Pascal sur la religion et sur quelques autres sujets. Édition de Port-Royal–Corrigée et complétée d'après les manuscrits originaux, par A. GAZIER, Paris, Société française d'imprimerie et de librairie, ancienne librairie Lecène, Oudin et Cie, 1907. ポール・ロワヤル版の改訂増補版.

23 Gir ジロー初版 1924

PASCAL: *Pensées, édition nouvelle, revue sur les manuscrits et les meilleurs textes,* par Victor GIRAUD, Paris, Lcs éditions Georges Crès et Cie, 1924. 注に特徴. B(ブランシュヴィック)1冊本(*20* Bru)と同番号.

24 CHE シュヴァリエ2冊本 1925

Pascal: *Pensées sur la vérité de la religion chrétienne,* par Jacques CHEVALIER, 2 vol., quatrième édition revue, Paris, Librairie Lecoffre, J. Gabalda et Fils, 1927. 原文と解説を並記.

25 GIR ジロー改版 1928

PASCAL: *Pensées,* par Victor GIRAUD, Paris, Les éditions Georges Crès et Cie, 1928. ジロー初版(*23* Gir)の大型版. B(ブランシュヴィック)1冊本(*20* Bru)と同番号.

26 STR ストロウスキー 1931

Les Pensées dans Blaise PASCAL: *Œuvres complètes,* Paris, Librairie Ollendorff, 1931, Tome III, pp. 1–333. 同一紙片に記された断章を分離しなかった点が長所.

27 DED ドディユー 1937

PASCAL: *Les Pensées et Œuvres choisies. Introduction, notes et commentaires* par J. DEDIEU, Paris, Librairie l'École, 1937. 用語解と文法説明が有益.

28 Tou トゥルノール2冊本 1938

Blaise PASCAL: *Pensées. Édition critique établie, annotée et précédée d'une introduction,* par Zacharie TOURNEUR, 2 vol., Paris, Éditions de Cluny. 第1写本(*02* 1C)の順序に大体準拠した最初の版. 精密な原文解読.

29 TOU トゥルノール1冊本 1942

Pensées de Blaise Pascal. Edition paléographique des manuscrits originaux conservés à la Bibliothèque Nationale (N° 9202 du fonds français) enrichie de nombreuses leçons inédites et présentée dans le classement primitif avec une introduction et des notes descriptives, par Zacharie TOURNEUR, Paris, J. Vrin, 1942.

肉筆原稿集(*01* 原〔RO〕)の綴りと句読点，また消された部分のほとんど全部を再現したいわゆる古文書学版.

30　Laf　1947年ラフュマ　1947

Blaise PASCAL: *Pensées sur la Religion et sur quelques autres sujets. Avant-propos et notes* de Louis LAFUMA, 2 vol., Paris, Delmas, 1947. 第1写本(*02* 1C)第1部の各章の後に他の部の断章を内容に応じて分類したいわゆるラフュマ第1型.

31　LAF　ラフュマ3冊本　1951

Blaise PASCAL: *Pensées sur la religion et sur quelques autres sujets. Introduction* de Louis LAFUMA, 3 vol., Paris, Éditions du Luxembourg, 1951. 第1写本(*02* 1C)の順序通りに初めて配列したいわゆるラフュマ第2型. ラフュマ全集版(*37* L)と同番号(949–972は異なっている).

32　LaF　1952年ラフュマ　1952

Blaise PASCAL: *Pensées sur la Religion et sur quelques autres sujets. Avant-propos et notes* de Louis LAFUMA, Deuxième édition, Paris, Delmas, 1952. 1947年の初版(*30* Laf)の誤りを正したラフュマ第1型の改良版.

33　Che　シュヴァリエ1冊本　1954

Pensées, dans *Œuvres complètes de Pascal. Texte établi et annoté* par Jacques CHEVALIER, Bibliothèque de la Pléiade, Paris, Gallimard, 1954, pp. 1079–1358. シュヴァリエ2冊本(*24* CHE)の解説を省き，若干の注を付したもの.

34　laf　1958年ラフュマ　1958

Blaise PASCAL: *Pensées. Texte établi* par Louis LAFUMA, 2 vol., Paris, Club du meilleur livre. ラフュマ3冊本(*31* LAF)のテキストを若干変えたラフュマ第2型. ラフュマ全集版(*37* L)と同番号.

35　ANZ　アンジュー　1960

Blaise PASCAL: *Pensées, texte intégral établi et presenté* par Zacharie TOURNEUR et Didier ANZIEU, 2 vol., Paris, Librairie Armand Colin. アンジューによるトゥルノール2冊本(*28* Tou)の改訂版.

36　STE　スタインマン　1961

Pensées de Pascal, par Jean STEINMANN, Monaco, Éditions du Rocher, 1961. 第1写本(*02* 1C)の各章内の順序を逆にして配列したもの.

37　L　L(ラフュマ全集版)　1963

Pensées, dans PASCAL: *Œuvres complètes*, dans la Collection L'Intégrale Paris, Éditions du Seuil, pp. 493–649. 本注解の底本.

38　DESC　デコット　1976

PASCAL: *Pensées. Texte établi par* Léon BRUNSCHVICG. *Chronologie, introduction, notes, archives de l'œuvre, index* par Dominique DESCOTES, Paris, Garnier-Flammarion, 1976. 新注あり. B(ブランシュヴィック)1冊本(*20* Bru)と同番号.

39　SEL　セリエ　1976

Blaise PASCAL: *Pensées. Nouvelle édition établie pour la première fois d'après la copie de référence de Gilberte Pascal*, par Philippe SELLIER, Paris, Mercure de France, 1976. 第2写本(*03* 2C)の順序による配列. 新注あり.

40　LEG　ル・ゲルン　1977

Blaise PASCAL: *Pensées. Édition présentée, établie et annotée* par Michel LE GUERN, Paris, Gallimard, 1977. ラフュマ第2型(*31* LAF, *34* laf, *37* L)と同じく第1写本(*02* 1C)の順序によるが，断章の区切り方は異なる. 新注多し.

II. **使用文献**(Ouvrages consultés)

41 [ARNAULD(Antoine)et NICOLE(Pierre)]: *La logique ou l'art de penser*, Édition critique par Pierre CLAIR et François GIRBAL, Paris, Presses Universitaires de France, 1965.

42 ARNAULD D'ANDILLY: *Œuvres Chrestiennes. De Monsieur Arnauld d'Andilly*, la Veuue Iean Camusat, et Pierre le Petit, 1645.

43 AUGUSTIN(Saint): *De ordine*, dans *Œuvres de Saint Augustin, 4, 1re Série: Opuscules, IV.–Dialogues philosophiques*, Paris, Desclée de Brouwer, 1948.

44 ——: *De doctrina christiana*, dans *Œuvres de Saint Augustin, 11, 1re Série: Opuscules, XI.–Le Magistère chrétien*, Paris, Desclée de Brouwer, 1949.

45 ——: *Les Confessions*, dans *Œuvres de Saint Augustin, 14, 2e Série: Dieu et son Œuvre, Les Confessions, Livres VIII–XIII*, Paris, Desclée de Brouwer, 1962.

46 ——: 山田晶訳『告白』,『世界の名著——アウグスティヌス』, 中央公論社, 1968, 55–539 頁所載.

Bible

47 ——: *Biblia sacra*(Vulgate), Paris, Letouzey et Ané, éd. Fillion, 1887.

48 ——: *La Saincte BIBLE, Contenant le Vieil et Noueau Testament. Traduicte de Latin en François par les Docteurs Catholiques de l'Vniuersité de Louuain*, 2 vol., Paris, Pierre Ménard, 1640.

48bis 『聖書』日本聖書協会, 1959.

48ter 『新約聖書共同訳』, 日本聖書協会, 1978.

49 BOSSUET: *Œuvres*, Paris, Bibliothèque de la Pléiade, 1961.

50 BRUNOT(Ferdinand): *Histoire de la langue française des origines à 1900, Tome III, La formation de la langue classique, Première partie*, 2e édition revue et corrigée, 2e Tirage, Paris, A. Colin, 1930.

51 BUSSON(Henri): *La pensée religieuse française de Charron à Pascal*, Paris, J. Vrin, 1933.

52 CAMUS(Jean-Pierre): *Sainct Augustin, De l'ouurage des moines, par J. P. Camus, Euesque de Belley*, Rouen, Adrien Ouyn, 1633.

52bis *Catalogue général des livres imprimés de la Bibliothèque Nationale, Auteurs, t. 187*, 1961.

53 CHARRON(Pierre): *Les trois veritez*, dans *Toutes les œuures de Pierre Charron, Parisien, docteur es droicts, chantre et chanoine, Theologal de Condom. Derniere edition. Reueues, corrigées & augmentées*, Paris, Iacques Villery, 1635.

54 ——: *De la sagesse. Liure troisiesme*, dans *Toutes les œuures de Pierre Charron...*, Paris, Iacques Villery, 1635.

55 ——: *De la sagesse, trois livres, par Pierre Charron, Parisien, docteur es droicts, derniere edition*, Paris, Robert Fugé, 1642.

56 CHASTELLUX(François-Jean de): *De la félicité publique ou Considérations sur le sort des hommes dans les différentes Époques de l'histoire*, 2 vol., Amsterdam, Marc-Michel Rey, 1772.

57 CICÉRON: *De Re publica; De legibus*, The Loeb Classical Library, London, William Heinemann, Cambridge Mass., Harvard U. Presse, 1951.

58 ——: *Tusculanes*, 2 vol., Paris, Société d'édition《Les Belles Lettres》, 1960.

59 COUCHOUD(P.-L.): *Blaise Pascal, Discours de la condition de l'homme*, Paris, A. Michel, 1948.

60 *Cours de la langue française, IV, Prose française*, Tokyo, Librairie Kawadé, 1952.

61 CROQUETTE(Bernard): *Pascal et Montaigne, Etude des réminiscences des* Essais *dans l'œuvre de*

Pascal, Genève, Droz, 1974.

62 DAVIDSON(Hugh M.)and DUBÉ(Pierre H.) : *A Concordance to Pascal's* Pensées, Ithaca and London, Cornell University Press, 1975.

63 DESCARTES(René) : *Œuvres de Descartes publiées par Charles Adam et Paul Tannery*, 12 vol. et un supplément, Paris, Léopold Cerf, 1897–1913.

64 *Dictionnaire(Le)de l'Académie Françoise, dédié au Roy*, 2 vol., Paris, La Veuve de Jean Baptiste Coignard, Imprimeur ordinaire du Roy, et Jean Baptiste Coignard, Imprimeur & Libraire ordinaire du Roy, 1694. 「アカデミー辞典」と略称.

65 [DOM CLÉMENCET] : *Histoire générale de Port-Roïal, depuis la réforme de l'abbaie jusqu'à son entiere destruction, Tome troisieme*, Amsterdam, Jean Vanduren, 1756.

66 DROZ(Édouard) : *Étude sur le scepticisme de Pascal considéré dans le livre des* Pensées, Paris, Félix Alcan, 1886.

67 *Encyclcpédie, ou Dictionnaire raisonné des sciences, des arts et des métiers, par une société des gens de lettres. Tome second*, Paris, Briasson, David, Le Breton, Durand, 1751.

67bis ÉPICTÈTE: *Les Propos d'Épictète recueillis par Arrian auteur grec son disciple, Translatez du Grec en françois par Fr. I. D. S. F.*, Paris, Iean de Heuqueuille, 1609.

68 FURETIERE(Antoine) : *Dictionaire universel, Contenant generalement tous les mots françois tant vieux que modernes, & les Termes de toutes les sciences et des arts*, 3 vol., La Haye et Rotterdam, Arnout & Reinier Leers, 1690(Genève, Slatkine Reprints, 1970). 「フュルティエール辞典」と略称.

68bis GORRAN(Nicolas de) : *In acta apostolorum, et singulas apostolorum, Jacobi, Petri, Johannis et Judae canonicas Epistolas, et Apocalypsin commentarii, authore R. P. F. Nicolao Gorrano*, Anvers, 1620, 2 parties en 1 vol.

69 GROOT(Hugo de —, dit Grotius) : *De veritate religionis christianæ, Editio Nouissima, in qua eiusdem Annotationes suis quaeque Paragraphis ad faciliorem vsum subjecta sunt*, Paris, 1650.

70 ——: *Traicté de la verité de la religion chrestienne, par Hugues Grotius, Traduit du latin de l'aucteur*, Amsterdam, Iean Blaeu, 1636.

71 ——: *De veritate religionis christianæ. Editio Novissima*, Amsterdam, Ex Officina Elseviriana, 1675.

72 ——: *Traité de la vérité de la religion chrétienne, Traduit du latin de Grotius, avec des remarques*, Paris, Ph. N. Lottin et P. G. Le Mercier Fils, 1724.

73 HATZFELD(Adolphe)et DARMESTETER(Arsène), avec le concours de THOMAS(Antoine) : *Dictionnaire général de la langue française du commencement du XVIIe siècle jusqu'à nos jours*, 2 vol., huitième édition, Paris, Delagrave, 1926. 「アツフェルド辞典」と略称.

74 HORACE: *Tome I, Odes et Épodes*, Paris, Société d'édition《Les Belles Lettres》, 1954.

75 JOVY(Ernest) : *Études pascaliennes, II, Un excitateur de la pensée pascalienne, Pascal et Silhon*, Paris, J. Vrin, 1927.

76 JULIEN-EYMARD D'ANGERS: *Pascal et ses précurseurs*, Paris, Nouvelles Éditions Latines, 1954.

77 JUNGO(Dom Michel) : *Le vocabulaire de Pascal étudié dans les fragments pour une Apologie*, Paris, d'Artrey, 1950.

78 LABROUSSE(Elisabeth) : *L'entrée de Saturne au Lion(L'éclipse de soleil du 12 août 1654)*, La Haye, Martinus Nijhoff, 1974.

79 LAFUMA(Louis) : *Controverses pascaliennes*, Paris, Éditions du Luxembourg, 1952.

80 ——: *Éclaircissement d'une référence pascalienne à Montaigne*, dans *Bulletin de la Société des Amis de Montaigne*, 3e série, nos 11–12, juillet–décembre 1959, Paris, pp. 44–46.

81 LANSON (Gustave) : *Choix de lettres du XVIIe siècle*, neuvième édition, revue, Paris, Hachette, 1909.

82 LHERMET (Jean) : *Pascal et la Bible*, Paris, J. Vrin, 1931.

83 LITTRÉ (Émile), *Dictionnaire de la langue française*, 4 vol., Paris, Hachette, 1863–1869 「リトレ辞典」と略称.

84 前田陽一,「パスカルの『考へる葦』——スボンとモンテーニュとの関聯に於いて——」, 雑誌『思索』第6号, 1947年7月, 55–78頁所載(パスカル著, 前田陽一訳,『エピクテートスとモンテーニュとに関するパスカルとサシとの対話』, 創元社, 1948年, 119–158頁に再掲).

85 ——,『モンテーニュとパスカルとの基督教弁証論』, 創元社, 1949年.

86 ——,「『パンセー』の一断章のテキストについて」,『島田謹二教授還暦記念論文集比較文学比較文化』, 弘文堂, 1961年, 17–32頁所載.

87 ——,「パスカルの『パンセ』註解」, 月刊雑誌『心』, 1965年6月号より連載中.

88 ——,「パスカルの人と思想」,『世界の名著——パスカル』, 中央公論社, 1966年, 5–61頁所載.

89 ——,『パスカル——「考える葦」の意味するもの』, 中公新書, 中央公論社, 1968年.

90 MAEDA (Yoichi) : *L'Entretien avec M. de Saci*, dans *Écrits sur Pascal*, Éditions du Luxembourg, Paris, 1959, pp. 11–19.

91 MAYEDA (=MAEDA) (Yoichi) : *Étude sur les rapports de l'《Apologie de Raymond Sebon》et les《Pensées》 de Pascal*, dans *Bulletin de la Société des Amis de Montaigne*, 3e série, nos 17–18, janvier–juin 1961, Paris, pp. 28–39.

92 MAEDA (Yoichi) : *Le premier jet du fragment pascalien sur les* deux infinis, dans *Études de langue et littérature françaises*, no 4, Tokyo, Hakusuisha, 1964, pp. 1–19.

93 ——: *Montaigne et le premier jet du fragment pascalien sur les《deux Infinis》*, dans *Bulletin de la Société des Amis de Montaigne*, 4e série, no 1, janvier–mars 1965, Paris, pp. 6–26.

94 ——: *Le premier jet et les retouches dans le manuscrit des《Pensées》*, dans *Chroniques de Port-Royal*, no 20–21, 1972, Paris, Bibliothèque Mazarine, pp. 56–65. 月刊雑誌『心』, 1971年1月号, 84–90頁に邦訳掲載(ただし脚注の大部分は省かれている).

95 MALRAUX (André) : *Entretien* (de Yoichi Maeda) *avec M. André Malraux*, dans *Bulletin franco-japonais d'informations culturelles et techniques*, no 37, janvier 1959, Tokyo, pp. 6–12.

96 アンドレ・マルロオ–前田陽一,「あたらしい文明と《人間》の創造とをめざして」,『日仏文化』, 新12集, 1961年3–8月, 日仏会館, 59–68頁所載.

97 MÉRÉ: *Les œuvres de Monsieur le Chevalier de Méré*, 2 vol., Amsterdam, Pierre Mortier, 1692.

98 ——: *Œuvres complètes de Chevalier de Méré*, 3 vol., Les Textes Français, Paris, Fernand Roches, 1930.

99 MESNARD (Jean) : *Aux origines de l'édition des《Pensées》: Les deux copies*, dans *Les《Pensées》de Pascal ont trois cents ans*, Clermont-Ferrand, G. de Bussac, 1971, pp. 1–30.

100 ——: *Les Pensées de Pascal*, Paris, Société d'Édition D'Enseignement Supérieur, 1976.

100bis *Méthodes chez Pascal, Actes du Colloque tenu à Clermont-Ferrand 10–13 juin 1976*, Presses Universitaires de France, 1979.

101 MOLIÈRE: *Œuvres complètes*, 2 vol., Paris Bibliothèque de la Pléiade, 1938.

102 MONTAIGNE: *Les Essais de Michel, Seigneur de Montaigne*, Paris, Augustin Courbé, 1652.

103 ——: *Les Essais de Michel de Montaigne, Tome quatrième, Les sources des Essais, annotations et éclaircissements par Pierre Villey*, Bordeaux, 1920.

104 ——: *Œuvres complètes*, Paris, Bibliothèque de la Pléiade, 1962.

105 ——: *Essais*, 3 vol., Collection Folio, Paris, Gallimard, 1965.

106 MORÉRI(Louis) : *Le grand dictionnaire historique*, nouvelle édition, 10 vol., Paris, Libraires Associés, 1759.

107 NICOLE(Pierre) : *De la grandeur. I. Partie, Chapitre V*, dans *Essais de morale, contenus en divers traitez sur plusieurs devoirs importants. Volume second*, 10e édition, La Haye, Adrien Moetjens, 1709, pp. 151–154.

108 ——: *De la soumission à la volonté de Dieu. I. Partie, Chapitre VII*, dans *Essais de morale, contenus en divers traitez sur plusieurs devoirs importants, Volume premier*, 7e édition, La Haye, Adrien Moetjens, 1696, pp. 84–88.

109 ——: *De l'education d'un prince*, Paris, La veuve Charles Savreux, 1670.

110 ——: *Essais de morale, contenus en divers traités sur plusieurs devoirs importants, Sixième Volume*, Paris, Guillaume Desprez et Jean Desessartz, 1715.

111 ——: *Les imaginaire, ou lettres sur l'hérésie imaginaire, Volume I. Contenant les dix premiers. Par le Sr de DAMVILLIERS*, Liège, Adolphe Beyers, 1667.

112 野田良之，『フランス法概論』，上巻(2)，有斐閣，1955.

113 PASCAL(Blaise) : *Les Provinciales, Nouvelle édition, avec une introduction et des remarques, par Ernest Havet*, 2 vol., Paris, Delagrave, 1885.

114 ——: *Les Provinciales, Texte établi et présenté par J. Steinmann*, 2 vol., Paris, A. Colin, 1962.

115 ——: *Œuvres de Blaise Pascal, publiés par Léon Brunschvicg, Pierre Boutroux et Félix Gazier*, Tome IV, Paris, Hachette, 1914.

116 ——: *Œuvres complètes, Texte établi, présenté et annoté par Jean Mesnard*, Desclée De Brouwer, 1964 (Tome I), 1970(Tome II).

117 PLATON: *Œuvres complètes, Tome VII–Ire Partie, La République, Livres IV–VII*, 6e tirage, Paris, Société d'édition《Les Belles Lettres》, 1966.

118 ——: *Œuvres complètes, Tome VII–2e Partie, La République, Livres VIII–X*, 5e tirage, Paris, Société d'édition《Les Belles Lettres》, 1964.

119 ——: *Œuvres complètes, Tome IX– 1re Partie, Le Politique*, 3e édition revue et corrigée, Paris, Société d'édition《Les Belles Lettres》, 1960.

120 PLUTARQUE: *Vies, Tome IV, Timoléon-Paul Émile—Pélopidas-Marcellus*, Paris, Société d'édition《Les Belles Lettres》, 1966.

121 RACINE(Jean) : *Théâtre*, Paris, Bibliothèque de la Pléiade, 1940.

122 RACINE(Louis) : *La Religion, poëme*, 8e édition, Paris, Nyon l'aîné, 1785.

123 RICHELET(Pierre) : *Dictionnaire françois*, Genève, Jean Herman Widerhold, 1680,(Seconde partie) 1688(France Tosho Reprints, Tokyo, 1969). 「リシュレ辞典」と略称.

124 ROBERT(Paul) : *Dictionnaire alphabétique et analogique de la langue française*, 6 vol. et un supplément, Paris, Société du Nouveau Littré, 1962–1970. 「ロベール辞典」と略称.

125 ROUSSEAU(Jean-Jacques) : *Émile ou de l'éducation*, Classique Garnier, 1951.

126 SAINTE-BEUVE: *Chateaubriand et son groupe littéraire sous l'Empire*, Tome I, Paris, Garnier, 1948.

127 ——: *Port-Royal*, 7 vol., 7e édition, Paris, Hachette, 1922.

128 ——: *Port-Royal*, 3 vol., Paris, Bibliothèque de la Pléiade, 1953–1955.

129 SEBON(Raymond): *La Théologie naturelle de Raymond Sebon*, dans *Œuvres complètes de Michel de Montaigne*, Tomes IX et X, Paris, L. Conard, 1932–1935.

130 ——: *Theologia Naturalis sive liber creaturarum*, Paris, 1509.

131 SELLIER(Philippe): *Pascal et Saint Augustin*, Paris, A. Colin, 1970.

131bis 塩川徹也,「絵はなぜむなしいか——『パンセ』の一断章をめぐって」,『ふらんす手帖』第8号, 1979年11月, 1–16頁所載.

132 SILHON: *De l'immortalité de l'ame*, Paris, Pierre Billaine, 1634.

133 ——: *De l'immortalité de l'ame*, Paris, Christophle Iournel, 1662.

134 STROWSKI(Fortunat): *Les Pensées de Pascal*, Paris, Mellottée, 1930.

135 TACITE: *De moribus et populis Germanorum*, Ex officina Libraria Michaelis Mongeri, 1580.

136 TAVERNIER(Jean-Baptiste): *Nouvelle Relation de l'intérieur du sérail du Grand Seigneur*, Paris, G. Clouzier, Achevé d'imprimer pour la seconde fois le 19 mars 1680.

137 THOMAS D'AQUIN, *Summa Theologiae*, Tome II, Rome, Marietti, 1962.

138 TITE-LIVE: *Ab urbe condita*, Pars III, Libri XXXI–XL, Stuttgart, Teubner, 1959.

139 ——: *Ab urbe condita*, Tomus V, Libri XXXI–XXXV, Oxford, Clarendon Press, 1965.

140 VINET(Alexandre): *Études sur Blaise Pascal*, Lausanne etc., Payot, 1936.

141 VERVILLE(Béroalde de): *Le Palais des Curieux*, Paris, La Veufue M. Guillemet, & S. Thiboust, 1612.

142 VOLTAIRE: *Œuvres complètes*, Tome XXVII, Paris, Baudouin Frères, 1825.

143 ——: *Œuvres complètes*, Tome LV, Paris, Baudouin Frères, 1825.

144 ——: *Œuvres complètes*, Tome 29, Paris, Garnier Frères, 1879.

145 ——: *Œuvres complètes*, Tome 31, Paris, Garnier Frères, 1880.

146 XÉNOPHON: *Memorabilia and Œconomicus*, Loeb Classical Library, London, William Heinemann, Cambridge Mass., Harvard U. Presse, 1953.

147 YVES DE PARIS: *La Theologie naturelle. Tome premier. Divisé en deux parties. La premiere traictant de l'Existence de Dieu. Et la seconde de la Creation du Monde. Quatriéme Edition reueuë & corrigée par l'Autheur*, Paris, La veufe Nicolas Bron, 1640.

■岩波オンデマンドブックス■

パスカル『パンセ』注解 第一

1980年5月21日 第1刷発行
1985年3月20日 第2刷発行
2016年4月12日 オンデマンド版発行

著 者 前田陽一（まえだ よういち）

発行者 岡本 厚

発行所 株式会社 岩波書店
〒101-8002 東京都千代田区一ツ橋2-5-5
電話案内 03-5210-4000
http://www.iwanami.co.jp/

印刷／製本・法令印刷

ISBN 978-4-00-730395-1 Printed in Japan